民 生 保 障 书 系

王杰秀 总主编

中国儿童福利和保护制度研究

闫晓英 主编

中国出版集团有限公司
研究出版社

图书在版编目 (CIP) 数据

中国儿童福利和保护制度研究 / 闫晓英主编 . -- 北京 : 研究出版社 , 2022.10

ISBN 978-7-5199-1363-2

Ⅰ . ①中… Ⅱ . ①闫… Ⅲ . ①儿童福利 – 福利制度 – 研究 – 中国 Ⅳ . ① D632.1

中国版本图书馆 CIP 数据核字 (2022) 第 189592 号

出 品 人：赵卜慧
出版统筹：丁　波
责任编辑：张立明

中国儿童福利和保护制度研究
ZHONGGUO ERTONG FULI HE BAOHU ZHIDU YANJIU
闫晓英　主编
研究出版社 出版发行
（100006　北京市东城区灯市口大街100号华腾商务楼）
北京中科印刷有限公司印刷　新华书店经销
2022年11月第1版　2022年11月第1次印刷
开本：710mm × 1000mm　1/16　印张：19.75
字数：327千字
ISBN 978-7-5199-1363-2　定价：68.00元
电话（010）64217619　64217652（发行部）

《中国儿童福利和保护制度研究》

撰稿人员

（按照拼音顺序排列）

程福财　范宪伟　关　博　顾　严　花菊香
刘凡熙　王姝楠　姚建龙　闫晓英　周　京
张　柳　朱冬卿　赵玉峰

前　言

儿童福祉攸关国家未来和民族振兴，是衡量一个国家社会福利保障水平的重要指标，也是一个国家整体发展程度的重要标志。新中国成立以来，我国儿童工作取得了重要进展和丰硕成果，探索形成了具有中国特色的儿童福利和保护发展模式。一直以来，习近平总书记高度重视儿童工作，关心未成年人健康成长，强调培养好少年儿童是一项战略任务，事关长远。当前我国经济社会进入新阶段，科学把握儿童事业阶段特征和历史方位，总结制度发展的规律性经验，破解制约儿童权益保障的深层次矛盾问题，对拓展更高水平、更高质量的普惠型儿童事业发展空间意义重大。在这一背景下，民政部政策研究中心组织儿童福利领域专家团队，围绕这一重大问题进行全面系统研究，旨在对我国儿童事业的长远战略发展建言献策。

儿童福利和保护制度是保障儿童健康成长、保护儿童权益的基础制度，是我国社会福利体系的重要组成部分。儿童权益涵盖范围广泛、内容丰富，需通过各类福利供给或保护措施来实现。根据联合国《儿童权益宣言》和联合国儿童基金会的定义，儿童福利包含儿童保护，前者是广义概念、后者是狭义概念[1]。从制度内容上，广义儿童福利指一切为维护和提升儿童福祉的公共政策与服务，包括儿童生活、教育、医疗卫生、司法保护等，包含且不限于狭义儿童福利和狭义儿童保护[2]。根据新修订的《中华人民共和国未成年人保护法》和《国务院未成年人保护工作领导小组关于加强未成年人保护工作的意见》，未成年人保护基本涵盖广义儿童福利所有领域。基于此，广义儿童福利

---

〔1〕 根据联合国《儿童权利宣言》(1959 年) 的定义，“凡促进儿童身心健全发展与正常生活为目的的各种努力、事业及制度等都可以称为儿童福利”。根据联合国儿童基金会的定义，儿童保护作用于“预防与应对针对儿童的暴力、虐待、忽视与剥削的行为”。

〔2〕 狭义的儿童福利聚焦于儿童的家庭养育，指用以监督、支持、协助或替代家庭养育儿童的政策与服务，是对家庭育儿过程的公共干预。狭义儿童保护是国家通过法律、政策与服务，对受到或可能受到忽视或虐待等不正当对待的儿童提供的救助、保护和服务。

和广义儿童保护内容上是统一的。

目前全球196个国家签署联合国《儿童权利公约》，各国儿童福利和保护制度内涵基本统一，根据政府的介入程度不同，制度外延和供给重点有所区别[1]。基于全球通行经验和我国国情，本书从儿童需求出发，采用广义儿童福利和狭义的儿童保护界定，并将两者并提，简称为“儿童福利与保护制度”，一方面凸显儿童保护在我国儿童福利制度建设的基础地位和所处的关键阶段，另一方面充分彰显儿童福利与儿童保护密不可分的关系。

作为一本研究性、政策性书籍，本书从国家层面的制度演变和政策分析入手，力求实事求是、全面深入、立足前沿、有所创新。全书从以下十个方面排篇布局，旨在系统梳理我国儿童福利和保护制度发展的主要议题，并力争取得一定程度的突破。

（1）阐释我国儿童福利和保护事业发展阶段背景、理念和使命。儿童事业的发展是我国社会制度变迁的一个缩影，充分体现了时代背景和时代使命，当前的制度发展与城乡家庭育儿功能转变、经济社会发展的特征与要求，以及我国社会主义现代化建设新征程的目标任务等紧密相关。

（2）对儿童福利和保护理论模型进行辨析和深化。作为现代社会福利制度的重要组成，基于各国的丰富实践，已经形成了较为成熟的儿童福利理论和相关制度模型，并充分体现了各国政治经济社会的深深烙印。我国儿童福利和保护模式的发展，体现中国特色社会主义制度的具体反映和生动写照，当前相关制度建设和实践已经从“摸着石头过河”向整体设计、快速发展、充实完善的方向发展。对国外理论的梳理，用以支撑我国儿童福利制度的研究，进而为我国社会建设理论体系提供一个补充、深化和递进。

（3）对我国儿童福利和保护制度发展进行历史溯源，深入分析制度建设现状和存在的问题。不拘于各职能部门制度供给，本书基于广义儿童福利定义，全面细致梳理了我国儿童福利和保护制度发展历程和成就，立足我国经济社会发展阶段特征和儿童事业发展的客观实际情况，对儿童福利和保护制度发

---

〔1〕 美国、加拿大等自由主义福利体制国家，主要实施针对忽视和虐待行为的儿童保护政策，并提供基于资产调查的儿童福利。德国、法国等保守主义福利体制国家，围绕劳动力市场参与和强制性的社会保险制度，为家长提供亲职假、育儿经济资助，并辅以部分普惠儿童福利供给。瑞典、丹麦等社会民主主义福利体制国家，强调国家的积极责任，实施更广泛意义上的普惠儿童福利政策，保障范围和水平较高。韩国、日本等东亚国家福利体制下，福利政策的制定和实施以促进经济发展为目标，主要实施适度普惠的儿童福利政策。

展存在的突出问题和面临的机遇和挑战进行深入分析，为全书其他部分的展开提供一个全景式制度框架。

（4）对我国儿童福利供给制度和内容进行全面梳理。根据我国儿童福利供给制度的发展实际，从一个角度来看是服务范围和内容的拓展、服务质量和效益的提升、服务方式和业态的创新，从另一个角度来看则是津贴的从无到有、从寡到丰、从粗到细。本部分以民政儿童福利为主体，兼顾儿童教育福利、儿童卫生健康福利，侧重梳理我国儿童福利服务供给制度的演变，津贴部分的发展放置于财政保障部分一并分析。

（5）对我国儿童保护制度进行梳理与完善。现代儿童保护制度随着保护对象的扩大慢慢探索成型，逐渐涉及家庭保护、社会保护、司法保护等多个保护层次，儿童保护制度也从民政系统内的儿童保护工作扩大到了其他相关政府部门与社会组织间，在形成适度普惠型儿童福利政策与未成年人保护工作的基础上，建立了综合化的具有部际协作功能的儿童保护机制。本章基于历史发展脉络梳理，结合未成年人保护法修订后的制度安排，对完善儿童保护机制建设、落地责任要求等提出对策思路。

（6）对我国儿童福利和保护的社会参与进行理论和实践探讨。从国际经验来看，儿童福利和保护是一个国家或地区的制度安排，同时也受制于社会参与的广度和深度，影响儿童获得服务和支持的质量和水平。我国现代儿童福利和保护制度逐步成型和发展，也伴随着社会多元参与并发挥积极作用，但在理念宣传、力量培育、参与模式和效果等方面存在较大提升空间。

（7）对我国儿童福利和保护法律制度的分析探索。全球儿童福利和保护制度发展均遵循“立法先行”铁律，我国儿童工作也离不开法律制度不断完善的护航。通过对我国当前儿童福利和保护法律制度立法体系、执法体系、司法体系的系统梳理，在分析现有问题，并借鉴国外优秀制度经验，为完善相关制度提出一些具有可行性的建议。

（8）对我国儿童福利和保护的行政与服务架构的整体分析。落实儿童福利和保护的国家责任，最重要的环节之一是明确政府及有关部门的职责。从国际经验看，各国普遍成立了专职儿童福利的国家职能机构，我国相关职能机构和服务体系构建和发展也在逐步完善，并迎来新发展机遇。如何更好保障和促进儿童享有福利保护服务，需要对机构设置和服务体系建设进行统筹设计。

（9）对我国儿童福利财政投入保障进行规模分析和测算。财政投入是儿童福利事业最重要的资金来源，从根本上保障了福利服务的提供。在不同的时期，不同的领域，儿童福利财政投入的具体渠道和方式、资金规模和强度、中央与地方比例分担都有所差别。总体上，我国适度普惠型的儿童福利财政保障仍在探索中。本研究测算表明，构建纵向到底、横向到边儿童福利和未保机构网络、实施学龄前儿童综合福利保障，是财政可承受的。

（10）尝试对新时代中国儿童福利和保护发展思路和模式进行展望。建立与社会主义现代化强国相适应的儿童福利和保护制度，通过儿童福利服务的供给，全面保障每一名儿童的生存权、发展权、受保护权和参与权，是未来十五年我国儿童福利制度建设的重要任务。目前我国儿童福利和保护制度的总体框架已基本形成，但距离新时代儿童发展目标尚有差距。当前及今后一个时期，要立足现实，补齐短板，加快推动我国儿童福利和保护制度的发展完善。

儿童福祉的发展永远在路上。一百多年的现代儿童福利发展经验表明，适时建立普惠型制度是解决儿童发展和相关社会问题的关键。虽然西方福利国家在福利膨胀与福利收缩中来回拉锯，但儿童福利始终是社会福利制度中的核心内容，其重要性和战略性在生育率和家庭福利提升、劳动力市场参与、妇女就业促进等社会问题的解决中不断凸显。当前我国人口老龄化、少子化并存，经济水平进入中等发达国家水平和社会福利制度发展相对滞后并存，加快建立面向全体儿童的普惠型儿童福利和保护制度，关乎第二个百年目标的顺利实现，需要从理念倡导、制度建设、机制创新、资源支持等方面实现全方位突破。

本书的研究和撰写过程中，新修订的《未成年人保护法》正式实施，国家全面放开三胎生育政策和《中共中央 国务院关于优化生育政策促进人口长期均衡发展的决定》出台，儿童福利和保护制度进入发展的快车道。大家在研究过程中，力求紧跟时事、精益求精。诚然，囿于能力所限，本书还有很多问题和不足，还有很多重要问题需要进行进一步研究和厘清。作为一部抛砖引玉的研究书籍，希望从政策层面引发全社会对儿童福利事业发展更广泛的关注，为推动我国儿童健康成长和相关国家战略的实施贡献力量。

目 录

导论　儿童福利和保护制度建设时代背景、基本理念和目标使命

儿童是家庭幸福与民族未来所系。数千年来，我国民间社会素有慈幼传统，历代王朝都曾以特定形式救助孤儿与贫苦人士。中华人民共和国成立以后，中央高度关注儿童健康成长，在国家宪法、《民法典》《教育法》《未成年人保护法》等法律法规中明确要充分保障儿童生存权、发展权、受保护权、参与权及其福祉，推动了我国儿童福利和保护制度的不断发展。

一、我国儿童福利和保护制度建设的时代背景

我国儿童福利和保护制度是经济社会发展的产物，其形成与发展，与城乡家庭育儿功能转变、经济社会发展的特征与要求、以及我国社会主义现代化建设新征程的目标任务等紧密相关。

（一）城乡家庭育儿功能变化与育儿责任的“公共化”

传统上，人类社会并没有国家主导的儿童福利制度。因为和孩子有与生俱来的血缘亲密关系，家庭被看作是养育儿童的最佳社会单位，而父母则被视为最适合照料、管教孩子的人（科萨罗，2014；桑标，2003）。科尔曼（1988）在其《社会理论的基础》中断言，任何后天建构的社会组织都无法从根本上代替原生家庭的功能。

在我国，由父母、家庭承担“养儿育女”的责任是一种悠久的文化传统，也是一个古老的社会制度。人们相信，孩童是父母所生，理当为其所教、所养。我国经典文集《三字经》便有“养不教，父之过”的论述。关于中国家族制度的研究发现，“父之过”里的“父”，包括“父亲”“母亲”“祖父母”“叔伯姑舅”等大家庭的成员。20 世纪 90 年代初中国老龄科研中心有关“中国老年人供养体系调查”发现，中国约有 70% 的老年人与子女及配偶或其他

亲属同住（参见穆光宗，1999）。三代同住户的广泛存在，既有利于老年人的养老，也利于祖父母和父母合力养育儿童。传统的以家庭为主的育儿模式，还得到了当地社会力量的支持。在父母与家庭无力养育时，邻里、社区等的力量会通过血缘与地缘的连接展现其互帮互助的力量，合力养护孩童（费孝通，1998）。从中国的历史看，国家只是在发生大洪灾、大战乱的年代，才会设立类似慈幼局这样的机构去养育因灾难而形成的孤儿。对儿童福利历史的研究表明，工业化之前，儿童的养育与成长主要由家庭承担，特别是由母亲、祖母等女性家庭成员承担（陆士桢等，2005）。

在社会经济现代化的过程中，传统的家庭育儿开始面临许多挑战，现代国家被迫开始考虑如何支持、协助、甚至替代家庭养育儿童（Kadushin & Martin，1988）。首当其冲的是家庭的小型化趋势，家庭户的平均规模在缩小，核心家庭持续增多。1982 年到 2020 年的五次人口普查之间，我国家庭户规模从 4.3 人/户逐次降到 3.97 人/户、3.44 人/户、3.1 人/户、2.62 人/户（马建堂，2011；国家统计局，2021）。2014 年发布的一项有关中国家庭规模的抽样调查显示，我国核心家庭占所有家庭的比例高达 59.5%，直系家庭占比 24.2%，单人家庭占 14.4%，联合家庭的占比只有 1.8%（王志理，2015）。家庭结构的这种变化，意味着今天的中国父母在养育（特别是照顾）孩子的过程中，比传统时代较难得到大家庭的支持。

在个体主义逐渐高扬的今天，家族内部的互助意识与互助意愿已经明显降低（程福财，2008）。孩子在得不到父母适当养育的时候，他们大家庭内的“叔伯姑舅”等其他成年人主动介入、积极协助的意愿和行动都较低。一部分遭遇家庭忽视或虐待的孩子，也得不到家族、社区的非正式支持。受到人口大规模地从农村流向城市过程的影响，社会的原子化态势愈加明显。全国数千万受人口流动影响的流动儿童、留守儿童得不到父母的适当充分的监护，也感受不到传统中国社会里的“守望相助”的温暖。在女性劳动力市场参与率长期维持高位的社会，家庭对其成员的保护和照顾功能出现了明显式微（李亚妮，2008）。

在这个背景下，育儿的责任并非家庭所能独自承担。如果没有家庭之外的公共政策支持或社会服务，一部分家庭将面临沉重的育儿压力，难以妥当养育儿童，一部分儿童因此面临得不到适当监护的困境，甚至诱发恶性儿童死亡案件。为此，国家开始通过公共政策强化家庭功能，特别是强化其在养老育儿方面的能力。21 世纪之后，特别是 2010 年以来，我国政府强化了支持家庭育儿的系统努力，以使家庭更好地适应经济发展的新态势，特别是适应劳动力市场的新变化。制订《儿童福利法》或《儿童福利条例》的呼声高涨，发展适度普惠型的儿童福利制度，由政府与家庭协力育儿的社会舆论一直存在。2020 年新修订的《未成年人保护法》增加了“政府保护”专章，强化了儿童福利和保护服务、特别是预防和处置儿童虐待的儿童保护方面的规定，以确保得不到家庭适当监护的孩子能够健康成长。

（二）总和生育率持续下降与儿童养育成本上升

随着经济社会的持续发展，尤其是工业化、现代化带来的人口生育观念转变等因素的影响，近年来，我国城乡民众生育意愿持续下降。从国家统计局公布的人口出生数据可以看到，2016 年全面二孩政策出台后，我国出现过一波生育高峰。但随后即出现生育数据的断崖式下降。统计数据显示，2016 年全国全年出生人口为 1786 万人，2017 年为 1723 万人，2018 年为 1523 万人，2019 年为 1465 万人，2020 年进一步下降为 1200 万。在下降的速率方面，2018 年比 2017 年下降 11.6%，2020 年比 2019 年更是下降 18.1%。目前，我国育龄妇女总和生育率仅为 1.3，已经处于世界超低生育水平。

年轻人育儿意愿的持续下降，与育儿经济负担过重、照顾孩子需要大量时间与精力、民众生育观念转变本身等因素密切相关。近十年来，全社会对孩子教育的重视程度不断攀升，孩子照顾与养育在家庭生活中的重心地位不断强化。人们普遍强化对孩子教育的投入，以图让孩子在教育升学竞争中胜出，获得优质的教育机会并为未来的职场竞争做充分准备。家长除了竭尽全力亲身陪伴辅导孩子学业外，更普遍不计成本安排孩子参加各类校外兴趣培训与学科辅导。有调查显示，一些城市中等收入家庭的孩子在周末与假日常常奔走在不同的校外培训机构之中。家长除了要陪伴和接送之外，更需要缴付数量不菲的培训费用。对孩子教育的“内卷”式投入，严重增加了家庭育儿的经济负担与照顾成本。这一问题，在传统家庭育儿模式出现失灵倾向的宏观背景下，削弱了年轻家庭的育儿意愿。另一方面，随着个体意识的不断增强，社会福利体系的不断发展健全，传统的婚育观念在发生深刻，“多子多福”“传宗接代”“养儿防老”等传统文化规范的影响力渐渐消退。人们更多地关注个体自身的主观感受，并在这个基础上做出个体自身的选择。由此，单身家庭、丁克家庭的数量在增多，少子化议题的公共属性逐渐增强。

因为上述原因，全社会的少子化问题日渐突出，人口负增长警报拉响。年轻劳动力人口的下降，势必影响经济发展的人口红利，也会降低国家创新能力，影响经济社会的可持续发展。为此，2021 年 5 月 31 日，中央决定实施一对夫妻可以生育三个子女政策及配套支持措施，以减缓家庭育儿的负担，提升民众生育意愿。这一生育政策的战略性改变及有效实施，需要国家进一步完善生育休假与生育保险制度，加强税收、住房等育儿支持政策，保障女性就业合法权益，为儿童的养育与成长创造更加有利的社会环境。

（三）社会主义现代化建设新征程与儿童福利和保护制度完善

党的十九届五中全会提出协调推进全面建设社会主义现代化国家，标志着我国即将迈入全面建设社会主义现代化国家的新发展阶段，开启第二个百年奋斗目标的新征程。在迈向二零三五年的新征程中，“我国经济实力、科技实力、综合国力将大幅跃升，经济总量和城乡居民人均收入将再迈上新的大台阶”“基本实现新型工业化、信息化、城镇化、农业现代化，建成现代化经济体系”“基本实现国家治理体系和治理能力现代化”“人均国内生产总值达到中等发达国家水平，中等收入群体显著扩大”。从全面小康迈向社会主义现代化强国的征程中，国家财政能力将和民众收入、生活水平与生活期望一起得到不断提升。由此，保障儿童合法权益、促进儿童健康成长的公共政策与服务体系，必将得到进一步健全和发展。

习近平总书记指出，在全面建设社会主义现代化国家新征程中，我们必须把促进全体人民共同富裕摆在更加重要的位置，脚踏实地、久久为功，向着这个目标更加积极有为地进行努力，促进人的全面发展和社会全面进步。这是一种以人民为中心的发展理念。习近平在十九届中央政治局第二十七次集体学习时强调，共同富裕本身就是社会主义现代化的一个重要目标。我们要始终把满足人民对美好生活的新期待作为发展的出发点和落脚点，在实现现代化过程中不断地、逐步地解决好这个问题。在新征程中，我们要在继续发展经济的同时，切实保障和改进民生，促进社会公平正义，让发展成果更多更公平惠及全体人民。由政府主导的二次分配和志愿公益主导的三次分配在资源分配中的作用将得到进一步凸显，社会福利政策的体系及其保障水平会有进一步发展。惟其如此，得不到家庭必要监护和养育的儿童等社会弱势群体，才有可能在更高水平上共享经济社会发展的成果。在更高经济水平基础上的共同富裕，意味着每一名儿童，无论其民族、性别、户籍与家庭背景如何，都可能享有更好的教育、医疗、住房、生活照顾和司法保障。

与社会主义现代化建设的宏伟目标以及高水平的共同富裕的发展理想相比，我国现时儿童福利和保护制度的发展还明显滞后，儿童福利服务的覆盖面有限，且福利保障的水平持续偏低，不少儿童尚得不到高质量的家庭监护，所能获得的教育服务也有待提升。为此，在未来十五年的发展征程中，国家迫切需要更系统地思考如何进一步提升学校教育与家庭教育的质量、如何进一步发展儿童医疗保障体系和儿童公共托育服务体系、如何完善对家庭育儿的经济支持、如何建立高效的儿童保护政策与服务体系。

（四）儿童福利和保护制度建设的制度与政策基础

从广义上说，新中国成立以后，我国儿童福利和保护制度建设取得长足进步。国家对九年义务教育的重视和投入持续快速增加，免费义务教育制度在农村（2007 年）和城市（2008 年）先后普及。最近几年，国家财政用于教育经费的投入持续快速增加。2019 年全国学前教育、义务教育、高中阶段教育总投入分别达到 4099 亿、22780 亿和 7730 亿元，比上年分别增长 11.63%、9.12% 和 7.53%，对学前教育和义务教育的投入持续加大（马海燕，2020）。免费义务教育制度在全国的实施，是儿童教育福利政策的一项重要发展，是促进教育公平、提升儿童福利的重要举措。它在客观上提升了城乡儿童与青少年接受义务教育的机会和水平。统计数据表明，1992 年之后，我国小学学校教育毛入学率始终在 104% 以上（按各地相应学龄计算），初中和高中的毛入学率则呈现出持续快速的上升趋势。惠及全体儿童的义务教育免费制度的实施，凸显了中国教育福利的公民权属性，较好地保障了儿童接受基本教育的权利，为未来儿童福利事业的发展奠定了良好基础。

在医疗保障方面，儿童健康保障实现了从选择性福利向普惠福利的转变。改革开放之后，原有的农村合作医疗制度解体，农村儿童的健康保障主要依靠家庭通过市场的方法解决；在城市，只有城镇职工孩子患病时可从其父母所在单位报销一半医疗费，无正式工作市民的子女则和农村孩子一样享受不到国家医疗保障。从 1992 年开始，我国城市公费医疗制度逐渐被社会医疗保险制度替代，原来由单位具体负责的医疗保障朝社会化方向发展。因此，除极少部分继续实施公费医疗制度的国家机关事业单位会继续为其职工子女的医疗开支报销外，其他企业单位和机关事业单位都不再给其职工子女提供医疗保障。之后的很长一段时间里，中国一般城乡儿童的医疗保障主要依靠家庭和商业医疗保险（如学平险、大病保险、健康保险等）。但是，商业保险一般只针对健康儿童，对于有先天性疾病、遗传性疾病的儿童来说，商业保险一般都有特别的免责条款。此外，由于商业保险的成本高，许多经济条件不好的家庭都无力购买。因此，在医疗保障制度改革之后的十几年时间里，儿童医疗保障问题深深困扰城乡家庭，一部分家长甚至因为无法支付婴幼儿的巨额医疗成本而选择遗弃儿童（尚晓援，2008）。上述境况直到二十一世纪初才开始发生系统性变化。2003 年，国务院办公厅转发卫生部等部门《关于建立新型农村合作医疗制度意见的通知》，决定在全国试点建设由政府组织、引导、支持，农民自愿参加，个人、集体和政府多方筹资，以大病统筹为主的农民医疗互助共济制度。在这项试点中，民众以家庭为单位参加新农合，参加新农合的家庭的孩童由此获得新型医疗保障制度的庇护。2007 年，国务院发出《关于开展城镇居民基本医疗保险试点的指导意见》，要求将医疗保障制度覆盖到城镇非从业居民。不属于城镇职工基本医疗保险制度覆盖范围的中小学阶段的学生、婴幼儿可自愿参加城镇居民基本医疗保险。参保对象只要每年缴纳一定的费用，就可享受该项医保。对属于低保对象的或重度残疾的儿童参保所需的家庭缴费部分，政府原则上还有特别补助，部分地区实施全免政策。到 2010 年，这项试点医保政策成功推广到全国所有城镇。它和同时期开始推行的新农合医保制度一起，为儿童医疗提供了最基本的保障。这是过去 20 年来我国儿童福利政策的最大成就之一，它凸显了政府对于所有儿童基本医保权益的责任承担。

二十世纪九十年代中期之前我国的儿童福利只涉及被遗弃的孤儿，全国受惠人数不过十万。1995 年，中央在一份关于社会综合治理的文件中提出要在有条件的地方试点建立流浪儿童救助保护中心，专门救助保护流浪儿童（中办、国办，1995）。这个文件首次将我国儿童福利的对象从被遗弃的孤儿扩展到流浪儿童，是国家在协助家庭养育儿童、提升困境儿童福利的道路上迈出的重要一步。在孤儿保护和流浪儿童救助方面，国家在 1992 年以后的投入不断增大，儿童福利机构的数量出现快速增长。2010 年，为了全面保障所有孤儿的生活，国务院办公厅发布了《关于加强孤儿保障工作的意见》，明确要求把所有符合孤儿身份的儿童都纳入政府保障体系，要求各级政府全面保障包括散居孤儿在内的所有孤儿的基本生活，保障他们在医疗康复、教育、就业、住房等方面的基本权益。由此，政府主导的孤儿保障服务延伸到散居在社会中的孤儿，儿童照顾福利的对象进一步扩大，国家在承担对儿童的监护责任方面有了更多的担当。2016 年，国务院先后下发关于农村留守儿童关爱保护与困境儿童保障工作的文件，开始将孤儿和流浪儿童之外的农村留守儿童、困境儿童纳入儿童福利体系中。2019 年，民政部等 12 部门联合印发《关于进一步加强事实无人抚养儿童保障工作的意见》，明确建立事实无人抚养儿童社会保障制度，重点解决他们在生活、医疗、教育和监护责任四个方面的突出问题。这些政策努力，是近 20 年来中央有关部门在儿童福利服务方面最为大胆的改革，反映了政府在新时期发展儿童福利面临的压力和积极应对。

2019 年以来，我国各级民政系统相继建立专责儿童福利的机构，国家修订《未成年人保护法》，为未来儿童福利和保护制度建设奠定了良好的法律保障与组织基础。这些实践，将中国儿童福利体系稳步推向适度普惠型的范式之中，也为未来儿童福利和保护制度的建设奠定了良好的基础。

二、基本理念

社会福利政策的发展总是在一定价值理念基础上进行。我国儿童福利和保护制度的建设，既要遵循社会福利政策发展的一般逻辑，也要充分考虑我国经济社会文化的实际。

（一）儿童为本与儿童最佳利益保护

儿童福利又被当作旨在促进经济发展的社会投资。有研究者认为，对育有孩童的家庭以育儿津补贴、个税减免，为父母提供必要产假、哺乳假、亲职假等便利家庭与工作平衡政策，加大教育投入，是对社会未来的投资，可以得到比其他经济投资更高的回报率（吉登斯，2000）。随着我国人口出生率的持续下降和人口老龄化过程的不断加剧，人口红利持续削减，通过更完善的儿童福利政策正向激励家庭育儿，被认为是推进我国可持续发展的必要选择。基于这个认识，我国已经开始为育有孩童的父母减免个人所得税的政策，亦开始大力推进公共托育服务。

但是，现代儿童福利和保护制度建设的首要目标，并非儿童之外的经济发展或人口红利，而在儿童本身。儿童的福祉，是一切儿童公共政策的依归。

《联合国儿童权益公约》和我国《未成年人保护法》用不同的语言表达了对儿童为本、儿童利益最大化理念的强调。这不仅因为儿童是家庭幸福与国家未来所系，更因为儿童身心发展不成熟、难以独立参与到社会生产与生活之中。确保儿童的健康成长，是文明国家的共同追求，也是人类现代性的基本要求。儿童福利和保护制度建设的根本目标是要监督和协助家庭养育儿童，并在家庭无力养育儿童时替代家庭育儿，进而为儿童的生存与发展提供绵密有效的安全保障网络。

基于儿童为本与儿童利益最大化的理念，儿童福利制度的建设需要考虑怎么样的制度安排最有利于儿童，最有利于提升儿童的最佳利益。儿童生存权、发展权、受保护权和参与权的保障情况，儿童的身心健康水平，儿童受教育的质量，以及儿童的主观幸福感，是现代儿童福利和保护制度建设的根本依循。在建设社会主义现代化强国的过程中，儿童福利和保护制度要致力于确保每一名儿童，无论其性别、民族、户籍、家庭背景如何，都能得到良好的照顾、妥善的保护、有质量的教育。国家不仅要保障儿童的最低生活水平与最基本安全，更要让孩童优先享受改革开放和社会主义现代化建设的成果。

（二）家庭化与去家庭化的有效平衡

现代儿童福利和保护制度的形成和发展，是基于对传统家庭育儿模式的不足和存在的问题而开始的。工业化之后，现代学校教育制度逐渐形成，年幼的儿童需要用较长的时间接受成人社会的精心照顾和教育，方有可能参与到日益复杂化的由成人主导的社会世界之中。社会对儿童的成长投入了越来越多的关注，也有越来越高的期待。长时期的照顾与教育，要求家庭用更多的经济资源、照顾资源去抚养孩子，也需要家长用更科学的知识、方法与技能去引导教育孩子，这无疑增加了家庭育儿任务的难度与挑战。父母即使有充分的养育意愿，也未必有足够的能力去满足这样的需要。而况由于家庭结构的变化，不少家庭在育儿方面的能力其实在削减。基于此，公共的儿童福利和保护政策和服务的发展才有了充分的社会合法性。国家和社会需要动员一切的力量，确保儿童能够良好地生存与发展，不因家庭社会经济地位的高低、家庭育儿意愿与能力的强弱而失去生存与发展的机会。从这个角度上说，儿童福利和保护制度建设的过程，是要“去家庭化”的，是要确保来自不同家庭背景的儿童都能够享有平等发展的权利。

此外，我国社会有着悠久的家庭主义传统。长期以来，大多数家庭生活都以儿童为中心。父慈子孝，家庭内部不遗余力地互助传统，代代相传。这样的文化传统，加上亲子、家属之间的血缘关系，使得家庭成为养育儿童的最佳社会设置。传统上，家庭对儿童的照顾和养育既是不计成本的情感导向的价值理性使然，也是养儿防老的工具理性作用的结果。通过家庭成员内部的代际互助，国家可以较少干预社会成员的私人生活。这是一种公共成本较低的社会组织模式。在推进儿童福利和保护制度建设的过程中，国家既要有效监督、支持并适时替代家庭育儿，亦要充分尊重中国社会绵延数千年的家庭主义传统，注重维护家庭育儿的主体地位。发展儿童福利制度的目标，不在于简单替代家庭养育儿童的责任，更不在于惩戒父母和家庭，而是要以公共的力量与家庭一起保障儿童的最佳利益。

实现去家庭化和维护家庭的平衡，是未来中国儿童福利和保护制度建设要坚持的基本理念。这种平衡，既可以有效防止国家对家庭的过度介入，防止滑入福利国家的窠臼，也有利于维护家庭的独立，传承发展中国社会以家庭为主的育儿模式与家庭内部互助的传统。

（三）政府主导与社会参与

儿童福利和保护是一个公共议题。相关制度的本质，是国家对家庭育儿过程的监督、支持与替代。从国际上看，儿童福利和保护制度的制定、变革与实施，都由政府主导。国家不仅要制定法律法规，也要从政策与服务规范、组织机构与人力配套、财政资源保障、技术标准、监督评估等方面入手为儿童福利和保护制度建设创造充分条件。政府对儿童福利和保护制度建设的主导，在法律上是国家亲权理念的要求，在政策上是有效保障儿童权益的需要。

儿童福利和保护制度建设既需要制定法律法规，也需要将法律法规转换为政策，并从政策转换为儿童福利和保护服务。法律、政策与服务三位一体的系统建立健全后，儿童福利和保护制度的可操作性与可及性才有充分保障。一般认为，法律与政策的建立健全系由国家直接完成，而相关服务的推进实施则需要政府与社会的协作。在服务规范与标准、服务所需要的资金保障方面，国家通常承担主体责任。但是，诸如托育服务、家庭教育指导、监护意识与能力的评估、心理与社会辅导等具体福利与保护服务的执行，则可以通过购买服务的方式委托社会力量参与。从国际经验看，非政府组织在发送儿童福利和保护服务方面，具有作为科层体制的政府机构不具备的优势。例如，它常常聘有专业的社会工作者、心理工作者。它通常设立在邻近儿童与家庭的社区之中，对儿童福利和保护的需求能够更灵敏地察觉并提供更及时的服务。除了政府购买服务外，一些社会组织也会通过自筹资金，独立开展儿童福利和保护服务，积极回应相关社会需求。

政府与社会是协力服务儿童及其家庭的合作伙伴，其目的都在于提升儿童福祉，保障儿童最佳利益。我国政府高度重视社会力量对儿童福利和保护服务的参与，制定了一系列旨在促进和规范儿童福利服务类社会组织发展的政策文件。在打造符合我国实际的儿童福利和保护制度的过程中，这种发展格局与态势需要得到进一步强化、具体化。

三、目标使命

我国儿童福利和保护制度建设的终极目标，是要保障儿童的生存权、发展权、受保护权、参与权等合法权益，确保其健康快乐成长，培养担当民族复兴大任的时代新人。在这个目标导引下，在建设社会主义现代化强国的进程中，国家将从学校教育、医疗保障、司法保护、经济资助、托育服务、育儿指导、儿童与家庭的心理与社会辅导、儿童友好型社会建设、儿童虐待的预防和干预等方面入手，逐步完善我国儿童福利和保护制度。

当前，我国儿童福利和保护制度建设仍相对滞后，距离上述目标还有相当距离。在起步推进制度建设的进程中，要明确制度保障的水平与覆盖面。如下文将要叙述的，国际范围内的儿童福利和保护制度其实存有不同的模式。我国儿童福利和保护制度建设，是在社会主义现代化强国建设过程中推进的，始终离不开宏观政治、经济与社会文化的制约和驱动，需要与社会主义现代化强国的建设过程相适应。

与社会主义现代化强国建设相适应的儿童福利和保护制度，首先是社会主义的，是共享并强调共同富裕的。但凡我国儿童，不论民族、地区、城乡及其家庭背景，都平等无歧视地可享受到儿童福利政策与服务。我国的免费义务教育、城乡居民医疗保险制度、少年司法保护、最低生活保障制度、困境儿童保障等已经惠及所有符合资格的儿童。目前，相关福利政策与服务的水平尚未实现均等化，学前教育、公共托育、亲职指导、心理与社会辅导服务等部分福利服务的保障覆盖面也未及所有儿童。未来十五年，属于基本公共服务的儿童福利、儿童保护政策和服务将逐步拓展其目标对象。一张覆盖所有儿童的福利政策网络，将逐步编织而成。

与社会主义现代化强国建设相适应的儿童福利和保护制度，应该是具有较高保障水平的。按照中央绘就的 2035 年发展远景目标，届时我国经济社会发展都将进入一个崭新的阶段，国家综合实力将显著提升，对儿童福利和保护的水平也将得到显著提升。从目前较低水平的儿童福利和保护制度迈向更高水平的福利体制，需要掌握尽力而为和量力而行相结合的原则理念。既要坚持目标不放松，又要脚踏实地匍匐前进。例如，在讨论儿童教育制度时，我们无法简单模仿北欧国家免费的学前教育或高中阶段教育，也不能照抄奉行政府不干预政策的国家和地区的低福利安排。要科学掌握制度建设的目标与路线图，分阶段有步骤推进儿童福利和保护政策与服务体系的建设。

第一章　儿童福利的理论模型和概念辨析

儿童福利和保护是以儿童福祉为关怀，以儿童和家庭为服务对象的社会福利。从各国的实践看，因为政治理念、社会文化类型等的不同，不同国家和地区实践着不同类型的儿童福利制度，并由此形成了关于儿童福利的不同理论认知。本章将对儿童福利、儿童保护的概念及其理论、类型等予以讨论。

第一节　儿童福利的起源、内涵与功能

一、儿童福利的起源

慈幼事业发端于民间。中世纪以前的欧洲，儿童若因家庭原因得不到必要养育，通常会由其亲邻或教会提供养护。欧洲部分教会甚至明确制定规制，要求传教士做好教区内的贫民救济、孤儿照顾工作。此外，教会也会募集资金、物品，捐赠给有需要的贫困儿童。这一时期的西方儿童福利，实际上是宗教团体主导的慈善活动（彭淑华，2009）。

在我国，民间慈幼事业也有着悠久的历史，慈幼思想源远流长。《孟子·梁惠王上》所言“老吾老以及人之老，幼吾幼以及人之幼”，深入民心，传唱千年。在皇权不下乡的中古时代，各地宗族内部互助传统延续。至宋代，这种民间互助制度化程度显著提升。宋代政治家、文学家范仲淹即在其范氏宗族之中，设立“族田义庄”，为宗族内部孤老孤儿等的照顾养育提供财政基础。范氏家族的《家礼》写道：“初立祠堂，则计见田亩，每龛取其二十之一，以为祭田。”这种做法，得到各地宗族乡绅模仿，形成形式多样的族田义庄和宗族内部贫苦孤儿互助照顾的模式，是为中国民间儿童福利的典范。至今，家庭、宗族、社区内互助育儿传统，依然在一定范围内存在。

民间慈幼事业发展的同时，政府也开始以多种形式介入儿童养育，特别是对孤儿、贫困儿童的养育和救济。十六世纪之后的欧洲，宗教改革使得部分教会机构解散，原来依赖其生活的贫苦人士失去生活保障，甚至被迫流浪乞讨，贫民问题日渐突出，政府开始逐步介入。1601 年，英国伊丽莎白女王颁发《济贫法》，明确要求政府保护失去家庭监护的贫苦孤儿，并建立了具体救济方案。这是现代社会福利制度和现代儿童福利制度的发端。十九世纪以前的美国，也深受该法案的影响，选择将事实无人抚养的儿童通过寄养的方式安置在寄养家庭，或安置于综合性社会救助机构"济贫院"中。后期又安置在孤儿院、保育院等专门救助儿童的福利机构之中，推进了儿童救助机构的专业化发展（冯燕等，2000）。

在我国，政府主导的儿童福利政策和服务亦有悠久的历史。在古代的周王朝，恤孤慈幼制度已经开始实践。《周礼·地官·大司徒》规定，"大司徒"的职责是要"保息六政养万民"，"慈幼"为"六政"之首务。[1] 汉章帝曾明确以"养胎令"保护婴幼儿成长。魏晋南北朝时期，梁武帝在南京建立"孤独园"，照顾孤寡老人和儿童。《梁书·武帝纪下》记载："又於京师置孤独园，孤幼有归，华发不匮。若终年命，厚加料理。"历代"慈幼局""育婴堂""善堂"等育婴机构的设立运行，是我国儿童福利事业的先驱。

现代儿童福利的概念，直到十九世纪后期、二十世纪初叶才开始出现。其时，工业化过程不断深化，家庭生产和生活开始分离，女性更多地进入劳动力市场，父母面临的工作与家庭的平衡问题开始出现，儿童得不到家庭适当照顾的问题日渐凸显。不仅如此，童工问题也浮出水面。1883 年，英国制定《工厂法》，禁止儿童于夜间从事劳动工作，禁止 9 岁以下儿童参加劳动工作，规定 13 岁以下儿童每天工作时间不能超过 9 小时，每周工作时间不超过 48 小时（参见冯燕等，2000）。英国在 1918 年和 1975 年先后制定《产妇及儿童福利法案》与《儿童法案》，为英国现代儿童福利和保护制度的发展奠定了法律基础。在美国，1909 年，美国召开第一次白宫儿童工作会议，在全球首次明确采用"儿童福利"这一名词。1916 年，第二次白宫儿童会议召开，该次会议催生了 1921 年制定的《妇幼法案》（Maternity and Infancy Act）。1970 年，第七次白宫儿童会议召开，该次会议催生了 1974 年生效的影响深远的《儿童虐

---

〔1〕"大司徒"是西周时期主管国家财赋收入机构地官系统的最高官职。

待预防及处置法案》。在日本，1900 年，该国制定了《感化法》，规定有流浪乞讨等不良行为且无人监护的儿童，将被送到“感化院”接受辅导。1921 年，日本制定《儿童保护法案》，积极预防和处置虐待儿童行为的发生，该法案是日本《儿童福祉法》的前身。可以清楚看到，英国、美国和日本等发达国家在 19 世纪之后，加速了儿童福利和保护制度的建设。它们不断制定、修订、完善相关法律法规，为儿童福利和保护政策和服务的发展提供坚实的法律与政策基础。

1946 年，联合国成立儿童基金会（UNICEF），开始系统推进开展儿童权利保护与儿童福利工作。此后，很多国家相继制定法案，将儿童福利纳入社会保障体系中，推动了现代儿童福利发展。

二、儿童福利的内涵

儿童福利是社会福利的一种，是国家旨在保障儿童权益、提升儿童福祉的系统性安排。各国儿童福利体制并不相同，实际包括的儿童福利政策与服务的内容也不相同。

（一）广义与狭义的儿童福利

一般认为，儿童福利有广义与狭义之分。广义的儿童福利，泛指一切为维护和提升儿童福祉的公共政策与服务，包括教育政策、司法保护、医疗卫生政策服务、儿童照顾政策服务等。联合国 1959 年公布的《儿童权利宣言》明言，凡以促进儿童身心健全发展与正常生活为目的各种努力、事业及制度等都可称为儿童福利。这种广义的概念及其政策实践，有利于在舆论与政策层面为儿童的生存与发展做广泛的倡导。但它忽略了“儿童福利”政策内不同政策（如儿童教育政策、医疗健康政策、少年司法保护）间的区别和界限，不利于各专项政策的深入推进。

狭义的儿童福利聚焦于儿童的家庭养育，指用以监督、支持、协助或替代家庭养育儿童的政策与服务，是对家庭育儿过程的公共干预。1960 年，美国《社会工作年鉴》将儿童福利定义为旨在谋求儿童愉快生活、健全发展，并有效发掘其潜能，它包括了对儿童提供直接福利服务，以及促进儿童健全发展有关的家庭和社区的福利服务（周震欧，2001）。在这个定义中，儿童福利的范围相对缩小，它将学校教育、医疗保障、司法保护等排除在儿童福利之外。在狭义的儿童福利范式中，育儿津贴、贴息减税等对儿童及其家庭的经济资助，临时或长期的儿童照顾服务，亲职教育，儿童及其家庭的辅导服务，儿童保护服务等，被视为儿童福利的主要内容。不过，在不同的国家和地区，儿童福利体制并不相同。在瑞典、丹麦、芬兰等北欧国家，儿童福利几乎囊括上述所有方面，且其福利保障的水平较高。但在美国等崇尚市场的国家，儿童福利的对象和范围相对较小，保障水平较低。例如，美国联邦与大多数州政府推行的儿童福利政策，大多是针对忽视与虐待儿童的儿童保护政策。

中华人民共和国成立后相当长一段时间里，我国狭义的儿童福利工作主要只惠及被遗弃的孤残儿童。其时有关儿童福利的政策文件与规范中，儿童福利机构通常特指集中养育这些儿童的机构，儿童福利也只是针对这特定群体的养育。及至21世纪，我国儿童福利的对象开始逐渐拓展到散居孤儿、事实无人抚养儿童、受地震等灾变影响的儿童、受艾滋病影响的儿童、留守儿童等监护缺失或监护不当的困境儿童，相关福利服务的内容则以基本生活保障和对家庭养育的支持为主。

我国儿童福利制度是建立在中国特定经济社会文化背景基础之上。它强调家庭在养育儿童方面的主体作用，致力于通过法律、政策与服务的实践，确保儿童能得到基本的照顾、保护与教育。本书选择从广义上界定儿童福利，把所有有关儿童福祉的法律法规、政策与服务都视为儿童福利制度建设的内容。具体地说，中国的儿童福利，指由国家为确保孩童能得到适当照顾、保护和教育而提供的预防性和救济性的公共政策与服务，包括儿童教育、医疗保健、司法保护、公共托育、亲职指导、心理与社会辅导等所有涉及儿童福祉的法律法规、公共政策与服务。这和狭义的儿童福利，也就是专门支援家庭照顾儿童功能设立的福利服务，具有明显的不同。狭义的儿童福利，实际上是嵌入广义的儿童福利制度之中，两者相互制约又相互促进。

考虑到我国免费义务教育已经实施多年且成效显著，少年司法保护的实践也在积极推进之中，本书将在整体观照广义儿童福利制度的基础上，重点关注狭义的儿童福利制度，特别是当前及今后一个时期由民政部门负责主导的儿童福利制度，包括农村留守儿童关爱保护、困境儿童保障、儿童虐待的预防和干预、儿童收养、孤儿生活保障等福利服务。

（二）儿童保护与儿童福利

在现代儿童福利的理论框架与实践体系中，儿童保护与儿童福利是两个相互联系又相互区别的概念。如前文所述，各国最早的儿童福利，都是面向贫弱孤苦的困境儿童，国家以济贫、替代养育等办法确保得不到家庭养育的孩童能获得必要的生存机会。这样的儿童福利，其实正是发达国家和地区不断发展完善的现代意义上的儿童保护（Child protection），其直接目标，在于确保儿童免于无人养育，免于被遗弃和死亡的风险。[1]

儿童保护是国家通过法律、政策与服务，对受到或可能受到忽视或虐待等不正当对待的儿童提供的救助、保护和服务。由于对儿童的不正当对待可能严重伤害其生命安全，儿童保护被几乎所有国家视为最重要的托底性儿童福利政策。我国党和政府高度关注儿童保护。1991 年，全国人大批准通过《未成年人保护法》，明确以法律的形式对预防和制止儿童虐待等儿童保护问题做出安排。2020 年 10 月，全国人大对该部法律做了较大幅度修订，增设网络保护与政府保护专章。在政策实践层面，民政部自 2013 年起开展了儿童保护制度建设的系统努力，开启了我国现代儿童保护服务发展的历程。

儿童保护政策的目的是要有效预防和干预针对儿童的忽视、身体虐待、性侵犯和精神虐待等虐待行为，有效保障儿童免受忽视、虐待、遗弃、拐卖和剥削的受保护权。儿童保护政策涉及对家庭育儿过程的监督、支持和临时或永久的替代，是公权力对私领域的直接干预。中国儿童保护制度建设要发展包括监护监督、监护支持和监护替代在内的三位一体的儿童保护服务体系。这个体系的打造与实践，是一项专业性强的福利服务工作。它需要相关机构和人员以专业的理念、知识和技能去面对遭遇或可能遭遇虐待的孩子，面对实施虐待的成年人，并根据受虐风险及其程度开展一系列儿童保护服务。这是一个涉及亲子关系、道德伦理、法律规范、监护权的转移、虐待评定、儿童家外安置等敏感

[1] 这个“儿童保护”与我国《未成年人保护法》中界定的“未成年人保护”或大众常说的“未成年人（儿童）权益保护”是内涵外延不同的概念。从《未成年人保护法》可清晰看到，它所指的“未成年人保护”，事关未成年人的生命安全、身心健康、学校教育、休闲娱乐、决策参与等所有权益的保护，是一切儿童工作的总和。未成年人权益保护工作涉及面极其广泛、内容极其丰富。其有效开展，需要国家机关、武装力量、政党、人民团体、企业事业单位、社会组织、城乡基层群众性自治组织、未成年人的监护人以及其他成年人等全社会所有力量主体的共同参与。尽管新修订的《未成年人保护法》2021 年 6 月 1 日生效后，未成年人保护工作的协调机制的具体工作由县级以上人民政府民政部门承担，但考虑到本书的重点为现代国际社会通行的儿童福利和保护制度，读者主要为从事现代儿童福利和保护理论研究与实务工作的人员，本书关于儿童保护的讨论将主要聚焦于儿童虐待与忽视的预防和干预。

而复杂的议题的过程。

现代儿童保护制度强调事前预防和事后救济干预的有机结合。在社会服务领域，最好的治疗是预防。在儿童保护中，国家不但要及时发现并有效干预虐待问题，更要注重儿童虐待问题的积极预防。儿童虐待通常源于施虐者监护责任意识的不足、科学育儿知识与能力的缺乏、以及他们客观育儿资源的匮乏。通过监测预防、育儿指导、经济资助、托育照顾等预防性服务的开展，导致儿童虐待问题的风险因素可以被控制，虐待问题可以得到一定程度的预防。但从国际社会的一般经验看，无论儿童福利服务是否完善，虐待儿童的问题都会或多或少发生。因此，及时发现并有效干预儿童虐待问题的救济性儿童保护政策与服务就显得至关重要。

预防性的儿童保护服务与一般的儿童福利服务有相通之处。从经济、照顾、亲职指导、心理辅导与治疗等方面协助高风险儿童及其家庭，是欧洲大陆、特别是北欧国家儿童福利制度的重要内容。不过，预防孩童免受忽视和虐待，只是现代儿童福利制度的目标之一。现代儿童福利制度更通过完善的资金补助与税收减免、教育政策与服务、医疗政策与服务、儿童照顾政策与服务等不断提升儿童的福祉，亦通过投资儿童达成投资国家和未来、实现人口再生产的经济目的。从这个意义上说，儿童保护制度是最基本的儿童福利制度，是旨在保障儿童基本生存权和受保护权的福利制度，其目的是预防和制止针对儿童的忽视与虐待。儿童福利制度的内涵和外延则比儿童保护更宽阔。如下文将要讨论的，现代发达国家无不建立起了具有诸多共同特点的儿童保护制度，致力于预防和制止针对儿童的忽视与虐待。但发达国家和地区的其他儿童福利的覆盖面和保障水平，则都有明显的差异。例如，美国和英国、芬兰都有完善的儿童保护制度，但总体而言，美国的其他儿童福利政策与服务则远不如英国、芬兰完善。

从国际儿童保护与福利制度的实践经验看，我国儿童保护与福利制度的建设，首先应该建立健全儿童保护制度，确保儿童的基本安全与基本生存权与受保护权。这是儿童福利制度建设的基础。无论儿童教育、医疗、司法保护多发达，甚至无论普惠的育儿津贴制度多么健全，如果不能有效预防和制止儿童虐待，儿童福利与保护制度就是残缺不健全。本研究将“儿童保护”与“儿童福利”并列相提，并简称为“儿童福利与保护制度”，一是要凸显儿童保护制度在整个儿童福利制度中的基础性地位，二是要充分彰显儿童保护与儿童福利密不可分的关系。

三、儿童福利的功能

儿童福利的宗旨是要保障儿童权益，提升儿童福祉，促进儿童发展。这个宗旨的实现，则仰仗儿童福利的以下三项功能。

（一）救治干预的功能

在经济社会发展过程中，有的儿童往往需要更加特殊的照顾与服务，有的家庭则会出现失能、无力监护儿童的问题。身心障碍儿童、患有大重病与长期慢性疾病的儿童，大多无法参与到正常的生活和教育过程。自然灾害、突发疾病、意外事故、家庭关系紧张、虐待等事件与行为，可能置孩子于特定风险之中，并威胁其正常的生活和学习。还有的儿童因为得不到适当的照顾、保护和教育而出现心理健康问题，并可能出现身份认同危机、与他人关系危机，需要系统专业的心理与社会干预。这些遭遇困境的孩童，往往需要家庭之外的福利与服务干预。

现代儿童福利和保护制度的建立，可以发挥其协助、替代家庭养育儿童的功能，对身处困境、面临问题的儿童及其家庭提供紧急干预。例如，对家庭监护缺失或监护不当的儿童，农村留守儿童关爱保护服务、困境儿童保障工作等儿童保护服务可以通过其发现报告和紧急干预等机制，为其提供必要的保护性服务，解除其遭遇的危机。儿童保护机构在接获虐待儿童的报告后，会和公安机关等一起实施紧急干预，必要时对儿童做家外安置服务。对出现不良行为或严重不良行为的中小学生，学校社工、少年司法保护服务等可以透过专业的个案服务、专门学校的矫正教育等，引导其重新习得参与社会生活需要的态度、知识和技能。健全有效的儿童福利和保护制度，实则也是儿童安全网，可以及时发现并有效干预儿童面临的风险与问题。

（二）积极预防的功能

儿童福利不只包括事后的干预救济，更有积极预防的作用。针对儿童可能面对的被忽视、虐待、剥削、不法侵害、网络成瘾、意外伤害、自然灾害等各种风险，现代国家不断发展完善儿童福利和保护服务，采取有针对性的政策措施，协助家庭和儿童规避风险，防患于未然。美国在 1974 年通过的儿童保护法案名字《儿童虐待预防及处置法案》中就直接包括“预防”两字。我国也以《预防未成年人犯罪法》这一整部法律来规范如何更积极有效预防儿童出现不良行为、严重不良行为和越轨犯罪行为。在不少地区的中小学校，安全教育已经逐步纳入学校正式课程之列，校方以系统的方法教授学生认识、防范和应对可能面对的各种安全威胁。为防止双职工家庭因家庭与工作关系的紧张导致儿童忽视问题，国家开始系统地发展公共托育服务和学前教育。

积极的预防性的儿童福利服务能够帮助儿童免于风险和灾难，可以更积极有效的保障儿童的合法权益。预防性的儿童福利服务往往比事后救治干预型的福利服务更经济。亦因此，随着经济社会的发展，不少国家越来越注重发展完善儿童福利服务体系，特别是支持家庭妥善养育儿童的福利服务。

（三）促进儿童发展的功能

通过学校教育、家庭教育以及对儿童的直接赋能（Empowerment），儿童福利和保护制度可以协助发展儿童的潜能，为其成年并参与社会生产和生活做好充分的态度、知识与技能的准备。免费义务教育的推行，极大地保障了所有儿童的发展权，为其通过教育获得更好的发展提供了可能。家庭教育指导服务，则通过提升家长教育能力而改善儿童从家庭中获得的教养的质量。儿童福利社工、学校社工等儿童福利工作者队伍运用专业的社会工作知识，发掘儿童的潜能，助人自助，对儿童独立自主性的发展具有系统性助益。正是在这个意义上，儿童福利具有社会投资的属性，对其个人人力资本的提升和全社会人口红利的增长，具有积极的促进作用。

第二节　儿童福利理论

儿童福利理论是关于为什么要发展儿童福利、发展什么样的儿童福利、以及如何发展儿童福利的论述。

一、人类需求、公民身份与儿童权利理论

为了生存、发展、工作与社会交往，人类会形成对特定物品、场所、设施、服务、关系等的依赖。适时获得这些依赖品，是保障个体生命安全、尊严

与工作的前提条件，也是驱动其不断努力的内在动机。著名心理学家马斯洛（Maslow，1943）的经典研究指出，人类的需要至少包括（1）最基础的生理需要，包括对食物、水分、空气、睡眠、性的需要等；（2）第二层次的安全需要，包括免于暴力和恐惧的需要、有秩序的需要等；（3）第三层次的归属和爱的需要，包括社交与友谊的需要、亲情与爱情的需要等；（4）第四层次的尊重的需要，包括自尊、认同的需要等；以及（5）最高层次的自我实现的需要，包括实现自己的潜能、追求自己的理想的需要等。在他看来，对人的生存而言，基础层次的需要是最基本最重要的需要，但高层次的需要对于人的发展与尊严的维护不可或缺。

个体的努力，家庭、邻里、朋友等的支持与互助，公益与慈善力量的协助，国家的福利政策与服务等是满足个体需要的重要主体。公益慈善与公共政策不健全的传统时代，个体的需要主要依靠前两者得以满足。那时的人们在获取衣食住行医等基本生存资料、应对暴力与灾难、追求个人理想时，主要仰仗自己的努力与家庭的支持。在这种自我保障难以满足自己需要的情境中，个体的生存与发展将遭遇程度不等的风险和威胁。工业化之后，公益与慈善的力量在不断壮大，国家主导的现代社会保障制度开始发展，由此，个体的需要有可能获得更系统、更有组织的社会力量支持和国家福利制度保障。至20世纪上半叶，公民权理念兴起，为公民的生存与发展创造必要的条件和保障，逐渐成为现代国家的基本职责。公民身份（Citizenship）是一个现代权利概念。它意味着个体拥有特定的不可剥夺的权利，国家需要为这些权利的实现提供充分保障。因此，公民身份实际上是现代国家与公民个人之间的契约。公民有责任纳税、服役并为社会做贡献，国家则要为公民提供安全与基本福祉保障。这样的保障与福利供给，是无差别无歧视的，完全基于公民身份。

按照马歇尔的研究，拥有公民身份代表着个体可以享有一系列权利。首先是民权（Civil rights），特指为维持捍卫个人独立和自由所需要的权利，如法律面前人人平等，个人享有言论自由、迁徙自由等。这是现代社会公民努力争取到的第一项权利。其次是政治权（Political rights），特指参与政治的权利，包括选举权、被选举权、知情同意权等。政治权的确立，标志着公民不仅有权要求政府保证其个人自由，更有权利直接参与政治过程，决定资源分配。最后是社会权（Social rights），它特指从国家获得福利服务的权利。依此，国家有义务为每个公民的体面生存提供机会和保障（Marshall，1963）。社会权不是慈善，而是法定权利。只要是一国公民，都有权要求政府为其提供必要的生活保障与福利供给。在这个意义上，人人皆平等。惟其如此，阶级的差异，以及由阶级差异引发的社会矛盾与冲突，才能得到较好控制。

如下文将要讨论的，现代国家都注重对公民权的保障，所不同的只是保障的范围和水平。强调资格审查、警惕福利依赖与福利国家危机的国家，通常会强调个体的努力和劳动，强调市场提供的就业福利的意义，并把国家福利严格限定在特定困难人群。但强调公民社会权的国家，会在财政许可的情况下，推行更完善充分的福利政策服务。不过，在儿童权利保障方面，现代国家的共识远远大于分歧。由于儿童身心发展尚不成熟，被广泛认定为合法的依赖人群。因为年幼，其日常生活完全依靠成年人供给。确保儿童的基本需要得到满足，保障儿童的生命安全与成长教育，是地球村的共识。几乎得到世界所有国家签署的《联合国儿童权利公约》明确指出，所有的儿童，不论民族、宗族、性别、家庭出身等，都享有生存权、受保护权、发展权和参与权。公约缔约国承诺将采取一切办法确保每一名儿童都能获得生活必需品，得到妥善的照顾和教育，都可免于忽视、虐待、遗弃、剥削和拐卖等伤害，都有权参与到关系到他们切身利益的决策过程中。对这些儿童权利，我国《未成年人保护法》等法律法规及政府文件都予以了确认，明确了国家在保障儿童权利与福祉方面的责任。法律学者常用“国家亲权”概念对此进行描述。

基于保障儿童需要与儿童权利实施的儿童福利和保护是全面而系统的，涵盖儿童教育、医疗保障、生活保障、公共托育、亲职指导、心理康复与社会辅导等。需要注意的是，我国相关法律法规并没有将这些儿童福利的供给责任简单限定于国家，而是强调政府、家庭、社会组织及其他组织与个人的共同努力。儿童福利和保护制度的架构与实施，取决于不同主体之间的角色定位与关系模式。但无论具体关系模式如何，对国家作为兜底保障儿童福祉的责任主体这一点，则没有争议。

二、社会投资理论

二十世纪七十年代之后，有鉴于福利国家的危机，一些国家开始反思福利的限度，并采取削减福利的政策措施。美国里根政府与英国撒切尔政府都按照新自由主义的理论主张，大幅削减政府在社会福利方面的开支。按照他们的政策设计，社会福利政策的实施要为劳动力市场的发展与经济活力的增强服务，其他的福利更多是家庭与个人的责任。但是，这种削减不仅没有有效减除财政危机，也影响了人力资本与人口红利的累积，使得部分民众失去生活保障，贫困问题变得更加突出（邓锁，2015）。为此，人们开始从社会福利的生产性及其投资属性角度来讨论社会福利政策的实施。

按照社会投资理论，社会福利是有生产属性的，能够促进经济增长，推动经济与社会协调发展。增加对福利与民生的投入，是一种新型的社会投资，有利于人的培养和发展。具体地说，实施以社会投资为导向的社会福利政策与服务，可以提升人们参与劳动力市场和经济生产过程的动机、知识和能力，有利于提升生产力。社会投资理论强调，社会福利应该首先投入到人力资本、就业准备、劳动技能培训、社会资本等有利于促进生产的社会事业中。通过消除人们参与经济生产的经济限制与社会性障碍，提升其人力资本，个人的福利及国家福利的总和都能得到提升。基于这些考虑，吉登斯力推其第三条道路和积极的福利政策。在他看来，消极的福利政策只关心财富与资源的再分配，只注重协助人们面对困境，只注意提供物质与现金的帮助。这些做法，不足以充分彰显社会福利的投资属性。政府应该超越传统的消极福利，迈向积极福利，注重通过福利供给为民众增能赋权，提升其奋斗的意识、劳动的技能、自我实现的可能性。积极的福利政策除了关注物质和资金的简单救助外，更注意教育、托育，注意通过专业服务提升个体的态度、动机和能力。这是一种更加注重预防的福利理论，它致力于实现经济增长与社会发展的兼容，以进一步实现经济的包容性可持续发展（吉登斯，2000）。

从1990年代开始，社会投资理论开始成为关于经济发展和社会福利的主流话语之一，并直接推动了儿童福利政策的进一步发展。儿童是家庭的幸福所系和国家的未来，对儿童的投入，是社会投资理论的重要主张。无论是对贫困儿童的福利投入，还是对一般儿童的照顾服务、早期干预、亲职指导等的投入，都被看作是对人力资本的投入，可以促进儿童的成长和人口红利的提升。受到社会投资理论、特别是吉登斯积极社会政策理论的影响，2007年12月，英国公布英国教育与儿童事业发展的十年规划——《儿童计划：创造更美好的未来》，从儿童教育、健康、家庭教育、社区环境、社会福利政策等方面为英国儿童发展提供了全面规划，展示了英国政府通过儿童投资推动英国发展的雄心（参见邵兴江等，2008）。在这个计划里，英国政府把儿童视为“100%的国家未来”，并把对它的福利投入看作是整个社会投资的战略首选。投资儿童即为投资未来。国家不仅增加对儿童教育和医疗的投入，也注意提升家庭养育儿童的能力，有系统地敦促家庭更多更好地养育儿童。

在社会投资政策框架下，除去进一步发展学校教育外，儿童福利和保护制度特别注重从以下三方面投入：

一是为育有儿童的家庭提供经济的资助，增强家庭育儿的经济能力，避免贫困给儿童成长带来的负面影响。对儿童和家庭的收入支持，包括国家为他们提供的儿童津贴、税收减免等财政补贴，也包括国家为儿童设立的儿童储蓄账户及其运转。特别值得一提的是，自迈克尔·谢若登出版《资产与穷人一项新的美国福利政策》一书之后（参见 Sherraden，1991），社会投资理论与资产建设理论在儿童福利领域迅速开始结合。从 2002 年开始，英国政府开启儿童信托基金项目，为每一新生儿童设立儿童发展账户。政府给每个新生儿一定数额的款项，家长可将这笔钱投资于儿童信托基金，待孩子成年后支取用于孩子未来的教育、接受培训、购房或建立自己的事业。这样，受益孩童，无论出生与家庭背景如何，都可以在成年后获得一定的资产和发展机会（成福蕊等，2012）。这项计划虽在 2010 年后不再接受新的信托用户，但其理念后来在美国、加拿大、韩国与新加坡等地得到进一步实践。

二是完善育儿假的制度安排。育儿假的安排，使得参与劳动力市场的父母，尤其是母亲，能够安全地暂时退出劳动力市场，并在孩子逐渐成长后重返工作岗位。这一方面有利于父母工作和家庭收入的稳定，一方面方便家庭更好地照顾孩子。从国际儿童福利制度的实践看，育儿假一般包括产假、陪产假、育儿假、父亲假以及各种临时性的照顾假等。有的育儿假是带全薪的，有的是部分带薪，有的则是无薪。

三是公共托育服务。越来越多的国家开始为 0—6 岁的婴幼儿提供公共的托养、照顾与学前教育服务，设立早期托幼机构，协助家庭照顾孩子。一般地，公共托育服务的目标，是为补充家庭照顾儿童功能的不足。近年来，我国政府对 0—3 岁婴幼儿的托育机构和面向 3—6 岁的幼儿园的投入不断加大，相关规范不断健全，是向儿童投资的生产性福利的实践。

在社会投资范式中，儿童福利和保护制度赢得了较大的社会合法性。但社会投资关注的是儿童的生产属性，没有充分考虑其当下的需要、诉求与权利。由于儿童的成长受到个体自身的素质与努力、家庭、同伴群体、公共政策、经济社会背景等诸多变量的影响，对儿童投资回报率的测量本身，也面临大量不确定性，儿童福利的社会投资理论的证据基础尚需强化。

三、儿童福利供给的多元主义理论

自19世纪80年代德国俾斯麦政府建立现代社会保险制度之后至20世纪30年代，西方发达国家相继建立起较为完善的国家保险体系。由政府主导的健康、工伤、养老与失业保险制度在这些国家为民众提供了较为完善的安全保护网络。20世纪中期开始，发达国家社会保险制度的覆盖面与保障水平，得到明显提升，福利国家制度逐渐成形并在西方世界秩序中发挥基础性的作用。二战后经济的持续繁荣为高水平福利国家制度的建立和运作提供了坚实的财政基础，少数族裔问题、妇女问题、残疾人问题、儿童问题等一系列问题由此得到良好解决。其间，欧洲国家，特别是北欧国家不断拓展福利计划，各类职业培训、就业援助、病假、生育与照顾假与津贴等福利政策与服务得以施行，一些国家建立了政府主导的从摇篮到坟墓的福利国家制度。

20世纪70年代中后期发生的石油危机，终止了战后世界经济的持续繁荣。由其引发的经济滞涨一方面削减了福利国家制度的财政基础，另一方面带来了更多的社会问题与社会福利需求。由此，福利国家危机显现，以哈耶克、弗里德曼等为代表的自由主义者对政府干预、福利国家进行了有力批判。在他们看来，政府的干预应该是最低限度的，福利的获得、需求的满足应该由个体和家庭从市场中获得，国家要做的是市场监管与规范。这样的经济社会背景下，几乎所有的福利国家都开始或明或暗缩小政府福利开支，英国撒切尔政府与美国里根政府的福利削减尤为显著。越来越多的人相信，福利的供给不应只是政府的责任，应该强调家庭、市场和社会的作用。新工业福利国家、组合主义的福利国家、志愿福利国家、新混合福利经济等替代福利国家概念的新理论相继问世（参见彭华民，2009）。

福利国家危机发生之后，关于福利供给责任主体的讨论增多。罗斯（Rose，1986）指出，个体福利的总和，应由家庭、市场与国家可能提供的福利净值所决定。由家庭、市场和国家共同组成的福利整体，即为福利三角（Welfare triangle）。其中，国家提供的福利，体现的是平等和保障的价值，强调社会资源的再分配。家庭提供的福利是非正式的、私人的，体现的是团结和凝聚力，强调共同体的互助。市场提供的主要是就业福利，体现的是自主选择与个人奋斗。国家和家庭提供的福利是社会成员在劳动力市场遭遇失败时的保障。在这个福利三角中，政府只是福利供给的主体之一。1996 年，伊瓦斯（Evers）进一步提出，福利的来源还有第四个主体，即民间社会。他高度关注非营利部门、民间组织等志愿部门对社会福利整体的贡献。这个理论主张，后来得到吉尔伯特（Gilbert）等人的支持（参见彭华民，2009）。吉尔伯特区分了经济市场与社会市场，认为福利国家的社会市场主要根据人类需求、社会义务、慈善动机、利他原则来分配商品和服务，非正式组织与第三部门在其中扮演重要作用。

因为不能参加到劳动力市场而只能依赖成人社会的扶助，作为未成年的儿童没有足够的能力依靠自己从竞争性市场中获取福利。因此，儿童福利体系与模式的改革与完善，实际上是要调整好家庭、社会与国家三者在儿童福利供给过程中的关系模式与角色定位。工业革命之后，现代民族国家开始系统地关注儿童的福利，通过或积极或消极、或公开或隐蔽地发展家庭与儿童政策介入到儿童抚育事务之中，积极关注贫穷儿童、孤残儿童、被遗弃儿童，关注儿童的基本医疗保健，关注他们的受教育问题，关注儿童忽视与虐待，进而关注到家庭无力照顾的孩子和越轨儿童（参见 Thomas，2000）。这之间，最值得关注的是，英国 1889 年颁布实施的儿童法案赋予了法庭以剥夺忽视、虐待儿童的父母的监护权的权力，在人类历史上第一次从法律上粉碎了孩子是父母私有财产的神话，为国家干预儿童抚育事务提供了充分的法律基础，成为现代儿童保护与儿童福利制度的重要基础。

在福利多元主义框架中，不同国家的儿童福利制度对家庭和国家的作用的侧重有所不同。在强调家庭作用的政策体系中，国家只有在家庭功能失灵时才发挥其作用、起身协助困难家庭抚育儿童。这是一种残余福利模式（Residual model），注重对问题儿童、困难儿童及其家庭的帮助（Quintero，2009）。而国家为本的制度性儿童福利政策模型则注意通过公共政策去预防儿童问题，促进儿童的正面成长，其福利的对象通常是所有儿童，而不仅仅是边缘弱势儿童（Nixon，1997）。

尽管“国家—家庭”二分模型为我们理解儿童福利模型提供了极大的便利，但是，各国儿童福利体系都是经济、政治、文化等多种因素共同作用的结果，很难说哪一个国家的福利体系纯粹是残余模型或普惠模型。因此，在“家庭－国家”轴心外，有研究者开始注重亲属网络、社区伙伴、志愿者等非正式、第三部门在儿童福利服务过程中的作用，由此提出了社区为本的儿童公共政策模型（Pecora，et al.，2009）。这与福利多元主义理论对于国家、市场、家庭与社会的共同强调异曲同工（见 Rose，1986）。

第三节 儿童福利的政策取向与类型

由于经济社会文化的历史与现实脉络的不同，国家对于家庭育儿之事的干预、支持与服务的方式、内容及隐藏在其后的理念，在各国之间存有较大差异。人们可以从国家和家庭的角色定位、父母和儿童的关系等视角，对现有的儿童福利类型进行区分与理解。

一、儿童福利的主要取向

根据国家介入儿童抚育的方式，Fox Harding 曾经在理论层面区分出四种不同的儿童社会福利类型：自由放任主义模型（Laissez - faire）、国家家长主义模型（State paternalism）、父母权利中心模型与儿童权利中心模型。

（一）自由放任主义模型

以不干预、小政府、市场主导为主要内容的自由放任主义坚持最大限度地限制国家介入，强调维系“不受干扰的家庭生活”的重要性。这一模型支持既存的家庭内部成人之间权利关系模式（如男主外女主内），亦支持传统的亲子关系模式。因为家庭生活是一个独立的整体，国家应该尊重其固有的边界，不可轻易将触角延伸至其内。自由放任主义模型通常只对边缘困境儿童提供必要援助，以确保儿童的最基本安全与生活。

（二）国家家长主义模型

国家家长主义高度强调儿童的脆弱性与依赖性，认为国家应该通过有组织的保护儿童的行动去捍卫并提高儿童福利。在它看来，国家主导的儿童社会福利不仅应该关注得不到家庭充分照顾的孩童，也应该设法增强一般正常家庭的育儿能力，因为现代国家培育的专业儿童工作者（如医生、教师、法官与社工等）往往比家长更能准确判断什么才是儿童的最佳利益，以及怎么做有利于维护其最佳利益。

（三）父母权利中心模型

和国家家长主义有所区别的是，尽管父母权利中心模型强调国家介入儿童抚育事务的合理性，但是，它并不主张、不欢迎强制的、逼迫性的（Coercive）国家干预服务。在这个模型中，父母是一个需要国家支持的儿童照顾者，但是国家绝不可轻易剥夺父母的监护权，不可轻易将儿童放置到儿童之家、儿童中心等替代性的社会儿童照顾机构之中。即使是那些真地需要离开父母接受国家照顾的孩子，替代性照顾方案也应该协助孩童与他们的家长进行必要沟通与联络。在这个模型中，家长的权利与需要和儿童的权利与需要并重。

（四）儿童权利中心模型

在儿童权利中心主义中，儿童的感受、理解、希望、自由、选择与行动至关重要，所有关于儿童的安排都应该让儿童参与。和前面三个模型有所不同，该模型强调儿童的参与权利，突出儿童的能力与主体性（Fox Harding，1996）。

二、儿童福利体制的类型

艾斯平—安德森认为，可以根据社会福利制度“去商品化”的程度来理解各国社会福利体制的异同。在他看来，资本主义社会产生以后，个体必须通过自己的劳动并参与市场的商品教义才能维持生存，人的福利完全依赖于劳动力、商品和金钱的交易，人因此被“商品化”。所谓“去商品化”则是个体不必仰仗市场交易或出卖劳动力即能维持其生活（Esping－Andersen，1990）。社会福利体制的“去商品化”程度越高，人们就越可能凭借福利体制而跨越家庭经济社会地位、社会阶级阶层的差异和不平等，福利体制本身的“福利国家”属性就越高。在比较主要资本主义国家福利体制之后，艾思平—安德森认为各国的福利体制（包括儿童福利体制）主要有自由主义福利体制、保守主义福利体制和社会民主主义福利体制等三种。

在理解全球儿童福利制度类型时，艾斯平—安德森的类型划分具有重要的参考价值。它所归纳的三种福利体制类型和后来的研究者所揭示的东亚国家福利体制一起，构成为我们理解儿童福利类型的重要理论工具。

（一）自由主义福利体制

自由主义福利体制主要承继英国《济贫法》的传统，特别关注低收入的底层人群。福利政策与服务主要是在资产资格审查基础上的社会救助和有限基于缴费的社会保险（参见彭华民等，2009）。其福利覆盖的范围和福利保障水平有限，十分警惕福利可能给劳动、奋斗与自由市场带来的伤害。这种福利体制的“去商品化”程度最低，对公民社会权的范围界定严格。

在美国、加拿大、香港等奉行政府不干涉的自由主义体制的国家和地区，自由主义福利体制巍然屹立。它高度强调家庭、市场与社会在儿童抚育中的作用，政府一般只为儿童进行人力资本的投资和对困境儿童的保护，较少有实物的保护性投资或一般所谓的育儿津贴。譬如，美国的儿童福利，主要只是针对儿童虐待的儿童保护服务。在这种自由主义的儿童福利体制下，儿童抚育被视为主要是家庭之事，国家的过度介入会影响到个体的自由、侵犯家庭的隐私、破坏家庭责任。

（二）保守主义福利体制

保守主义福利体制推行强制性的社会保险，福利待遇的领取，往往取决于劳动力市场的参与和社保缴费的情况。政府在保险精算的基础上，根据个人的工作和缴纳社会保险费的数量、时长等决定其所能获得的福利水平。显然，这种福利体制试图给所有的人提供一定范围的福利，但是为福利的获得设定了要参加工作和缴纳社保费的前提条件。在这里，公民社会权的保障和福利体制的“去商品化”有资格要求，给付的标准也参考社会保险的精算结果。

欧洲大陆的德国、法国、奥地利和意大利等国都奉行此种社会福利体制。在儿童福利方面，这些国家的供给比自由主义福利体制做得更多。一方面它为育有儿童的家长平衡工作和家庭的关系、继续参与劳动力市场并缴纳社会保险费提供了亲职假、育儿经济资助等福利服务，另一方面它尊重儿童不能参与劳动力市场的客观现实，为儿童提供了诸多免于缴费的福利待遇。

（三）社会民主主义福利体制

社会民主主义福利体制盛行于北欧国家，它深受贝弗里奇的普遍公民权理论影响。只要具有公民身份，无论工作或个人表现如何，都可以享受到国家提供的全面的福利。教育、医疗、津补贴、照顾服务等总是平等地惠及每一个人，无论其身份、背景、职业、工作表现、缴纳的社保费如何。这种福利体制的“去商品化”程度最高。在儿童福利方面，它高度强调国家在儿童抚育过程中的积极责任（陈云凡，2008），注重为所有儿童提供必要的福利服务。福利的内容包括育儿津贴、税费减免、公共托育、亲职假等诸种类型。

（四）东亚国家儿童福利体制

对东亚国家福利体制，霍利德（Holliday）在2000年提出了生产主义福利体制的解释框架，主张从经济发展与社会政策的关系角度解释“不情愿的福利国家”。在他看来，东亚国家和地区的福利确有不情愿成分，但并非完全的不情愿。但凡有利于促进经济发展、促进生产力提高的公共福利与服务，政府不但愿意投入，其投入程度甚至超过西方福利国家。比如，无论是日本、韩国、台湾地区还是香港地区，对儿童与青少年的教育投入占GDP的比重就一直较高，对健康福利的投入也较多。所以如此，概因教育与健康直接影响生产效率，影响这些出口导向型的经济体系的活力。因此，他把东亚国家和地区的福利归结为生产主义福利体制（Productivist welfare regime）：社会政策服务于经济发展，福利政策的制定与实施以促进经济发展为目标。

对生产主义福利体制的领导者而言，福利政策是辅助手段而非目标，若非为了经济成长或严重的人道主义需要，个体或群体的一般福利需求不必纳入公共政策议程（Holliday，2000）。例如，我国国内也有研究印证指出，东亚国家在福利建设方面并非完全不作为，而是选择性作为。东亚国家对教育、健康保险、职业为基的社会保险以及许多资产调查为基的社会救助项目中都有较高的投入，相关福利服务发展的制度化水平比西方国家甚至更高（郑功成，2012）。

无论是在理论上、还是在实践中，无论是强调家庭的主导作用、还是强调国家介入的意义，亦或是福利多元主义对多个主体作用的同时强调，既有的理论与实践模型都强调，当家庭无力承担起抚育儿童的责任时，作为儿童终极监护人的国家都有介入所谓“私领域”的儿童抚育事务的国家责任。因为儿童并非家长的私有财产，他们更是社会的公共产品，是独立的有公民权的社会主体。当“私领域”的力量无法确保儿童拥有良好的成长环境时，作为公共部门的国家——儿童的终极监护人——需要提供及时有效的援助，以充分保障儿童的各项正当权益。这种国家干预，不仅是出于对作为公民的儿童的权利保护的需要，也是国家维护社会公平正义，促进经济生产，维护社会秩序的需要。在马歇尔的公民权理论中，由市场发育引发的社会不平等可能给市场社会的发展带来严峻挑战与威胁，而消除这种不平等的国家力量的呈现，则有利于市场力量阔步前行（Marshall，1950）。

第二章　中国儿童福利和保护制度发展历程、经验和挑战

儿童福利和保护制度是保护儿童权利、保障儿童健康成长的基础制度，作为社会福利体系的重要组成部分，深受国家政治经济发展和社会转型影响。了解我国儿童福利和保护制度的历史溯源，深入分析制度建设现状和存在的问题，对推动我国新时代儿童福利和保护工作意义重大。

第一节　中国儿童福利和保护制度发展历程

中国儿童福利理念和政策实践古已有之。从我国古代的恤幼传统，到晚清“宪政改革”引入现代意义的儿童福利观念；从20世纪初萌芽我国现代儿童福利制度，到我国《宪法》（1954年）明确儿童福利和保护的法律内容；从改革开放为构建我国现代儿童福利制度破局，到2010年孤儿保障制度的建设开启了我国儿童福利元年、2020年未成年人保护法修订实现了我国儿童保护法典化的历史性突破。根据我国历史发展主要阶段和社会形态，本书将我国儿童福利和保护制度发展划分为三个阶段。

一、古代和近代的儿童福利和保护制度

从古至今，中华传统延续着救助养育儿童特别是孤弃儿童的传统和实践。国家对没有亲人养育（或者亲人无力养育）的弃婴、孤儿给予救济，这是中国人源远流长的福利观念，也是一项古老的制度安排。早在三千多年前，《易经》中的“蒙以养正”体现了古代对儿童教育理念，对儿童的保护与照料也已经成为评价政府施政成效的标准，并逐步发展成为传统社会具体的儿童福利政策。据史料记载，西周早期的《周礼》中的“慈幼”思想或许是中国最早

的儿童福利思想，也是最早的儿童福利政策。《礼记》“先王之所以治天下者五：贵有德，贵贵，贵老，敬长，慈幼。”《孟子》里记述诸侯会盟五项约定，“敬老慈幼”是其中之一。传统社会的儿童福利政策散见于各类史料，儿童福利事业发展与民间组织、宗教力量以及官方政策密切相关，形成了我国儿童福利制度的雏形。

1. 恤孤慈幼：春秋战国时期的家庭寄养与生育激励

《管子》记载“九惠”[1]，其中“恤孤”政策类似现代家庭寄养政策，由政府承担孤儿监护权，将孤儿委托适合的家庭养育，给予家庭减免劳役等补助，并安排“掌孤”专职人员对寄养家庭进行监督指导。“慈幼”政策类似现代儿童津贴制度，通过免除劳役、提供育儿服务、粮食等补贴，激励人民生儿育女，为国家增加生产劳动力和军队战斗力，并设立“掌幼”一职，负责了解各家各户养育孩子的情况。

2. 诏书颁赐：秦汉时期的临时救助

秦汉时期，战争导致的孤儿问题非常突出，统治者通过颁布诏书，要求各地政府对孤儿进行救济。根据《后汉书》统计，仅东汉时统治者涉及孤儿抚恤的诏书就有 37 次。相比于“恤孤”和“慈幼”政策，诏书颁赐带有很强的临时救助性质，基本是运动式、一次性的，不可能形成机制或制度。且相较于管仲提出的孤儿定义，“民无父无母者为孤子”，两汉时期的恤孤诏书针对的是父亲一方死亡的儿童[2]。

3. 鼓励生育：两宋时期的儿童津贴

两宋期间，儿童福利呈现制度性发展萌芽，政府通过减轻赋税、提供生育补贴鼓励妇女生育，设立专门机构收养孤弃儿童，同时鼓励民间力量参与孤弃儿童收养。针对民间弃婴增加问题，宋高宗首创“胎养助产令”，要求贫民生下孩子必须养育，实有困难政府给予补贴。之后又实施了孕妇登记与补贴制度，并积极为贫困农民减税。类似的反弃婴措施得以继承，明清期间统治者颁布严厉法令禁止溺婴行为，并在全国范围内形成了以政府举办的育婴堂为主，民间宗族力量或开明士绅创办的民间儿童福利机构为补充。清后期，各类机构在照顾好院内儿童同时，给予贫困家庭一定资助，避免婴儿被遗弃和溺毙。

---

〔1〕《管子·入国》：“入国四旬，五行九惠之教。一曰老老，二曰慈幼，三曰恤孤，四曰养疾，五曰合独，六曰问疾，七曰通穷，八曰振困，九曰接绝。”

〔2〕东汉《说文解字》：“孤，无父也。”

4. 从孤独园到育婴堂：古代、近代儿童福利机构发展

南北朝梁武帝期间开启了政府设立专门机构救助孤儿的先河，设立了专门收容、养育孤苦无依儿童和老人的“孤独园”。隋唐时期，佛教兴盛，政府将部分田产划给寺院，依托寺庙开设“福田院”和“悲田养病坊”，由寺庙承担救孤济困的具体事务。进入唐代，机构救助范围从孤儿扩大到了流浪儿童。宋袭唐制，并创办居养院，承担孤儿抚育和流浪儿童救助的职责，创立“举子仓”“慈幼局”和“婴儿局”等收养机构，收容低龄孤儿和弃婴，允许个人申请收养弃婴和孤儿。宋徽宗期间还曾制定了各类机构的最低养育标准〔1〕，并开始重视儿童的教育〔2〕。据记载，南宋人口约7000万人，每年供养孤儿和弃婴约2万，相当于我国14亿人口供养40万孤弃儿童。元明清时期，除政府举办的儿童福利机构之外，还出现了民间力量兴建的育婴堂、养生堂、保婴局等组织，机构职能顺承宋代，但分布更加普遍。古代儿童福利机构从单一养育功能，发展到养育、教育并重，开始从事技能培训和收养安置，与现代儿童福利机构功能十分近似，并出现了政府购买服务、具体量化养育标准等。进入近代，民国初期香山慈幼院首创了小家庭模式，以保姆1人作为母亲，男女儿童4—5人作为子女共同生活，并开设“保姆训练班”，培训合格才能担任家长，树立“亲情养育”理念，明确工作人员资质要求，对现代儿童福利机构建设影响深远。

5. 中央苏区和延安革命根据地时期的儿童福利工作

1925年，中国共产党在上海成立中国济难会，1929年改称革命互济会。在中央苏区，1933年在瑞金成立全国性革命互济总会，在革命战争年代救济儿童，特别是烈士遗孤。在延安革命根据地，陕甘宁边区成立边区儿童保育分会，设立保育院，凝结了党和政府对儿童的关心，毛泽东曾题词“好生保育儿童”“又学习，又玩耍”。

二、计划经济时期的儿童福利和保护制度（1949－1978）

新中国成立初期的百废待兴、计划经济的二元结构、文化大革命导致的停

---

〔1〕 每日“钱五文、粳米、粟米各半升”。

〔2〕 孤儿和贫困儿童中有“可教者，令入小学听读”，并且免除饭费、学费、由政府提供日常衣物；如不适合读书，那么机构要教习男孩编织、做鞋等手艺，而让女孩学习刺绣。

滞不前，深刻影响着儿童福利的发展[1]。作为新中国儿童福利制度的萌芽起步阶段，福利供给高度集中，具有明显的计划经济特征，体现出社会主义制度对儿童关怀的基本价值取向和制度安排。这一时期我国儿童福利理念是培养合格社会主义建设者和接班人，保卫儿童的健康与照顾其生活，以培养成才，保育保教是儿童福利的重点。总体来说，该阶段儿童福利发展水平还较低，与儿童福利有关的内容分散于基础教育、妇幼保健、婚姻家庭等法律政策中，制度建设具有补缺型和救济性特征，并呈现出明显的城乡二元结构。国家承担了城市居民包括儿童的基本福利保障，农村则实行以集体保障、家庭保障和国家救济相结合的社会保障体系。儿童福利服务方面，儿童日常生活照顾得到国家一定程度关注，托儿育儿服务有所发展。

1. 孕育萌芽期（1949－1956）：救济安置阶段

建国初期，我国面临对内尽快恢复生产、发展经济、巩固新生政权，对外建立国际地位、与境外敌对势力的封锁做斗争的严峻形势。随着社会改造运动的推动，重构了传统乡村社会结构，并建立城镇街居制、单位制度、人事档案制度、户籍制度等社会制度。该阶段，连年战乱导致大量难童亟需安置，成为建国初期儿童福利工作的首要问题。1953 年实施国民经济发展第一个五年计划，儿童生存发展和儿童福利政策议题应运而生。1954 年颁布《宪法》规定“婚姻、家庭、母亲和儿童受国家的保护”，这是建国初期主要关于儿童保护的法律规定。该阶段政府在司法保护、儿童医疗与免疫接种、学校卫生与体育锻炼、文化教育娱乐与孤残儿童养育等领域出台少量政策规定，福利服务覆盖法律保护、基础教育、儿童保健与儿童医疗、孤残儿童等领域，建立了学校、儿童医院、少年宫和少年之家、盲童学校、聋哑学校和儿童福利院等。民政部门（原内务部）设立社会司，专门负责儿童福利工作，但儿童福利未作为机构职能单例。针对孤老残幼群体，民政部门（原内务部）接管和改造了国民党创办的“救济院”“慈善堂”“教养院”等旧社会慈善团体和救济机构，同时创办了一大批救济福利单位，对城市中包括孤儿在内的弱势群体进行收容安置。

---

[1] 新中国成立到改革开放前夕，虽然经济社会发展水平有限，仍取得了教育大众化、医疗机会均等化、妇女解放等社会成就，我国人口平均寿命、人口识字率、婴儿死亡率等几个社会指标，优于同等经济收入的国家。但两亿农民温饱问题没有解决，许多农民仍处于赤贫状态，儿童福利水平仍然很低。

2. 初步发展时期（1956－1978）：国家保障＋单位（集体）福利

1956年，全国大部分地区基本完成了对生产资料私有制的社会主义改造。国家在城乡社会建立起与计划经济相适应的儿童福利体系，逐步形成了以城乡单位福利（集体福利）为主、国家保障为辅的儿童福利制度供给。一是纳入城乡单位（集体）福利制度中的儿童福利。在城镇单位，单位成员可以免费或抵偿使用单位兴办的医院、学校、托儿所、幼儿园等儿童福利设施，获得托儿补贴、计划生育补贴等福利补贴。这些福利项目和设施大部分延续至今，仍发挥着重要作用。为了尽快改变中国贫穷落后的面貌，1958年党中央发动了"大跃进"、人民公社化运动，妇女被动员参加劳动生产，儿童生存发展成为相对独立的议题。在农村地区人民公社制度[1]下，农村家庭无力养育的孤儿则由农村五保制度[2]予以必要生活保障，农村公共产品供给由集体统一组织和安排，生产队从可分配的总收入中扣留一定数额的公益金，用于医疗（医疗站、赤脚医生）、教育、文娱康乐、儿童护理（托儿所）等福利项目，虽然福利项目少、福利水平低，但是当时农村地区儿童福利的主要供给形式。直至1978年党的十一届三中全会之前，由生产队集体组织为当地五保对象提供衣、食、住等生活用品和照料服务。二是由国家兜底的儿童福利。对于无法得到单位与集体保障的儿童，通过构建民政（原内务部）福利制度，在城市普遍通过建立儿童福利院与婴幼院，收养社会弃婴、孤儿与流浪儿童，为其提供文化教育、劳动教育、思想教育、保育、扶养、治疗等不同服务。

本阶段的儿童福利主要通过生产单位来提供，民政福利在儿童福利制度框架中起到补充作用。部分儿童福利供给散落在不同领域，比如残疾儿童方面，国家设立特种学校，给予经费、师资、办学等特殊照顾和要求。《劳动保险条例》（1951年）规定，中华全国总工会可举办或委托各地方或各产业工会组织

---

〔1〕1958年底，全国74万个农业合作社被2.6万个人民公社代替，全国农户99%以上参加了公社。

〔2〕1956年6月，一届全国人大三次会议审议通过《高级农业生产合作社示范章程》："农业合作社对社内缺乏劳动力或者完全丧失劳动能力、生活没有依靠的老、弱、孤、寡、残疾的社员，在生产、生活上给予适当的安排和照顾，保证他们的吃、穿和柴火的供应，保证年幼的受到教育和年老的死后安葬，使他们的生养死葬都有依靠。"《1956年到1967年全国农业发展纲要》明确：农业合作社对社内缺乏劳动力、生活没有依靠的鳏寡孤独的社员，应当统一筹划……在生活上给予适当照顾，做到保吃、保穿、保烧（燃料）、保教（儿童和少年）、保葬，使他们生养死葬都有指靠。此后，各地逐渐演化为吃、穿、住、衣、葬或教，简称为"五保"。

举办各项集体劳动保险事业，包括孤儿保育院。《1956年到1967年全国农业发展纲要》作为我国“五保”制度的雏形，明确保吃、保穿、儿童保教等照顾，并提出要保护妇女儿童，“农业合作社在必要和可能的条件下，可以成立适合需要的临时简便的农忙托儿组织”。同时，儿童健康与学校爱国卫生运动、儿童教育等儿童政策得到初步发展。

之后1967－1978年“文化大革命”期间，儿童福利政策与方针乏善可陈，儿童福利服务基本处于中断或停滞阶段。全国各部门儿童福利行政管理机构普遍受到严重冲击，许多工作机构被撤销，许多儿童福利机构处于瘫痪或无法正常运转状态。该阶段，内务部被撤销，分管的儿童福利工作移交给财政部。截至1978年，全国建有社会福利院577个，其中儿童福利院49个，在院儿童仅有0.3万人。

三、改革开放以来的福利和保护制度（1978－至今）

党的十一届三中全会之后，改革开放成为新的时代主题，经济社会各项工作走上正常轨道且飞速发展。同时，随着计划经济的瓦解、国有企业改革与单位制的解体，经济发展带来社会问题凸显，儿童福利理念及政策均发生了众多变化，儿童福利内涵外延不断扩充，儿童福利制度不断完善。

1. 恢复重建阶段（1978－1990）：步入正轨

改革开放初期，我国从计划经济向社会主义市场经济转型，城乡分隔的二元社会结构受到冲击，尤其是进入80年代城市单位体制与农村人民公社制度逐渐解体，核心家庭增多并成为主流家庭模式，家庭福利需求激增，困境儿童等“问题儿童”大量涌现。在以经济建设为核心的时代大背景下，社会建设领域服务大局的功能突出，儿童福利等社会政策逐步恢复，主要发挥维护社会稳定的作用。

一是儿童福利行政管理框架初步形成。改革开放初期，民政部、教育部、全国妇联、团中央、司法部等部门或恢复设立或明确职能，儿童福利行政管理步入正轨。尤其随着民政部的恢复设立，儿童福利的制度化建设得以逐步恢复。1978年，第五届全国人民代表大会第一次会议通过决议，恢复原内务部有关职能，设立中华人民共和国民政部。同年，第七次全国民政会议指出，民政部门主要业务包括社会福利。1979年，民政部召开全国城市社会救济福利工作会议，明确了恢复和发展社会福利。1988年，民政部成立社会福利司，明确“主管全国社会福利工作，负责儿童福利院等事业单位工作”。

二是儿童福利机构服务恢复发展。随着儿童工作的逐步恢复，儿童福利服务范围恢复到政治思想教育、基础教育、医疗卫生、生活保护领域，并且范围不断扩大、服务内容增多，尤其是儿童法律保护与司法保护萌芽。该阶段，民政领域儿童福利主要内容，是依托儿童福利机构对被遗弃的孤残儿童予以机构养育。一些民办儿童福利机构应运而生，儿童福利工作人员队伍中增加了特殊教育、聋儿语训康复和儿科医生等专业技术人员，儿童福利机构服务开始呈现专业化发展趋势。在农村地区，家庭联产承包责任制开始推行，农村儿童福利水平仍然较低，五保供养经费由生产大队成员全体分担。

三是儿童教育、医疗健康福利水平得到整体提升。1986 年《中华人民共和国义务教育法》实施，国家免除了义务教育领域的学费，学龄儿童仅需缴纳部分学杂费。从 1978 年开始，全国推行免疫计划。截至 1990 年，实现了普及儿童免疫目标[1]。

2. 快速发展阶段（1990 – 2009）：补缺型制度建设

20 世纪 90 年代以来，随着我国社会主义市场经济体制的确立，政府、市场、社会三足鼎立与社会结构分化速度加快，对社会结构和家庭结构产生了深远影响。在回应时代问题的过程中，儿童基本生活保障、儿童教育、儿童医疗健康、儿童安全和权利保障等政策框架基本形成，并呈现明显的补缺型特点。

一是成为独立的公共政策议题。在国际儿童福利理念的影响下，我国儿童问题转变成为现代儿童福利公共政策议题，并形成了国家层面统筹发展的基本框架。1990 年 2 月 22 日国务院妇女儿童工作协调委员会正式成立，取代了原由全国妇联牵头的全国儿童少年工作协调委员会，成为国务院负责妇女儿童工作的议事协调机构。1993 年 8 月 4 日，国务院妇女儿童工作协调委员会更名为国务院妇女儿童工作委员会，简称国务院妇儿工委，是国务院负责妇女儿童工作的议事协调机构，负责协调和推动政府有关部门执行妇女儿童的各项法律法规和政策措施，发展妇女儿童事业国务院妇女儿童工作委员会（简称“妇儿工委”），统筹儿童福利等儿童发展相关工作，制定颁布一系列儿童福利和保护法律法规。二十世纪 90 年代以来，妇儿工委通过制定颁布系列《中国儿童

---

〔1〕 即以省和县为单位，一岁儿童卡介苗、脊髓灰质炎疫苗（脊灰疫苗）、吸附百白破联合疫苗（百白破疫苗）、麻疹疫苗接种率达到 85%。

发展纲要》[1]，明确儿童发展阶段目标，统筹协调各职能部门儿童发展职责。

二是相关法律法规体系初建。1990 年，我国政府签署《儿童权利公约》，认同并承诺公约内儿童福利和保护理念。1991 年《中华人民共和国未成年人保护法》颁布，明确了儿童享受生存权、发展权、受保护权和参与权。《中华人民共和国收养法》（1992 年）、《中华人民共和国母婴保健法》（1996 年）、《中华人民共和国未成年人犯罪法》（1999 年）陆续颁布实施。2006 年颁布《中华人民共和国义务教育法》，明确了义务教育的基本性质为强制性、公益性、统一性。2008 年，新修订《中华人民共和国残疾人保障法》将有关残疾儿童的新规定纳入其中。

三是制度设计以补缺型为主、普惠福利供给为辅。补缺型儿童福利制度取得长足进展。儿童福利保障对象和内容不断拓展，2006 年 4 月，民政部会同中央综治办、最高人民法院等 14 部门联合印发了《关于加强孤儿救助工作的意见》（民发〔2006〕52 号），要求各部门制定和落实好孤儿生活、就业、教育、住房等 9 个方面的优惠政策，全面保障孤儿合法权益。同年 10 月，民政部与发展改革委共同制定了《儿童福利机构设施建设"十一五"规划暨蓝天计划》（民发〔2007〕76 号），中央当年投入资金 3 亿元，用于补助和支持地方新建或改建一批儿童福利机构，推动地方兴建一批设施完善、功能齐全、环境优美的儿童福利机构。国家在保障孤儿基本生活的同时，逐步拓展儿童福利的内容，开始关注孤儿的医疗等其他保障。2004 年 5 月，民政部启动了"全国残疾孤儿手术康复明天计划"，为全国儿童福利机构内具有手术适应症的儿童开展手术矫治和康复。"明天计划"[2] 发展成为制度化的残疾儿童福利服务。1995 年，《中共中央办公厅国务院办公厅关于转发〈中央社会治安综合治理委员会关于加强流动人口管理工作的意见〉的通知》中提出，要"试办流浪儿童保护教育中心。对在社会上长期流浪、无家可归、失去正常生活、学习条件和安全保障的少年儿童，要采取保护性的教育措施"，民政儿童福利的对象由此拓展至流浪儿童。该阶段，随着城乡低保制度的建立和发展[3]，贫困家庭儿童基本生活得到制度保障。1994 年，国务院颁布《农村五保供养工作

〔1〕 已执行九十年代、2001－2010、2011－2020 年《纲要》。2021－2030 尚未颁布。

〔2〕 2007 年，民政部印发《关于建立"残疾孤儿手术康复明天计划"长效机制的通知》（民函〔2007〕330 号）

〔3〕 低保制度 1999 年覆盖全国城镇地区，2007 年拓展到农村地区。

条例》（国务院令第141号），明确了五保对象由政府财政出资集中供养或分散供养，农村地区孤儿基本生活纳入国家保障。另一方面儿童教育、医疗健康普惠型供给不断完善。义务教育方面，自2006年9月1日起全国实行免费九年制义务教育。医疗健康方面，随着《母婴保健法》（1994年）的颁布实施，妇幼保健公共服务覆盖率全面提升，国家免疫计划成效显著，大力推动普及儿童免疫，2004年，国务院正式通过了《中华人民共和国传染病防治法》修订版，对儿童实行免费常规预防接种。2007年，中国扩大了国家免疫规划的疫苗种类，以保护儿童免于感染12种传染病。

3. 跨越式发展阶段（2010—至今）：探索适度普惠型制度建设

"十二五"时期中国经济步入新常态，成为世界第二大经济体[1]，但人均GDP低于世界平均水平，仍是一个发展中国家。党的十八以来，以儿童福利为代表的社会福利发展，成为中国经济新常态平稳转型的重要内容。2010年以来，儿童福利制度从分领域向系统发展转变，一些制度空白和缺项得到填补和完善，长期存在的体制缺陷也得到一定程度破解。

一是理念不断优化。《中国儿童发展纲要（2011－2020）》首次将"儿童福利"作为儿童发展五大领域之一，并明确提出要"建立和完善适度普惠的儿童福利体系"。2020年新修订的《中华人民共和国未成年保护法》提出"最有利未成年人"原则，提出"国家保障未成年人的生存权、发展权、受保护权、参与权等权利"，儿童福利从保障儿童生存到全面实现儿童权利。2015年，新修订《人口与计划生育法》通过，独生子女政策宣告终结，我国人口均衡发展背景下，儿童优先理念进一步加深。

二是儿童福利行政管理体制取得重大突破。2016年，由民政部等27个部门建立农村留守儿童关爱保护工作部际联席会议制度，2018年调整为农村留守儿童关爱保护和困境儿童保障工作部际联席会议。2019年，民政部设立儿童福利司，专责儿童福利的行政机构，为儿童福利工作提供了强有力的组织保障。2019年，最高人民检察院在内设机构改革中设立第九检察厅，专门负责未成年人的检察工作，以更好地保护未成年人的合法权益。

三是儿童教育、健康医疗等领域均衡发展。义务教育进入高质量均衡发展阶段。2011年，我国九年免费义务教育全面普及。同年，开始为农村义务教

---

[1] 根据世界银行对人均国民总收入（GNI）的划分，中国已在2010年跨入中等偏上收入国家之列。

育阶段学生提供营养膳食补助。2013 年，政府启动义务教育发展基本均衡县级督导评估认定工作[1]。学前教育去市场化效果明显，2011 - 2016 年中国以县为单位实施两期学前教育三年行动计划，截至 2019 年底学前教育毛入园率达到 83.4%。儿童健康医疗服务均等化程度提高。妇幼保健服务覆盖率逐步提升，通过健康扶贫工程，开展贫困地区儿童营养改善、贫困地区新生儿疾病筛查等项目，保障农村贫困地区儿童健康医疗福利水平。面对近年来我国儿童营养不良和超重肥胖双重负担问题，于 2012 年启动贫困地区儿童营养改善项目。2017 年起，推动生命早期 1000 天营养健康行动，对儿童营养进行积极干预。

四是困境儿童分类保障普惠程度提高。儿童福利津贴覆盖面拓宽。2010 年以来，我国先后建立起孤儿、艾滋病病毒感染儿童、受艾滋病影响儿童、残疾儿童、事实无人抚养儿童等群体福利津贴制度。2010 年，国务院办公厅印发《关于加强孤儿保障工作的意见》，明确为全国所有孤儿提供基本生活保障。2012 年，国家将全国艾滋病病毒感染儿童纳入孤儿保障体系，参照孤儿标准予以保障。2015 年，《国务院关于全面建立困难残疾人生活补贴和重度残疾人护理补贴制度的意见》全面建立两项补贴制度，填补了残疾人福利制度的空白，惠及广大残疾儿童群体。2019 年，民政部等国家十二部门联合印发《关于进一步加强事实无人抚养儿童保障工作的意见》，首次从政策上系统提出了全面保障事实无人抚养儿童的政策与服务。社会救助向贫困儿童倾斜，全国贫困儿童纳入最低生活保障和特困供养制度，各地根据实际情况向儿童倾斜和提标。地方根据困境儿童实际情况试点发放困境儿童生活津贴。儿童福利服务实现制度化供给。《"十三五"加快残疾人小康进程规划纲要》《国家残疾预防行动计划（2016 - 2020 年）》以及《残疾预防和残疾人康复条例》中均强调了需加强康复服务，2018 年出台《关于建立残疾儿童康复救助制度的意见》，弥补了残疾人儿童康复和残疾儿童就学等制度缺口。

五是现代儿童保护制度破冰。随着一系列政策和文件的密集出台，儿童福利对象正式拓展到留守儿童、困境儿童等范围更为广泛的儿童，福利内容在基本生活、教育、医疗、康复以及成年后就业保障的基础上，重点拓展到现代儿童保护制度的建设。该阶段，儿童保护制度作为单独的议题，从儿童福利制度

---

[1] 截至 2019 年，全国累计已达 2767 个县，占比 95.32%，23 个省份整体实现县域义务教育基本均衡发展。

中脱胎而出，并先于儿童福利实现普惠发展。2013 年民政部推动开展未成年人社会保护试点，2014 年出台《关于依法处理监护人侵害未成年人权益行为若干问题的意见》，2016 年《反家庭暴力法》《关于加强农村留守儿童关爱保护工作的意见》和《关于加强困境儿童保障工作的意见》，2019 年《关于进一步健全农村留守儿童和困境儿童关爱服务体系的意见》，我国儿童保护体系从法律、服务机构、专业人才队伍和经费保障均有了突破性发展。尤其随着 2020 年《未成年人保护法》修订，我国现代儿童保护体系和制度建设进入全新阶段。

六是儿童福利服务社会化、专业化、国际化水平提高。除中央、地方政府和相关公共部门之外，形成了以儿童福利机构、未成年人救助保护机构、康复和特教服务机构为主的专业服务平台，提供政策咨询、康复、特教、养护和临时照料等关爱服务。以儿童督导员和儿童主任为主的基层儿童福利服务队伍覆盖全部村（居）。以城乡社区儿童之家为主的儿童服务设施覆盖率不断提高，充分发挥市场机制作用，支持社会组织、爱心企业依托学校、社区综合服务设施举办农村留守儿童托管服务机构。以社会工作专业服务机构、公益慈善类社会组织、志愿服务组织为主的社会组织成为参与儿童福利保护服务的专业力量补充。儿童福利与救助保护机构社工规模逐年增长[1]。此外，我国政府与联合国儿童基金会合作开展“新生儿保健、免疫接种、投资儿童早期发展、爱生幼儿园、儿童友好家园、儿童贫困与减贫、儿童主任”等多个儿童发展项目，通过项目试点探索促进儿童发展的最佳实践，为关于儿童利益的主要发展领域提供全球视角。项目推动的各项试点推广和培育了适合我国国情的儿童福利和保护服务模式，在试点结束之后，在地方政府的资助和社会组织的承接下将继续运作。

第二节　中国儿童福利和保护制度现状及主要问题

儿童福祉一头连着家庭、一头连着国家，不仅是衡量一个国家社会福利保障水平的重要指标，还是一个国家整体发展程度的重要标志。新中国成立以

---

〔1〕 从 2009 年的 288 人增长至 2018 年 1359 人，机构职工中社工占比从 2009 年的 3.1% 增长至 2018 年的 9.5%。

来，我国儿童工作取得了重要进展，探索了具有中国特色的儿童福利和保护发展模式，工作体系、制度建设、保障水平等有序提高、成果丰硕。

一、制度现状及主要成效

当前，我国儿童福利和保护制度呈现出普遍性主体与特殊性主体兼顾，福利、救助、保护多层次发展的特点，儿童医疗、教育、社会环境、法律保护等基本公共服务均等化水平不断提高，问题导向、精准分类的特殊儿童基本保障成效显著。

（一）儿童优先理念深入人心

受限于经济社会发展水平，我国儿童福利和保护制度经历了补齐历史欠账、回应时代问题发展阶段，实现了从工具性到主体性的理念转变。从“五四宪法”明确“婚姻、家庭、母亲和儿童受国家的保护”，到现行宪法“国家培养青年、少年、儿童在品德、智力、体质等方面全面发展”，体现了我国儿童福利和保护的国家立场和基本原则。我国于1990年签署并通过《儿童权利公约》，庄严承诺将尽一切力量保障所有儿童的各项权利，并大规模开展《儿童权利公约》宣传，儿童权利概念得以初步普及。在随后的几十年间，儿童优先理念随着儿童福利制度发展和实践不断深入人心，发展儿童福利从单纯支出向“对国家未来发展投资”转变，国家亲权法定并得到普遍认可，儿童已经不再仅仅是家庭的责任，国家在儿童福利方面承担起更多的责任和作用。2019年，联合国儿童基金会发布《构建儿童友好型城市手册》，号召共同创建安全、包容、充分响应儿童需求的城市和社区。国内部分城市大力推动儿童友好型社会建设，儿童生存发展和各项权利保障理念真正嵌入到城市建设和社会治理，成为儿童优先理念宣传和践行新模式。新修订未成年人保护法更是明确提出“最有利未成年人”原则，现代儿童福利理念深入人心并成为社会共识。

（二）相关法规政策和行政管理体系基本成型

随着我国儿童福利和保护政策实践的不断深入，相关法律制度和立法体系已经形成基本框架。主要包括国家层面有关儿童福利和保护的法律法规、规章和规范性文件等，具体分为宪法、专门性法律、一般性法律、国务院行政法规、部门规章、地方性法规或规章、国际公约，成为我国儿童福利和保护的基本的法律渊源和法制基础。现行《宪法》明确了我国儿童福利和保护的宪法性原则；《未成年人保护法》《义务教育法》《反家庭暴力法》《母婴保健法》等专门性法律，涉及儿童发展的多个领域；《民法典》《残疾人保障法》《传染病防治法》等一般性法律，与儿童福利和保护工作内容密切相关；《母婴保健实施办法》《中国公民收养子女登记办法》《社会救助暂行办法》《城市生活无着的流浪乞讨人员救助管理办法》《中国儿童发展纲要》[1]《加强农村留守儿童关爱保护工作的意见》《关于加强困境儿童保障工作的意见》等行政法规和国务院文件，和有关部委针对儿童领域具体问题发布的规范文件，成为国家层面推动儿童福利和保护制度建设的指导性文件；我国政府签署、批准、加入和承诺履行的《儿童权利公约》等国际公约、宣言，成为我国儿童福利和保护工作的国家法基础。行政管理体系方面，围绕儿童福利和保护形成了以国家层面议事协调机构、国家行政职能部门和人民团体组成的较为松散的、各司其职的行政框架[2]。其中，民政部主管儿童福利（孤弃儿童保障）、儿童收养、儿童救助保护、农村留守儿童关爱服务体系和困境儿童保障等工作，教育部主管儿童教育、儿童校园保护等，卫生部门主管儿童医疗、健康保障等，住建部主管儿童福利机构、学校建设等设施安全保障等，而像公安部、财政部、人社部、发改委、乡村振兴局（原扶贫办）等与儿童福利工作密切相关但不具有儿童工作专门性质的行政部门，与儿童工作主管型部门共同制定儿童福利和保护的相关文件。

（三）特殊儿童群体全面保障基本实现

基于我国现代化和社会转型的特殊背景，高速经济发展带来的社会问题积重难返，不断涌现的儿童问题通过一个个政策议题纳入福利制度供给中。我国儿童福利工作起步于对孤残儿童的养育和照料，从机构养育到规范化收养和家庭寄养，再发展到机构外特殊儿童的基本生活保障。随着困境儿童类型和群体规模的增加，国家通过构建孤儿保障制度、艾滋病病毒感染儿童基本生活费制度、农村留守儿童关爱服务体系、困境儿童保障制度、事实无人抚养儿童生活保障制度、残疾儿童康复救助制度等，构建了多层次的福利津贴和服务体系，

---

〔1〕先后制定并实施三个纲要：九十年代、2001－2010、2011－2020。2021－2030 纲要制定中。

〔2〕主要包括妇儿工委、民政、教育、公安、司法、财政、卫生健康、医保、乡村振兴（原扶贫办）、工会、共青团、妇联、残联、关工委。

对特殊儿童进行基本生活、教育、医疗、康复以及成年后就业保障等分类精准帮扶。随着国家脱贫攻坚战取得全面胜利，乡村振兴战略的推动实施，儿童贫困问题、流动留守儿童问题等时代问题将进入新阶段，应对儿童多维贫困、推动教育医疗等基本公共服务城乡均衡将成为儿童福利制度建设的新议题，福利津贴和服务的普惠程度将逐步提高。2019 年底，全国儿童福利机构数量攀升至 484 个，但各类福利机构收养儿童 6.4 万人，受助的社会散居孤儿总数达到 16.9 万人[1]。2021 年 2 月已将 25.4 万事实无人抚养儿童纳入国家保障。

（四）儿童保护体系基本建立

随着我国儿童福利制度的不断完善，儿童保护制度独立成型，并不断发展壮大。围绕儿童伤害预防、监护安全、受暴力侵害预防和介入、特殊儿童群体关爱保护、自然灾害和突发公共事件中儿童保护等问题，通过国家监护权的实施、暴力伤害儿童司法保护、基层儿童保护体系和儿童友好环境建设等，初步构建起了我国现代儿童保护制度和服务体系。新修订的未成年人保护法明确了儿童保护服务的发展目标和政策体系，要求建立未成年人保护工作协调机制，明确了国家长期监护、临时监护的各种情形，并将监护缺失未成年人纳入保护范围，还提出在乡镇街道层面建立未成年人保护工作站等。该部法律明确要求建立家庭育儿监护监督制度、建立替代性养育制度、明确民间托养等委托监护条件和程序、建立儿童保护发现报告制度、发展家庭教育指导服务等。民政部已经和发改委等多个部门联合下发《做好因突发事件影响造成监护缺失未成年人救助保护工作的意见》，加强突发情况下的未成年人的监护。国务院未成年人保护工作领导小组正式成立，同时民政部也在积极推动省、市、县各级建立未成年人保护机制。未成年人保护机构建设已经纳入“十四五”规划，建设包括乡镇未保站在内的未成年人保护机构是各级民政部门贯彻落实未成年人保护法的重要阵地和工作抓手。随着我国县乡村三级儿童福利保护工作网络基本形成，儿童福利机构、未成年人救助保护机构的专业资源辐射社区，以儿童督导员、儿童主任的基层儿童福利队伍全国铺开，我国儿童福利资源递送工作下沉至村居，通过儿童主任推动多方资源实现个案层面的合作。当前，国家对未成年人保护工作队伍的培训和指导不断加强，辅之激励措施，充分发挥现有

---

〔1〕 民政部：《2019 年民政事业发展统计公报》（2020），见民政部官网 http://images3.mca.gov.cn/www2017/file/202009/1601261242921.pdf.

4.8万名儿童督导员和66.3万名儿童主任的积极作用，构建适应新时期未成年人保护工作需要的力量。在一般儿童的福利服务方面，3岁以下婴幼儿托育服务纳入政府规划，2019年，国务院办公厅发布《关于促进3岁以下婴幼儿照护服务发展的指导意见》，解决“入托难”“入托贵”难题。

（五）儿童健康医疗服务优先供给

我国基本构建了以妇幼保健制度、国家免疫计划、基本医疗保险制度、大病保险、儿童医疗救助、慈善救助等组成的儿童健康医疗体系，实现了多层次的儿童健康医疗保障。我国儿童健康领域各项指标明显改善，妇幼保健方面取得了巨大进步，2015年提前实现将五岁以下儿童死亡率降低三分之二、将孕产妇死亡率降低四分之三的千年发展目标。2016年正式启动的联合国《2030年可持续发展议程》，而我国早在1993年、2004年和2006年就已经分别提前实现了可持续发展议程中以下健康领域的目标[1]。大病儿童、贫困家庭儿童、残障儿童医疗健康保障体系受到政策倾斜和社会特别关注。新型农村合作医疗制度[15]和医疗救助制度减轻了农村儿童家庭的医疗负担。同时，通过实施健康扶贫工程，开展贫困地区儿童营养改善、贫困地区新生儿疾病筛查等免费筛查等项目，同时对建档立卡贫困人口采取医保倾斜政策和对其中的因病致贫户实施精准扶贫，保障农村贫困地区妇女儿童享有基本医疗卫生服务。儿童健康管理、疫苗接种等纳入国家基本公共卫生服务项目。

（六）儿童教育均衡发展

2011年随着义务教育实现了全国普及，我国儿童教育福利进入均衡发展阶段，教育保障系统持续优化。儿童受教育机会稳步提高，围绕“发展更高质量更加公平的教育”目标，特别关注生活在边远地区、贫困地区、民族地区、革命老区等教育发展相对滞后地区的儿童，以及残疾儿童和受流动影响的儿童等群体。重点解决城乡教育不平衡问题，促进基本公共教育服务均等化，2014年出台《国家贫困地区儿童发展规划（2014－2020年）》，对集中连片特困地区儿童从出生到义务教育阶段的健康和教育实施全过程保障和干预。促进学前和高中教育的普及，学前教育进展显著，普惠性学前教育资源迅速增加。2019

---

〔1〕 到2030年孕产妇死亡率降至70/10万、五岁以下儿童死亡率降至25‰、新生儿死亡率降至12‰

年全国学前教育毛入园率达到83.4%，普惠性幼儿园覆盖率[1]达到80%。截至2018年5月，全国有20个省份实施了“9+N”免费教育试点，其中包括除重庆以外的其他11个西部省份，尤其是广西、西藏、青海、新疆率先实施从学前到高中共15年的免费义务教育全覆盖。

二、存在的主要问题

随着我国经济社会发展进入新阶段，儿童事业发展仍存在悬而未解的深层次矛盾和瓶颈，同时也出现一些前所未有的新情况新要求，进一步整体设计、深化改革的任务更加艰巨，需要更大的智慧和勇气予以解决突破。

（一）现有立法和行政管理体制与儿童事业承担的功能使命之间的矛盾亟待破解，以适应全面提升儿童福祉的更高战略定位和要求。

当前中国特色社会主义进入新阶段，儿童福利和保护的战略作用更加凸显，党和国家对儿童福利和保护工作做出了系列部署，相关制度建设也进入全面加速期。但目前儿童福利和保护工作仍面临制度层面的深层次掣肘。

1. 立法滞后于政策实践，自下而上推动制度发展空间有限

各国儿童福利制度发展呈现立法先行规律，普遍出台了专门的《儿童福利法》或《儿童保护法》。长期以来，我国儿童福利和保护工作立法滞后于政策实践，缺乏以儿童为本位的法典式立法，立法结构松散且碎片化，仍存在具有明显的救助色彩、普惠化程度不够等问题。尤其是，一方面未能从立法层面厘清政策概念和内涵，大福利小福利、大保护小保护的讨论尚未定论，儿童福利和保护内容和政策表述不一，一定程度导致儿童福利和保护政策在社会保障体系中处于边缘化地位。新修订的未成年保护法将广义儿童福利内容纳入儿童权益保护，回避了概念讨论。另一方面制度发展面临法律法规和部门规章的“天花板”。当前职能部门规章和政策文件是调整儿童福利和保护工作的主要规范依据，多部门共同制定和联合发文，虽具有灵活性但法律效力有限，同时也受限于部门职权和主体不固定。比如儿童福利津贴等政策涉及资金、人口生育等多职能部门，政策创制的协调难度较大，挤压了制度创新的空间。

---

[1] 普惠性幼儿园覆盖率：公办园和普惠性民办园在园幼儿占比

2. 相关行政管理体制分散，工作协调难度大

儿童福利和保护工作各项内容分属于不同部门管理，形成了自成体系的专项政策和方案、各自独立的体制机制，或由不同部门牵头、多部门协同管理，工作协调联动难度较大，政策实施缺乏整体合力。2019 年底民政部成立儿童福利司，成为专职儿童福利和保护的行政管理机构，但从层级和管理权限来说，仍未跳出传统民政儿童福利和保护工作范围。随着新未保法的实施，明确民政部门牵头儿童保护职能，亟需构建有效的跨部门协作体系，尤其是六大保护体系之间的有效衔接。从国际经验看，如何真正发挥国务院未成年人保护工作领导小组、农村留守儿童关爱保护和困境儿童保障工作部际联席会议等体制协同作用，建立自上而下的协同管理和响应体系，是解决多头执法多头管理困局的关键。

3. 财政经费投入不统一，难以适应事业发展需要

儿童福利和保护工作是国家重要职责，普遍由中央政府提供充足的财政支持。长期以来，我国儿童福利制度在现行社会保障框架中处于边缘位置，从财政保障上体现为：财政预算收支科目中尚无权威、统一、系统、综合的全国性“儿童福利”科目，有关儿童福利开支分散在不同职能部门，大部分领域以地方财政投入为主、投资规模有限、建设重点分散，难以适应普惠型事业发展趋势。

（二）列举式、类型化的制度发展路径，导致儿童各类权益保障相互割裂，难以匹配新时代儿童全面发展的新特征。

应对不同经济社会阶段以及由其引发的儿童发展问题，贯穿我国儿童福利和保护制度发展历程，分领域、列举式的制度发展模式，不可避免导致对象和内容的相互交叉和不均衡[1]。

1. 问题导向的制度发展过程，导致靶向不准和福利叠加并存

以民政领域儿童政策为例，从初期的弃婴、童工、流浪乞讨儿童、受艾滋病影响儿童，到现在的孤儿、留守儿童、困境儿童等群体，基于群体“标签化”分类的政策，福利资格识别的精准度不够，不可避免存在保障对象的交叉重叠，且绝大部分福利资格准入仍以家庭资产审查为标准，具有明显救助性

〔1〕 本文不讨论教育和医疗资源质量差异。

质，部分政策也难避免“污名化”。

2. 受经济发展优先导向影响，领域发展程度参差不齐

受经济发展阶段影响，国家优先发展普惠型儿童教育、医疗等基本公共服务，通过义务教育事业和基本医疗健康体系实现了均等化、均质化供给。在儿童养育保障和保护领域，以孤儿（事实无人抚养）保障、社会救助等为主的经济援助发展较快，制度较为完备但覆盖面仍然较低，普惠型儿童福利服务和保护领域发展严重滞后，制度尚不健全甚至存在空白。全面两孩政策实施以来，经济负担、婴幼儿照护和女性职业发展等经济社会因素已经成为影响生育的重要因素，基于家庭的普惠型儿童福利津贴、家庭支持服务和低幼儿童公共服务需求激增，但公办托育、带薪育儿、保育津贴、学前教育、社会服务等儿童福利主要制度覆盖范围仍比较狭窄、保障水平较低，难以满足家庭抚育儿童的实际需要，更难以应对全面开放三胎积极人口政策即将释放的生育、抚育需求。

3. 因地制宜的引致型制度变迁，导致城乡区域间发展不平衡

在普惠制度未成型前，国家通过制定统一标准和转移支付，赋予地方层面更多政策空间。比如由中央专项拨款并实施转移支付的孤儿生活保障制度，基本实现了供给的公平性和可及性。而其他儿童福利内容大部分属于地方事权，中央政府仅通过补助方式给予支持。这种制度设计下：一方面拉大区域差别。比如不同省市及县在特殊儿童的分类上略有出入，比如残疾儿童康复服务制度明确“有条件的地区，可扩大残疾儿童康复救助年龄范围，也可放宽对救助对象家庭经济条件的限制。”部分地方根据实际情况对康复救助资格进行了调整，但这种根据地方财政能力进行的政策探索，一定程度拉大了不同地区之间残疾儿童的福利差异。另一方面忽视城乡差别动态变化。存在农村儿童福利历史欠账过多和城市儿童福利被忽视并存的问题。近年来农村儿童贫困问题和留守儿童关爱成为制度建设重点，儿童福利和保障资源向农村地区倾斜。随着人口在城市间迁移持续深化，尤其是缺乏熟人社会庇护和安全问题复杂的城市环境，留守儿童问题从农村向城市蔓延〔1〕且未获得足够重视，新市民家庭特别是儿童如何融入社区等，给城市儿童福利和保护工作提出严峻挑战。

---

〔1〕 根据联合国儿基会有关调查数据，2015 年中国城镇留守儿童达到 2826 万。

（三）福利供给形式和保护政策工具单一，难以适应普惠型制度发展趋势和要求

面向全体儿童的普惠型儿童福利和保护制度是大势所趋，从适度普惠向普惠迈进，不仅仅是覆盖对象的拓展，更包括政策类型和组合效应的全面提升。

1. 福利和保护服务供给类型和水平亟待提高

单一的现金或服务往往难以回应家庭和儿童的共同需求[1]。目前我国儿童福利和保护领域仍然以现金补贴为主、服务供给为辅，鲜有其他形式的福利供给。例如，民政部门的儿童福利供给以定期性现金给付为主[2]，并逐步从现金给付到“现金＋服务”[3]供给转变。随着民法典和未成年人保护法对民政部门国家监护职责进一步明确，围绕儿童保护和家庭监护能力的预防干预支持服务为下一步发展的重点，但相关基础仍较为薄弱，难以支撑职能的充分发挥。

2. 政策工具单一且缺乏组合性

在经济领域普遍采取政策组合，以抵消单一零散政策可能产生的挤出效应或其他新问题。对于起因复杂的儿童问题，单项政策工具并不一定能达到积极效果，甚至可能会带来新的社会问题。比如，对于深陷监护忽视的儿童，如果实施家庭监护权剥夺，将面临儿童与原生家庭分离以及回归问题家庭存在的种种问题；推行单一的儿童福利津贴可能带来的福利依赖，导致“再家庭化”[4]的政策效果。长期以来，我国儿童领域的政策重经济赋能、轻服务赋能，重事后救济、轻事前预防，重短期治标、轻长期治本，可能带来更多衍生问题和负面影响。面对由人口流动带来的留守、流动儿童问题，不仅涉及儿童关爱服务体系的完善，还需要从国家层面进行政策设计，从户籍、社会保障、产业结构优化引导就业等多方面施策，缩短和减少这个阶段问题、时代问题的负面影

---

〔1〕社会福利供给的分配形态，包括：机会、服务、实物、福利券与抵扣税额、现金与权力。

〔2〕主要包括面向孤儿、事实无人抚养儿童、艾滋病病毒感染儿童、特困、低收入家庭儿童的现金保障制度和面向残疾儿童的两项补贴等。

〔3〕其中福利服务主要包括儿童福利机构、未成年救助保护机构、康复机构等等提供的机构服务，下沉到社区的农村留守儿童和困境儿童关爱保护服务、社区儿童服务，以及社会组织和儿童社会工作者等提供的专业服务。

〔4〕“再家庭化”，如果政府只给儿童提供现金支持，给付越慷慨就越可能导致更多的女性退出劳动力市场，而待在家里专心照顾孩子。

响。面对新反贫困范式下的儿童贫困问题，传统的家庭经济赋能已经不能解决儿童能力发展和人力资本培养的要求。面对家庭育儿能力不均衡衍生出的儿童发展不平等、女性照顾角色和就业冲突，单一解绑生育政策无法逆转总和生育率已跌破警戒线的现实，需要儿童津贴、日间照顾或有薪家庭照顾假等政策组合[1]，均衡单一福利政策带来的效果失衡，缓解“生不起”“养不起”的“生育焦虑”问题。

（四）儿童保护机制建设亟待突破，以更好推动《未成年人保护法》贯彻实施。

新修订的《未成年人保护法》明确了“六位一体”未成年人保护体系和职责分工，并对相关制度建设提出明确思路，但贯彻落实面临诸多难点堵点。目前对于受虐待儿童对象的精准识别、快速响应、跨部门衔接等机制和程序，以及配套的监督机制，是保证制度有效实施的关键也是难点所在。

1. 救助保护机制建设问题

目前我国已基本构建符合中国国情的，以依法处置监护侵害行为为切入点的儿童救助保护机制和运行体系，主要由民政部门所属的儿童福利机构、未成年人救助保护机构承担调查评估、安置照料等专业、细致的工作。很多地方也正在通过政府购买服务的方式积极引入社会组织参与家庭调查评估、随访帮扶、早期干预等工作。但民政部门开展家庭监护情况调查评估、个案多方会商等工作缺乏政策保障，迫切需要落实《未成年人保护法》等关于强制报告、应急处置、评估帮扶、监护干预等救助保护机制建设，细化民政部门在调查评估、多方会商等方面的行政权限和程序化措施。另外在网络保护等新兴领域，网络霸凌、网络隐私保护、沉迷网络在内的儿童网络安全问题正在越发多样化，有些甚至很难仅仅依靠识别技术解决，发现和响应机制建设和运行难度较大。

2. 跨部门衔接机制建设问题

比如国家亲权对私领域的干预，需要法律赋予合法性，各项干预和安置制度实施需要政府保护与司法保护的有效衔接。美国、澳大利亚等国儿童保护制度设计是围绕儿童法庭为中心展开，强调法定处理程序和法庭的裁定程序，儿童保护机构的行政权限均有法律明确规定，处于保护儿童利益需要而采取的带

---

〔1〕 研究表明影响生育意愿的诸多因素中，家庭承担的儿童照顾负担是制约个体生育决策及综合生育率的关键因素。

离、临时安置、永久安置、重返家庭等措施都需要得到儿童法庭的认可或授权。我国儿童保护制度中，建立了依法处理监护侵害未成年人权益行为的跨部门协作体系，在新修订的《未成年人保护法》中明确规定了应当设立儿童案件专门的儿童警务、检察、法庭等机构，但对于法院在强化父母亲职教育、加强家庭监护监督指导、裁定安置措施等方面的功能和作用有待进一步加强，亟待家庭教育法等相关法律的出台。

3. 机制运行的程序化、专业化问题

从国际经验看，儿童保护政策中涉及对家庭监护和养育过程的监督、支持和临时或永久替代，这个过程的有效执行离不开程序化权限、细致的工作指南和持续的专业培训。要求政府部门或相关服务机构，掌握关于儿童发展、亲职、亲子关系、监护权等方面的专业知识与技能，并明确操作规范以介入亲职过程与家庭关系。虽然我国儿童保护制度中明确了相关机制，比如监护保护制度的强制报告、应急处置、评估帮扶、监护干预保护机制，但由于相关机构和人员在专业理念、知识和技能方面存在差距，相关服务程序和指引不科学或不符合实际，制度执行的有效性大打折扣。

（五）儿童福利和保护资源瓶颈有待破解，难以为制度建设提供有力支撑。

从发达国家的经验来看，儿童福利和保护工作离不开充足的资源，足够预算和大量的专业机构、专职工作人员、专业社会力量作为制度执行的保障。目前我国儿童福利和保护资源严重滞后于事业发展需要。

1. 政策对象底数不清，顶层制度设计和政策执行效率大打折扣

面对我国庞大的儿童基数，摸清儿童福利和保护需求和供给底数，是高效做好相关工作的前提条件。但目前，一方面尚未建立起儿童福利和保护领域的台账，制度的建设和推动缺少数据支撑，儿童福利和保护机构建设、岗位设置、专业人才队伍配备的规划调控缺乏依据。比如儿童遭受身体暴力、精神暴力、性侵害、严重忽视等问题发生率的统计数据较为缺乏。另一方面信息化建设滞后，缺乏动态审核能力。目前全国儿童福利信息系统仅对全国孤儿数据实施动态监控，但数据覆盖面和信息应用功能开发有限，民政、教育和公安等部门的各类数据无法有效拟合，导致儿童信息的动态审核能力滞后，无法对政策落地形成较好的信息支撑。

2. 专业力量严重不足，专岗不专人、专职不专业现象突出

当前儿童福利和保护工作的行政体系日趋完善，但缺乏与之相适应的服务体系。其中儿童主任为主体的基层儿童福利和保护队伍具有专职性，但目前多是兼职，且普遍学历层次较低、专业性不强，难以充分满足儿童需要的关爱服务、资源链接等需求。儿童福利和保护机构则普遍存在人手不足、专业素质不高、能力不强等问题，各类机构普遍编制不足、内设机构调整或增加难度大、专业岗位设置和人员调配存在阻力。

3. 社会力量参与规模、水平和模式亟待突破

从国外经验来看，社会工作专业人才、社会组织、志愿者、市场力量等是儿童福利和保护的关键参与力量。从国内实践看，虽然《未成年人保护法》对“社会保护”有了明确的规定，但由于政策倡导不充分、政府购买服务有限，社会参与渠道创新均有较大的提升空间，社会组织和社会工作专业人才从规模到专业化水平和现实需要差距很大。据了解，多地县级及以下的留守儿童和困境儿童服务缺少专业社会组织承接。

4. 儿童友好型环境建设滞后，资源支持体系缺乏规划整合

与老年人、残疾人设施相比，我国儿童活动场所设施有限，城市公共空间和公共设施的适儿化改造滞后，大大限制了儿童福利保护服务的开展。我国儿童友好型城市建设起步较晚，存在政策统筹支持不足、组织协调机制不完善、建设评价标准不清等问题，难以形成支持事业发展的资源体系。

第三节　中国儿童福利和保护制度发展面临的机遇和挑战

儿童福利和保护制度建设，是社会建设的重要组成部分。在“十四五”规划启动之际，我国儿童福利和保护制度将迎来全新发展，但也面对多重机遇与挑战，需要勇于回应时代难题，不断满足日益增加的福利诉求和使命。

一、新机遇

（一）中国特色社会主义进入新阶段，儿童福利和保护的战略作用更加凸显

正确认识党和人民事业所处的历史方位和发展阶段，是我们党明确阶段性

中心任务、制定路线方针政策的根本依据，也是我们党领导革命、建设、改革不断取得胜利的重要经验。党的十九届五中全会提出，全面建成小康社会、实现第一个百年奋斗目标之后，我们要乘势而上开启全面建设社会主义现代化国家新征程、向第二个百年奋斗目标进军，这标志着我国进入了一个新发展阶段。习近平总书记指出："新发展阶段是社会主义初级阶段中的一个阶段，同时是其中经过几十年积累、站到了新的起点上的一个阶段。"新发展阶段的定位，为我们党明确阶段性中心任务、制定路线方针政策提供了根本依据。近年来，我国儿童福利和保护工作的战略地位愈发凸显。体现在近年来，在党中央国务院的多个国家战略、重要会议、重要立法、重要规划和重要文件中，都对儿童福利和保护工作作出全面部署。儿童福利和保护是一个国家文明程度的体现。在国家全面开启现代化建设新征程中，儿童福利和保护的战略作用更加凸显，必须主动融入国家发展大局、融入我国所处重要战略机遇期，在危机中育新机、于变局中开新局。新中国成立以来，我国儿童福利和保护工作取得成就，成为世界儿童发展事业的重要组成部分，是我国参与全球治理的重要内容。多年来，我国政府与联合国儿童基金会进行了多项合作项目，有效推动了我国儿童发展，并融合国情推广形成了中国经验，为其他发展中国家提供了可借鉴的模式。新时代世界经济社会发展高度融合，以世界眼光看中国，尊重和共享中国经验，让中国更多参与和促进世界范围的儿童权利保护工作，助推全球儿童权利保护事业向纵深发展。

（二）经济平稳迈入高收入国家行列，亟需建立适合经济社会发展水平的儿童福利和保护制度

经济发展是社会发展的基础，没有经济发展不可能有儿童福利和保护水平的提高。20 世纪 50 年代中期，我国人均 GDP 只有 100 多美元；在改革开放初期，人均 GDP 只有 200 多美元；经过艰苦努力，到 20 世纪末达到 1000 美元，解决了温饱，实现了总体小康；进入 21 世纪，我国人均 GDP 在 2006 年达到 3000 美元，进入中等收入国家行列；2020 年，人均 GDP 达到 10000 美元，GDP 总量超过 100 万亿元。可以说，我们已经拥有开启新征程、实现新的更高目标的雄厚物质基础，在社会公平方面可以有更多的作为更多的措施，这也是经济社会发展到一定程度的必然要求。与此同时，儿童是社会最需要关注的脆弱群体。积极的儿童福利政策能够有效降低贫困，促进经济社会的长期发

展，对儿童的投资就是投资未来。全面实现小康社会后，中国社会发展必将进入一个新阶段。特别是从现在起到2035年，中国将基本实现社会主义现代化，人民的生活会更加富裕，这不仅会为建立健全儿童福利服务体系提供条件，更对加快发展儿童福利服务体系并不断增进儿童福祉提出了内在要求，因为健全的儿童福利服务体系本身即是社会发展进步的重要内容，也是社会主义现代化的客观指标。另外，随着我国社会保障制度渐入完善，以老年人、儿童等群体为核心的社会福利制度建设成为社会建设的核心内容，儿童福利和保护制度建设需要取得重大突破，也成为畅通促进国内国外双循环新格局的关键民生领域。

（三）社会主要矛盾转变，适度普惠的儿童福利和保护是人民美好生活期待的应有之意

我国是一个儿童大国，据测算，目前我国儿童约有2.7亿人，约占总人口的1/5，儿童人口数量位居世界第二。儿童的健康成长是亿万家庭的殷切期盼，儿童的发展应当成为公共政策关注的重点领域。特别是随着经济社会发展，包括儿童工作在内的民生期待日渐增长，当前儿童福利工作已经从“家务事”转变为“国家事”，儿童的安全、健康、教育、救助和成长都是人民群众对美好生活向往重要的组成部分，儿童福利和保护的普惠需求和质量要求需双双提升。坚持人民至上，站稳人民立场，是以习近平同志为核心的党中央治国理政最鲜明的特点，是推进新时代中国特色社会主义伟大事业的一条主线。习近平总书记指出：“要抓住人民最关心最直接最现实的利益问题，扭住突出民生难题，一件事情接着一件事情办，一年接着一年干，争取早见成效，让人民群众有更多获得感、幸福感、安全感。”儿童福利和保护工作是国家提供基本公共服务的基础要求，是缓解日益增长的儿童需求与服务供给不充分突出矛盾的必然选择，只能加强不能减弱。

二、新挑战

（一）国际政治经济形势多变、国内经济增长放缓，儿童福利和保护支出压力增大

“十四五”时期支撑我国经济长期高速增长的传统动能减弱，经济由高速增长阶段转向高质量发展阶段。特别是，全球范围内爆发的新冠肺炎疫情，进

一步加剧了百年未有之大变局，经济全球化遭遇逆流，世界进入动荡变革期。未来，我国经济发展的内外部环境日趋复杂，经济潜在增长率面临下行压力，财政收入增长放缓，基本民生保障支出压力增大、困难增多。但处在关系民生、连着民心最前沿的儿童福利和保护事业依然是需要政府持续投入、持续关注的重点领域。

（二）社会和人口结构仍面临深刻变化，儿童福利和保护质量要求增加

长期以来，我国的人口红利在经济社会发展中发挥了重要作用，但目前我国人口结构正在发生深刻变化。据统计，自 1982 年以来，我国儿童人口规模和占总人口比重不断下降，未来一定时期，儿童人口规模下降的趋势也不会发生改变。人口结构的深刻变化，必将对国家全局和长远发展产生全面、深刻、持久的影响。随着经济社会发展，家庭条件和区域影响造成的儿童群体发展不均衡现象不断外显。因此，必须抓住时机，将做好儿童福利和保护工作作为提高生育率、促进人口再生产的重要举措和必然要求。同时，做好儿童福利和保护工作，还可以有效保障儿童的合法权益，让他们健康成长为有用人才，为应对人口结构变化做出贡献。

（三）新时代儿童全面发展需求激增，儿童福利和保护亟待多元化改革

在传统社会中，家庭一般是由已婚夫妻和子女构成的相对稳定的单元。但是，随着现代化的推进，我国社会正经历着快速的家庭变迁，并且深深嵌入到经济社会转型的全过程中。具体表现为：家庭规模小型化与结构简化、家庭居住模式发生变化、单亲家庭、空巢家庭等非传统类型家庭大量涌现等。这种社会加速流动和家庭功能弱化使得儿童面临风险急剧加大，难以延续传统的家庭自治模式。儿童需求也从单一生存保障向全面服务发展转变，补缺型需求减少，普惠型、多元化需求增加。这些都迫切需要用更高水平、更富成效的儿童福利和保护工作来保障和支持，否则极易带来一系列社会问题。

第三章　中国儿童福利供给制度

服务和津贴是儿童福利供给的重要手段。儿童福利服务是以儿童福利院、中小学校、幼儿园等机构以及社区、家庭为载体，以非实物的劳动为主要形式，由政府主导履行职责，满足儿童生存和发展需要的各种活动。儿童福利津贴则是为这些活动即各类儿童福利服务提供的具有补助、补偿、补充性质的资金支持，以及为支持儿童福利对象及其家庭维持基本生活的资金支持等。中国儿童福利供给制度的发展，从一个角度来看是服务范围和内容的拓展、服务质量和效益的提升、服务方式和业态的创新，从另一个角度来看则是津贴的从无到有、从寡到丰、从粗到细。本章以民政儿童福利为主体，兼顾儿童教育福利、儿童卫生健康福利，侧重梳理我国儿童福利服务供给制度的演变，对现行儿童福利服务项目的简况进行介绍（包括津贴在内的儿童福利财政投入议题将在第八章进行专门讨论），并结合国际国内典型经验，提出完善我国儿童福利服务的对策建议。

第一节　我国儿童福利服务制度演变

中华人民共和国成立以来，我国儿童福利制度先后经历了孕育萌芽期、初步发展期、中断停滞期、恢复重建与稳步发展期、快速发展与制度化建设时期等阶段（刘继同，2017）。结合最近一段时间的政策实践，可以将我国儿童福利服务制度的演变进一步提炼为三个大的时期。

一、中华人民共和国成立之初至改革开放前的曲折探索期

1949 年 10 月 1 日，中华人民共和国正式宣告成立。当时，国家最突出、最紧迫的任务是巩固新生的人民政权，同时要恢复和发展生产，建立和维护社

会秩序，此外还要应对国内局部战争尚未结束、境外敌对势力封锁与颠覆等严峻挑战。受到内外部发展环境和经济社会条件的限制，包括儿童福利在内的社会福利整体上只能是救济性的。

中华人民共和国成立之初，中央人民政府牵头负责社会福利工作的是内务部。在其内设的办公厅、干部司、民政司、社会司、地政司、优抚司等6个机构中，社会司主管社会福利、社会救济以及游民改造、社团和宗教团体登记、公葬公墓、人民褒扬奖励、移民等事务。在地方，大行政区人民政府（军政委员会）设有民政部（1952年底之后改为民政局），各省、自治区人民政府设有民政厅，专署和县设立民政科，市人民政府设立民政局，街人民政府设置民政股，乡镇人民政府设置民政委员会（杨根来，2020）。

1950年7月15日—8月5日，第一次全国民政会议在北京召开。中央人民政府副主席朱德、政务院总理董必武、中央人民政府秘书长林伯渠、中国人民解放军代参谋长聂荣臻等到会并讲话。会议的中心议题是民主建政问题，内务部首任部长谢觉哉作了《关于人民民主建政工作报告》。会后，《人民日报》1950年9月12日的头版文章《目前人民政权建设的主要任务》指出："各级民政部门在目前有三项主要工作，这就是：民主建政、救济工作（包括救灾、优抚和城市社会救济等）和复员工作"。可见，即便在民政部门的业务范围内，社会福利在当时也是补充性的。

1951年5月，在北京召开的全国城市救济福利工作会议上，分管社会福利、社会救济的内务部领导做了《关于城市救济福利工作报告》。该报告后来经由政务院政治法律委员会批准，作为城市救济福利工作的原则指示发布。会议对于社会福利的政策基调是："在必要和可能的条件下，适当地举办和改进有利于人民的社会福利事业"。1953年10月21日至11月13日，第二次全国民政会议在北京召开，会议通过决议提出："关于城市救济工作……应根据必要和可能按其有无劳动能力分别予以教养、救济或劳动改造……生产教养院应收入教养无依无靠、无法维持生活的孤老残幼……对收容的学龄儿童应采取半工半读的办法，施以初等文化教育和可能的技术教育，培养其自谋生路的能力"（姚建平，2015）。

在"必要和可能"的条件下，各级民政部门接管并改造了国民政府时期创办的"救济院""慈善堂""教养院"等官办或社会慈善团体举办的旧福利机构，并根据社会需要和财力状况创办了新的救济福利单位，主要在城市对孤老、孤儿、精神病人等弱势群体进行收容安置（林闽钢、梁誉，2019）。1956年，全国建有生产教养院176所，收养婴幼儿2万多人。1958年，儿童福利机构统一更名为儿童福利院，专门收容“无依无靠、无家可归、无生活来源”的“三无”孤儿、弃婴、残疾儿童，流浪儿童等转入工读学校；当年末，全国城市地区儿童福利院57个，收养儿童1.2万多人。到1964年，全国城市地区儿童福利机构增加到572个，收养儿童4.4万多人（姚建平，2015）。尽管发展较快，但面对三年困难时期所产生的大量孤儿、弃婴、流浪儿童的社会需要相比，即便是救济性质的儿童福利服务，供给仍显不足。

随着政权的持续巩固、生产的不断恢复以及社会秩序的重建，集中力量推进基本建设和工业化，成为国家发展新的重要方向。1955年7月30日，第一届全国人大第二次会议通过《中华人民共和国发展国民经济的第一个五年计划》。“一五”计划的基本任务是：集中主要力量进行以苏联帮助我国设计的156个建设项目为中心的、由限额以上的694个建设单位组成的工业建设，建立我国的社会主义工业化的初步基础；发展部分集体所有制的农业合作社，并发展手工业生产合作社，建立对于农业和手工业的社会主义改造的初步基础；基本上把资本主义工商业分别纳入各种形式的国家资本主义轨道，建立对于私营工商业的社会主义改造的基础（杨伟民等，2019）。

在加快基本建设、加快工业化的时期，重积累、轻消费的宏观政策取向下，社会福利作为政府消费，其发展是受到某种程度的限制的。无依无靠的少数儿童在各类生产教养院、儿童福利院接受救济，社会中绝大部分儿童的福利是附着在单位福利和集体福利之上的。这与城镇单位制、农村集体制的经济生产制度是紧密联系的。

在城市，托儿所提供的婴幼儿照护服务纳入了职工福利。中央人民政府政务院1951年2月26日颁布实施的《中华人民共和国劳动保险条例》第十七条规定：“各企业工会基层委员会得根据各该企业的经济情况及工人与职员的需要，与企业行政方面或资方共同办理疗养所、业余疗养所、托儿所等集体劳动保险事业”；中华全国总工会可举办或委托各地方或各产业工会组织举办包括孤儿保育院在内的集体劳动保险事业。

在政府财力有限、社会资源主要用于积累和工业化的大背景下，以单位为主体提供具有职工福利性质的托幼服务，这个方法论也被应用到学前教育领域。中华人民共和国成立后，教育部在初等教育司内设立了幼儿教育处，作为领导和管理全国幼儿教育事业的行政机构。1951 年 8 月 27 日—9 月 11 日，教育部合并召开第一次全国初等教育会议和第一次全国师范教育会议，通过了《幼儿园暂行规程（草案）》和《幼儿园暂行教学纲要（草案）》。幼儿园的任务被规定为两个方面：一是根据新民主主义教育方针教养幼儿，使他们的身心在入小学前获得健全的发育；二是减轻母亲养育幼儿的负担，使母亲有时间参加政治生活、生产劳动、文化教育活动等。可见，以幼儿园为载体提供的学前教育服务，承担着妇女解放、促进生产的功能。

在有限的公共财力下，1953 年召开的第二次教育工作会议明确了“两条腿走路”的方针，提出幼教机构“也要从实际出发，在整顿巩固的基础上有计划有重点地发展”。1955 年，国务院转发教育部《关于工矿、企业自办中、小学和幼儿园的规定》，提出各工矿企业“根据需要与可能的原则，得独立或联合创办职工子女中、小学和幼儿园”。包括学前教育在内的基础教育服务开始作为职工福利来提供。

在农村，儿童福利依托于集体经济基础上建立的“五保”制度。1956 年 1 月，中共中央提出《一九五六年到一九六七年全国农业发展纲要》，其中对“五保”制度进行了安排：“农业合作社对于社内缺乏劳动力、生活没有依靠的鳏寡孤独的社员，应当统一筹划，指定生产队或者生产小组在生产上给以适当的安排，使他们能够参加力能胜任的劳动；在生活上给以适当的照顾，做到保吃、保穿、保烧（燃料）、保教（儿童和少年）、保葬，使他们的生养死葬都有指靠。”1956 年 6 月 30 日，第一届全国人民代表大会第三次会议通过《高级农业生产合作社示范章程》，其中第五十三条对“五保”做出了类似的规定。“保吃、保穿、保烧、保教、保葬”的农村“五保”制度，为有需要的农村儿童提供了基本生活的保障，使他们能够享有一定的教育福利。

在此之前的 1956 年 2 月，教育部、卫生部、内务部联合印发《关于托儿所幼儿园几个问题的联合通知》，明确托儿所统一由卫生行政部门领导，幼儿园统一由教育行政部门领导；并提出根据需要与可能的条件，积极兴办托儿所和幼儿园，在城市提倡由工矿、企业、机关、团体、群众举办，在农村提倡由农业社举办。托幼服务、学前教育福利依托单位和集体的模式，得以正式确立。

儿童卫生健康福利则是依托多个主体来提供。在城市，主要依托单位提供的职工福利，延伸为职工子女提供一定的医疗保障。在农村，主要依托集体提供的合作医疗，对儿童健康予以保障。儿童保健工作一部分在学校、幼儿园、托儿所开展，一部分在妇幼保健机构内开展，也有一部分在医院、卫生院等医疗机构内开展。

在新中国成立的第一个十年内，以福利院为主要载体的民政儿童福利、以托儿所、幼儿园、中小学校为主要载体的儿童教育福利，依托单位、集体、学校、托儿所、幼儿园、医疗及妇幼保健机构提供的儿童卫生健康福利，初步搭建起制度框架。这一时期的儿童福利，是以生产为中心的，是为基本建设和工业化服务的，国家履行有限度的兜底保障责任，城市单位和农村集体是居于主导地位的重要主体。

到20世纪60年代中期后，社会福利、劳动保险、学前教育、妇幼保健等事业都遭受了巨大冲击，儿童福利事业出现停滞和倒退。1965年，全国幼儿园数量已从1960年的78万所降至1.9万所，幼师学校从89所降至19所。此后十年，托幼服务和学前教育进一步萎缩，从社会福利的性质退化成为少数人享有的“特权”服务（杨宜勇等，2019）。儿童福利机构也纷纷撤销，到1978年，全国儿童福利院只剩下49个，在院儿童仅有3000多人（孙炳耀，2002）。

二、改革开放之初至2010年前后：恢复重建期

1978年2月18—22日，党的十一届三中全会在北京举行。全会做出了决定当代中国命运的重大决策：从1979年起，把全党工作重点转移到社会主义现代化建设上来。由此，改革开放的序幕拉开，国家发展逐步恢复到正常轨道。

不过，建立在单位制、集体制基础上的儿童福利制度，不可避免地面临新的挑战。

20世纪70年代末，改革在农村起步。联产承包责任制的探索和推广，一方面极大调动了农民的积极性，农业生产快速增长，农民家庭收入迅速增加，减少了需要救济的对象；另一方面也瓦解了原有“五保”制度的经济基础，农村集体福利和社会救助功能弱化，影响到原先依靠“五保”制度获得供养和教育服务的农村儿童。

20世纪80年代中期，改革在城市全面推开。在单位制基础上建立的职工福利逐步弱化，附着其上的儿童福利也受到影响。传统的国有企业面临越来越激烈的市场竞争，从降低成本的角度，纷纷关停或剥离企业兴办的学校、幼儿

园、托儿所。一旦企业破产、改制或者职工下岗、失业，职工的子女依托企业所享有的福利待遇随即丧失。

伴随改革开放，人口从乡村到城市流动的城镇化进程也快速展开。农村留守儿童、城乡流动儿童、城市流浪儿童、失学儿童、贫困儿童、重病重残儿童、孤儿弃婴等问题日趋严重，给儿童福利工作带来新的压力。面对新老问题交织的挑战，国家开始系统性地谋划，探索建立符合社会主义市场经济特点的儿童福利制度。

1980 年 1 月，卫生部颁发《预防接种工作实施办法》。1982 年 11 月，该部门规章升级为法规——《全国计划免疫工作条例》，明确了“我国实行儿童基础免疫”的法定要求。儿童卫生健康福利的基础制度率先恢复。

1986 年 4 月 12 日经第六届全国人民代表大会第四次会议审议通过、自 1986 年 7 月 1 日开始施行的《中华人民共和国义务教育法》明确规定：“国家实行九年制义务教育”；“凡年满六周岁的儿童，不分性别、民族、种族，应当入学接受规定年限的义务教育”；“国家对接受义务教育的学生免收学费”。义务教育成为广义儿童福利中率先明确全面普惠目标的事项。

1990 年，世界儿童问题首脑会议通过《儿童生存、保护和发展世界宣言》和《执行九十年代儿童生存、保护和发展世界宣言行动计划》。1991 年 3 月，中国政府签署了这两个文件。同年 9 月 4 日，第七届全国人民代表大会常务委员会第二十一次会议通过了我国首部《中华人民共和国未成年人保护法》。该法自 1992 年 1 月 1 日起施行，明确规定“国家保障未成年人的人身、财产和其他合法权益不受侵犯”，并就民政儿童福利、儿童教育福利、儿童卫生健康福利等工作作出了具体规定。在民政儿童福利方面，规定“对流浪乞讨或者离家出走的未成年人，民政部门或者其他有关部门应当负责交送其父母或者其他监护人；暂时无法查明其父母或者其他监护人的，由民政部门设立的儿童福利机构收容抚养。”在儿童教育福利方面，规定“地方各级人民政府应当积极发展托幼事业，努力办好托儿所、幼儿园”。在儿童卫生健康方面，规定“卫生部门应当对儿童实行预防接种证制度，积极防治儿童常见病、多发病，加强对传染病防治工作的监督管理和对托儿所、幼儿园卫生保健的业务指导。”《中华人民共和国未成年人保护法》为我国儿童福利的发展提供了坚实的法制保障，为政府在儿童福利方面履职尽责提供了直接的法律依据。

1992 年 2 月 16 日，国务院印发了《九十年代中国儿童发展规划纲要》

（国发〔1992〕9号），明确20世纪90年代我国儿童生存、保护和发展的主要目标、策略与措施、领导与监测职责，涉及人口计划生育、妇幼保健与营养、生活与环境质量、基础教育与扫盲、社区家庭保障、困难儿童保护、儿童权益保护、优生优育优教等方面的内容。新中国第一部“儿纲”对涉及儿童福利的相关事业和工作，进行了全方位的顶层设计。

1994年10月和1995年3月，《中华人民共和国母婴保健法》《中华人民共和国教育法》先后通过，儿童教育福利、儿童卫生健康福利获得了更有力的法制保障。

进入21世纪，社会民生建设步伐整体加快，儿童福利事业也取得了新进展。2001年，我国第二部十年期的《中国儿童发展纲要（2001—2010年）》正式颁布，以促进儿童发展为主题，以提高儿童身心素质为重点，以培养和造就21世纪社会主义现代化建设人才为目标，从儿童与健康、儿童与教育、儿童与法律保护、儿童与环境4个领域，提出了目标和策略措施。

2003年10月，民政部发布《家庭寄养管理暂行办法》，对将民政部门监护的儿童委托在家庭中养育的照料模式进行规范。国家对孤儿、弃婴履行兜底保障责任，采取机构集中供养和家庭分散供养互为补充的模式正式确立。2004年5月，民政部全面启动实施“孤残儿童手术康复明天计划”，利用福利彩票募集资金，为福利院内具有手术适应症的残疾孤儿实施手术矫治和康复。“明天计划”的实施，标志着民政儿童福利服务内容从兜底养育开始向康复服务延伸。2006年起，民政部启动了“儿童福利机构建设蓝天计划”，综合利用福利彩票公益金和财政资金，加强儿童福利机构的基础设施建设，在全国大中城市建成了一批集养护、救治、教育、康复、特教等功能于一体的儿童福利机构，在很大程度上拓展了机构福利的内容。

2006年3月，民政部会同中央综治办、最高人民法院、国家发展改革委等联合印发《关于加强孤儿救助工作的意见》，对各有关部门保障孤儿的职责进行了明确。2009年2月，民政部办公厅《关于制定孤儿最低养育标准的通知》印发；同年6月，民政部《关于制定福利机构儿童最低养育标准的指导意见》，社会散居孤儿和机构集中养育孤儿的最低标准先后明确。

2010年是中国儿童福利史上具有里程碑意义的一年，有学者称之为“中国儿童福利元年”（刘继同，2017）。这一年，国务院办公厅《关于加强孤儿保障工作的意见》（国办发〔2010〕54号）印发，明确了亲属抚养、机构养育、家庭寄养、依法收养等孤儿安置的渠道，对建立健全孤儿保障体系、加强儿童福利机构建设等提出了具体要求，孤儿福利制度的框架全面搭建。同年，民政部、财政部《关于发放孤儿基本生活费的通知》印发，两部门决定自2010年1月起为全国孤儿发放基本生活费，全国性的孤儿基本生活保障制度正式建立。

到2010年末，全国有25.2万孤儿领取了儿童福利证，各类社会福利机构共收养儿童10万人；儿童福利院增至335个，床位达到5万张；全国有流浪儿童救助保护中心145个，床位0.5万张，全年救助生活无着流浪乞讨未成年人14.6万人次（民政部规划财务司，2011）。

在民政儿童福利制度不断建立健全的同时，儿童教育福利制度建设也加快了步伐。2004年，国家开始实施西部地区“两基”攻坚计划（基本实施九年义务教育和基本扫除青壮年文盲）。2006年，国家对西部农村义务教育阶段学生实行“两免一补”（免杂费、免书本费、补助寄宿生生活费）。次年，“两免一补”推广到中部和东部地区，实现对全国农村中小学的全覆盖，每年惠及1.5亿名学生（蒋纯焦，2019）。“两免一补”资助政策的实施，使得义务教育成为全面覆盖、全面普惠的儿童教育福利服务。2007年，西部地区“两基”人口覆盖率达到98%，全国基本实现“两基”目标。到2010年底，全国2856个县（市、区）全部实现“两基”，全国“两基”人口覆盖率达到100%（教育部，2012）。至此，义务教育成为惠及全部学龄人口的教育福利。

2010年7月，《国家中长期教育改革和发展规划纲要（2010—2020年）》发布，将学前教育作为专门一章进行部署，并在战略目标中明确提出到2020年“基本普及学前教育”。同年11月，《国务院关于当前发展学前教育的若干意见》（国发〔2010〕41号）印发，国家决定实施学前教育三年行动计划。学前教育开始恢复为儿童教育福利的重要事项。

同一时期，以计划免疫为重要手段的儿童卫生健康福利也取得了长足进步。2005年，儿童预防接种证制度建立，儿童免疫保健福利制度更加完善。到2010年末，3岁以下儿童系统管理率已经提高到81.5%；5岁以下儿童死亡率、婴儿死亡率、新生儿死亡率分别降至16.4‰、13.1‰和8.3‰（卫生部，2011）。《中国儿童发展纲要（2001—2010年）》关于婴儿和5岁以下儿童死亡率的目标是以2000年为基数分别下降1/5，实际上这两个指标双双下降了3/5。

三、新时代以来：适度普惠期

2012 年，党的十八大胜利召开，中国特色社会主义进入了新时代，中国儿童福利制度向着适度普惠的新阶段迈进。2013 年 6 月，民政部《关于开展适度普惠型儿童福利制度建设试点工作的通知》印发，决定在江苏省昆山市、浙江省海宁市、河南省洛宁县、广东省深圳市等地开展适度普惠型儿童福利制度建设试点工作。试点采取“适度普惠、分层次、分类型、分标准、分区域”的思路，“适度普惠型”是指逐步建立覆盖全体儿童的普惠福利制度；“分层次”是将儿童群体分为孤儿、困境儿童、困境家庭儿童、普通儿童四个层次；“分类型”是将各层次儿童予以类型区分，孤儿分社会散居孤儿和福利机构养育孤儿 2 类，困境儿童分残疾儿童、重病儿童和流浪儿童 3 类，困境家庭儿童分父母重度残疾或重病的儿童、父母长期服刑在押或强制戒毒的儿童、父母一方死亡另一方因其他情况无法履行抚养义务和监护职责的儿童、贫困家庭的儿童 4 类；“分区域”是指全国划分为东、中、西部，因地制宜制定适应本地区特点的儿童补贴制度；“分标准”是指对不同类型的儿童，分不同标准予以福利保障。

2014 年 12 月，国务院办公厅印发《国家贫困地区儿童发展规划（2014—2020 年）》，旨在切断贫困代际传递，为集中连片特殊困难地区 680 个县从出生到义务教育阶段结束的农村儿童，提供全程关怀和全面保障，具体包括新生儿出生健康、儿童营养改善、儿童医疗卫生保健、儿童教育保障、特殊困难儿童教育和关爱等 5 个方面的主要任务。

“十三五”以来，儿童福利制度新的框架开创性地建立起来，一系列新政策制定实施。

一是幼有所育和弱有所扶作为重要内容纳入新时代的基本方略。2017 年，习近平总书记在党的十九大报告中提出新时代坚持和发展中国特色社会主义的十四条基本方略。其中，第八条“坚持在发展中保障和改善民生”明确要求“在幼有所育、学有所教、劳有所得、病有所医、老有所养、住有所居、弱有所扶上不断取得新进展”。民生“五有”拓展为“七有”，新增的幼有所育和弱有所扶，二者的交叉领域恰是儿童福利的职责所在。随着新方略的提出，儿童福利事业的战略位势得到空前提升。

二是专门负责儿童福利和保护工作的国家部委司局正式设立。2018 年，党的十九届三中全会审议通过了《中共中央关于深化党和国家机构改革的决定》和《深化党和国家机构改革方案》，十三届全国人大一次会议审议通过国务院机构改革方案。同年，民政部单独设立儿童福利司。该司是新中国成立以来，国家部委层面内设的首个专门负责儿童福利和保护工作的司局级机构。2019 年，最高人民检察院设立第九检察厅即未成年人检察厅，开展未成年人司法保护是该厅的一项重要职责。

三是儿童福利相关领域颁布新的法规政策并建立起新的议事协商机制。2016 年，国务院先后印发了《关于加强农村留守儿童关爱保护工作的意见》和《关于加强困境儿童保障工作的意见》，标志着我国适度普惠型儿童福利制度正式建立。同年，国务院同意建立农村留守儿童关爱保护工作部际联席会议制度，我国首部反家庭暴力法开始实施。2018 年，国务院同意建立农村留守儿童关爱保护和困境儿童保障工作部际联席会议制度。2019 年，民政部等 12 部门印发《关于进一步加强事实无人抚养儿童保障工作的意见》。2020 年，第十三届全国人民代表大会常务委员会第二十二次会议审议通过了对《中华人民共和国未成年人保护法》的第二次修订。

四是儿童福利机构承担了新的职能。集中养育对象从孤儿、弃婴扩展到事实无人抚养儿童等困境儿童。一些儿童福利机构积极引入社会力量，开展孤残儿童康复、特殊教育、个案帮扶等服务。有条件的机构依托自身在康复、社工等方面的资源，向残疾儿童、受艾滋病影响儿童、服刑人员和强制戒毒人员子女、贫困儿童等提供外展服务。部分儿童福利机构设立儿童福利指导中心，有的县级机构开始向未成年人救助保护机构转型。国家发改委等三部门实施“十三五”社会服务兜底工程，重点支持 50 万人口以上县市的儿童福利设施建设。到 2019 年底，全国共有独立的儿童福利机构 484 个、床位 9 万张（民政部，2020），分别比 2010 年增加近 150 个机构、4 万张床位。

五是未成年人救助保护中心建设加快推进。有的地方新设立单独建制的未成年人保护中心或未成年人救助保护中心，有的地方依托流浪乞讨人员救助管理站开辟未成年人救助保护的专门场所。未成年人救助保护的对象从生活无着的流浪儿童，扩展到遭受监护侵害、暂时无人监护等情况的儿童，服务内容从临时救助开始向专业服务延伸。未保机构积极协助民政部门推进农村留守儿童和困境儿童关爱服务工作，有的已经成为儿童福利和保护工作的综合平台。在前述“十三五”社会服务兜底工程中，县级未成年人保护设施也是重点建设的内容。2019 年，全国共有独立的未成年人救助保护中心 202 个、床位 0.8 万张（民政部，2020），分别比 2010 年增加近 60 个中心、0.3 万张床位。

六是基层儿童工作队伍和社会力量不断壮大。“十三五”时期，乡镇（街道）儿童督导员和村（居）儿童主任队伍跨越式发展。截至 2019 年底，全国共有儿童督导员 5.6 万名、儿童主任 67.5 万名（民政部，2020）。一些基金会和企业长期资助儿童福利院、院内婴幼儿服务和类家庭项目、孤儿寄养家庭。社工机构、志愿组织、心理咨询机构通过政府购买服务等方式，高等院校通过设立实习实训基地等形式，向儿童福利和保护机构提供专业服务。一些社会组织还在城市社区和乡村开辟服务点，为困境儿童、农村留守儿童提供心理疏导、亲情关爱、权益维护等服务。

七是儿童教育和托育福利取得新突破。2018 年 11 月，《中共中央 国务院关于学前教育深化改革规范发展的若干意见》印发，明确提出推进学前教育普及普惠安全优质发展、牢牢把握公益普惠基本方向的要求。2019 年 4 月，国务院办公厅印发《关于促进 3 岁以下婴幼儿照护服务发展的指导意见》，要求将婴幼儿照护服务纳入经济社会发展规划，加快完善相关政策，强化政策引导和统筹引领，充分调动社会力量积极性，大力推动婴幼儿照护服务发展，优先支持普惠性婴幼儿照护服务机构。同年 10 月，国家发展改革委、国家卫生健康委印发《支持社会力量发展普惠托育服务专项行动实施方案（试行）》，3 岁以下婴幼儿普惠性托育服务被纳入中央预算内投资的支持范围。

八是儿童卫生健康福利保障更加全面。2016 年 9 月，全国卫生与健康大会召开，习近平总书记发表重要讲话强调“要重视重点人群健康，保障妇幼健康”。同年 10 月，中共中央、国务院印发《“健康中国 2030”规划纲要》，提出实施母婴安全计划和健康儿童计划、加强儿童早期发展和儿科建设、扩大新生儿疾病筛查、继续开展重点地区儿童营养改善等项目。到 2019 年末，全国妇幼保健机构 3071 家，床位 24.3 万张，妇幼保健机构人员 48.7 万人，其中卫生技术人员 40.5 万人；3 岁以下儿童系统管理率达到 91.9%，比 2010 年提高 10 个百分点以上；5 岁以下儿童死亡率、婴儿死亡率、新生儿死亡率分别降至 7.8‰、5.6‰、3.5‰（国家卫生健康委，2020），与 2010 年相比都下降了 50% 以上。

新时代以来，儿童福利的范围明显拓展，内容更加丰富，政策支持力度增大，总体上已经实现了从补缺型向适度普惠型的跃升。

第二节　现行儿童福利服务项目概况

现行儿童福利制度的主体部分包括民政儿童福利制度、儿童教育福利、儿童卫生健康福利。由于国家层面目前尚未明确广义儿童福利的具体范围，这里梳理《国家基本公共服务标准（2021 年版）》清单中与儿童密切相关的项目，分别纳入前述三个方面进行分析和评价。

一、民政儿童福利：以地方事权为主，整体迈向适度普惠阶段

在《国家基本公共服务标准（2021 年版）》中，在服务项目名称、服务对象描述中含有“儿童”或“未成年人”的项目共计 11 个，其中民政部门作为第一牵头负责单位的项目有 5 个，分别为特殊儿童群体基本生活保障、困境儿童保障、农村留守儿童关爱保护、最低生活保障、特困人员救助供养。

特殊儿童群体基本生活保障的对象包括孤儿、艾滋病病毒感染儿童和事实无人抚养儿童。其中，孤儿是指失去父母、查找不到生父母的未满 18 周岁的未成年人。按照 2010 年 11 月国务院办公厅印发的《关于加强孤儿保障工作的意见》要求，为满足孤儿基本生活需要，建立孤儿基本生活保障制度；各省、自治区、直辖市政府应按照不低于当地平均生活水平的原则，来合理确定孤儿基本生活最低养育标准。这样，在来自父母、核心家庭的支持完全缺失、彻底丧失的情况下，由政府来“补位”，对孤儿提供基本生活保障，因此孤儿保障是典型的补缺型福利。

艾滋病病毒感染儿童是指携带艾滋病病毒及患有艾滋病的儿童。2012 年 10 月，民政部、财政部联合印发《关于发放艾滋病病毒感染儿童基本生活费的通知》，明确要求各省（自治区、直辖市）根据城乡生活水平、儿童成长需要和财力状况，按照不低于当地平均生活水平的原则，合理确定感染儿童基本生活费标准，具体标准参照当地孤儿基本生活费额度全额执行。按照这个通知要求，地方各级财政部门要将感染儿童基本生活费纳入孤儿基本生活费范围，列入财政预算。中央财政按照孤儿基本生活费补助标准，对各地发放感染儿童基本生活费进行补助。

事实无人抚养儿童是指父母双方均符合重残、重病、服刑在押、强制隔离

戒毒、被执行其他限制人身自由的措施、失联情形之一的儿童；或者父母一方死亡或失踪，另一方符合重残、重病、服刑在押、强制隔离戒毒、被执行其他限制人身自由的措施、失联情形之一的儿童。与孤儿相比，事实无人抚养儿童暂时性地失去核心家庭的支持，或者得到的支持非常有限，而并非完全彻底地丧失来自父母、核心家庭的支持。根据民政部等 12 部门《关于进一步加强事实无人抚养儿童保障工作的意见》，对事实无人抚养儿童基本生活等保障，在规定的保障情形发生变化后，就会终止。从共同性或相似性看，事实无人抚养儿童保障与孤儿保障都属于补缺性质的福利。

表 1 《国家基本公共服务标准（2021 年版）》中的民政儿童福利项目

服务项目	服务对象	服务内容	服务标准	支出责任	牵头负责单位
特殊儿童群体基本生活保障	孤儿、艾滋病病毒感染儿童、事实无人抚养儿童	为孤儿、艾滋病病毒感染儿童发放基本生活费。为事实无人抚养儿童发放基本生活补贴。	各省、自治区、直辖市按照保障孤儿的基本生活不低于当地平均生活水平的原则，合理确定孤儿基本生活标准。艾滋病病毒感染儿童基本生活费发放标准参照当地孤儿基本生活费标准，事实无人抚养儿童基本生活补贴标准按照与当地孤儿保障标准相衔接的原则确定。	支出责任	民政部
困境儿童保障	因家庭贫困导致生活、就医、就学等困难的儿童，因自身残疾导致康复、照料、护理和社会融入等困难的儿童，以及因家庭监护缺失或监护不当遭受虐待、遗弃、意外伤害、不法侵害等导致人身安全受到威胁或侵害的儿童	为困境儿童提供基本生活保障、基本医疗保障、教育保障，落实抚养监护责任。为残疾的困境儿童提供康复救助等福利服务。	按照《国务院关于加强困境儿童保障工作的意见》及地方相关标准执行；困境儿童信息系统一季度更新一次；村（居）委会建立困境儿童信息台账，一人一档，村（居）委会儿童主任定期走访，并有详细走访记录。	地方人民政府负责，中央财政适当补助	民政部

续表

服务项目	服务对象	服务内容	服务标准	支出责任	牵头负责单位
农村留守儿童关爱保护	父母双方外出务工或一方外出务工另一方无监护能力、未满16周岁的农村户籍未成年人	指导落实家庭主体监护责任，提供家庭监护指导、心理关爱、行为矫治等服务	按照《国务院关于加强农村留守儿童关爱保护工作的意见》及地方相关标准执行，农村留守儿童信息系统一季度更新一次；村（居）委会建立农村留守儿童信息台账，一人一档，村（居）委会儿童主任定期走访，并有详细走访记录	地方人民政府负责	民政部
最低生活保障	共同生活的家庭成员人均收入低于当地最低生活保障标准，且符合当地最低生活保障家庭财产状况规定的家庭	为低保对象发放最低生活保障金。对获得最低生活保障金后生活仍有困难的老年人、未成年人、重度残疾人和重病患者，采取必要措施给予生活保障	按照《社会救助暂行办法》相关规定执行。最低生活保障标准，由省、自治区、直辖市或者设区的市级人民政府按照当地居民生活必需的费用确定、公布，并根据当地经济社会发展水平和物价变动情况适时调整	地方人民政府负责	民政部
特困人员救助供养	无劳动能力、无生活来源且无法定赡养、抚养、扶养义务人，或者其法定义务人无赡养、抚养、扶养能力的老年人、残疾人以及未满18周岁的未成年人	提供基本生活条件；对生活不能自理的给予照料；提供疾病治疗；以减免费用或补贴方式提供遗体接运、暂存、火化、骨灰寄存等基本殡葬服务	按照《社会救助暂行办法》相关规定执行。特困供养标准由省、自治区、直辖市或者设区的市级人民政府确定、公布	地方人民政府负责，中央财政适当补助	民政部

资料来源：《国家基本公共服务标准（2021年版）》

困境儿童包括因家庭贫困导致生活、就医、就学等困难的儿童，因自身残疾导致康复、照料、护理和社会融入等困难的儿童，以及因家庭监护缺失或监护不当遭受虐待、遗弃、意外伤害、不法侵害等导致人身安全受到威胁或侵害的儿童。这一相对宽泛界定，使得困境儿童比孤儿、事实无人抚养儿童的规模要增加一个数量级，也涉及更加广泛的家庭。甚至儿童在任何一个家庭中，都有可能因遇到上述风险而陷入困境，只是这个风险的概率有所不同。因此，相对于孤儿保障、事实无人抚养儿童保障，困境儿童保障具有鲜明的适度普惠性质。根据国务院印发的《关于加强困境儿童保障工作的意见》，国家对困境儿童实施分类保障，针对儿童生存发展面临的突出问题和困难不同，分别或者综合施以基本生活、基本医疗、教育保障以及落实监护责任等措施。

留守儿童是指父母双方外出务工或一方外出务工另一方无监护能力、不满十六周岁的未成年人。与困境儿童相比，留守儿童的规模更大，家庭支持能力要强一些。根据国务院《关于加强农村留守儿童关爱保护工作的意见》，留守儿童的监护主体责任在家庭，关爱保护留守儿童，首先要求监护人要依法尽责，在家庭发展中首先考虑儿童利益。政府的职责在于加强对家庭监护、委托监护的监督、督促和指导，健全农村留守儿童关爱服务体系和救助保护机制，包括强制报告、应急处置、评估帮扶、监护干预等机制，进而切实保障农村留守儿童的合法权益。由此看，留守儿童关爱保护属于更广范畴的社会福利，也具有适度普惠的性质。

最低生活保障和特困人员救助供养在我国社会保障体系中属于社会救助的范畴，并且并非专门针对儿童这个目标人群，在此不做讨论。

在过去很长一段时间，我国民政儿童福利制度所覆盖的对象都是特定的、小众的。由国家兜底履行养育人职责的对象主要是孤儿和弃婴，人数规模只有几十万人。民政儿童福利因而具有鲜明的补缺型福利特征。随着经济的发展，公共财力的增强，民政儿童福利所依赖的经济基础越来越雄厚。与此同时，孤儿和弃婴的总量呈现出持续减少的态势，传统民政儿童福利制度覆盖的对象在收缩。2016 年，国务院印发《关于加强农村留守儿童关爱保护工作的意见》和《关于加强困境儿童保障工作的意见》，当留守儿童和困境儿童也能按照政策纳入有关社会救助、社会福利保障范围后，补缺型的民政儿童福利制度就向适度普惠型的民政儿童福利制度迈出了具有实质性的一步。

从补缺型到适度普惠型，一方面意味着福利服务对象的大幅增加，服务内容的丰富扩展，服务难度的明显增大；另一方面意味着公共财力保障需要超常规地强化，资金投入的规模需要增加，资金的使用效率需要提高。这两个方面，都给民政儿童福利事业带来了新的挑战。特别突出的一个问题，就是民政儿童福利全部属于地方事权，中央政府主要通过补助的形式予以支持。在这样的制度框架下，补缺型儿童福利由于服务对象特定、人数规模较小，比较容易控制各地区间的差距，确保福利供给的公平性和可及性。然而，建立地方经济发展水平和财力基础之上的适度普惠型儿童福利，非常容易出现差距拉大、公平性受损、可及性不强的问题。

二、儿童教育福利：以中央和地方共同事权为主，义务教育率先全面普惠

这里将儿童教育福利项目界定为教育部门作为第一或第二牵头负责单位，主要面向0—18岁儿童提供的国家基本公共服务项目。按照最新的《国家基本公共服务标准（2021年版）》，共有10项，分别为：学前教育幼儿资助、义务教育阶段免除学杂费、义务教育免费提供教科书、义务教育家庭经济困难学生生活补助、贫困地区学生营养膳食补助、普通高中国家助学金、普通高中免学杂费、中等职业教育国家助学金、中等职业教育免除学费、残疾儿童及青少年教育。

相对于民政儿童福利项目，儿童教育福利项目具有三个方面的明显优势：一是有法律保障，《中华人民共和国教育法》《中华人民共和国义务教育法》《中华人民共和国职业教育法》《中华人民共和国残疾人教育条例》等法律法规对政府提供相应的儿童教育福利项目提出了法定要求；二是有专项政策支持，义务教育“两免一补”、农村义务教育学生营养改善计划、学前教育三年行动计划、高中阶段教育学生资助等政策，有力支持儿童教育福利项目的实施；三是有中央财政投入，其中9个儿童教育福利项目都按照《教育领域中央与地方财政事权和支出责任划分改革方案》执行，属于中央和地方的共同事权，另外1个项目也有中央财政的适当补助，因而儿童教育福利项目的财政投入更加充沛。

表 2 《国家基本公共服务标准（2021 年版）》中的教育儿童福利项目

服务项目	服务对象	服务内容	服务标准	支出责任	牵头负责单位
学前教育幼儿资助	经县级以上教育行政部门审批设立的普惠性幼儿园在园家庭经济困难儿童、孤儿和残疾儿童	减免保教费	具体资助方式和资助标准由地方人民政府结合本地实际自行制定	按照《教育领域中央与地方财政事权和支出责任划分改革方案》执行	教育部
义务教育阶段免除学杂费	义务教育学生	免除义务教育学生学杂费。国家对义务教育阶段公办学校公用经费予以保障，对符合条件的民办学校公用经费给予补助	义务教育阶段生均公用经费基准定额为小学650 元，初中 850 元；寄宿制学校公用经费按寄宿生数年生均增加200 元；农村地区不足100 人的规模较小学校按 100 人核定公用经费；特殊教育学校和随班就读残疾学生按每生每年 6000 元标准补助公用经费	按照《教育领域中央与地方财政事权和支出责任划分改革方案》执行	教育部
义务教育免费提供教科书	义务教育学生	免费为义务教育学生提供国家规定课程教科书。免费为小学一年级学生提供正版学生字典。免费提供地方课程教科书	国家规定课程教科书补助标准为：小学每生每年 105 元、初中每生每年 180 元；小学一年级字典每生 14 元。地方课程教科书补助标准由各地政府规定	按照《教育领域中央与地方财政事权和支出责任划分改革方案》执行	教育部

续表

服务项目	服务对象	服务内容	服务标准	支出责任	牵头负责单位
义务教育家庭经济困难学生生活补助	义务教育家庭经济困难学生	对义务教育家庭经济困难学生提供生活补助	家庭经济困难寄宿生生活补助国家基础标准为每生每年小学 1000 元，初中 1250 元；按照国家基础标准 50% 核定家庭经济困难非寄宿生生活补助标准	按照《教育领域中央与地方财政事权和支出责任划分改革方案》执行	教育部
贫困地区学生营养膳食补助	贫困地区农村义务教育学生	为农村义务教育学生营养改善计划试点地区（不含县城）学生提供营养膳食补助	国家基础标准为每生每天 4 元	按照《教育领域中央与地方财政事权和支出责任划分改革方案》执行	教育部
普通高中国家助学金	具有正式学籍的普通高中在校生中的家庭经济困难学生	为普通高中在校生中的家庭经济困难学生提供国家助学金	平均资助标准为每生每年 2000 元。地方可以按《学生资助资金管理办法》相关规定，结合实际在 1000－3000 元范围内确定，可以分为 2－3 档	按照《教育领域中央与地方财政事权和支出责任划分改革方案》执行	教育部

续表

服务项目	服务对象	服务内容	服务标准	支出责任	牵头负责单位
普通高中免学杂费	具有正式学籍的普通高中建档立卡等家庭经济困难学生（含非建档立卡的家庭经济困难残疾学生、农村最低生活保障家庭学生、农村特困救助供养学生）	免除符合条件的普通高中家庭经济困难学生学杂费	免学杂费标准按各省级人民政府及其价格、财政主管部门批准的学费标准执行（不含住宿费）。对在政府教育行政部门依法批准的民办普通高中就读的符合免学杂费政策条件的学生，按照当地同类型公办普通高中免除学杂费标准给予补助	按照《教育领域中央与地方财政事权和支出责任划分改革方案》执行	教育部
中等职业教育国家助学金	中等职业学校全日制学历教育正式学籍一、二年级在校涉农专业学生和非涉农专业家庭经济困难学生；11个集中连片特困地区和西藏、四省涉藏州县、新疆南疆四地州中等职业学校农村（不含县城）学生	为符合条件的中等职业教育在校生提供国家助学金	平均资助标准为每生每年2000元。地方可以按《学生资助资金管理办法》相关规定，结合实际在1000－3000元范围内确定，可以分为2－3档	按照《教育领域中央与地方财政事权和支出责任划分改革方案》执行	教育部、人力资源社会保障部
中等职业教育免除学费	中等职业学校全日制学历教育正式学籍一、二、三年级在校生中所有农村（含县镇）学生、城市涉农专业学生和家庭经济困难学生、民族地区学校就读学生和戏曲表演专业学生（其他艺术类相关表演专业学生除外）	免除符合条件的中等职业教育在校生学费	按各级人民政府及其价格、财政主管部门批准的公办学校学费标准执行（不含住宿费）	按照《教育领域中央与地方财政事权和支出责任划分改革方案》执行	教育部、人力资源社会保障部

续表

服务项目	服务对象	服务内容	服务标准	支出责任	牵头负责单位
残疾儿童及青少年教育	残疾儿童、青少年	为家庭经济困难的残疾学生提供包括义务教育、高中阶段教育在内的12年免费教育；对残疾儿童普惠性学前教育予以资助；对残疾学生特殊学习用品、教育训练、交通费等予以补助	具体资助、补助标准由各地人民政府明确	地方人民政府负责，中央财政适当补助	教育部、中国残联

资料来源：《国家基本公共服务标准（2021年版）》

基于这三个方面的优势，儿童教育福利的普惠性更强。其中，在义务教育法和“两免一补”等政策的保障下，义务教育福利已经率先实现了全面普惠；残疾儿童的教育已十分接近全面普惠，学前教育、普通高中和中等职业教育在适度普惠的基础上不断扩大惠及范围。

三、儿童卫生健康福利：多方共担责任，预防接种和儿童健康管理等全面普惠

与儿童教育福利项目的选取类似，这里将儿童卫生健康福利项目界定为卫生健康、中医药、医保部门作为第一或第二牵头负责单位，主要面向0—18岁儿童提供的国家基本公共服务项目。按照《国家基本公共服务标准（2021年版）》，共有4项，分别为：预防接种、儿童健康管理、残疾人康复服务、城乡居民基本医疗保险。

表 3 《国家基本公共服务标准（2021 年版）》中的儿童卫生健康福利项目

服务项目	服务对象	服务内容	服务标准	支出责任	牵头负责单位
预防接种	0—6 岁儿童	对适龄儿童按国家免疫规划疫苗免疫程序进行常规接种	按照《国家基本公共卫生服务规范（第三版）》及相应技术方案执行。以乡镇（街道）为单位，适龄儿童免疫规划疫苗接种率达到 90% 以上	中央财政和地方财政共同承担支出责任	国家卫生健康委
儿童健康管理	0—6 岁儿童	为辖区内的常住 0—6 岁儿童提供 13 次（出生后 1 周内、满月、3 月龄、6 月龄、8 月龄、12 月龄、18 月龄、24 月龄、30 月龄、3 岁、4 岁、5 岁、6 岁各一次）免费健康检查，具体包括：新生儿访视、新生儿满月健康管理，开展体格检查、生长发育和心理行为发育评估，听力、视力和口腔筛查，进行科学喂养（合理膳食）、生长发育、疾病预防、预防伤害、口腔保健等健康指导；为 0—3 岁儿童每年提供 2 次中医调养服务，向儿童家长教授儿童中医饮食调养、起居活动指导和摩腹捏脊穴位按揉方法	按照《国家基本公共卫生服务规范（第三版）》及相应技术方案执行	中央财政和地方财政共同承担支出责任	国家卫生健康委、国家中医药局

续表

服务项目	服务对象	服务内容	服务标准	支出责任	牵头负责单位
残疾人康复服务	符合条件、有康复需求的持证残疾人；符合条件的0—6岁视力、听力、言语、肢体、智力等残疾儿童和孤独症儿童	提供康复评估、康复训练、辅具适配、护理、心理疏导、咨询、指导和转介等基本康复服务。为符合条件的残疾儿童提供以减轻功能障碍、改善功能状况、增强生活自理和社会参与能力为主要目的的手术、辅具适配和康复训练等服务	按照《残疾人基本康复服务目录（2019年版）》及中国残联相关服务规范执行	地方人民政府负责，中央财政适当补助	中国残联、国家卫生健康委、民政部
城乡居民基本医疗保险	符合条件的参保缴费城乡居民。具体人员范围按照《中华人民共和国社会保险法》和《国务院关于整合城乡居民基本医疗保险制度的意见》等有关规定确定	提供参保经办服务。符合条件的参保人员可按规定享受相应的城乡居民医疗保险和大病保险待遇，具体保障内容按照《中华人民共和国社会保险法》《国务院关于整合城乡居民基本医疗保险制度的意见》和《发展改革委等六部门关于开展城乡居民大病保险工作的指导意见》等有关规定执行	待遇标准按照《中华人民共和国社会保险法》和《国务院关于整合城乡居民基本医疗保险制度的意见》等有关规定执行	城乡居民基本医疗保险实行个人缴费和政府补贴相结合，各级人民政府按规定对参保城乡居民予以缴费补助。享受最低生活保障的人、丧失劳动能力的残疾人、低收入家庭六十周岁以上的老年人和未成年人等参加城乡居民医疗保险所需个人缴费部分，由政府给予补贴。城乡居民医保补助为中央与地方共同财政事权，中央财政按照国家规定补助标准和分档分担办法安排补助资金。为参保人员提供基本医疗保障所需资金从城乡居民基本医疗保险基金中支出	国家医保局、税务总局

资料来源：《国家基本公共服务标准（2021年版）》

预防接种是在计划免疫的基础上发展完善的项目，适龄儿童免疫规划疫苗已经覆盖了90%以上的目标群体，可以认为总体上实现了全面普惠。儿童健康管理是在计划免疫基础上延伸出来的项目，与预防接种一样，也总体上实现了全面普惠。为符合条件的0—6岁视力、听力、言语、肢体、智力等残疾儿童和孤独症儿童提供以减轻功能障碍、改善功能状况、增强生活自理和社会参与能力为主要目的的手术、辅具适配和康复训练等服务，在制度设计上是全面普惠的，现阶段仍处于适度普惠的阶段。

城乡居民基本医疗保险属于社会保险，因而具有互助性、共济性，从广义福利的视角和目前参保率的情况看，已经接近实现全面普惠。此外，根据2021年4月国务院办公厅印发的《关于建立健全职工基本医疗保险门诊共济保障机制的指导意见》，职工基本医疗保险的个人账户可以用于支付参保人员子女在定点医疗机构就医发生的由个人负担的医疗费用，以及在定点零售药店购买药品、医疗器械、医用耗材发生的由个人负担的费用。这样职工基本医疗保险也开始具备儿童卫生健康福利的功能。

儿童卫生健康福利项目的普惠性程度整体上高于儿童教育福利，远高于民政儿童福利。从责任主体看，城乡居民基本医疗保险由个人缴费和政府补助共担，预防接种、儿童健康管理、残疾人康复3个项目都是地方主责、中央补助。从保障程度看，儿童卫生健康福利项目与儿童教育福利项目大体相当，大部分项目比较接近义务教育的保障水平，普遍高于民政儿童福利项目。

第三节　儿童福利服务发展的国际国内经验

成体系、制度化的儿童福利已在世界上发展了数百年。在中国，近代以来儿童福利事业起步发展，新中国成立、改革开放以来不断探索发展，特别是新时代以来积累了新的宝贵经验。

一、可供借鉴的国际经验

基于现有文献，可供我国儿童福利服务发展借鉴的国际经验，可以梳理为以下五条。

一是让儿童回归家庭。自1601年英国伊丽莎白法案颁布实施以来，英美儿童福利体系已有400多年的历史，先后经历了以学徒契约制度为基础的劳动福利阶段，以济贫院、孤儿庇护所、孤儿院等为载体的机构福利阶段，以寄养或收养安置为主渠道的家庭福利阶段。例如，美国替代性的儿童福利服务中，机构服务对象仅占一小部分，家庭寄养和收养服务的对象占绝大部分。近年来，英国的儿童福利机构数量呈现出总体下降的发展态势。

二是让社会力量参与。自20世纪70年代新公共管理改革兴起以来，发达国家在儿童福利和保护领域引入市场化、社会化的参与机制。政府由福利和保护服务的直接提供者逐渐转变为宏观引导者，主要承担制度设计、政策制定、监督管理等职能，通过资金支持、政策优惠、外包和购买服务等方式，积极培育儿童福利和保护领域的非政府组织。2019年，英国75%的儿童之家由私人机构运营（Ofsted，2020）。日本也有很大一部分公立的儿童福利养护机构，通过民营化的方式转为由民间组织负责运营。

三是让机构拓展服务。美国的儿童福利和保护机构不仅提供机构养育、家庭寄养、收养等替代性服务，还提供为家庭成员赋能、为受虐待和忽视儿童提供保护的支持性服务，以及日间照料、临时托管等补充性服务。日本儿童福利养护机构在为机构内的弱势儿童提供服务的同时，通过收费服务的方式向社会开放。例如，机构内设置的儿童复康中心可以为社会上的残疾儿童提供专业的康复治疗。

四是让队伍更加专业。英国要求儿童之家的管理者必须持有寄宿制儿童照顾领导与管理5级文凭，要求普通工作人员最低持有寄宿制儿童照顾3级文凭，并将管理者和工作人员是否具备资格证书及获得资格证书的年限纳入考评范围内，以最大程度确保人才队伍的专业性。在儿童之家的质量标准中，专门提出要设立完备的人员招聘、督导、绩效管理及晋升机制，以提升专业人才队伍的稳定性。

五是让法律提供保障。美国儿童政策以立法作为保障，直接与儿童福利相关的法律法规超过120项，依托1935年《社会安全法》、1974年《儿童虐待预防和处理法案》、1980年《收养协助和儿童福利法案》等法律，形成了一系列援助项目和补助计划。德国立有《青少年福利法》《少年辅助法》，日本立有《儿童福利法》，韩国立有《儿童福利法》《青少年福利援助法》《单亲家庭福利法》《孤儿收养特例法》等。

二、国内典型地方先行先试的经验

在近些年的探索中，国内一些地方先行先试，形成了不少本土化的经验。

一是搭建市县—镇街—村居儿童福利和保护服务网络。江苏昆山等地成立市县级的儿童福利指导中心，乡镇街道设立儿童福利工作站，村（居）委会设立儿童福利工作室。市县儿童福利指导中心承担市县全域的儿童福利指导、协调、管理工作。镇街儿童福利工作站受理儿童的救助申请、审核、上报工作，定期对儿童福利督导员进行培训，协调解决儿童的困难。村（居）委会儿童福利工作室负责收集困境儿童基本信息，宣传儿童福利和保护领域的法律法规及政策，帮助困境儿童及其家庭申请有关福利津补贴，对遭遇困难的儿童及其家庭进行定期探访，协调解决有关问题。

二是推进植根基层的儿童福利和保护示范基地建设。江苏盐城全市 1895 个村、192 个社区实现“妇女儿童之家”全覆盖，并且发展形成一批基础条件好、服务功能优、管理模式新、活动有特色的示范“妇女儿童之家”。昆山整合社会优质资源，着力建设社区层面儿童福利和未成年人社会保护示范基地。这些示范基地依托社区、教育、康复、心理、司法、社会组织等资源，提供困境儿童心理关怀和慈善救助、学龄前儿童亲子关系辅导、青少年能力培养、残障儿童康复训练、失足未成年人辅导、新昆山人子女的社区融入等专业服务。

三是建立基于“互联网 +”和热线的个案服务机制。江苏张家港等地依托智慧民政系统建立了困境儿童数据库，每个季度更新，及时办理困境儿童申报、注销，为制定儿童福利政策、开展困境儿童服务项目提供数据支持。儿童福利院研发启动儿童福利服务信息管理系统，实现互联网实时管理。儿童救助和保护督导员经入户走访发现后，向上级主管部门报告潜在个案。教育、公安等相关工作人员、社会大众发现个案后，报告至儿童保护热线或儿童福利和保护工作领导小组办公室。儿童保护个案一经发现报告，由儿童福利指导中心进行入户评估，根据服务需求进行转介，畅通失管儿童的个案服务渠道。广西构建起儿童保护三级预防模式，依托 12338 妇女维权热线，对重点个案进行及时有效的危机干预。

四是面向社会拓展儿童福利机构的专业服务。宁夏成立了自治区级儿童福利指导中心，统筹辐射指导全区各儿童福利机构的业务发展，重点指导地级市儿童福利院开展儿童康复需求筛查及康复服务。宁夏儿童福利院推动寄养工作由检查监督型向管理服务型转变，建立家庭寄养服务中心，将院内医疗、康复、教育资源延伸到社区，推行以儿童“拥有家庭、身心健康”为核心的专业社会工作模式，强化个案管理和跟进服务，对寄养儿童在医疗养护、康复教育、权益保护等方面进行全面评估，有针对性地为寄养儿童提供专业服务，为寄养家庭提供培训指导、人文关怀等支持服务。经过一段时间的实践，逐渐形成了“以社区为依托，孤残儿童为中心，寄养家庭为主体，专业化介入、规范化管理、亲情化养育、社会化融合”的特色模式。

三、其他领域值得借鉴的经验

2019年以来，国家发改委探索“投资换机制”的新模式，推动社会发展领域基础设施和长效机制建设。这一创新做法可以在儿童福利领域探索应用，用投资带动机制。

一是城企联动普惠养老。2019年2月和8月，国家发展改革委、民政部、国家卫生健康委先后印发《城企联动普惠养老专项行动实施方案（试行）》（发改社会〔2019〕333号）和《普惠养老城企联动专项行动实施方案（2019年修订版）》（发改社会〔2019〕1422号）。这是投资换机制的首次尝试，主要目的是国家通过中央预算内投资支持和引导城市政府系统规划建设养老服务体系。城市政府提供土地、规划、融资、财税、医养结合、人才等全方位的政策支持包，企业提供普惠性养老服务包，向社会公开，接受监督。城市政府和企业双方签订合作协议，约定普惠性服务内容及价格机制，扩大养老服务有效供给，力争实现“三提升”（普惠性养老床位数量明显提升，服务质量明显提升，企业效益明显提升）“两下降”（企业建设运营成本下降，服务价格下降）“一满意”（提高人民群众对社会养老服务的满意度）的目标。按每张养老床位2万元的标准支持居家社区型、医养结合型机构建设，按1万元的标准支持学习型、旅居型机构建设。

二是家政服务“领跑者”行动。2019年7月，国家发展改革委、商务部、教育部、人力资源社会保障部、全国妇联印发《关于开展家政服务业提质扩容“领跑者”行动试点工作的通知》（发改社会〔2019〕1182号）。文件旨在繁荣家政服务市场，扩大有效供给，完善培训体系，加强诚信建设，推动家政服务业提质扩容。通过国家政策引领，推动试点地区出台一批可持续、可复制的政策措施，培育一批竞争力强、服务质量高、经济社会效益好的家政企业，加强家政行业信用体系建设，健全家政人才培训体系，实现试点地区家政服务实训能力全覆盖。该项政策协调安排服务业发展资金支持建设家政服务信用体系，保障按时足额拨付家政服务工程、巾帼家政服务专项培训工程等培训补贴资金，从失业保险基金结余资金支持试点城市家政服务培训。

三是支持社会力量发展普惠托育服务。2019 年 10 月，国家发展改革委、国家卫生健康委印发《支持社会力量发展普惠托育服务专项行动实施方案（试行）》（发改社会〔2019〕1606 号）。这是投资换机制模式在儿童发展领域的应用。国家通过中央预算内投资，按每个新增托位给予 1 万元的补助，支持和引导城市政府系统规划建设托育服务体系，建成一批具有带动效应、承担一定指导功能的示范性托育服务机构，同时建立健全社区托育服务骨干网，促进普惠性托位数量大幅增加，服务内容不断丰富，服务质量明显提升，更加有力支撑专业人才队伍建设，持续增强对家庭科学养育指导能力，更多更好惠及婴幼儿家庭。

第四节　完善我国儿童福利服务的对策思路

立足新中国成立、改革开放特别是中国特色社会主义进入新时代以来的新起点，面向开启全面建设社会主义现代化的新征程，儿童福利服务应以高质量发展为主题，以供给侧结构性改革为主线，深入落实幼有所育和弱有所扶重要方略，坚持儿童优先和儿童最大利益原则，向适度普惠新阶段全面迈进。

一、适度普惠，构建适应新发展格局的制度体系

当前及今后一个时期，应立足新发展阶段，贯彻新发展理念，助力构建新发展格局，构建适度普惠型儿童福利制度体系，秉持以下政策取向。

（1）融入全局，勇担大任。将儿童福利工作融入经济社会发展全局，服从服务于国家战略，着眼于中华民族伟大复兴大任，加大力度投资于儿童，为孤儿、城乡留守儿童、困境儿童、事实无人抚养儿童以及其他有需要的儿童的成长创造有利条件，帮助他们克服困难、学习知识、坚定理想、磨炼意志、锻炼体魄，将他们培养成为实现第二个百年奋斗目标、建设社会主义现代化强国的生力军。

（2）儿童优先，家庭为要。一切为了儿童，逐步向全体有需要的儿童提供及时、便捷、精准、高效的基本福利服务，切实保障儿童生存、发展、受保护和参与的权利，推动实现儿童利益最大化。服务视野要从以机构为中心转向以儿童为中心、从以儿童为主转向兼顾家庭，帮助监护人、照料人树立儿童养育现代意识和科学观念，提高监护照料水平，增强家庭发展能力，让更多儿童回归家庭、在家庭中成长。

（3）城乡一体，区域均衡。推动儿童福利制度特别是法规、规划、政策、标准城乡全覆盖和一体化，向农村地区延伸和辐射城镇优质资源，设立在城市的儿童福利机构要面向农村地区和有需要的新市民家庭开展服务。优化机构空间布局，尽力消除服务盲区，逐步实现城乡之间、区域之间、人群之间基本福利服务均等化。

（4）资源统筹，主体多元。统筹儿童福利和保护，统筹养育、康复、特教与救助，统筹机构与社区、家庭，真正实现资源共享共用。推动跨部门、跨行业、跨行政层级协作，推广政社合作等有益经验，广泛吸引民办非企业单位、社会团体、基金会、企业等兴办儿童福利机构，提供多层次多样化服务。

（5）机制现代，服务专业。充分发挥中央预算内投资“四两拨千斤”作用，最大限度调动地方和社会主体积极性，用设施建设和设备配备撬动专业力量、人员队伍和长效机制建设。坚持走高质量、专业化、职业化的发展路径，着力夯实专业基础，显著增强专业能力，全面推进机构专业服务向社会开放，大幅提升服务质量和效能。

力争到2025年，儿童福利事业发展可以达到以下目标：

——全国100%地市州盟全部建有1所综合集成儿童养育、未成年人保护、社会化康复和特殊教育、留守和困境儿童关爱保护业务指导及人员队伍培训等功能的儿童福利和保护区域中心。

——80%以上的县市区旗拥有儿童保护平台，其中本县域内服务对象数量较多、与区域中心通达性较弱的县市区旗建有1所单独设立的实体机构，服务对象较少、与区域中心通达性较强的可直接享有区域中心的下沉服务。

——城乡社区儿童之家覆盖率保持在90%以上，开放时间更长，综合利用率更高，服务队伍更专业。

——机构内保育员、康复师、理疗师、执业（助理）医师、注册护士、教师、心理咨询师、社会工作师等专业人员的数量和占比明显提高，区域中心和县级平台100%配有持证专业社工。

——乡镇（街道）儿童督导员、村（社区）儿童主任覆盖率达到100%，新任职培训率和三年滚动轮训率均达到100%，拥有专业社工证书的比例明显提升。

——机构引入专业社会工作机构、志愿者组织等社会组织和专业技术团队的比例超过90%。

——全国各县市区旗全部培育或引进1家以上儿童服务类社会组织。

——城乡留守、困境、事实无人抚养儿童及其家庭信息全面入库，实现月度更新，高风险家庭得到个案跟踪服务。

——参与留守和困境儿童“生力军”专项行动的地市级行政单位达到100个，辐射带动500个以上县级行政单位。

表4　儿童福利事业发展部分指标目标建议

指标大类	具体指标	2025年预期目标
体系构建	地市州盟儿童福利和保护区域中心覆盖率（%）	100
	县市区旗儿童保护平台覆盖率（%）	≥80
	城乡社区儿童之家覆盖率（%）	≥90
队伍建设	区域中心和县级平台持证社工配备率（%）	100
	儿童督导员和儿童主任新任职培训率（%）	100
	儿童督导员和儿童主任三年滚动轮训率（%）	100
社会参与	儿童福利机构社会组织引入率（%）	≥90
	县市区旗儿童服务类社会组织拥有率（%）	100

资料来源：笔者建议

二、全面覆盖，建设区域中心——县级平台——社区儿童之家三级服务网络

建设由儿童福利和保护区域中心——县级儿童保护平台——基层社区儿童之家组成的服务网络，做强能力、做实资源、做优布局，扩展功能作用、扩充服务队伍、扩大辐射范围，形成与家庭紧密连接、与社区良性互动、与社会力量深度协作的有利局面。

一是建设儿童福利和保护区域中心。以现有地市级儿童福利机构为主，省

级和基础条件好的县级儿童福利机构为辅，建设儿童福利和保护区域中心（以下简称“区域中心”）。区域中心应综合集成孤儿集中养育、儿童临时监护照料、社会化普惠型儿童康复和特殊教育服务、留守和困境儿童信息汇集及基层业务指导、儿童福利和保护队伍培训、儿童家庭支持等功能。到2025年，力争实现全国所有地市州盟全部建有1所儿童福利和保护区域中心。

区域中心还应承担地市州盟所在地县（区）级儿童保护平台的职能，并向周边服务对象数量较少、交通通达性较强的县市区旗延伸提供相当于县级儿童保护平台的服务。

需要修订《儿童福利机构管理办法》，对区域中心承担社会化儿童康复和特殊教育服务，留守、困境、事实无人抚养儿童关爱保护等职能进行规范化和制度化。《家庭寄养管理办法》可以修订扩展为“儿童福利机构家庭服务管理办法”，对面向留守、困境儿童等家庭的服务职能予以明确和规范，并增加对监护人、照料人开展亲职教育和喘息服务等内容，原先的寄养工作经费也应同步放宽使用范围。

二是搭建县级儿童保护平台。以县级儿童福利机构和未成年人救助保护机构为载体，搭建县级儿童保护平台（以下简称“县级平台”），主要承担留守、困境、事实无人抚养儿童关爱保护及家庭支持的职能。到2025年，全国80%以上的县市区旗拥有儿童保护平台，其中大部分在县域内建有实体机构，小部分主要依托区域中心的下沉服务。

承担区域中心职能以外的现有县级儿童福利机构转型，不再接收新的集中养育对象，对适合在区域中心集中养育的孤儿进行转移，对不适合转移的孤儿继续做好养育及相关工作；重点做强儿童保护功能，按照民政部等10部门印发的《关于进一步健全农村留守儿童和困境儿童关爱服务体系的意见》有关要求，设立儿童福利指导中心，向未成年人救助保护机构转型。

现有未成年人救助保护机构要加快转型升级，做实机构职能，健全服务功能，规范工作流程，提升关爱服务能力，并加强对乡镇街道、村居委的业务指导。

同时建有儿童福利机构和未成年人救助保护机构的县市区旗，应进一步统筹机构职能和资源，基于机构的比较优势来优化分工协作，避免重复设置和建设，形成儿童保护合力。截至目前既无儿童福利机构又无救助保护机构的县市区旗，可以通过新建实体机构、对接区域中心争取下沉服务、委托具备设施条件以及专业能力的社会力量承担相关职能等方式，填补县级平台空白。

三是赋能城乡社区儿童之家。立足《中国儿童发展纲要（2011—2020年）》中要求到2020年实现的目标——90%以上的城乡社区建设1所为儿童及其家庭提供游戏、娱乐、教育、卫生、社会心理支持和转介等服务的儿童之家，“十四五”时期保持这一覆盖率水平，将工作重心转向服务队伍、服务能力特别是儿童保护能力建设，把社区儿童之家打造成未保基层阵地、儿童督导员的工作平台、联系儿童主任和儿童服务类社会组织的基层纽带。

制定城乡社区儿童之家建设、管理、服务、人员配备的标准和规范，以国家指导性标准为底线，鼓励各地制定符合区域经济社会发展水平和地域文化特征的地方标准，重点增强留守儿童、困境儿童、事实无人抚养儿童、社会散居孤儿等关爱保护职能，开展统计监测、入户随访、育儿指导、监护能力评估、资源协调与链接等工作，有条件的还可以开辟儿童早期发展、图书阅览、游戏娱乐、社区康复等服务场所。

引导地方编制实施本行政区的儿童之家建设规划，明确具体的管理办法、运营规范和服务指引，支持社会力量参与儿童之家建设、管理、服务，以3年—5年为周期组织开展儿童之家运营绩效考核评估。依托儿童之家建立留守、困境、事实无人抚养等儿童的基础信息台账，建立健全困境儿童救助帮扶“一门受理、协同办理”机制，协助家庭经济困难、自身残疾等困境儿童及其家庭申请社会救助、社会福利、教育和医疗保障等事项。

三、广泛参与，调动基层和社会力量参与服务

一方面要强化优化基层儿童福利和保护队伍建设。实施儿童福利和保护管理人才培训计划，提升地方各级民政厅局分管儿童福利工作负责人、儿童福利处室负责人、儿童福利和保护机构管理者、基层党委政府分管民政和儿童工作负责人的政策理论水平。通过内部调剂为主、适度增加编制为辅的方式，壮大机构内常聘专业队伍，提高拥有专业技术资格人才的占比，改善薪酬待遇，打通职业上升通道。巩固乡镇街道儿童督导员、村居委儿童主任配备并加强培训，到2025年，实现儿童督导员和儿童主任100%覆盖，新任职培训率达到100%，三年滚动轮训率达到100%，更大比例的儿童督导员和儿童主任拥有专业社工证书。与高等院校、科研院所密切合作，建设儿童社会工作实训基地，培养造就一支规模适度、素质过硬的专业儿童社会工作者队伍。通过预算

内列支、购买服务等方式，在基层设立儿童专业社工岗位，提供常态化专业化服务。修订完善儿童社会工作服务指南，规范各类儿童福利和保护服务的内容及程序，为一线儿童社会工作者提供指引。

另一方面要培育发展儿童福利和保护社会组织。加大力度在儿童福利和保护领域培育发展民办非企业单位、社会团体、基金会等各类社会组织，重点发展专业社会工作机构、慈善组织和志愿服务组织，让社会力量成为承接儿童福利和保护服务的主力军。在大部分省份建成集创业辅导、融资担保、人员培训、场地支持、管理咨询、信息传递、仓储物流等功能于一体的儿童服务类社会组织孵化基地，为省以下特别是城乡基层输送具有专业能力、职业操守、良好信用的儿童福利和保护服务提供者。将兜底性的儿童福利和保护服务纳入基本公共服务清单，将普惠性的纳入政府购买服务目录。到 2025 年，全国所有的县市区旗全部引进或培育 1 家以上儿童服务类社会组织（含提供包括儿童福利和保护服务在内的相关服务的社会组织）。

四、投资换机制，建设儿童福利示范项目

建议统筹儿童福利和保护机构设立、建设、管理、服务及改革等全链条，进一步明确分层分类功能定位，明显增强专业能力，不断优化体制机制，让机构与家庭、社区、社会力量形成呵护儿童成长的强大合力，让更多儿童及家庭受益。深入推进儿童福利和保护机构转型，打造适度普惠、便捷可及、城乡一体、区域均等、服务专业的儿童福利机构体系，实现从孤儿集中养育、流浪儿童救助的传统职责向儿童家园、未保阵地、康复基地、特教中心、家庭港湾、枢纽平台等综合功能的转变和跃升，为一切有需要的儿童提供健康快乐成长的庇护所、迈向美好生活的中转站。具体承担以下功能：

（1）儿童家园。立足孤儿养育基本职责，做好孤儿集中养育和困境儿童等临时监护照料，提供类家庭式养育方案，保障机构内儿童生存和发展的各项权益，提升服务水平，探索个案化服务方式和可行路径。

（2）未保阵地。在对生活无着的流浪乞讨、遭受监护侵害、暂时无人监护等儿童继续实施救助的基础上，扩展服务对象，紧密对接留守、困境、事实无人抚养儿童需要，提供多维度、精准化服务。

（3）康复基地。依托机构自身康复资源或引进外部专业康复力量，积极承担残疾儿童、孤独症儿童康复救助等基本公共服务，有条件的机构面向救助

对象范围以外的儿童提供社会化、普惠性、定制式的专业康复服务。

（4）特教中心。发挥医学康复与特殊教育相结合、集体教学中更加突出个别教学的优势，将机构特殊教育资源向社区和家庭辐射，向不适合普通中小学、幼儿园、托育机构以及特教学校的残疾儿童提供学位和托位。

（5）家庭港湾。定期探访孤儿寄养家庭，加强对风险等级较高的留守、困境、事实无人抚养儿童家庭的探访，提供监护指导、精神关爱等服务，协调落户、就学、康复、法律援助等事项，为有特殊需要的家庭提供机构内住宿条件和专业服务。

（6）枢纽平台。指导基层、委托第三方机构或自行组织开展儿童家庭评估工作，全面汇集并动态跟踪留守、困境、事实无人抚养儿童信息，统筹协调各方主体和资源，做好技术指导、业务培训及转介服务。

在促进儿童福利机构转型中，注重发挥中央预算内投资引领带动作用，实施留守和困境儿童“生力军”专项行动，支持100个地市州盟建立健全儿童福利和保护机构体系，以区域中心为龙头，带动县级平台和社区儿童之家发展，吸引社会力量积极参与，跨部门、跨主体协作提升服务儿童和家庭的专业能力，帮助城乡留守儿童和困境儿童克服困难、打好基础，未来成长为实现第二个百年奋斗目标、建设社会主义现代化强国的生力军中重要成员。

专项行动可采取“投资换机制”的方式开展，建议列入机制建设清单的事项包括但不限于以下十个方面的内容：（1）本地区儿童福利事业发展规划；（2）高层次、跨部门、反应及时、行动高效的统筹协调机制；（3）全面覆盖、动态更新的留守和困境儿童信息系统；（4）儿童福利和保护区域中心的专业技术人才发展计划和社会化服务方案；（5）县级儿童保护平台专业能力建设方案；（6）社区儿童之家规范化标准化建设方案；（7）儿童督导员和儿童主任配备计划；（8）儿童服务类社会组织的引进和培育计划；（9）儿童福利和保护服务纳入基本公共服务清单和政府购买服务目录的情况；（10）儿童工作者服务规范和伦理守则的制定情况。

第四章　中国儿童保护制度

第一节　儿童保护制度的概念界定

一、学界对儿童保护的定义

儿童保护是什么？这是研究儿童保护制度所必须首先面对和回答的问题，然而这一看似简单的概念却让人难以作出精准和统一的答案，这是由于不同时代、文化、地区中关于儿童保护的认识往往存在着较大的差异，而不同民族、年龄、性别或受教育、经济水平等因素也会进一步影响人们对儿童保护的定义产生分歧。单就词源进行分析，“儿童保护”由“儿童”与“保护”两个词语构成动宾结构的倒装，意为保护儿童的制度，而其中“儿童”一词所可能涵盖的范围就存在着生物学、人口学、统计学、社会学、心理学、教育学、法学以及个体认知等多种分类，“保护”一词更是因在社会生活中的广泛使用而导致存在含义扩大化、抽象化等情况，两者组合后所产生的含义具有强烈的不确定性。

中国儿童保护制度中的“儿童保护”是一个建立在儿童权利保护的问题与政策研究之上的特殊概念，因此，既要认识到构成词源结合而产生的广泛含义，也要认识到“儿童保护”一词完整使用时的特定意义。学界对“儿童保护”概念的认识，基本可以分为狭义与广义两种。其中，狭义的儿童保护一般指通过社会救助、法庭命令、法律诉讼、社会服务和替代性养护等措施，对受到和可能受到暴力、忽视、遗弃、虐待和其他形式伤害的儿童提供一系列制度安排。[1] 也有观点认为儿童保护是一个社会服务术语，特指预防和应对儿童

---

〔1〕 参见尚晓援：“儿童保护制度的基本要素”，载《社会福利》2014年第8期，第2页。

受忽视、虐待等不正当对待的法律、社会政策与服务。[1] 归纳来看，学界主张狭义的基本观点在于认为儿童保护的重点是对儿童群体的保护，而广义的儿童保护则还包括对儿童所在家庭、社区及社会环境的各项调控措施和相关制度。广义的儿童保护在《处境不利儿童发展状况报告》中有具体的解释："针对儿童的社会保护措施，既包括狭义的儿童保护，也包括对儿童和家庭提供福利的制度，以及社区服务的支持和制度等"。[2] 这一定义虽然与我国目前儿童保护的实际工作接近，但并没有体现我国儿童保护制度的特点并在表述上不够规范和简洁。

学界对于中国儿童保护制度的研究具有一定的局限性，主要倾向于解决具体发生的侵害儿童的行为问题或现象，有的研究特别针对受到虐待的儿童问题，有的研究针对暴力侵害儿童的问题，但在整体上缺乏对儿童保护制度系统的梳理，也常常脱离我国儿童保护制度相关工作的实践基础，难以凸显我国儿童保护制度以福利为底色的发展历程和精神内核。中国儿童保护制度作为与儿童福利制度并肩成长并逐渐独立成型的制度，前期的主要工作是向生存条件恶劣的儿童提供社会福利和社区服务等内容，具有浓重的福利色彩。总的来说，无论是狭义还是广义的儿童保护均不能准确地表达出我国儿童保护制度的深层次内涵，要想准确把握儿童保护制度的关键，必须深入了解我国儿童保护制度的相关概念之间的逻辑关系及其背后所蕴含的政策发展历程。

二、如何定义新时代的"儿童保护"

我国关于"儿童"的定义指18周岁以下的未成年人，故"儿童"的概念在我国等同于"未成年人"，而儿童保护与未成年人保护在"保护"一词上本身就已然重合。从字面上理解，"儿童保护"等同于"未成年人保护"。

或许会有人提出儿童保护制度中的"保护"与《未成年人保护法》所指的"保护"存在差异，但即使承认两者之间存在的这种区别，并不影响儿童保护与未成年人保护在概念上的高度重合。目前，民政部门的儿童保护工作制度中的"保护"的内容在儿童福利的基础上正在向未成年人保护的范围延伸，而《未成年人保护法》中的"保护"也有着明显的"福利法化"趋势。因此，

---

〔1〕 程福财："中国儿童保护制度建设论纲"，载《当代青年研究》2014年第5期，第65页。

〔2〕 引自刘文，刘娟，张文心："我国儿童保护的现状及影响因素"，载《辽宁师范大学学报（社会科学版）》第36卷第4期，2013年7月，第520页。

无论是民政部门的儿童保护工作中的“保护”还是《未成年人保护法》中的“保护”，“保护”的内涵在历史发展过程中具有高度的趋同性。出于政策导向性和立法前瞻性的考虑，“儿童保护”的概念应等同于“未成年人保护”。

新时代的中国儿童保护制度下的“儿童保护”应做体系解释，需要考虑我国儿童保护制度在现行立法体系中的地位。只有将“儿童保护”与“未成年人保护”的概念重合，才可以有效避免未保工作新体制下的概念混淆和体系混乱，推动儿童保护制度在“十四五”时期及未来的进一步发展，反之，儿童保护制度的发展将面临多重阻碍。但是，这不表示中国儿童保护制度就等于《未成年人保护法》，事实上新时代的中国儿童保护制度的内容比《未成年人保护法》更加广泛，后者是它的发展成果和重要组成部分，除此以外中国儿童保护制度还包括儿童保护具体工作的相关机制等其他内容。

第二节　中国儿童保护制度建设的发展历史

中国儿童保护制度建设的发展历史，指的是儿童保护在中国产生、发展和完善的制度建设的历史过程，而非理论发展或意识形态发展的历史。目前，关于我国儿童保护制度的历史阶段的划分存在着许多的观点，有主张从古代社会至今进行划分的，也有主张从近代中国社会至今进行划分的。考虑到本书体现的是1949年中华人民共和国成立以来的儿童保护制度的特点，笔者主张对中华人民共和国成立之后的儿童保护制度建设的发展历史进行探索并参照植物生长的过程予以分析。

一、中国儿童保护制度萌芽时期

（一）精神障碍患者社区康复发展历程

中华人民共和国成立之前百废待兴，包括儿童保护制度在内的大部分制度都处于缺失或不健全的状态，但不能否认这极度漫长的历史思想积淀对我国儿童保护制度的产生和发展具有重大影响。儒家文化一直提倡仁爱的思想观念，并早在春秋战国时期孟子就提出了“幼吾幼以及人之幼”的儿童保护思想。[1]

〔1〕《孟子·梁惠王上》：“老吾老以及人之老，幼吾幼以及人之幼。”

而到了近代，一方面，中国共产党在早期对于童工的救助和保护问题非常重视，对后来儿童保护制度的产生和发展具有重要意义。同时，一些儿童福利著作与思想进入中国，对当时的文化思潮产生了重要影响，[1] 1912—1949 年的 37 年在中国历史中占据举足轻重的地位，扮演着承上启下和社会革命的角色，[2] 该时期是我国社会制度变迁的重要阶段，出现了许多有名的政治家、教育家、文学家及艺术家，其基本特点是儿童福利和保护价值观念的全面更新，他们在思想觉醒的过程中通过各类作品传播儿童保护的思想，为后来的儿童保护观创造了适宜的文化、政治、经济和社会土壤。1949 年 9 月 21 日，中国人民政治协商会议第一届全体会议在北平召开，会议通过了具有临时宪法性质的《中国人民政治协商会议共同纲领》，《共同纲领》第四十八条规定，“注意保护母亲、婴儿和儿童的健康”，为后来的中国儿童保护制度的发展埋下了希望的种子。

1949 年 10 月 1 日，中华人民共和国正式成立，中国儿童保护制度进入漫长且艰难的萌芽时期。首先，中华人民共和国成立之后社会意识形态趋于稳定，儿童保护观逐渐普及并开始形成不同的观念分支，儿童的生存安全、健康和利益等问题开始受到社会重视，正如种子发芽所需的适宜的温度环境。其次，建国初期成立的中国统一的中华全国民主妇女联合会明确了“保护妇女权益及儿童福利”的基本宗旨并下设了妇女儿童福利部，从此在保护儿童方面扮演重要角色。[3] 随后，儿童保护制度有关的社会组织在数量和结构上呈现出扩大化、体系化的趋势，为儿童保护制度的萌芽提供了充足的水分。第三，1954 年颁布的首部《中华人民共和国宪法》第九十六条规定“婚姻、家庭、母亲和儿童受国家的保护”，正式确立了中国儿童保护制度的宪法基础，而之后与儿童保护相关的法律法规和政策也逐渐变得有迹可循，可以说是我国儿童保护制度萌芽时期不可或缺的氧气条件。虽然我国的政治经济在后来经历了一段时间的停滞时期，儿童保护制度萌芽所需的三项基本条件受到了一定的破坏，但总体而言我国对于儿童权益的保护宗旨一直没变，儿童保护的实践工

---

〔1〕 参见王雪梅:《儿童福利论》，社会科学文献出版社 2014 年版，第 36 页。

〔2〕 刘继同:《国家责任与儿童福利:中国儿童健康和儿童福利政策研究》，中国社会科学社 2010 年 6 月第 1 版，第 3 页。

〔3〕 参见杜雅琼，杜宝贵:“中国儿童保护制度的历史演进”，载《当代青年研究》2019 年第 3 期，第 117 页。

作也在缓慢推进。[1]

随着中国改革开放政策的落实，儿童保护制度的法制建设再次恢复生机，中国儿童保护制度在经历了一波三折之后逐渐积累了一定程度的社会历史基础，其制度外延也从救助难童转向了预防和惩治侵害儿童权益的犯罪行为等内容。儿童保护制度在日益和谐的社会环境中得以真正发芽生长，但此时的儿童保护制度如同生长在一片苗圃中的一株刚刚发芽的嫩苗，形态较为简单普通且难以与其他相似的制度予以明确的区分，尤其与儿童福利制度可以说是同根同源，这也奠定了儿童保护制度与儿童福利制度在过去很长时期难以区分的历史基础。

二、中国儿童保护制度初步形成阶段

中国儿童保护制度的初步形成是指在20世纪末到21世纪初这一期间，我国儿童保护制度在全国范围内取得了相应的成果和达到了一定的效果，而较为准确的时间为1990年至2016年。

这是因为在1990年，我国常驻联合国大使代表中华人民共和国政府签署了《儿童权利公约》，成为第105个签约国，标志着我国儿童保护制度从此开启了新篇章。公约提出了家庭连续性原则、密切接触原则、儿童权利原则、儿童利益最大化原则等一系列儿童保护的基本原则，对我国儿童保护制度的发展产生了重大影响。随后，全国人大于1991年通过了《未成年人保护法》以保障未成年人的合法权益。1992年，为响应世界儿童问题首脑会议通过的《儿童生存、保护和发展世界宣言》和《行动计划》，国务院下发《九十年代中国儿童发展规划纲要》，提出了“儿童的生存、保护和发展是提高人口素质的基础，是人类未来发展的先决条件”的理念，该纲要是我国首次针对儿童权利制定的规划性文件。届此，国家保护儿童的思想被广泛接纳，儿童保护制度也得以初步建立并茁壮成长。

之后的二十年间，中国社会经济进入快速平稳的发展时期，政府逐渐加强对儿童民生的关注和改善，儿童保护的相关政策也日益增加。2001年，具有里程碑意义的《中国儿童发展纲要（2001－2010）》提出坚持“儿童优先”的原则，明确了我国儿童生存、保护和发展的主要目标和策略措施。2003年，

---

〔1〕 参见王雪梅：《儿童福利论》，社会科学文献出版社2014年版，第75页。

民政部发布了《家庭寄养管理暂行办法》，在传统孤弃儿童收养模式上创新了民政监护下的家庭寄养儿童养育方式，有利于孤弃儿童更好地融入社会。2006年，《未成年人保护法》修订案审议通过，树立了保护儿童身心健康、保障儿童合法权益、促进儿童全面发展的立法理念。除了中央政府对儿童保护工作高度重视，各级地方政府也积极响应国家政策号召，制定了一系列相关规范性文件，为儿童保护事业添砖加瓦。2010年被称为中国儿童福利元年，不仅在国家层面制定了《中国儿童发展纲要（2011—2020）》《关于加强孤儿保障工作的意见》等儿童福利重要政策，儿童福利学术理论界也涌现多部以“儿童福利”为题和奠基性的研究成果，标志着中国社会进入儿童福利时代。[1]

但问题是，这并不宜简单地作为划分儿童保护制度建设进程的界限，因为长期以来我国并没有对儿童保护制度进行专门的构建，儿童保护工作主要由儿童福利政策落实，儿童保护的组织机构建设也较为落后，儿童保护制度与儿童福利制度的发展水平不是完全同步的，前者的发展更为缓慢，换言之，儿童保护的专门行政机构建设滞后是制约我国儿童保护制度发展缓慢的原因之一。全国妇联作为基层群众组织，通常因缺乏政府职能只能协助有关部门或单位查处侵害妇女儿童权益的行为。虽然我国在1990年成立了妇女儿童工作委员会作为国务院负责妇女儿童工作的议事协调机构，并在2006年将民政部下设的社会福利处分出了福利二处负责儿童福利工作，但直到2016年民政部成立未成年人（留守儿童）保护处之前，儿童保护工作都没有设置专门的政府职能业务机构，中国儿童保护制度一直处于一种非独立的制度形态。而这是民政部首次就儿童保护工作设立专门业务处，这一改变意味着我国儿童保护制度终于由原来非独立的制度形态形成了独立的制度形态。

三、中国儿童保护制度起步阶段

一个制度的发展往往是连续的且难以被准确地切割为某个阶段，如果一定要通过具象的实践归纳出制度进展的抽象水平，那么可以认为我国儿童保护制度在进入独立形态之后已经迈入起步阶段，虽然我国儿童保护制度的起步阶段距今只有短短几年，但取得的成果和发展速度已经远超过去几十年。

---

〔1〕 参见刘继同：“中国儿童福利时代的战略构想”，载《学海》2012年第2期，第50－51页。

（一）法律体系更加完备

2016 年，《关于加强困境儿童保障工作的意见》《加强农村留守儿童关爱保护工作的意见》等儿童保护相关的重要文件陆续出台，儿童保护制度的基层工作稳步落实。2017 年，全国人大通过的《民法总则》首次在法律层面正式确立了未成年人的国家监护制度，后来出台的《民法典》在承袭了这一制度的基础上进行了更为全面合理的完善。2018 年，国务院发布《关于建立残疾儿童康复救助制度的意见》拓宽了救助儿童的范围，并鼓励有条件的地区扩大救助年龄范围和放宽对家庭经济条件的限制。2019 年，民政部发布《关于进一步加强事实无人抚养儿童保障工作的意见》，进一步加强事实无人抚养儿童保障工作。2020 年，最新修订的《未成年人保护法》以九章共 132 条的篇幅对家庭、学校、社会、政府及司法等在儿童保护工作中的职责与义务进行了原则性的规定，完善了家庭监护与国家监护制度，创新发展了政府保护、网络保护等多个保护机制。同年通过修订的《预防未成年人犯罪法》更是一改过去防控犯罪的思路，提出了“教育和保护未成年人相结合”的预防犯罪原则，并强调对儿童身心健康的保护作用。修订后的《未成年人保护法》和《预防未成年人犯罪法》既是中国儿童保护制度蓬勃发展过程中的重要产物，也对中国儿童保护制度的进一步健全具有巨大的影响、催化和推动作用。

（二）机构建设日益健全

一方面，我国对民政系统的机构职能进行了重大调整。2016 年，民政部成立未成年人（留守儿童）保护处，主要负责留守儿童的关爱保护工作与拟定儿童保护发展规划、工作方针、政策及建立儿童社会保护制度；2019 年，民政部新设儿童福利司以统筹设计适合我国国情的儿童福利制度并下设专门的儿童保护处，民政系统建立了以儿童保护为名的行政机构。另一方面，我国儿童保护制度在司法领域、教育领域、医疗卫生领域以及社会团体等其他多方面的组织机构的建设上具有重大的突破，到目前为止，各级政府儿童保护工作制度有了相对体系化的机构设置，各部门机关的儿童保护工作正在有条不紊地开展。

随着全面依法治国理念的不断推进和儿童福利政策与法律法规的不断完善，我国儿童保护制度建设经历了多个里程碑式的重大事件，从补缺型的保护模式渐渐过渡到了新时代的多部门协调式保护模式，中国儿童保护制度正在一个良好的政策和法律环境下发展并逐渐成长出一个较为清晰的模样，未来令人期待。

第三节 中国现有的儿童保护制度

现有的中国儿童保护制度是以民政儿童工作为基础建立的，儿童保护制度的具体工作制度也是在保护对象的扩大过程中慢慢探索形成的。过去，我国儿童保护制度的服务对象主要是孤儿、弃婴等家庭结构外的儿童；到了“十二五”与“十三五”时期，儿童保护的重点开始落在保护家庭内部存在生活困难的儿童；随着时代的进步，儿童保护逐渐涉及家庭保护、社会保护、司法保护等多个保护层次，儿童保护制度也从民政系统内的儿童保护工作扩大到了其他相关政府部门与社会组织间，在形成适度普惠型儿童福利政策与未成年人保护工作的基础上建立了综合化的具有部际协作功能的儿童保护机制。

一、儿童保护传统型业务

（一）孤儿保障制度

计划经济时期，我国的儿童福利对象主要是孤儿、弃婴和残疾儿童，由国家举办儿童福利机构代替家庭为这些孩子提供养育服务，是一种典型的补缺型儿童福利。[1] 但残疾儿童的保护也主要针对福利院内的残疾儿童，很少顾及普通家庭中的残疾儿童。可以说，以孤儿福利事业为主的一系列儿童工作，是我国早期相对成熟的儿童保护工作。但随着社会经济的转型，由儿童福利院等特设性儿童福利机构向孤弃儿童提供养育服务的院舍养育模式暴露出了许多问题，如福利水平低下、儿童难以融入社会、财政收支不平衡、安置机构数量不足等，促使孤儿保障工作不得不调整旧有模式。经过多年对孤儿家庭寄养模式的探索，民政部出台了《家庭寄养管理办法》推进儿童福利事业的社会化，

〔1〕 姚建平：“从孤残儿童到困境儿童：适度普惠型儿童福利制度概念与实践”，载《中国民政》2016年第16期，第25页。

儿童福利社会化是我国孤儿养育等失依儿童福利事业的根本出路。[1] 随着社会经济与福利政策的不断发展，孤儿保障制度得到了长足发展，多个地区开始实施孤儿区域性机构养育新模式，以江西省为例，共建设 18 个区域性养育中心，实现设区市的全覆盖。2021 年 5 月 14 日，国家发展改革委等四部门发布《“十四五”时期社会服务设施兜底线工程实施方案》，方案支持全国地级市建设区域性儿童福利设施，积极提升集中养育的专业水平，并为困境儿童、农村留守儿童等提供临时监护照料等服务。

孤儿是所有儿童中最困难的群体，完善孤儿保障制度始终是我国儿童保护制度的重中之重。2010 年，国务院办公厅发布《关于加强孤儿保障工作的意见》，较为全面地阐释了孤儿保障体系的具体内容，从拓展孤儿安置途径、维护孤儿权益、建设儿童福利机构和健全工作机制四个层次构建了一个更加明确、完善和立体的孤儿保障制度。一个儿童福利体系健全的国家应当具有配套且健全的儿童保护工作体系，其中孤儿保障制度则是重中之重，它是我国儿童保护制度的核心内容。

（二）流浪儿童的救助与预防联动机制

尽管国家没有制定救助流浪儿童的专门制度，在救助类型上也属于社会救助下的子类型，即流浪乞讨人员救助，但就流浪儿童救助的性质来说，它与儿童保护息息相关。在 2003 年以前，我国流浪儿童的救助主要适用收容遣送制度，具有较强的强制性，与其说是社会救助，更类似于一种维护市容、惩罚犯罪的措施。而在 2003 年 6 月 20 日颁布的《城市生活无着的流浪乞讨人员救助管理办法》实施之后，流浪儿童救助更加强调自愿性，虽然体现出人性化管理的特点，但也与流浪儿童保护的必要性相矛盾，此后很长一段时间，非法组织利用儿童街头乞讨的现象屡禁不止，流浪儿童的救助缺位成为我国一个重要的社会问题。2011 年 8 月 18 日，国务院办公厅出台《关于加强和改进流浪未成年人救助保护工作的意见》，明确了“政府主导、民政牵头、部门负责、社会参与”的理想的未成年人救助保护工作机制，但由于各种现实因素的制约，该机制在实际运行过程中存在许多困难，难以落实。2012 年，“毕节五名流浪

---

[1] 参见王彦斌，赵锦云主撰：《儿童福利社会化重构——“昆明模式”》，社会科学文献出版社 2006 年 7 月第 1 版，第 73 页。

儿童惨死垃圾箱”[1] 事件的发生引起社会强烈愤慨，在问责的同时各级有关部门着力反思流浪儿童之死的根源问题并制定了一系列的救助保护措施。

过去，各地流浪儿童救助的难点主要集中在发现、救助、管理、教育与查找上，而近年来儿童屡遣屡返等难题的出现，暗示着从源头解决贫困、监护不力等问题将有助于减少流浪儿童现象。同时，民政机关在送返过程中也要核实儿童所在家庭的实际情况，若发现家庭暴力、虐待等不良情形，应当及时启动相关救助保护机制。2019 年，全国共救助流浪乞讨未成年人 6.2 万人次。[2] 随着适度普惠型儿童福利思想的引进，我国流浪儿童救助工作才开始真正起到保护的作用，在具体落实上各地救助模式各有不同。

二、儿童保护新增型业务

（一）留守儿童关爱保护制度

市场带动经济发展的同时，也带来了大规模人口流动下的农村留守儿童现象，其属于社会变迁过程中产生的大规模儿童问题，本质是由政策变化引起的。尽管留守儿童受到的伤害不以暴力、虐待等为典型，但他们更多受到关爱缺失、教育缺失、忽视、歧视等精神层面的伤害，我国对留守儿童的保护工作一直高度重视，经过多年巩固，基本形成相对成熟的留守儿童关爱保护机制。

2016 年，国务院发布《关于加强农村留守儿童关爱保护工作的意见》，各省结合实际，分别出台了对应的实施意见，逐级建立强制报告、应急处置、评估帮扶、监护干预等农村留守儿童救助保护机制，从中央到地方加强留守儿童保护工作。此后，民政部明确了儿童督导员、儿童主任的工作职责，为农村留守儿童和困境儿童的保护工作确立了专门的指导与责任人员。据民政部《2019 年民政事业发展统计公报》数据显示，截至 2019 年底全国共有儿童督导员 5.6 万人，儿童主任 67.5 万人。同时，各级未成年人救助保护机构负责指导开展农村留守儿童基本工作，健全全国农村留守儿童信息管理系统，根据民政部 2018 年统计数据显示，全国共有农村留守儿童 697 万余人，与 2016 年排摸

---

[1] 2012 年 11 月 16 日，毕节市七星关区街头，5 名男孩因在垃圾箱内生火取暖导致一氧化碳中毒而死亡，其年龄均在 10 岁左右。

[2] 民政部：《为了孩子的一切——“十三五”时期儿童福利工作综述》，2020 年 12 月 24 日。http：//www.mca.gov.cn/article/xw/mtbd/202012/20201200031265.shtml

数据902万相比，下降了22.7%。[1] 然而，农村留守儿童的关爱保护更多的还是依赖政府资金投入，同时联合社会公益组织开展专项工程，在具体操作上以扶贫为主、关爱不足。

（二）困境儿童分类保障制度

2013年，困境儿童保障制度被重点提上日程，民政部开始在江苏省昆山市、浙江省海宁市、河南省洛宁县与广东省深圳市等地开展适度普惠型儿童福利制度建设试点工作，正式推动补缺型儿童福利向适度普惠型儿童福利转变。2016年，国务院《关于加强困境儿童保障工作的意见》明确了困境儿童的定义，[2] 与留守儿童、事实无人抚养儿童、残疾儿童、监护侵害儿童等存在事实上的交叉，这是一个包容与伸缩性较大的概念，几乎将因各种原因导致家庭无法给予充分保障而处于困境中的儿童均纳入了国家提供福利支持的范围。[3] 困境儿童保障制度的内容包括保障基本生活、保障基本医疗、强化教育保障、落实监护责任、加强残疾儿童福利服务等五个方面，针对有需求的困境儿童给予对应的保障。以上海市为例，历时三年的努力，现已基本构建了符合上海特大型城市实际的困境儿童保障体系，有效地帮助了部分因贫致困、因病致困、因残致困的困境儿童，为其基本生活提供托底保障。困境儿童保障制度的建立开启了我国儿童福利政策的新篇章，再次印证了2016年对我国儿童保护制度的重要意义。

（三）事实无人抚养儿童保障制度

事实无人抚养儿童保障制度的提出可以说是国家监护在家庭监护严重缺失的特殊情况下的专门补充和福利体现，尽管早期困境儿童的类型包括事实无人抚养儿童、重残儿童、服刑人员子女、流浪儿童、受艾滋病影响儿童等，[4]

---

〔1〕 中华人民共和国民政部：《图表：2018年农村留守儿童数据》，2018年9月1日。http://www.mca.gov.cn/article/gk/tjtb/201809/20180900010882.shtml

〔2〕 困境儿童指，因家庭贫困导致生活、就医、就学等困难的儿童，因自身残疾导致康复、照料、护理和社会融入等困难的儿童，以及因家庭监护缺失或监护不当遭受虐待、遗弃、意外伤害、不法侵害等导致人身安全受到威胁或侵害的儿童。

〔3〕 姚建龙："未成年人法的困境与出路——论《未成年人保护法》与《预防未成年人犯罪法》的修改"，载《青年研究》2019年第1期，第7页。

〔4〕 参见韩晶晶：《儿童福利制度比较研究》，法律出版社2012年版，序言第5-6页。

但针对事实无人抚养儿童群体比之其他困境儿童的特殊性，2019 年民政部专门出台《关于进一步加强事实无人抚养儿童保障工作的意见》进行了制度化的规定并正式明确了事实无人抚养儿童的定义，[1] 或公众笼统理解的“事实孤儿”。[2]

当前的事实无人抚养儿童保障制度大致分为两个步骤，第一步是认定，包括申请、查验、确认与终止；第二步是保障，包括基本生活保障、医疗康复保障、教育资助救助、落实监护责任以及关爱服务机制，基本生活补贴按照与当地孤儿保障标准相衔接的原则确定补贴标准，参照孤儿基本生活费发放办法确定发放方式。根据民政部《“十三五”时期儿童福利工作综述》显示，“截至 2020 年 8 月底，全国共有 21.7 万名事实无人抚养儿童纳入保障范围，全国平均保障标准为每人每月 1124 元。”但据统计，全国的事实无人抚养儿童大概有 50 万左右，第一类情况父母双方都出现不能正常履行监护义务的大概 22 万左右，第二类大概是 28 万左右。[3] 由此可见目前纳入保障的儿童情况应当是第一类，而第二类儿童暂未纳入保障，这类儿童的一方父母因为患病、残疾或被依法限制人身自由等客观原因无法承担抚养子女的责任，但其子女也一直处于被社会各界遗忘的情况下，有的甚至受到身心歧视难以得到政府部门的救助保障。

事实无人抚养儿童保障制度是适度普惠型儿童福利政策的一个重大举措，也是对困境儿童保障制度的重要完善，彰显了国家对特殊家庭儿童保护的重视，我国大部分区县已逐步落实事实无人抚养儿童保障制度，但因受到社会生产力等因素的制约，现阶段的儿童福利政策仍是以物质保障为主的，这也是我国儿童保护制度的一个主要特质。

三、儿童保护综合型业务

（一）未成年人社会保护试点工作

事实上，我国儿童保护制度早就已经开始出现与未成年人保护工作存在交

---

〔1〕 事实无人抚养儿童指父母双方均符合重残、重病、服刑在押、强制隔离戒毒、被执行其他限制人身自由的措施、失联情形之一的儿童；或者父母一方死亡或失踪，另一方符合重残、重病、服刑在押、强制隔离戒毒、被执行其他限制人身自由的措施、失联情形之一的儿童。

〔2〕 事实孤儿和事实无人抚养儿童并不完全对等，事实无人抚养儿童不包含监护人尚在但是不予履职的情况，如农村经常出现的父亲去世而母亲改嫁的情况。

〔3〕 人民网：“民政部：事实无人抚养儿童保障制度 2020 年全面实施”，2019 年 7 月 10 日。http://society.people.com.cn/n1/2019/0710/c1008-31226229.html

叉的现象。2013 年 5 月，民政部印发《关于开展未成年人社会保护试点工作的通知》，在全国第一批 20 个试点地区探索建立新型的未成年人社会保护制度。到了 2014 年 7 月，民政部发布第二批全国试点工作的通知，新增 78 个地区参与试点工作，要求各地建立未成年人社会保护"监测预防、发现报告、帮扶干预"联动反应机制，构建覆盖城乡的未成年人社会保护网络。虽然该试点工作名为"未成年人社会保护"，但与《未成年人保护法》中以社会组织和个人为主体而设置的"社会保护"章节的内容存在一定的区别，在性质上更接近以民政为中心开展的未成年人保护制度。从结构上来看，它要求横向建立"政府主导、民政牵头、部门配合、社会参与"的协调机制，强调政府的主导作用；纵向建立"市、县、乡镇（街道）、村（居）"四级联动的服务体系，最终形成"家庭、社会、政府"三位一体的保护格局。从内容上看，它是聚集了困境儿童救助、流浪儿童救助、预防儿童受侵害等多部门职能的综合型儿童保护制度，预示着民政儿童保护制度早已有了向未成年人保护制度转变的趋势。

截至 2020 年底，全国共有未成年人救助保护机构 1806 个，其中，未成年人保护中心或者未成年人救助保护中心 1482 个，依托救助管理站设立的带有未成年人救助保护科室的机构 324 个。[1] 另外，根据 2019 年民政部发布的《关于进一步健全农村留守儿童和困境儿童关爱服务体系的意见》，民政部门推进已设立的流浪未成年人救助保护机构向未成年人救助保护机构不断转型，目前未成年人救助保护机构处在面临转型升级的关键时期。

（二）儿童监护侵害的司法协作机制

目前，我国建立的是以家庭监护为主、社会和国家监护为补充的未成年人监护体系，法律使用的是广义的监护概念，主要可以分为意定监护和法定监护两大类，意定监护包括遗嘱监护、委托监护等，法定监护包括父母法定监护、法定当然监护、协议监护、指定监护以及临时监护与机构监护，其中机构监护的主体主要是国家机关和基层群众自治性组织，分别代表了国家监护和社会监

---

〔1〕 民政部：《为了孩子的一切——"十三五"时期儿童福利工作综述》，2020 年 12 月 24 日。http：//www. mca. gov. cn/article/xw/mtbd/202012/20201200031265. shtml

护的执行主体。[1] 未成年人监护制度的司法机关在办理监护人侵害儿童的案件时时常涉及诉讼与监护衔接的问题，但1986年的《民法通则》和1991年的《未成年人保护法》等法律和相关司法解释中关于未成年人监护问题的规定存在缺乏系统性、简单粗陋、可操作性不强且脱离社会现实生活等问题，[2] 法院依法剥夺监护权另行指定监护人的规定在实践中几乎成为"僵尸条款"。[3] 因此，经常出现儿童监护人被采取强制措施后，儿童临时照顾与监护缺失的情况。

为加强处置社会各界不断暴露出来的儿童监护侵害问题，最高人民法院单独或会同有关部门先后出台了专门化的指导意见。2013年，最高人民法院、最高人民检察院、公安部、司法部印发《关于依法惩治性侵害未成年人犯罪的意见》，该意见针对监护人性侵儿童的犯罪情形明确了其他具有监护资格的人员、民政部门等有关单位和组织有权提出要求撤销监护人资格的申请。2014年，最高人民法院、最高人民检察院、公安部、民政部联合发布《关于依法处理监护人侵害未成年人权益行为若干问题的意见》对未成年人监护侵害案件中的民刑行之间的衔接问题进行了较为详细的说明，民政部门指导推动各地救助管理机构为因遭受家庭暴力无家可归或有家难归的受害人提供救助保护服务，全国近400个城市依托救助管理机构设立了家庭暴力庇护中心，为家暴受害人提供救助保护服务。2015年，最高人民法院、最高人民检察院、公安部、司法部再次就家庭暴力犯罪问题印发《关于依法办理家庭暴力犯罪案件的意见》的通知，专门针对儿童监护侵害中的家庭暴力情形予以更专业的审理意见。2016年，最高人民法院公布了一系列关于侵害未成年人权益被撤销监护人资格的典型案例，并颁布了《关于审理拐卖妇女儿童犯罪案件具体应用法律若干问题的解释》，进一步加强了国家监护保护的力度。时至今日，我国逐渐织细织密未成年人保护的法网，儿童国家监护保护制度已经有了初步的构建。

---

〔1〕 参见董思远：《未成年人监护制度研究》，中国人民公安大学出版社2019年4月第1版，187-190页。

〔2〕 林艳琴：《我国未成年人监护制度的理论与实践》，中国法制出版社2017年7月第1版，第71页。

〔3〕 参见姚建龙："未成年人法的困境与出路——论《未成年人保护法》与《预防未成年人犯罪法》的修改"，载《青年研究》2019年第1期，第7-8页。

四、儿童保护时代型业务

（一）疫情影响下的儿童救助保护

受到2020年新型冠状病毒肺炎疫情的冲击，突发性公共卫生事件中的儿童生存与救助需求引起广泛关注，促使有关部门不得不做出反应，调整医疗卫生领域的儿童保护机制。儿童不仅是新冠病毒的易感人群，更容易在家庭其他成员患病后陷入求助困难、生活艰难的境地，特别是家庭贫困、父母外出或本身患有疾病、残疾的困境儿童，新冠肺炎疫情还加重了他们的生存困境。贫困或父母外出的家庭，由于不具有抵御疫情的经济能力，多地出现家庭成员隔离后儿童被遗忘致无人照料的情况，儿童面临监护缺失导致死亡的风险。

对此，2020年3月15日，民政部门及时下发《关于做好因新冠肺炎疫情影响造成监护缺失的儿童救助保护工作的通知》，要求各级民政机关从及时发现报告、分类做好临时照料、加强救助保障、开通救助保护热线等方面发挥当地联防联控机制的作用。随后，国务院联防联控机制在民政部的通知基础上制定了儿童救助的具体工作方案，强化了可能接触儿童的不同主体的及时报告义务，细化了民政部门、卫生健康部门、教育部门、妇联、乡镇人民政府（街道办事处）、村（居）民委员会等组织机关在监护照料、救助帮扶、资金保障上的具体责任。截至2020年4月10日，全国儿童福利机构内外孤弃儿童无人感染，15个省份发现报告并救助保护了393名因疫情影响造成监护缺失的儿童。[1]

至于患有疾病、残疾的儿童，他们大多生活不能自理，疫情发生后，康复机构基本停业导致大部分残疾儿童不能接受康复治疗，而患病儿童一旦感染肺炎，会加剧病症、引起并发症甚至导致死亡。疫情影响下的残疾儿童生存保障由残联牵头，联合民政、财政、人力资源社会保障、扶贫办等有关部门，置于残疾人民生保障工作中，构成残疾人救助帮扶疫情防控机制的组成部分。2020年5月28日，残联会同民政部、财政部等部门印发《关于扎实做好疫情防控常态化背景下残疾人基本民生保障工作的指导意见》在对残疾儿童兜底保障的同时建立起疫情防控的常态化应急机制。

---

〔1〕 记者张维："全国儿童福利机构内外孤弃儿童零感染"，载《法制日报》第6版，2020年4月10日。http：//epaper. legaldaily. com. cn/fzrb/content/20200410/Articel06002GN. htm。

（二）突发事件中的儿童急救保护

地震等自然灾害曾对我国造成历史性的破坏，但同时也激励了我国人民团结一心、众志成城的民族精神。2008 年，国务院审议通过的《汶川地震灾后恢复重建条例》多次强调对婴幼儿、孤儿、残疾人员等受灾群众给予优先安置的保护，这是“十一五”期间对儿童等弱势群体的时代性保护，但尚未在宏观层面形成对重大突发事件具有预测作用的应急状态下的急救机制。随着 2020 年新冠肺炎疫情防控的常态化落实，国家及有关部门更加重视突发性公共事件对社会公众造成的影响，尤其是对包括儿童在内的各类弱势群体产生的影响。2020 年 8 月 25 日，中共中央办公厅与国务院办公厅印发《关于改革完善社会救助制度的意见》，在总体上强调完善急难社会救助，其中包括强化急难社会救助功能、完善临时救助政策措施、加强和改进生活无着流浪乞讨人员救助管理以及做好重大疫情等突发公共事件困难群众急难救助工作。2021 年 1 月 13 日，民政部联合发改委、教育部等多部门印发《关于做好因突发事件影响造成监护缺失未成年人救助保护工作的意见》，进一步明确了突发事件的含义与救助保护的对象，[1] 以及相关责任主体在突发事件中对监护缺失未成年人应当采取的救助保护工作内容，这一举措在总体上确立了突发事件中的儿童急救保护机制的基本框架。

第四节　当前我国儿童保护制度存在的问题

我国儿童保护观念的存续时间虽然不短，但因我国正处在由儿童福利制度逐渐形成独立体系的过程中，其本身的运作机制也存在许多问题，相比其他更加成熟的制度来说还很不完善，存在较多明显的缺陷。本文将从制度构建、组织机构、基层工作等三个层次分别进行深入剖析，归纳出目前我国儿童保护制度突出的问题。

---

〔1〕《意见》所指突发事件是指突然发生，造成或者可能造成严重社会危害，需要采取应急处置措施予以应对的自然灾害、事故灾难、公共卫生事件和社会安全事件；《意见》所指监护缺失未成年人，主要是指父母或者其他监护人因突发事件影响导致下落不明、接受治疗、被隔离医学观察、被行政拘留或者被依法采取限制人身自由的刑事强制措施等情形，或因参与突发事件应对工作暂时不能履行监护职责的未成年人。

一、儿童保护的制度构建问题

（一）向未保体制过渡的模式转变难题

中国儿童保护制度经历了补缺型、适度普惠型儿童福利政策和接下来的未保工作新体制三个阶段，其中存在模式转变上的许多难题。

（1）对于民政部门来说，主要面临时代转变与制度革新的难题。第一，民政部门如何同时做好儿童保护与儿童福利工作？这一问题与我国儿童福利的历史和现状关系密切，我国儿童保护与儿童福利具有高度融合性，因此两者也存在一些共同的难题，如法律制度不健全、区域发展不平衡、有关部门权责不清等。如果民政部门不能健全儿童保护制度，儿童保护与儿童福利概念混淆的状况仍将继续存在，以民政为中心的儿童保护工作势必将继续受到儿童福利工作的制约。第二，民政部门如何同时做好不同形式的儿童保护工作？不是说到了新阶段，过去的儿童保护工作就可以不做了，事实是反而要做得更好，孤儿保障制度是我国儿童保护的重中之重，因此在模式转变的过程中绝不能本末倒置。但同时，未保工作新体制下的儿童保护机制也给民政部门带来了相应的挑战，民政部门不仅需要作为国家监护的执法责任部门，还将面临更复杂的未保工作协调机制的牵头职能。

（2）对于未保工作新体制下儿童保护的其他责任主体来说，也将要面临打破固定格局、创新工作模式的难题。目前我国儿童保护方面的法律多是一些纲领性的东西，缺乏操作性，[1] 虽然新未保法提出了许多相对具体化的要求，但暂时还缺乏对应的未成年人保护实施办法或地方条例，而儿童保护的实施依据主要散落于国务院以及有关部门不同时期的不同规范性文件中，存在法律效力低下、碎片化严重、落后于时代发展等问题，这就导致政府单位与有关部门的基层工作人员不知道该如何作为，若不及时更进具体的实施办法，可能出现儿童保护的具体部门执法行为失范或消极不作为的现象。新未保法正式实施以后，有关部门在儿童保护工作中要严格按照其内容开展，这就要求有关部门必须改变过去“只管自己、不管别人”的思维模式，在明确自身权责的前提下，尽快创新适用协作式的儿童保护机制，如建立公安与教育行政部门、医疗卫生

---

〔1〕 参见尚晓援，张雅桦等：《建立有效的中国儿童保护制度》，社会科学文献出版社 2011 年 11 月第 1 版，第 59 页。

与民政部门之间的协调机制等。

（二）儿童保护如何突破物质保障的局限

（1）在我国儿童保护的制度建设与实践工作中，一个非常严重的问题是政府部门过于强调对生活存在困难的儿童进行补缺型的物质保障，而忽略了对儿童的精神文明的塑造与心理健康的保护。即使和农村留守儿童一样都是留守儿童，城镇留守儿童就被相对地忽视掉，事实上我国城镇留守儿童同样数量惊人，据联合国儿基会有关调查数据显示，2015 年中国城镇留守儿童达到 2826 万，占留守儿童总体的 41.1%。[1] 与此同时，城市中还有一批“隐性困境儿童”正处于痛苦挣扎的边缘，他们与城镇留守儿童相似，区别在于他们还承受着一般儿童不该承受的精神压力。另外，事实无人抚养儿童的父母或重病重残，或有犯罪吸毒前科，其内心往往更为自卑、脆弱，普通的帮扶关爱往往难以起到有效的心理健康保护作用，但事实无人抚养儿童保障制度却缺少针对这类儿童的特殊性设计。

（2）近年来，校园内的学生自杀事件屡发、儿童心理疾病也愈发常见，儿童心理健康问题应当引起重视。虽然新未保法对儿童心理健康保护进行了一系列的规定，有 37 条涉及与心理相关的内容，总的条目增加了不到 2 倍，但与心理相关的条目却增加了 3 倍多，[2] 但这些内容目前还暂未在制度层面形成系统的儿童保护机制。费孝通先生认为，城市相比农村更接近于陌生人社会，这些表面生活无虞、家庭结构相对完整的儿童除难以被外界注意到外，也因缺乏保护的紧迫性被忽视，他们大多生活在经济条件良好的家庭，但却长期承受来自家庭、学校与社会的打骂、侮辱或孤立并难以得到外界的关心，巨大的身心压力难以排解以致产生叛逆、抑郁、暴躁等情绪障碍甚至发生自残、自杀的行为。儿童自杀、自残现象折射出目前我国儿童保护过于注重物质保障的局限，反映了当代儿童亟须重视的心理健康问题，有关部门应当重视对儿童精神层面的保护工作，加强保障儿童的身心健康。

---

〔1〕 财新网：“联合国儿基会：中国城镇留守儿童已逾 2800 万”，载“政经频道”，2017 年 10 月 11 日。http://china.caixin.com/2017-10-11/101154625.html。

〔2〕 滕洪昌：“对《未成年人保护法》中心理元素的解读”，载“未成年人法研究”微信公众号，2020 年 11 月 28 日。

二、儿童保护的组织机构问题

（一）儿童保护与儿童福利存在机构混同

儿童保护制度与传统儿童福利制度长期且仍然存在着机构混同的问题。从国家层面来看，新《未成年人保护法》通过之后民政部门在法律上成为未成年人保护工作的主要牵头部门，统筹有关政府部门对社会各类儿童的救助和保护工作，此举虽然赋予了民政部门协调机构的职能，但是在国家层面一级始终缺乏单独具有儿童保护职能的机构，也尚未建立区别于其他制度而独有的、全面的、系统的地方与中央相统一的儿童保护机构体系。而从民政的角度来看，目前民政的儿童保护工作未能与传统儿童福利工作完全区别开来，虽然民政部儿童福利司下设了儿童保护处，但在整体工作体系上暂时未能完全区分儿童保护与儿童福利、儿童收养之间的界限。

（二）儿童保护机构间的责任稀释困境

过去，由于儿童保护的“共同责任原则”，一个困扰性的问题是儿童保护的“责任稀释困境”，即谁都有保护儿童的职责，但是缺乏主责部门和有效的统筹机制，其结果就是保护儿童“说起来重要，做起来次要，忙起来不要，出了问题找不到”。[1] 虽然新未保法第九条基本确立了以“民政牵头为原则、其他部门为例外”的法律要求，直视了部门间的责任稀释困境，对建立未保工作的追责机制提供了法律依据。但这个困境不仅存在于不同部门间，还存在于民政部门内部及下属机构间、具体的工作人员间。由于我国儿童的类型具有相当的复杂性，根据我国儿童福利政策相关文件显示，官方载明的儿童类型包括孤儿、弃婴（弃儿）、流浪儿童、残疾儿童、留守儿童、失学儿童、受艾滋病影响儿童、困境儿童、事实无人抚养儿童等。放到儿童个体身上时，则很可能出现相互重合的现象，基本为儿童客观生存状况加儿童自身特殊情况，如受艾滋病影响的孤儿、流浪的残疾儿童、受虐待的失学儿童、事实无人抚养的困境儿童等。对于情况复杂的儿童，如何避免相关机构间“褒奖时全都有，出了问题谁也不担”的责任推诿，同样是儿童保护需要破解的责任稀释困境。

---

〔1〕 姚建龙：《法学的温度：孩子的法律生活》，上海三联书店2019年版，第199页。

三、儿童保护的基层工作问题

（一）儿童保护专业性、针对性不足

1. 我国儿童保护基层工作专业性不足

童年期是人身心和社会发展的关键时期，但是受儿童身心发育的特点限制，儿童必须依赖家庭和社会，才能满足其生存和发展的需求。[1] 除了要不断提升儿童督导员、儿童主任、儿童专干等“护苗员”的专业能力，更要看到家庭作为儿童成长的首要场所，对儿童保护工作有着重要意义。截至2021年，全国共有持证社工66.6万人，但社会工作师仅16万人，其余则为助理社会工作师，而其中真正走进社区和家庭从事儿童保护工作的社工数量又要打个折扣，相比数以百万计的困境儿童显得尤为不足，社工的数量和专业水平仍有待提升。

2. 儿童保护工作在不同类型儿童上缺乏针对性

儿童保护基层工作人员工作量大，通常会创制出一套较为合理高效的工作流程，但也容易导致保护工作流水线化。尤其是面对日益复杂的儿童保护需要，基层除了要完成日常的帮扶救助工作，更应该针对不同类型儿童的特殊情况进行专门研究。如对于残疾儿童的自卑心理，有针对性地开展儿童心理自强关爱，积极引导社会转变观念，加强平等的人格尊严教育等；又如服刑人员子女的心理健康保护，不仅需要在落实保障工作的过程中保护儿童的隐私，不得歧视服刑人员子女，还要帮助服刑人员融入社会等；再如受到性侵伤害的儿童，可能产生一定的心理阴影，有的还会有严重的性别排斥反应，在工作中基层人员也应根据实际情况有针对性地开展心理疏导，避免产生二次伤害。

（二）儿童保护工作存在滞后性

儿童受虐案件关注度高，直接挑战社会道德底线。前有“红黄蓝幼儿园虐童案”，后有“辽宁抚顺虐童案”引发广泛关注，尤其是对小女孩持续半年实施残忍虐待的不是旁人，而是其亲生母亲及母亲男友，该案令人震惊有余的同时留下了让人思考的议题——如何才能有效避免儿童遭受虐待，特别是具有一定隐蔽性的虐待。

---

〔1〕 王雪梅：《儿童福利论》，社会科学文献出版社2014年版，第248页。

由于我国儿童保护的基层工作缺乏主动性，主要表现为日常性、基础性儿童保护工作落实相对到位，但在遇到情况隐蔽的儿童时，救助工作则存在较为严重的滞后性。有研究提到，近五成儿童案件在发生或曝光后地方政府和相关部门介入，在3天内做出快速反应的案例占比约为35%。[1] 但多起虐待儿童案件都表明，长期遭受虐待的儿童具有极强的隐蔽性，他们可能被拴上铁链、可能被囚禁在阳台等地，被侵害后也常常被丢在一边无法获得治疗且一旦哭闹会招来更可怕的折磨，反而在被打后不敢呼喊求救。我们甚至不惮以最大的恶意揣测，强制报告制度在有利于发现受害儿童的同时，不能排除会使一些社会隐秘角落的恶魔因害怕被发现而走向极端的可能。

第五节　完善中国儿童保护制度的建议

构建新时代的中国儿童保护制度，既要立足于儿童福利和儿童保护的制度体系和组织结构、强调民政部门在儿童保护中的主导地位，还应在中国儿童保护政策的基础上结合《未成年人保护法》的规定，进一步加强相关部门与机关的作用，建立健全新未保工作体制下的儿童保护联动机制。现阶段，中国儿童保护制度应当与《未成年人保护法》的立法框架相匹配，形成家庭保护、学校保护、社会保护、网络保护、政府保护与司法保护六个方面的儿童保护制度体系。

一、加强家庭保护意识

家长是儿童成长过程中最重要的人，家庭是儿童成长过程中最重要的生活场所，新时代的儿童保护制度应当对父母或者其他监护人的监护职责以及家庭环境的优化提出相应的要求。

（一）加强监护人的监护职责

监护职责又称监护事务，指监护人依法享有的监护权利与所负担的监护义

[1] 王淑清："2017年我国'自闭症少年之死'和'幼儿园虐童'呼唤完善儿童保护机制"，载《慈善蓝皮书：中国慈善发展报告（2018）》，社会科学文献出版社2018年版，第367－368页。

务的总称。[1] 一方面，针对监护缺失现象，有关部门既要加强监护人积极履行对被监护人所负的法定监护职责，包括照料被监护人的生活、保护被监护人的身心健康、对被监护人进行教育等人身监护职责与管理和保护被监护人的财产、补偿请求权、报酬请求权等财产监护职责以及代理被监护人进行民事活动、行使民事诉讼权利、承担民事诉讼义务等其他职责，也要呼吁重视子女家庭情感缺失与父母缺位等问题，引导监护人主动学习通过互联网、移动设备等工具在远距离和有限的相处时间中给予子女完整的父爱母爱的能力。另一方面，针对监护侵权现象，有关部门既要不断加强监护人认识限制、禁止或须经批准才能从事的事务以及因故意过失或不作为而应当承担的法律责任，充分发挥普法宣传的作用，还应落实监护侵害的司法保护协作机制并对涉嫌监护侵权的监护人开展除了法定处罚或刑罚以外的监护能力教育与矫正工作，帮助一般侵权监护人能够正常履行监护职责或恢复监护资格。[2]

（二）创造文明和谐的家庭环境

提升家庭环境的氛围不仅可以预防和减少家庭内部侵权的发生概率，还是对儿童发展起到促进作用的关键因素。第一，有关部门应当加强引导青年培育正确的儿童观，包括了解儿童在不同年龄的心理和生理发展的规律、学习儿童保护有关的法律知识以及养成尊重儿童的品质。第二，加强引导青年提升家庭生活的基本能力，包括学习育儿经验、培养婚姻关系与家庭经营能力、社会角色平衡能力以及提高家庭教育的水平等，促进监护人能够为未成年人提供安全、文明、健康的家庭生活环境。第三，加强引导家庭内部不同年龄、辈分、性别之间家庭关系的和谐相处，缓解“隔代亲”现象导致的祖辈溺爱等问题、老中青三代人口之间的家庭矛盾问题、现代家庭“丧偶式”育儿的问题以及部分地区重男轻女等传统观念。

二、建立学校保护网络

学校作为与家庭、政府部门都有密切接触的责任主体，应当被纳入儿童保护制度的重点范畴，承担起儿童保护工作国家与家庭之间的桥梁角色，构建起

---

〔1〕 杨大文主编：《婚姻家庭法（第四版）》，中国人民大学出版社2008年版，第286页。

〔2〕 一般监护侵权通常指，除性侵、恶性虐待等严重侵权行为以外偶发的、轻微的或可以通过社会工作等矫正手段达到控制自身行为的监护侵权行为。

以学校为中心的校园保护制度体系。

（一）履行法定儿童保护义务

学校的法定儿童保护义务指幼儿园、小学、初高中等教育机构根据《义务教育法》《教育法》《未成年人保护法》等法律规定而对儿童应尽的法律义务和不得作出的行为。第一，积极践行作为密切接触未成年人的单位应尽的强制报告、教职工入职信息查询等义务，在发现疑似儿童身心健康受到侵害的情况时及时向主管的教育行政部门报告。第二，保障儿童在校园内的人身安全、卫生保健、身心健康等权利，依法建立健全安全管理制度、校车安全管理制度、学生欺凌防控工作制度和预防性侵害、性骚扰未成年人工作制度等儿童保护校园机制。第三，学校应当承担起作为儿童教育主体的应尽责任，不得以任何理由剥夺儿童的受教育权，依法保障残疾儿童等特殊群体儿童获得平等的教育资源等。

（二）营造适宜的校园环境

学校作为儿童学习生活的主要场所之一，几乎消耗了在学儿童一半以上的时间，除了应当履行法定的儿童保护义务以外，还应为儿童在校期间的学业进步、思想发展以及身心健康提供科学有效的制度保障。一方面，学校必须坚持因材施教和人才培养以促进儿童在德智体美劳等方面的全面发展，这是因为在影响人的身心发展因素中遗传素质和环境几乎不是人为所能控制的，只有学校教育才是人可以控制的专门组织起来促进人身心发展的活动且在人的整个发展过程中起主导作用。[1] 另一方面，学校还应当营造舒适安全、快乐健康的校园学习环境，主动关心困境儿童、残疾儿童等特殊群体儿童的家庭生活与监护情况，体现校园的人文关怀和人性温暖。同时，学校还应当高度重视校园欺凌这一发生在儿童群体之间的校园问题，做好预防减少、及时发现、反应处置、沟通辅导、教育矫正等相关工作，肩负起对儿童中存在的同辈群体等非正式网络构建的引导作用。

三、落实社会保护责任

基于发展取向的儿童保护与福利观念，根本不会存在各种功能完全健全的

---

〔1〕 参见苏春景主编：《教育学》，高等教育出版社 2010 年 8 月第 1 版，第 67 页。

自然型家庭，单凭一个家庭无法面对瞬息万变的现代社会生活中所有的问题，每一个家庭都需要外力的帮助，故社会对每一个儿童都负有责任。[1]

（一）落实强制报告制度

新未保法从法律层面确立了儿童侵害行为的强制报告制度，通过责任倒逼的形式，积极调动社会力量成为儿童保护的“监控”。如何有效落实这一强制报告制度，必须牢牢抓住“责任意识”四个字背后的相关内容。第一，积极落实个人和组织发现儿童侵害行为时具有强制报告义务的法制宣传工作，从观念上扭转“不清楚、不知道、不归我管”的“三不思想”；第二，制定具体的发现儿童侵害行为的强制报告制度实施细则，保障个人或组织在发现后可以依法及时报告；第三，建立报告与反馈机制，做好双向督促工作，避免出现个人或组织报告后却“石沉大海”的情形，防止强制报告制度形同虚设；第四，建立相应的监督与惩罚机制，若依法负有报告义务的个人或组织在发现后存在故意隐瞒、拖延报告等情形，应当依法追究相应的责任，降低相关人员发现后不作为的侥幸心理，确保强制报告制度的有效落实。

（二）探索从业禁止制度

2016年，浙江省慈溪市出台《性侵害未成年人犯罪人员信息公开实施办法》，这一做法在中国尚属首次，被称之为中国版的“梅根法案”，新修订的《未成年人保护法》则在第62条、第98条以及第126条分别对密切接触未成年人的单位要求设置从业人员违法犯罪信息查询制度。

在儿童保护的社会责任方面，必须要加强源头预防的保护观念，形成以保护未成年人为核心的密切接触未成年人领域的从业禁止制度。从业禁止制度的建设首先是要建立侵害未成年人的违法犯罪信息库，供学校等密接单位申请查询，来决定是否聘用，而该违法犯罪信息库的建设必须要收集违法犯罪人员的有关个人信息，如姓名、性别、身份证号码、违法行为及其性质、所受处罚或刑罚等信息。其次，利用现有的联席会议工作制度形成快速的联动机制，出台地方的从业禁止制度的文件并实际开展相关行业领域的入职查询工作。第三，严厉打击侵害青少年合法权益的违法犯罪行为，其中典型行为包括对未成年人

---

〔1〕参见陆士桢，常晶晶：“简论儿童福利和儿童福利政策”，载《中国青年政治学院学报》2003年1月第22卷第1期，第2页。

的拐卖、性侵害、遗弃、虐待、涉毒品违法犯罪、涉青少年网络违法犯罪等。

四、构建网络保护环境

随着当今社会传统宽带网络的普及、家庭与公共场所局域网的覆盖以及移动互联网和智能手机在功能应用上的高速发展，网络环境逐渐成为人们日常生活的重要组成部分并通过各种各样的形式影响着儿童的基本权利。对此，主要针对儿童上网产生的个体或群体问题，和网络社会对儿童权益造成的影响两个方面，提出构建网络保护环境的相关建议。

（一）重视儿童上网问题

儿童尤其是青春期未成年人上网现象正在变得普遍，网络在帮助儿童学习和提高娱乐水平的同时，也带了一系列难以避免的个人和社会问题，重视儿童上网问题不能一刀切地排斥网络，而要联合全社会的力量在利用好网络的特性与儿童身心发展规律的基础上，对儿童上网行为采取有目的性的保护措施。第一，家长应当引导儿童正确使用网络、主动设置青少年模式，并对存在网瘾倾向的子女采取积极的教育和矫治措施，重视当前儿童近视现象幼儿化趋势。第二，学校等儿童密接单位应当及时发现儿童沉迷网络或其他情况并与家长积极沟通，共同对其进行教育和引导，必要时可向上级部门反映。第三，有关部门应当采取科学合理的方式管理未成年人上网的时间和形式，以预防未成年人产生网瘾或遭受网络诈骗等问题，进一步推进网络用户分级管理制度。第四，网络运行的有关企业和社会组织应当在依法履行法定责任的同时，肩负起保护儿童的社会责任，引导儿童形成正确的网络观念，并重视儿童网络消费不良习惯等现象。

（二）优化网络社区环境

网络空间中充斥着大量的侵权行为，可以说是见缝插针、屡禁不止，为保护儿童的合法权益不受不法分子和不法组织的侵犯，建议有关部门从以下三个方面对网络环境进行优化。第一层次是打击直接侵害儿童权益的网络犯罪行为，这是我国儿童保护制度在网络保护层面的主要任务和目的，我国《刑法》规定了如虐待儿童、猥亵儿童、传播淫秽物品等涉及侵犯儿童权益有关的罪名，对于类似“N 号房间”这样严重侵害妇女儿童权益的案件必须严惩不贷。

第二层次是整顿网络活动中对儿童间接侵权的现象，这是儿童保护制度在网络保护层面的重要任务之一，对于数量庞大的间接侵权未成年人的网络违法行为，不可否认运用治安处罚的方式进行规制具有便捷、高效等特征，因此有必要扩大《治安管理处罚法》在侵犯未成年人法益的违法行为的规制范围并注重行政法与刑法的衔接[1]。第三层次是提高网络社会的文化氛围，这是儿童保护制度在网络保护层面的长期任务，随着网络游戏、网络直播、网络音视频、网络社交等网络工具的急剧发展，有关部门应当重视网络违法行为的前期预防和责任补充，提高网络企业对儿童保护的法律责任。

五、以政府保护为主导

（一）明确民政的双重主导地位

民政部门在建立健全儿童保护制度的过程中，应正视滞后的基层工作与先进的社会价值观、滞后的儿童福利政策与先进的未成年人保护立法理念的这两个矛盾，既要稳步有序的扩大儿童保护制度的覆盖对象，也要切忌急功近利，保持松紧有度的前进步伐，加强巩固过往工作基础，避免基层工作“大踏步”。

1. 民政部门是儿童保护制度的主要责任单位

第一，加快民政系统内部的观念转变，协调好关于孤儿保障制度与困境儿童保护制度等传统儿童保护工作与未保工作新体制下的儿童保护制度间的关系，解决民政系统内部儿童保护制度模式转型的各项难题。第二，民政部门应当根据《未成年人保护法》的规定，肩负起儿童保护的国家监护的职能部门，协调好儿童监护保护工作中与财政、教育、卫生健康、公安等部门间的协作关系，有序开展未保工作新体制下的儿童临时监护与长期监护工作，以民政为中心化解儿童保护的责任稀释困境。第三，民政部门必须同步健全儿童福利制度，推动儿童福利政策的日益普惠化，加强民政儿童福利与儿童保护的双线发展。

2. 民政部门是儿童保护制度的主要牵头单位

《未成年人保护法》修订之后，民政部门的职权不再局限于儿童保护的实施部门，而有了更高的法律定位——未成年人保护工作的法定协调部门，成为

〔1〕 参见李涛：《侵犯儿童权益的犯罪研究》，中国法制出版社2016年8月第1版，第11页。

中央一级儿童保护工作的牵头机构并承担起新时代儿童保护制度的统筹责任。这就要求民政部门不仅要明确自身的双重职能，巩固好民政儿童保护工作的已有成绩的同时，还要熟悉有关部门在儿童保护工作中的具体职权和运作模式，根据《未成年人保护法》的规定做好牵头部门的协调工作。民政部门要优化有关部门或国家机关在儿童保护工作中的职能配置，整合部门资源、发挥部门优势，健全多部门协调的各类儿童保护的具体机制；明确社会各界责任主体之间的权责划分，形成"家庭、社会、政府"相互配合的儿童保护工作格局。各级民政部门应当设置对应的儿童保护处、儿童保护科室，对接民政部儿童保护的相关工作、统筹地方儿童保护的协调工作。

（二）加强落实有关部门的权责

1. 落实儿童国家监护保护责任

首先，加强国家监护儿童的行政承担。国家监护制度的正式确立明确了民政部门作为未成年人公职监护人的国家监护职责，有关单位与个人违反监护保护责任时的法律后果相比原先的规定更加的严格和具体，为监护侵害儿童的保护工作设置了强度和力度以达到儿童保护制度的目标——确保儿童获得适当的照顾和监护，确保其免受身体虐待、性虐待、精神虐待和忽视的威胁。[1] 其次，加强国家监护儿童的司法承担。国家监护的司法职责在于恢复家庭的监护能力、干预儿童的监护安排以及承担儿童监护的终极责任，法院不仅应当承担监护权审判的功能，还应与民政等专司儿童事务的行政机构共同承担起国家监护的兜底责任。[2] 第三，完善国家监护联动救助机制。既要重视家庭监护失灵时对儿童监护问题的民行刑之间的衔接顺畅，也要不断健全行政或司法机关对儿童监护权转移之后的监护监督责任，尽快建立起国家监护监督制度。

2. 建立儿童医疗卫生保护体系

随着儿童福利政策的完善，儿童保护的对象在不同地区经济发展中逐渐扩大，其保护方式也在陆续多样化。一方面，进一步完善儿童医疗保障制度。虽然近几年我国的基本医疗保障制度有了很大的进步，尤其是最新的政策规定职

---

〔1〕 参见程福财："中国儿童保护制度建设论纲"，载《当代青年研究》2014 年第 5 期，第 65 页。

〔2〕 参见冯源：《儿童监护模式的现代转型与国家监护的司法承担》，法律出版社 2020 年 7 月第 1 版，第 195－197 页。

工医保可以扩大到子女后，儿童医疗保障水平总体有所提高，但儿童的医疗卫生资源存在分配不均衡的严重问题，部分地区医疗资源十分不足，儿童看病难问题仍然相当迫切。有关部门应当考虑新冠肺炎疫情的持续影响，制定并出台儿童伤残、疾病救助实施办法，在先前的少儿医保基础上扩大儿童突发、特殊、重症疾病的医保范围，并加强设立儿童伤残、疾病救助的专项基金。另一方面，医疗卫生、民政等有关部门可以将现有的疫情防控体系中的儿童救助机制、残疾人救助机制与儿童保护制度相互整合，吸收各地优秀实践经验，形成儿童保护制度下的突发性与常态化的公共卫生事件儿童救助保护机制。目前国外疫情状况仍十分严峻，我国局部地区也偶有出现新发病例，因此必须牢牢稳住我国抗击疫情的现有成果，加强预防未来可能反扑或局部爆发的新冠肺炎疫情，既要强化国家保护责任、突出疫情防控中政府对儿童的重点保护思想，也要做好与残联、妇联、红十字会等社会组织和家庭间的协调联动工作。

3. 加强儿童公共安全保护

随着《未成年人保护法》的正式实施，届时任何组织或个人发现不利于儿童身心健康的情形，都有权向公安、民政、教育等有关部门检举控告，可以考虑结合这一规定的实践工作给密切接触儿童的公共场所的安全指数打分，并建立儿童密切接触场所的安全指数公示系统，根据安全程度予以区分和公示，安全问题情况严重的则转交相应的监管部门整治。例如目前市场上的儿童托育机构的服务水平和托育资质参差不齐，却难以得到有效监管，建立托育机构安全指数公示系统比“托育黑名单”制度的尺度相对更宽松，既可以帮助那些打算把孩子交给托育机构照管的父母作出基本的安全评价，也可以进一步规范托育行业的监督管理，促进行业良性竞争。

（三）健全困境儿童分类保障制度

困境儿童制度加强了各类困境儿童的需求保障，但在概念上相对笼统，并难以突出我国基层儿童在不同生存困境中的具体需求。一方面，因全国各地经济水平不同，困境儿童保障标准也参差不齐，特别是在欠发达地区，贫困县、贫困户问题严峻，加强扶贫救助的同时也要重视“扶志”与“扶智”。另一方面，困境儿童保障制度的设计除了基本生活保障外，仍是针对不同类型的困境儿童分别给予相应的保障，而在困境儿童保护实践工作中有关部门也是根据不同儿童的真实诉求提供相应的救助与保护，但不同省市及县在特殊群体儿童的分类上也略有出入，且在体系结构上还不够完善。

新修订的《未成年人保护法》第九十一条规定，“各级人民政府及其有关部门对困境未成年人实施分类保障，采取措施满足其生活、教育、安全、医疗康复、住房等方面的基本需要。”对此，可以根据环境与个体的特殊性进行分类，形成横纵两个方向的坐标轴，横轴环境特殊性包括家庭贫困、监护缺失、监护侵害等因素，纵轴个体特殊性包括身体残疾、智力残障、重病、罕见病等因素。这种具有环境和个体交叉因素形成的困境儿童分类保护机制，好比建立了一个坐标连连看机制，将不同类型的特殊处境的困境儿童的实际和基本需求与有关部门应当提供的保障内容关联起来，每一个困境儿童都可以根据其具备的特殊环境或个体因素找到对应的责任主体，这样有利于各儿童保护组织机构在明确责任范围的基础上冲击责任稀释困境，同时也方便相关工作人员及时快速、切实有效地提供救助与保护措施。另外，该机制还有利于缓解儿童群体标签化的弊端，帮助困境儿童、留守儿童“去标签化”“去污名化”，故有关部门在实践中要注意尽量依据客观事实进行分类，避免使用带有情感色彩的词汇。

（四）建立儿童保护的基层查找机制

应当意识到社会上存在着一些隐秘和可怕的儿童侵害行为，还有一些失足儿童正处于社会的灰色地带、没有意识到自身权益已经受到侵害，仅仅依靠强制报告制度并不足以发现，或者存在严重的滞后性，又或者甚至还会起到一定的反作用。较为可行的基本思路是，建立健全儿童保护工作的基层查找制度，这要求相关工作人员必须逐渐改变过去“被动式”救助的儿童保护思维模式，积极发挥主动查找受侵害儿童的能动性。一方面，儿童保护的基层工作人员除了要定期更新困境儿童的基本情况，还应当深入走访一些可疑的家庭或儿童机构，定期排摸当地儿童生活情况，保障受害儿童能够及时得到救助；另一方面，有关部门可以设立儿童保护网络舆情监控协调机构，设置专门的工作人员在网络上搜索相关的求助信息，也可以联合新媒体以及有关企业，要求其及时报告运营网络中发现的儿童求助或可疑的侵害儿童信息，工作人员在初步接触、核实真实性后应及时向上级反映，并通过相应的未保工作协调机制触发民政或其他责任部门或机关开展救助行动。

（五）加强儿童保护机构与队伍建设

儿童保护的机构与队伍建设是一个老生常谈的话题，但不能因为常提就忽略不提，反而要更加明白这一工作的重要性。除了要不断加强儿童保护机构与设施的配套建设，扩大儿童主任、儿童督导员的数量等基础性工作，笔者建议从以下三个问题分别对症下药。

第一，针对儿童保护的有关机构间责任稀释问题，要不断深化改革，可以吸收未保工作协调机制的思路和模式，形成以各级民政部门儿童保护处（科室）为牵头机构的儿童保护基层协调机制；同时，优化各级未成年人救助保护机构的设置，把儿童保护的具体责任细化、落实到各个有关机构和工作人员，打破基层儿童保护的责任稀释困境。

第二，对于儿童保护的专业性与针对性不足问题，既要不断引进社工等专业人员辅助儿童工作的开展，还应当加强基层工作人员的职业道德与专业能力培训，比如安排密切接触儿童的工作人员学习儿童教育、儿童心理、儿童急救、儿童安全保护等相关知识，不断提升儿童保护队伍的专业成分；也可以开辟专门的儿童心理健康保护体系，有针对性地对不同类型的儿童提供心理健康关爱保护。

第三，针对儿童保护的基层工作积极性不足问题，既要治标也要治本。一方面要加强基层工作人员精神与物质奖励，运用管理学、心理学上的管理手段，激励儿童保护工作人员发挥自主积极性，并持续吸收热爱儿童事业的中坚力量，激发儿童保护基层工作的热情；而根本问题是要改变过去“被动式”的儿童保护运行机制，扭转“兜住底线就不管”的儿童救助观念，逐步建立起从报告、查找、行动、反馈到监督等一系列具体机制，将儿童保护基层工作规范化。

六、健全司法保护体系

（一）践行儿童保护司法职能

保护儿童合法权益不受任何形式的侵犯，是现代儿童司法保护的基本要义。过去，我国因为未成年人保护观念不成熟以及考虑到立法可行性等原因，习惯从“预防犯罪”的角度思考与设计未成年人保护法，在实施过程中出现了保护责任稀释、政府保护与国家监护制度缺位等弊端。[1] 新《未成年人保护法》从法律层面构建了一个新时代的儿童司法保护体系，囊括了传统少年司法保护、儿童侵害司法保护、涉及儿童权益的民事司法保护三项基本制度。因此，司法机关应当立足于《民法典》《刑法》《未成年人保护法》等基本法律，结合有关未成年人保护的司法解释，贯彻落实司法机关系统内部的这三项儿童保护基本职能。

（二）未成年人司法保护福利化

《未成年人保护法》有了“福利法化”的修法趋势，开始由“控制”真正向“保护”转变，体现出了儿童福利的立法特点，第七章“司法保护”在完善原先少年司法保护工作的基础上，还增加了大量与保护未成年人合法权益不受侵犯有关的内容。如新增了检察院支持起诉制度和儿童公益诉讼制度，确立了人民法院审理继承、离婚案件时儿童权利保障的相关原则，明确了司法机关与有关行政部门、人民团体、社会组织互相配合开展受侵害儿童保护措施等相关规定。对此，司法机关应当秉承儿童利益最大化原则积极协助民政、教育行政等有关部门开展儿童保护工作，建立健全未保工作新体制下具有支持、服务、福利等持续发展特点的未成年人司法保护体系。

七、结语

目前来看，基于中国儿童保护制度与儿童福利制度息息相关的发展历史和向未成年人保护工作逐渐合并的现实需求，完善中国儿童保护制度应当在依托现有的儿童福利政策与实践基础的同时，结合《未成年人保护法》的法律要求，尽快形成以政府保护为主导，家庭、学校、社会、网络及司法保护积极配合的全方位的独立的制度。长远来看，构建新时代的中国儿童保护制度应当具有更为高远的体系目标和价值目标，是我国儿童工作领域最重要的制度之一。

---

〔1〕 参见姚建龙：“未成年人法的困境与出路——论《未成年人保护法》与《预防未成年人犯罪法》的修改”，载《青年研究》2019 年第 1 期，第 2－6 页。

第五章　中国儿童福利和保护的社会参与

儿童福利和保护是一个国家或地区的制度安排，其水平高低受制于经济发展状况，决定了儿童能获得的物质保障资源的多寡；但更重要的是受制于社会参与的广度和深度，决定了儿童能获得的服务和支持的质量和水平。本章将着力探讨我国儿童福利和保护的社会参与问题。

第一节　儿童福利和保护的社会参与理论探索

从理论视角分析儿童福利和保护的社会参与，有助于探索这类社会参与的应然内涵；也有助于认识和分析纷繁复杂的社会参与现实状态。

一、儿童福利和保护社会参与的相关概念

“社会参与”本为一个政治学的概念，是指社会成员通过讨论、协商和决定对社会公共事务进行管理，是一种现代参与式民主制度（林靖云、刘亚敏，2020）。显然，儿童福利和保护属于公共事务范畴，因此，对儿童福利和保护成为“社会参与”的重要范畴。而社会参与有广义与狭义之分。

首先，儿童社会福利和保护具有广义和狭义之分，这已经在第一章讨论过，在此不赘述。其次，社会参与本身具有广义与狭义之分，不同学者的区分方法并不完全一致。儿童社会福利和保护的社会参与是二者的叠合，双重因素作用下，其内涵更为复杂。

为避免复杂化，在此不做完全交叉组合分析，而是采用同义配对法（见表5-1），即将广义儿童社会福利和保护与广义社会参与叠合成广义儿童社会福利和保护的社会参与，同理叠合形成狭义儿童社会福利和保护的社会参与，以此呈现概念的逻辑取向。

表 5－1　儿童福利和保护社会参与概念的逻辑取向

	广义社会参与	狭义社会参与
广义儿童福利和保护	+	
狭义儿童福利和保护		+

（一）广义社会参与

广义社会参与涵盖两个层面，但是对如何区分，学者观点不一。涂怡超（2009）认为应包括政治参与和社会服务两个层面。政治参与是社会成员或组织采取措施影响政府行为，以影响公共生活中的特定目标；社会服务指社会成员或组织对慈善等领域内各项社会事务的介入，是政治参与的前提和外围。王一（2020）在总结王兵（2012）、Chanda Srei 和 Mishra Raman（2019）等人研究的基础上提出应涵盖介入和资源两种视角。介入视角指社会成员以某种方式影响公共事务社会发展的过程，资源视角则是社会导向下的与他人分享资源的行为。

深入探讨发现涂怡超和王一关于广义社会参与概念的探讨，在本质上是相通的。"介入"是通过"服务"实现的，在社会工作专业内，二者几乎被视为同义词；而"资源"的本质在于分配，特别是分配所运用的规则，它反映权力结构，也体现了政治内涵。

因此，可以将儿童福利和保护的社会参与界定为，社会成员和组织以影响儿童教育、医疗、照顾养育保障、消除困境、法律保护以及儿童友好环境与设施建设等方面的变迁为目标取向，采取措施影响政府资源分配的行动；以及对儿童教育、医疗、照顾养育保障、消除困境、法律保护以及儿童友好环境与设施建设等方面的各项社会事务进行介入的行为。

从理论来看，"变迁"可能包含"优化"和"恶化"两个不同方向的改变。积极、向善、有效的改变，则可"优化"儿童福利和保护，反之则导致"恶化"；同理，"介入"的成效也可能存在优劣两种不同结果，恰当的介入"优化"儿童福利和保护，反之则导致"劣化"。当然，向善避恶、趋优免劣是儿童福利和保护实践对社会参与的期许，也是本文讨论的价值取向。

从实践来看，无论为变革制度所做的努力，还是在儿童遇有困难时施以援手，都隶属广义儿童福利和保护的范畴。例如，关于《未成年人保护法修订草案》修订，全国人大于 2019 年 10 月 31 日—11 月 29 日期间公开向社会各界征求意见。此期间共收到 40504 位社会公众提出的 49659 条意见和 41 封群众来信，其中共有 19028 名未成年人提出了 22629 条意见，约占意见总数的 44%（张绵绵，2019）。中国社会工作学会司法社会工作专业委员会在系统性研究的基础上，对草案的 12 条条款提出了具体的修改建议。作为未成年人，华东政法大学附属中学初中学生杨钧涵建议对公共游乐场所、文化场馆和公共交通等设施以年龄标准取代身高标准实行免费或优惠。无论是作为最高立法机构的全国人大，提出修法和公开征询意见建议；还是作为组织的中国社会工作学会司法社会工作专业委员会，提出系统性的修法建议；还是作为个人的初中学生，以自身利益为出发点提出修订具体福利标准，均涵盖在广义儿童福利和保护的社会参与范畴内。

（二）狭义社会参与

关于狭义社会参与也存有不一致观点。涂怡超认为狭义社会参与仅指社会服务。王一在总结蔡定剑（2009）、Hughes Clarissa 等（2019）学者的研究后，用二选一的方式界定狭义社会参与，认为仅面向政治参与层面或仅面向社会层面，换而言之，是单一的政治生活或社会生活。面向政治参与层面是公众通过直接参与公共权力机构互动的方式决定公共事务和参与公共治理过程；面向社会层面是指个体参加正式与非正式群组，以及其他社会性的活动。这种二选一的方式，却与广义的概念粘在了一起。

狭义儿童福利和保护社会参与是指在儿童照顾养育、儿童保护与困境儿童保障等方面的社会服务。从各级儿童福利院为孤儿、弃婴所提供的各类照顾养育服务，到社区儿童福利主任协助儿童改善其所面临生活、就医、就学、康复等方面的困难，避免遭受虐待、遗弃、意外伤害等所提供的各类服务，再到社会成员遇到儿童急难时所施以的援手等等，均属于狭义儿童福利和保护社会参与的范畴。

（三）概念的操作化

在厘清广义和狭义概念的基础上，将儿童福利和保护社会参与的概念操作化有助指导实践。由于本研究的取向是在关注整体儿童福利制度建设的基础上重点讨论民政系统儿童福利制度，因此，操作化的原则也是面向民政工作实践领域制定的。

1. 关于儿童福利和保护社会参与者的操作化

关于社会参与者，学界见解也不一致。“个体论”者认为社会参与是指公民通过特定的方式来影响政府及社会公共事务的行为，是个体能动性的重要表现形式（崔岩，2020）。“集群论”者认为社会参与是集群的表征（陈玉生，2020）。站在儿童福利和保护的实践的角度观察，从具体情境中个体的积极护佑行动，到组织化的志愿服务，再到大众广泛参与立法、修法意见和建议，既有个体性也有集群性，涵盖从个体到集群乃至社会大众的社会成员。根据本研究的取向，将社会参与者操作化为：专业化的社会工作者、组织化的志愿者、慈善捐赠的行动者，是嵌入在组织架构中的个体与集群。一些零散的、自发的、未嵌入组织的助童行为未被纳入本研究范畴。

2. 关于儿童福利和保护社会参与内容的操作化

狭义的社会参与内容聚焦于与困境儿童关联的建设性政治行动，特别是在儿童福利政策建设方面的努力；广义的社会参与内容则在于与儿童福利有关的各种努力、事业与制度建设，包括发展儿童福利事业，关心儿童健康、教育、环境与法律等方面的保护，保障儿童健康成长。社会参与的内容从空间参与到活动参与，再到组织参与和政治参与，梯次展开，呈现“社会参与层次”性（陈玉生，2020）。

与上述儿童福利和保护社会参与者的操作化过程相同的逻辑和原则，儿童福利和保护社会参与内容的操作化则以民政部门的服务内容为核心，将社会参与内容操作化为：在儿童保护、困境儿童保障、孤弃儿童养育等维度提供的从空间到活动、再到组织和政策制度的关怀和服务。

综上，儿童福利和保护社会参与的操作化概念可以整合为：专业化的社会工作者、组织化的志愿者、慈善行动者在儿童保护、困境儿童保障、孤弃儿童养育等维度提供的从空间到活动，再到组织和政策制度等方面的关怀和服务。

二、基础理论探索

受不同价值、理念和理论驱动，不仅不同国家和地区在儿童福利和保护的制度安排上不尽相同，而且个体对儿童福利和保护的态度和行动策略也会大相径庭。

（一）资源论

涉及社会福利的资源论流派是复杂的，有偏向政治学的权利资源论，也有偏向心理学的金钱资源理论。对于相对弱势的儿童而言，社会福利和保护是重要的资源，资源的丰盈状态直接影响儿童的生存质量。所谓资源论是将儿童福利和保护置于资源的视角下，为所有儿童（普惠性儿童福利）或特殊儿童（特惠性儿童福利）提供资源，满足其成长之需。如果儿童在成长和发展过程中缺乏资源，则可能面临困境，甚至是无法摆脱的困境。从资源的基本形态来看，儿童福利和保护涉及物力、财力、人力（包括与人力资源高度整合的价值、理念、知识和技术）以及政策文化等各种要素。

1. 儿童生存和发展资源的非均衡性

不同的主体所拥有的资源状况是不同的，儿童生存和发展资源存在非均衡性。儿童不仅在健康、性格和基因等方面存在差别，家庭的经济条件、社会地位、文化背景以及所处的自然资源和社会环境等方面也存在差别。处于贫困、残疾、失去双亲、受家暴、受性侵等困境状态下的儿童，在物化资源上匮乏和关系资源上处于劣势。因此，处于困境中的儿童依靠自身家庭往往无法生存或很难发展，必须通过社会支持才能满足生活之需和发展之基；即使普通儿童，也还需要教育、医疗等方面的社会支持，方能满足其发展之需。

心理学的研究已经发现，失败的社会关系可能由不安全的依恋类型等具有差异性的个体因素以及如社会排斥等情境因素造成；当社会关系让人感到失望的时候，人们可能转而依赖金钱或物质。换言之，当社会关系变得不再有效的时候，人们会更加依赖金钱（莫田甜，周欣悦，2020）和物质。金钱启动不仅能够缓解个体的生理痛感，还能缓解个体的社会痛感，如焦虑、恐惧、疲惫、嫉妒、不愉快等负面情绪，增加个体的自信心、力量感和效能感。反之，社会支持不仅可以帮助人们缓解疼痛、减少对金钱的渴望，还可以增强人们的信心、力量和效能，这为社会资源理论提供了强有力的支持证据。涵盖金钱和社会支持等资源的儿童福利和保护社会参与，成为减轻儿童从身体痛苦到负面心理情绪，增强积极心理的有效保障，也是儿童获得基本权益的重要均衡机制。

2. 社会参与促进儿童福利和保护资源趋向均衡

资源理论被用来解释行动者路径对社会福利制度和社会福利态度的形成（臧其胜，2016；刘军强，2010），认为不同行动者在福利制度生成中均发挥着重要的能动作用。儿童福利和保护的社会参与是行动者为提高儿童福利和保护水平而提供各类资源：包括物质资源，如提供安全食品与饮用水、衣服、住房、交通等方面的保障；经济资源，如提供医疗救助、教育救助、生活救助；服务资源，如提供教育服务、医疗服务、生活照顾服务；政策文化资源，如保障儿童生存与发展的制度建设，社会文化倡导等。

儿童福利和保护在本质上就是资源和服务的再分配。权力资源理论将"社会偏好－政治资源－政治决策"联系起来（冯维、王雄军，2018）。因此，把握我国儿童社会福利和保护的社会偏好，合理配置我国儿童福利和保护的政治资源，并做出恰当的政治决策，成为政府的首要责任，也是政府吸纳和鼓励社会参与的着力点。以儿童为主要关注和服务对象的社会工作者、志愿者和慈善行动者，唯有充分理解社会偏好，以社会性角色与政府协力促成与儿童关联的政治资源合理配置、科学决策，以满足各类儿童的生存和发展之需。

心理学的进一步研究也为资源论视角下的儿童福利和保护提出警示：金钱作为社会关系的一种替代，会产生使儿童变得不重视和依赖社会关系的风险，也存在用数据替代人际接触、用智能设备替代彼此间的依赖、在线社交替代社会关系等方面的风险。这些风险可能弱化现实社会支持所能给予儿童的慰藉，从而弱化了儿童福利和保护对儿童的功能。因此，社会工作者、志愿者、慈善行动者和三者所嵌入的组织，以及更广泛的参与者，对儿童福利和保护的现实参与是不可或缺的。

（二）权益论

风险视角下的社会福利态度不再仅仅围绕养老、医疗、失业等政策，而是转向家庭政策、就业培训、教育等社会投资项目，强调儿童的福利应得性（沈冰清、林闽钢，2020），与之相应的是儿童福利和保护的权益论。所谓权益论是将儿童福利和保护置于儿童权益的视角下，认为儿童福利和保护是儿童应享受的权益。受社会福利投资理论的影响，关于福利的应得性与权益视角高度贴合，为保障社会可持续发展和提高福利的回报率，社会福利和保护不只是儿童的权益，也是社会更美好的未来。儿童权益包括儿童利益和儿童权利，儿童权利是儿童利益的重要载体（李慧敏，2015），有效保障儿童权利方能有效保障儿童利益的实现。因此，社会工作者、志愿者、慈善行动者和三者所嵌入的组织，以及更广泛的参与者，必须参与儿童福利体系的建设，为儿童提供保护服务，以维护儿童的权益。

1. 权益的主张

权益主张是权益实现的前提。联合国《儿童权利公约》规定儿童享有四项基本权利，即生存权、发展权、受保护权和参与权。然而，由于社会化程度低、对权益内涵认知不足、对权益的保障通道不了解，导致儿童特别是低龄儿童的权益主张能力不足；而一些成年人也因缺乏教育，对儿童权益内涵和实现渠道的认知也不足。因此，儿童福利和保护本身面临诸多挑战。

首先，部分儿童的生存权保障存在盲点。虽然，从 2010 年开始不断改善孤儿的养育标准，使处于最难状况中的困境儿童生活有了保障；但是，非孤儿的福利保障比较有限，一些重病儿童、原生家庭功能残缺或不足的儿童，被排斥在儿童福利政策之外，一些儿童因为没有能力支付医疗费而使自己的生命受到威胁（孙艳艳，2014）。其次，儿童的受保护权和发展权时而被挑战。一些儿童因为父母个别化特征、职业状况、社会地位、经济状况受到排斥，而不能与其他儿童一样享受同等教育、医疗和社会保障等方面的资源，可能遭遇不平等的对待和风险，缺乏发展的机会和空间。再次，儿童的主体性易被忽视，参与权重视不足。儿童常被视为福利的被动接受者，儿童缺乏表达自身感受、需求和期待的机会（贺颖清，2006）。这些挑战影响到儿童平等享受社会福利与保护服务。

为应对上述挑战，更好主张儿童权益。首先，建立儿童代言人机制，发挥代言人的积极社会影响力，倡导改善儿童福利和保护的积极行动。其次，加强儿童权益主题的社会宣教，运用大众传媒和社交媒体，传播儿童权益的内涵、儿童福利和保护的行动策略；第三，善用儿童资源，加强儿童自身的权益教育，使儿童认知儿童权益内涵，知晓保障和实现权益的路径。以此提高全社会儿童权益的主张能力和效率。

2. 权益的实现

作为缔约国，从政府到家庭和公民个体，均需不断寻求完善儿童权益保护之策。儿童福利和保护的权益实现，首先依靠整个社会生存资料的物质保障，或者说是以国家的 GDP 为基础。国家经济实力的增强，为儿童权益保障奠定了物质基础。其次依靠国家利益分配机制的保障。政策制定者具有儿童福利和保护意识，在制度设计中为儿童福利和保护留有恰当的保障，并获得民意支持，让制度落地生根。第三，在制度的执行层面，能够及时发现和满足儿童的福利和保护需求。需要社会各界积极介入，使儿童福利和保护行动落地生根。

既关注困境中的儿童，也关注健康环境中的儿童；既满足儿童的物质生活需要，也满足儿童精神生活需要，在保障儿童消极福利如生存权和受保护权的基础上，竭力推进和实现儿童的各项积极权利如发展权和参与权，使“儿童利益最大化”（林秀雄，2001）。特别是社会工作者、志愿者、慈善行动者及其所嵌入的组织，他们是儿童福利和保护过程中的“第三只眼”[1] 由于社会接触和社会服务的多元性，他们的观察可能更具有系统性、独特性、科学性。因此，在行动过程中，不仅能够有效地护佑儿童健康发展，更有可能成为其他社会成员与儿童互动的示范。

（三）慈善论

慈善是一种道德能力和道德意识，它强调的是关爱者对被关爱者无私的、非对等的、非对称性的情感投入（甘绍光，2009）。关爱者往往通过救济、经济援助或者捐赠等手段来增加人类之间的爱并扩大人类的福利。所谓慈善论，是将儿童福利和保护置于慈善视角下，以慈善理念、慈善资源为儿童提供的制度以外的福利支持，以提高社会对儿童的保障和保护能力。慈善既是儿童社会福利的组成部分，也是社会参与的一种形式。

1. 慈善基础

慈善有三个重要基础，一是物质支撑。慈善需要物质和经济资源作为支撑。虽然也有所谓“穷大方”的现象，但是，当多数人仍处于绝对贫困时，社会慈善事业是很难发展的，如旧中国虽有一些慈善家和慈善活动，却始终未能成就慈善事业；只有当绝大部分的人都能保障自己的生活，并有富余物质资源时，慈善事业的资源方能得到保障。虽然，我国目前仍为发展中国家，但经济水平有了很大提升，这为慈善支持儿童福利奠定了重要的物质基础。

二是贫富差距的存在。在共富同穷的社会里，慈善事业也很难发展。计划经济时代的共同贫穷，慈善事业的土壤薄弱；共同富裕的社会不需要慈善事业，社会成员能够解决自己可能遇到的困难，即使个别社会成员遇到特殊困难，也可以通过社会保障制度来加以解决（郑功成，2005）。家庭收入差异水平较高时，低收入家庭或个体便产生社会物质援助的需求，高收入家庭或个体

---

〔1〕 如果说儿童是发现自身需求的第一只眼，父母等监护人是发现儿童需求的第二只眼，那么那些从事儿童服务的专业的与非专业的人士，如社会工作者、志愿者等就是发现儿童需求的第三只眼。

便产生给予社会物质援助的可能。2018 年我国的基尼系数为 0.474，收入差距还比较大；由于人口基数大，较低比例的困难家庭也会产生较高规模的困难儿童；虽然，2020 年为我国脱贫攻坚的收官之年，绝对贫困已经基本消灭，但相对贫困会依然存在，困境儿童的数量仍在百万以上。

三是乐善好施的文化。中华民族是一个乐善好施的民族，尊老爱幼、扶危济困已经成为人们心中一种约定俗成的道德规范（张奇林，1997）。自孔子以来，就开始在中华大地上传播，“仁者爱人”“故人不独亲其亲，不独子与子”等“仁”的思想倡导人们互帮互助，弘扬人道主义精神。我国改革开放以后，涌现出一批批社会贤达、名流、企业家等从事慈善救助。以慈善组织、爱心企业等为代表的慈善力量在儿童福利和保护领域开展了大量卓有成效的慈善活动，尊老爱幼等慈善理念得到进一步传播与实践。

但是，我国慈善公益事业发展并不尽如人意，一些破坏性事件的发生，使慈善事业遭遇了严重的信任危机（李迎生，2015），政治庇佑使慈善陷于圣君贤臣的思维方式（周秋光、李华文，2016）。根据英国慈善基金会（CAF）2010—2017 年世界慈善指数（WGI）[1] 报告，我国大陆的世界捐助指数一直排名靠后（陈邦炼、董强，2017）；2017 年在 139 个国家中列第 138 位，2019 年是 126 个国家中指数得分最低的国家，显示出在世界慈善指数序列中，我国处于劣势地位。这在一定程度上影响了我国儿童福利和保护的慈善参与。

2. 互补性发展

在运用慈善资源促进儿童福利和保护社会参与的发展过程中，需要立足国情，深耕我国慈善事业，运用互补策略，促进政社互补、优劣互补、强弱互补。

政社互补。政府大力支持，为慈善事业发展保驾护航。发挥举国体制优势，政府动员和牵头，引领社会慈善资源，合力完善儿童福利和保护。“一方有难，八方支援”的理念已经深入到中华民族的骨髓，每当发生区域性大灾大难，中国人的热心、热血、热情就会被瞬间激发，无数的人尽己所能，捐钱捐物，不计报酬，无问生死。从 20 世纪 60 年代初的 3000 孤儿入内蒙古，到 2008 年汶川震后孤儿安置，再到 2020 年 7 万人报名遴选 2.4 万志愿者服务疫

[1] 世界慈善指数有三个核心指标，是测量被随机抽取的人上个月是否帮助过需要帮助的陌生人，是否向慈善机构进行捐款，是否参加志愿活动。聚焦于社会成员个体慈善行动的常态化。

情中的武汉，温暖病毒肆虐下的儿童，都是中国范式。以汶川震后孤儿安置为例，在举国救援中，由全国妇联、中国儿童少年基金会和日照钢铁集团共同发起设立的“安康家园”以政府支持、民间出资、公益组织监管的灾后孤儿紧急援助模式，第一时间转移安置了 712 名孤困儿童，除去一部分后来陆续找到父母外，最终接收救助儿童 672 名（徐辉，2018）；为解儿童的思乡情，后来“安康家园”转战成都双流；为满足儿童的发展需求，持续资助他们完成最高学业；创造了心理康复奇迹，在短时间内心理障碍总检率、儿童创伤后应激障碍（PTSD）患病率和儿童重症抑郁患病率低于国际平均水平。在风险性、复杂性灾害儿童救助过程中，显现出儿童福利和保护社会参与的协同性和可持续性；在应急时的举国动员机制，对口援建、对口救助，民间与政府的协力合作，职业服务与志愿服务的互嵌互构，创造了慈善奇迹，让困境中的儿童获得了坚强依靠，平稳、顺利地度过各种难关。

我国于 2008 年左右开始尝试政府购买服务，2014 年财政部、民政部和工商总局联合发布《政府购买服务管理办法（暂行）》之后全面推开，有力推动了我国社会福利和服务的发展。儿童福利和保护的服务往往是通过社会组织作为主体来组织实施的。社会组织的服务及事业发展不仅取决于自身的专业性和能力水平，也受政府引导与协调能力影响。政府的宏观调控能力与社会组织的灵活扎根能力协同配合，必将创造出属于中国儿童福利和保护事业的独特路径。

优势劣势互补。虽然在 WGI 的指标上，我国慈善事业发展处于明显的劣势地位；但是，我国在救灾、救难、救急方面的慈善成就，不是慈善指数 WGI 所能涵盖的，更不是“垫底”结论所能解释的，反而呈现出规模性慈善行动的优势。在坚守慈善救急难优势的基础上，正视在 WGI 指标序列中的劣势，注重对有需要的陌生人尤其对儿童的帮助，经常性捐款，经常参与志愿服务，将有助于营造良好的慈善文化氛围，更好促进国民对儿童福利和保护的关注和支持。尤其是社会工作专业化和志愿服务组织化发展，不仅使儿童福利和保护的社会参与度提高，更提高了服务的组织性、系统性和持续性。

强弱互补。在关爱者与被关爱者之间的初始关系中，关爱者似乎处于“强者”地位，被关爱者似乎处于“弱者”地位，强调的是关爱者的“给予”与被关爱者的“获得”。然而，事实上，二者具有高度的互补性。已有研究表明志愿者通过给予关爱，而获得正确的价值导向、素质提升、精神塑造（伍廉松，2018）。服务主体在帮助儿童，参与儿童慈善事业过程中，除了可以体现他们不求回报的形象、体现良好公民的利他行为外，也可能有其他收获（Campbell et al.，1999）。首先，对企业来说，通过捐赠有助于提升企业的战略地位，获取诸如声誉资本等战略性资源，并最终提升企业绩效；同时企业可以通过慈善捐赠来获取政府的好感和信任，建立或维持政治关系（贾明、张喆，2010），以及税收减免的经济利好。其次，对个人来说，个人可以通过慈善捐赠来提升自身的社会形象和地位等（高勇强等，2012）；人们在给予过程中，可以获得更多的自我肯定；甚至因为志愿服务，避免了参与者自身可能的罪错行为，也降低了受助者的犯罪。各类社会组织和专职工作人员在服务儿童等弱势人群和提升社会福利的服务中得以立足和发展。作为被给予者，儿童在获得各类福利和保护服务的条件下健康成长，在“滴水之恩，涌泉相报”的文化氛围中，受益于儿童福利和保护服务的儿童坚守善良、懂得感恩，他们将成为成年人未来的寄托和依靠，也是社会健康的基础与保障。因此，儿童福利的参与不是单向付出，而是一场“双赢”实践。

（四）责任论

儿童不是父母的私人物品，也不仅仅是一个家庭的成员；他们不仅承载着家庭的希望，也是民族和国家的未来。因此，保护尚处于脆弱期的儿童，不仅是家长的责任，也是整个社会的责任。根据责任的一般理论，责任是指与某个特定的职位（社会角色）或机构相联系的职责，与特定主体相联系，所承担责任的根源在于其所处的特定职位或机构拥有相应的权利。不同的福利体制对儿童福利和保护的责任主体主张并不一致。自由主义福利体制下，家庭是责任主体；保守主义和社会民主主义福利体制下，国家与家庭合作承担主体责任。所谓责任论，是将儿童福利和保护置于社会责任视角下，家长、政府、儿童自身和社会以不同社会角色的责任为儿童提供福利和保护服务，强调不同社会角色的参与，各尽其责。基于儿童福利和保护的责任论，2017 年 7 月在南京师范大学召开的全国第一届儿童社会工作专委会年会上提出“助力儿童发展，协力父母履职，促力政府尽责，合力社会成长”的倡导。

1. 家长责任的基础性

从现实来看，儿童照顾在我国被视为家庭的内部事务（刘中一，2018），当家庭功能缺失时，才会获得政策干预，表现为“消极形态的国家责任”（郭瑜等，2020），城乡以家庭为单位来照顾儿童的比例分别为99.7%和92.8%（李向梅、万国威，2019）。无论是出于对儿童的重视或疼爱，还是因为社会资源的不足或家庭获取社会资源的能力不足，在我国家庭仍然是儿童成长的最基础性环境。

如果家庭照顾儿童的意识不强或能力不足，儿童受保护的水平将受较大影响；即使能够获得来自政府和社会的补缺性和干预性支持，儿童在同辈对比中可能产生家庭缺失感，也依然会产生受保护的弱势感。近年来，伴随我国经济的快速增长，社会结构的变迁，以及城市化进程的加速，成人职业投入程度越来越高，一些家庭对儿童保护的力度下滑，各类弱势儿童对福利和保护服务的需要不断增加，儿童成长遭遇诸多新的挑战，出现了诸如留守儿童等弱势儿童群体。如果不采取有效的儿童福利和保护服务，极有可能在经济社会发展的进程中不断产生出新的弱势儿童（尚晓援，2011）。借鉴国际经验，国家通过一系列政策积极保障家庭照护职能、分担家庭因为育儿所承担的责任与成本（郭瑜等，2020），可以有效增强家庭尽责照顾儿童的能力，使儿童在获得政府和社会支持的条件下尽享家庭之爱。

2. 政府责任的支撑性

现代社会，儿童照顾公共品特质日益凸显，国家作为公共部门扮演着儿童终极监护人的角色，既需要在特定情况下担当儿童的直接保护者或监护人，也需要通过国家公权力维护社会秩序和公平正义，保障儿童的各项权益；政府代表国家参与儿童福利和保护服务，并不断完善相关顶层制度设计。

从儿童生命历程的视角来看，政府参与首先表现为，建立和完善生育保险制度，为新生命的孕育和生产过程提供良好的医疗照顾和保护。其次，建立和完善产假和亲职假制度，支持父母共同以良好的状态完成新生儿、幼童的照顾和教养。第三，建立和完善公共托育服务，支持家长兼顾职业和亲职角色功能，弥补家庭的照顾功能不足，预防家庭的失功能和不必要的亲职替代，维持儿童在原生家庭健康成长。第四，建立和完善各项法律、经济、服务政策，支持儿童在家庭中获得全面照顾（刘中一，2018），特别是随着生育制度的调整，进一步完善家庭经济支持政策。第五，建立和完善资源均衡配置的义务教育体系，满足儿童公平接受教育的需求；同时完善高中、职业学校、高等院校的发展规划和资源配置，满足儿童更高水平的发展需要。

当然，受政府财力和能力所限，儿童公共化的照顾需求可以通过市场化和社会化来满足的；但是，当市场、社会照顾失灵时，政府最能也最应该成为积极的协调者，平衡政府、市场和社会的责任。

民政部与联合国儿童基金会合作，在山西、云南、河南、新疆和四川5省12县120个村，从2010年开始为期五年的农村儿童福利服务示范项目。在每个村建立“儿童之家”，并在地遴选“赤脚社工”——儿童福利主任，为乡村儿童提供本土化的儿童福利服务。五省分别由南京师范大学、华东理工大学、河南师范大学、中国青年政治学院和南开大学的社会工作专家提供专业和技术支持，探索制度建设、运行机制、队伍建设和成效保障。为儿童福利主任提供服务儿童的社会工作理念、理论和方法的培训，手把手地示范，持续提升儿童福利主任服务和保护农村儿童的工作能力；为省、市、县、乡、村的各级领导干部提供专业培训，不断提升各层级相关行政力量在儿童福利服务和保护过程的主体意识，从而更好地支持和协调在地儿童福利服务和保护工作；为项目区特殊儿童及其家庭提供直接介入服务，既满足项目区儿童及其家庭的专业化服务的需求，也为当地儿童福利主任提供服务示范。2014年，解决基层儿童福利和保护服务“最后一公里”问题的“儿童主任”模式所积累的中国经验被联合国儿童基金会评为十大创新项目并向全球推广。2016年国务院出台农村留守儿童关爱保护和困境儿童保障政策，儿童主任模式全面落地；2020年全国已建成了5.5万名儿童督导员和66.7万名儿童主任的基层儿童工作队伍。

3. 儿童责任的自主性

社会工作理论认为即使处于困境之中，包括儿童在内的个体也是具有潜能的。因此儿童福利服务和保护过程中，儿童自身成为不可或缺的力量。对于儿童而言，法律与社会的保护是外在的和底线的，个体的自我保护是内在的与上限的（林茂，2019）。特别是在现代社会所释放的公共空间不断扩大也更加复杂的条件下，亲子分离的状况常常难以避免，导致儿童的“外在保护弱化”（林茂，2019）；因此，提升儿童保护的自主意识和自主能力已成为儿童福利和保护的重要内容。研究表明，儿童对儿童权益的认知度越高，受伤害的可能性越低；儿童对保护者职责和义务的认知度越高，受伤害的可能性越低；儿童对日常生活安全意识的认知越好，受伤害的可能性越低（韦克难等，2020）。因此，家长、学校和社会针对不同年龄段的儿童社会化水平，采用相应的方法和策略激发其自主性，提高其对与自身安全相关联内容的认知程度，不断完善和修正自我认知，不仅有利于改善儿童的保护状况，提高其保护水平；还将有利于儿童自我责任意识的增强，有利于家庭、社会和国家培养更具责任感的下一代。

通过提高儿童认知水平，改善儿童的福利和保护状况。首先，儿童对权益认知程度的提高，是以整个国家法治意识提升为基础。家庭、学校与社会环境的法治建设水平的提升，法治意识的普及，方能保障儿童认知的“水涨船高”。其次，以儿童乐见、可理解的方式，将儿童权益作为知识作针对性传授，如儿童绘本、儿童剧、公益广告片等方式。需要重视在相对贫困或闭塞地区，儿童能够获得权益教育的机会。提升儿童自我保护意识和能力也必须以广泛的社会参与为基础。已有研究证明，绘本“性教育”有助于提升儿童性自我保护能力，易被儿童接受且易开展，效果较好（查心瑜、陈婉珍，2020）。青岛出版社作为儿童自我保护能力提升行动的企业参与者，结合自身的社会责任，讲好儿童保护故事。组织各类专业力量为儿童创作安全应急题材的《中国儿童十大安全理念绘本》，适应儿童认知发展规律，通过10个故事与儿童安全十大理念相对应，向儿童阐述保护自身安全的理念（木目，2018）。把儿童喜闻乐见的传统故事和人物融入绘本，将安全理念具象化，让儿童在传统文化的滋养中树立牢固的安全意识，养成良好的安全习惯，学会自我保护。通过广泛宣传，并综合运用市场方式、行政方式、公益慈善方式、共享或分享方式等多种方式，满足不同儿童群体的需求，拓展和提升了绘本对儿童保护的成效。

从资源要素来看，在自主能力提升方面处于弱势的是农村留守儿童。尽管学校可以发挥一定辅导和照顾职能来弥补父母陪伴的缺失，但逐渐弱化的乡村传统文化与亲子联系，无法依靠法律的硬性保护来完全修正。如果以社会参与为核心的社会治理不足，可能使个体陷入“风险社会原子化”的境地（林茂，2019）。因此，前述“儿童主任”模式的重要内容便是将农村传统文化中的公序良俗与制度化的儿童保护相结合，将包括留守儿童在内的所有儿童吸纳到以社区为基础的有机团结的社会联系中，并内化为儿童自我保护的一部分，提高儿童的自我保护能力。如果结合更广泛的绘本开发，拓展情景游戏、儿童戏剧、动漫等衍生创作，将更有助于提高社会的关注度和参与度，助力儿童自我意识和自我能力的提升。

4. 社会责任的有机性

社会责任是相对于社会成员而言的，与社会角色密切关联。在儿童福利和保护实践中，行动者除了在家庭中的角色、政府部门的角色以及儿童自身角色之外，作为社会成员，无论是在职业角色中，还是在非职业角色中，在一定的时空范围内或者通过某种媒介与儿童关联，便有可能参与到儿童福利和保护行动中来。

社会机构和个人作为社会的重要主体，需要承担与其社会角色（所拥有的权利）相适应的社会责任。根据 Davis（1960）所提出的“责任铁律”，企业的社会责任与其社会权力相匹配，企业回避社会责任将导致其社会所赋予其的权力逐步丧失；企业公民理论认为，企业与自然人一样，是社会公民的一分子，社会为其生存和发展提供了相应的资源并赋予相应的公民权利（李伟阳、肖红军，2011），所以企业必须承担一定社会责任。

企业等社会机构在儿童福利和保护中的责任分为两个层面。第一，社会机构所提供的产品、服务以及运作空间与设施，与儿童关联的责任是：保证产品或服务有益于儿童健康与发展，空间与设施具有儿童友好性，底线是不能对儿童产生伤害。因此，三聚氰胺的毒奶粉事件不仅仅伤害了儿童用户的健康，也丢弃了企业的责任，企业也必然失去市场的信任。第二，社会机构内部管理是否能够鼓励和保障员工尽儿童监护人的责任。“995”“996”甚至“007”工作制，严重挤占或剥夺了员工尽儿童监护人之责的时间和空间。

每个社会个体，不仅在家庭内部具有保护自家儿童和来访儿童的责任，在任何与儿童共处的社会空间，均应关注到儿童的安全，当儿童可能遭遇风险时，应尽力给予儿童帮助和支持，使之避免风险。中国古典文学菜根谭有云：士君子，贫不能济物者，遇人痴迷处，出一言提醒之，遇人急难处，出一言解救之，亦是无量功德。关键时刻一句话、一伸手、一顿饭都能给予儿童恰当的帮助，使他们获得保护，避免灾难。正如，HEARRR 全球承诺儿童行动[1]所主张的，“我”在孩子需要时伸出援手，“我”坚信所有的孩子都是平等的，“我”反对面向孩子的一切暴力，“我”尊重所有的孩子，“我”愿意承担对孩子的责任，“我”愿意成为孩子们的榜样。承诺本身既是对社会责任的很好诠释，也是社会参与的例证。

儿童是一个个鲜活的生命，他们具有高度的能动性和活动性，他们可能活动在较为固定或确定的时空范围内，也有可能活动在某个不固定或不确定的时

〔1〕 HEARRR，即帮助、平等、反对暴力、尊重、责任、榜样所对应的英文 Help、Equality、Against Violence、Respect、Responsibility、Role Model 的首字母。由北京青少年法律援助与研究中心佟丽华主任发起。

空内。社会成员和社会机构的广泛参与，是与儿童生活最有机的结合，为儿童织就一张最大的保护网，保护儿童在最大自由度内安全、有尊严地生活。

三、社会参与的动力

儿童福利和保护的社会参与行动的发出，往往受某种动力驱使。就参与者的驱动动力来看，我国儿童福利和保护社会参与的动力形式主要包括下列四种形式。

（一）自发动力

自发动力主要是指基于自我认知和自我责任意识，行动者主动参与儿童福利和保护的各类支持行动。对于儿童福利和保护的认知和责任觉察是参与者的行动动力。

首先，参与者对儿童弱势地位的认知。儿童作为特殊的社会群体，在社会中处于受保护的弱势地位，儿童在照顾养育、教育、医疗等方面都需要社会支持和保护。其次，参与者对护佑儿童的文化认同。中华民族是一个乐善好施的民族，尊老爱幼、扶危济困已经成为人们心中一种约定俗成的道德规范（张奇林，1997）。参与者对儿童弱势的认知和对护佑儿童文化的认同，容易使其在日常生活中发现困境儿童和需要帮助的儿童，并发现其自我援助责任（详见“责任论”，在此不赘述），而自发地对儿童给予关爱、支持和帮助。特别是在儿童社会化的第一个场所——家庭中，绝大多数的儿童照顾者都能基于这种认知和文化认同，产生保护儿童、关爱儿童、改善儿童生活和发展状况的自发动力，孟母三迁的故事在当今社会有千千万万家庭的新演绎版本。但是“孟母”迁后“剩余”场域中的儿童又该怎样获得积极的护佑成为社会参与更为关注的问题。“幼吾幼以及人之幼”的类比心理，常常使参与者将家庭经验复制在其他社会场域中，对儿童福利和保护需求做出力所能及的自发回应；专业性的社会组织和社会工作者的参与，则以专业性、系统性和稳定性来“补场”。

（二）激发动力

激发动力主要指行动者缺乏自我认知和自我责任意识时，因被宣传、动员和组织过程所激发，而参与儿童福利和保护的各类支持行动。参与者行动的动力主要来源于各类社会宣传、动员和组织。

从激发的主体来看，主要包括政府部门、服务儿童的组织与个人、儿童问题研究者、各类媒体人、儿童代言人和儿童自身。从激发对象而言，是上述讨论过的各类参与者。激发的过程则因主体的不同而有所差异。在这个过程中，政府承担主要的社会倡导角色，通过各种政策引导、主流媒体宣传，传播正确的儿童发展观、儿童福利理念和儿童保护方法，激发社会各界对儿童福利和保护的参与，在全社会形成关爱儿童、关心儿童、保护儿童、促进儿童发展的良好氛围。政府既通过调研、研讨、管理网格等主动发现机制了解儿童需求，也可以通过各类研究者、媒体、社会服务组织所反映的儿童诉求被动发现机制掌握儿童发展难题。在此基础上，政府根据实际情况部署工作，激发相关社会参与者参与儿童福利和保护工作。

激发过程中十分重要的环节是媒体。无论是儿童福利和保护方面的需求，还是相关参与者的行动，通过媒体才能激发程序。媒体能否坚持社会利益导向、儿童权益导向，给儿童福利和保护服务留出信息空间，传播需求和行动信息，激发社会广泛参与，成为激发动力大小和成败的关键。不过，在众多具体情境中，儿童的紧急困难或需求，需要在极短时间内做出回应，“临时”激发便很难实现。因此需要以“常态化”激发来解“临时”激发之困。除政府和媒体之外的激发主体在“常态化”激发过程中因职业原因或生活化经验而更具有发现儿童需求和困境的优势，以此为起点，探索满足儿童需求和解决儿童困境的对策，及时代表儿童发出呼声，激发社会随时应对。近年来，儿童友好社区和城市建设，都将增进儿童福利和保护纳入重要建设内涵中，激发人们对儿童福利和保护的参与。

（三）情境动力

情境动力主要指行动者因亲身感知到儿童所面临的困境或遭遇威胁的情境，情境给个体带来压力，也激发出参与儿童福利和保护行动的动力。其动力主要来源于儿童所面临的困境和遭遇威胁的情境所形成的情境刺激。

情境刺激可能在某些职业场景暴露，也可能在随机的社会生活场景暴露。教师、医生、社会工作者、心理咨询师等职业因与儿童近距离接触的概率较高，可能会发现儿童身体伤害的痕迹或儿童遭遇心理伤害后的表现。这种职业性发现激发个体参与到儿童福利和保护的行动。社会生活场景涉及儿童可能出现的任何时空，如听到邻居家、车站、交通工具、商场、马路、公厕等各种场合儿童的非正常啼哭、喊叫，在任何场景中看到儿童被虐打、施暴、辱骂、羞辱、遭遇生命危险、无力或无法正常活动……，恻隐之心，人皆有之，受这些场景刺激，个体感同身受，激发出保护儿童的行动力。2011 年由中国社会科学院研究员于建嵘在网络上发起开设了“随手拍照解救乞讨儿童”的微博，由此引发“微博打拐”活动，宁波网友发起在全国各地兴起的“宝贝回家计划”等。从政府到民间，从资金扶助到实际行动，人们纷纷向流浪儿童伸出援手，流浪儿童的生命权、健康权、发展权在社会公众的认知层面上进一步得到重视和保护。

已经发生的涉及儿童福利和保护的负性事件，如留守儿童自杀事件、母亲携子女自杀事件、儿童集体中毒事件、女童饿死事件等等，作为一种过往情境，也会形成情境动力，推动国家和社会对儿童福利问题的重视，促进人们对儿童福利的参与。

（四）职业动力

职业动力主要指行动者因为从事与儿童福利和保护相关联的职业，而参与儿童福利和保护的各类支持行动。行动者支持行动的动力主要来源于职业规范和职责。这是一种由职业所派生出的动力，从事儿童工作的目标之一就是增进儿童福利。

在我国，儿童福利机构的工作者、中小学和幼儿园及其他教育机构的工作者、服务儿童的医务工作者、儿童主任和儿童督导员、儿童社会工作者、办理涉童案件的公检法的工作者、服务儿童的社会组织的工作者……，是嵌入在组织架构中的个体与群体，由于职业渊源参与儿童福利和保护的行动，其行动动力主要来自职业动力，但不排斥其具有自发动力、激发动力和情境动力。

儿童福利工作人员的职业动力具有强制性、规范化、专业性等特点，是由其自身的职业角色所决定的。强制性是由职业的结构功能定位所产生的，社会赋予一些职业保护儿童的职能，从事此类职业者，必须履行提供儿童福利和保护服务的义务，所谓“在其位，必谋其政”。教育儿童的教师、医治儿童的医务工作者、接警的警察、服务儿童的社会工作者，当发现儿童的权益受到侵害、基础性需求得不到满足，或者处于危机之中，职业使命使之不容忽略、回避，必须采取一定的回应策略和具体行动，以解儿童之需。

规范化是指根据儿童的发展需要，合理地制定儿童服务或工作的组织规程、基本制度以及工作流程，形成规范的管理体系，通过管理体系的有效运作和不断完善，达到协同、高效的儿童福利和保护目标。就职上岗者应具备与有关工作或岗位相适应的学历、工作经验、知识、技能、体能和个性方面的要求，胜任工作必须具备的资格与条件，遵从工作规范或岗位规范。例如，某市公开的招聘教师条件显示："具有良好的品行和职业道德；具备正常履行岗位职责所需的身体条件；热爱教育事业，具备教师的基本素质和教育教学能力；年龄在30周岁以下"。比较注重对从业者本人的能力与精力资质，如果增加热爱儿童、爱护儿童、尊重儿童，秉持儿童最佳利益的工作价值，耐心、细心、爱心等个人特质内容，应该更贴合儿童福利和保护关联职业的规范化要求；配合对从业者行为规范的常态和动态评估，可确保相关从业者的职业规范化水平。

专业性既是从业者深度专业训练的知识性外化，也是从业者在儿童福利和保护行动中不断积累经验，深化和完善专业理念、理论和方法的知识再生产过程，并形成儿童福利和保护服务的质量和水平保证。虽然，社会工作专业是儿童福利和保护领域重要的专业，但并不仅限于此专业，包括教育学、法学、心理学、社会学、医学、管理学、政治学、经济学、产品设计、城市规划、建筑设计等诸多专业都可为儿童福利和保护提供相应的专业性支持。这意味着没有受过专业训练的人、不懂得专业规范的人不能轻易入手和长期胜任与儿童福利和保护关联的专业性职业；专业从业者通过不断地理论学习、实践探索和总结反思，可以持续提升专业性。

职业参与属于"强参与"范畴（参见本章第二节内容），受职业动力激发的行动者数量规模、从业者的职业素养和工作效能是影响儿童福利和保护行动的最强因子。若其有力，儿童可依，对困境儿童的保护尤其如此。

四、社会参与的方式

儿童福利和保护方面的广泛社会参与，在资源保障、人员储备、服务多层性与多样性及促进儿童福利和保护相关政策完善方面贡献突出。我国社会力量的参与方式主要包括下列三种。

（一）表意参与

表意，简言之就是意思表达，法学界认为法律行为就是表意行为（王文祥，2011）。萨维尼在《当代罗马法体系》中对表意行为的内涵如此定义：行为人为创设其意欲的法律关系而从事的意思表示行为（萨维尼，2010）。但是，此处还涵盖其他为改善儿童福利和保护状况而发表的意见和建议，这些意见和建议可能并未直接影响政策和改变立法，但可能影响儿童生存的微环境。表意参与在儿童福利和保护的实践中扮演一种过渡性角色，一方面，它针对以往理论与实践中的不足或疏漏起到矫正补足作用；另一方面，它通过具有前瞻性的理论视角和实践思维，修正实践原则，指导未来行动。

我国儿童福利政策理念发展由被动解决问题转向主动谋求发展；政策内容由单一、无序化转向了儿童福利的规范化、有序化发展；政策对象由特殊性、选择性转向面向儿童发展全阶段的福利；福利责任主体由模糊性转向政府、社会、社区及家庭多元主体共担（廉婷婷、乔东平，2021）。这些转向背后是多层次表意参与的结果。福利政策规范为儿童福利和保护事业发展指明方向。

政府的积极担当和“开门”行政，不断拓宽了公众的参与渠道，使儿童福利与儿童保护制度不断完善。“十三五”以来，我国将“儿童优先”纳入国家战略（石玉，2020），从 2006 年 - 2020 年，民政部出台修订的未成年人保护法促进儿童福利由补缺型向适度普惠型发展（李雪，2021），在此背景下，社会参与儿童福利和保护政策的热情被激发。2014 年全国政协委员陈幼平的《关于加快儿童福利立法进程的提案》，希望政府加快制定《儿童福利法》，解决儿童福利政策中面临的迫切问题。2019 年《未成年人保护法修订草案》30 天的公开征求意见期，包括 19028 名儿童在内的 40504 位社会公众参与，并提出意见和建议。2021 民盟中央提交《关于将儿童福利优先发展确定为国家战略的提案》，希望加大对儿童福利投入，将儿童福利优先发展确定为国家战略。北京青少年法律援助与研究中心发布《中国未成年人网络保护法律政策研究报告》建议，提出限制 14 周岁以下儿童的网络使用，但可允许其在父母同意或陪伴的情况下使用网络，确保儿童的网络安全。《2016 儿童性侵调查报告》发布，报告呼吁社会各方关注儿童被性侵，改变预防性侵教育缺失的严峻现状。表意参与关注到目前儿童福利和保护中亟待解决的问题，充分彰显了社会对儿童福利和保护的广泛关注与支持，对指导、规范儿童福利和保护的实践价值和意义。

（二）行动参与

行动参与主要指为改善儿童福利和保护的状况，提供具体的支持性服务，包括政府、社会组织、社会工作者、志愿者、企业等各类社会主体根据自身的资源优势和特长，为儿童提供的直接服务。

儿童福利制度在整个社会福利体系中占据基础性与核心性的地位（陈晨，2010)，它反映了一国社会保障体系的成熟与发达程度（陆士桢，2017)。政府行动对儿童福利和保护的影响力是最巨大的。2010 年，国务院颁布《中国儿童发展纲要（2011－2020 年)》，提出扩大儿童福利范围，推动儿童福利由补缺型向适度普惠型转变。根据《中国儿童福利和保护政策报告 2020》，我国儿童福利经费支出从 2009 年的 2. 1 亿元大幅度提升至 2011 年的 40 亿元，2012 年起基本保持在每年 50 亿左右的水平。与这些政策相适应，国家明确儿童福利发展从孤儿和困境儿童的托底保障，到 2020 年非正常儿童适度普惠的福利保障和服务供给，再到全体儿童普惠的高层次福利保障和高水平服务供给的“三步走”战略（陆士桢，2017)。确立了我国儿童福利事业发展方向、目标和步骤，也为儿童福利事业与保护工作规定了明确方向。然而，在满足儿童需求、解决儿童福利事业困境中，单一的行政力量作用有限；长期以来，以慈善组织、爱心企业和志愿者为代表的社会力量开展了大量卓有成效的慈善活动，补充完善了政府职能，使儿童能够最大限度获益（朱洪，2017)。

战略性慈善流派认为企业应兼顾经济效益与社会效益，慈善行为能够较好地帮助企业获取社会效益，提升社会地位，并更多有利于企业在市场竞争中获取资源（申长玥，2021)。包含企业参与等多元主体的现代慈善文化的发展，突破了基于传统血缘、地缘及业缘关系建立的传统慈善事业的界限，不再被视为富人对穷人的恩泽，摆脱了传统慈善的封闭性、不平等性，强调平等、公正、共享的理念。

重庆冬青社会工作中心开展为事实无人抚养儿童提供的社会工作服务（李长洪，2021）以及山东省棠之上公益文教志愿组织利用“福利多元主义”范式为农村留守儿童提供的志愿服务（顾景贤，2016)，以专业化的社会工作实践，谋求儿童福利和保护在中观和微观层面的改善。从他们的实践来分析行动参与内涵，可以发现行动参与主体的支持服务已经从单纯的物质资源的提供，拓展到如助推儿童能力的提升、各类社会关系的协同和改善、陪伴性支持、心理健康支持、激发青少年潜能等更为广泛的领域。与表意参与方式相比，行动参与更具针对性、现实性，通过与行动对象的直接接触建立良性互动关系。

（三）组织参与

组织参与主要指因为儿童福利和保护的目的，多个行动者整合为一个组织或者行动者嵌入到既有组织，发挥团体组织的力量，以扩大服务范围，提高儿童福利和保护的规模、质量，增强服务的连续性和系统性。组织参与包括社会组织、志愿者组织以及各种组织联盟。

在社会转型背景下，政府及公办儿童福利机构难以满足儿童福利多元需求，无法适应全体儿童的福利需要（肖莎、贾新月、唐丽萍，2015）；对于系统性困境儿童而言，单一社会个体的支持行动，只是杯水车薪，难以为继。因此，整合性社会力量尤其是社会组织参与儿童福利事业成为必然之势。

公共服务中资金提供者、监管者的角色与公共服务供给者的角色是分离的（萨拉蒙，2008），使多方参与成为必要和可能。《民政部关于建立儿童福利领域慈善行为导向机制的意见》也强调，各级民政部门要充分考虑不同社会力量，特别是不同慈善组织的特点和专长，科学调配，形成社会力量参与儿童福利制度建设的最大合力。广东省民政厅举办百家社会组织走进留守和困境儿童“牵手行动”，350 家社会组织分为 15 个小组，面向 15 个经济欠发达地区，2019 年完成对应地区所有智力残疾、精神残疾女童入户走访，制定关爱留守和困境儿童帮扶方案。广州社联困境儿童关爱中心发布困境儿童结对帮扶项目，将为广州市百名重点帮扶困境儿童建立档案，根据儿童的特点、处境和服务需求等，提供个性化、差异化、有针对性的系统性关爱服务。对于这些困境儿童而言，离开了组织性参与，其整体性保护都将被虚化，服务的持续性也会大打折扣。2017 年，中国儿童少年基金会从贫困地区儿童发展实际需求出发，开展“春蕾计划”“儿童快乐家园”等 10 个公益项目，资金投入达 20323.67 万元，以组织化与项目化整合的方式保护区域性贫困儿童，取得了阶段性成效。社会组织差异化发展、高效能治理等特质与儿童福利和保护的多元性需求相契合，成为社会组织参与困境儿童保护的内生动力（徐丽敏、陶真，2020）。社会组织参与儿童福利事业有其独特的优势，它在困境儿童保护实践中逐渐发展出资源链接、服务供给、反馈调节三种功能机制，以其独有的优势“补位”了政府和市场在困境儿童保护中的不足。

我国社会组织对政府表现出较强的依赖性（任彬彬，2021）在“合作共生”方式下，政府、社会组织和企业等力量结合，发挥各自的优势为儿童提供服务（谢琼，2020），可以弥补各自单方力量的不足，促进了我国儿童福利事业和儿童保护行动的快速发展。

第二节 儿童福利和保护社会参与的实践模式

作为儿童福利和保护行动的参与者，从普通民众到专业化的社会工作者、组织化的志愿者、慈善行动者，他们在一般儿童保护、困境儿童保障、孤弃儿童养育等领域的实践，根据参与主体的参与意识、参与时间、参与效果，把参与实践模式分为零参与模式、弱参与模式、强参与模式和独参与模式。

一、零参与模式

零参与模式，顾名思义就是指社会中的组织和个人对儿童福利和保护的相关活动和服务没有实质的参与行为。一方面，由于他们主观上缺少对儿童的关注、相关知识和社会责任感，导致他们有能力却不能够觉察到儿童在福利和保护方面的需求；另一方面，他们又受制于客观条件的制约，不能够参与儿童福利和保护相关实践活动。

（一）无意识零参与

无意识零参与是指社会个体或相关组织因缺乏儿童福利和保护的认知，对儿童的福利和保护需求也缺乏感知，而未形成参与意识，更无参与行动。中国自古以来便有“尊老爱幼”“幼吾幼以及人之幼”的传统美德，但是从社会传统来看，儿童一般都被视为父母甚至家族的私有财产，家族主义高于一切，儿童的权利和地位不能够得到社会的承认，家庭在无力教养儿童知识时，政府和社会也不施以援手（王思斌，2004）。这种思维下的社会文化与政策取向深深影响了社会个体在儿童福利和保护中的行动。一些社会个体往往只关心自家儿童的生存、生活和受保护的状况，缺乏对其他儿童生存状况的关注，也无法意识到自己对其他儿童的责任。因此，常常忽视其他儿童福利和保护的需求，自然也无参与儿童福利和保护的意识和实践行动。

应对无意识零参与的主要策略是加大宣传，在宣传中更多让儿童发声，或者站在儿童的视角真实呈现他们对福利和保护方面的真实需求，使人们对儿童需求有更多的觉察。

（二）有意识零参与

有意识零参与是指社会个体和组织具有儿童福利和保护认知，对儿童需求也有觉察，但因自身能力不足无力参与（如某些功能残缺），或者因缺乏参与的条件，如时空条件等，而未产生参与行动。

20 世纪被认为是“儿童的世纪”，儿童权益被日益重视和尊重。1923 年，《儿童权利宪章》被救助儿童国际联盟所认可；1924 年，第一份《儿童权利宣言》（《日内瓦宣言》）诞生；1959 年，联合国大会通过《儿童权利宣言》；1979 年，《儿童权利公约》起草工作开始。联合国将这一年定为国际儿童年；1989 年，《儿童权利公约》在第 44 届联合国大会上获得一致通过。1990 年 8 月，我国政府签署了《儿童权利公约》，成为第 105 个签约国。1991 年 12 月人大常务委员会批准了《儿童权利公约》。儿童权益国际公约对我国政府和公民在儿童权益意识方面产生了巨大的影响，儿童福利与儿童保护的制度体系建设逐步走上与国际接轨的规范化发展道路，我国于 1991 年 9 月 4 日通过并于 1992 年 1 月 1 日施行《未成年人保护法》，以法律形式保障儿童权益。相关法律制度的出台和宣传，使得社会个体和组织具备了儿童福利和保护的意识或认知，对儿童的需求也开始有所觉察，但是，由于社会个体因自身缺乏参与的条件，如时空条件的限制，或者由于自身能力不足抑或对自我能力的估计不足，而未参与儿童福利和保护的社会行动。

应对有意识零参与需要双重策略，即一方面强化不同社会角色的责任感，另一方面为满足社会成员承担儿童保护责任提供必要的条件。

（三）有意识有能力零参与

有意识有能力非参与是指社会个体或组织具备儿童福利和保护认知，对儿童需求也有觉察，且社会个体具备参与能力和条件，但因为缺乏主体责任，依然不发出参与行为。

在我国成为《儿童权益公约》的签约国后，各种关于儿童福利和保护的政策也陆续出台。《义务教育法》《未成年人保护法》《母婴保健法》《残疾人保障法》等多项法律出台，两轮《中国儿童发展纲要》制定，儿童生存、健康、教育、保护和参与等多项儿童权利获得全方位保障。1990——2007 年是儿童福利政策与儿童福利服务体系快速发展与制度化建设时期，制度化建设成果显著。这个时期最突出特征是中国与国际儿童福利事业接轨，儿童福利成为公共政策议题，一系列法案的颁布使更多人具备了儿童福利和保护的认知，理解儿童的需求。儿童福利机构取得突破性发展，联合国组织框架下的国际机构、国际性NGO、基金会、民间组织、宗教团体、企业及个人均以不同方式参与到儿童福利领域，呈现出组织的多样性（刘继同，2008）。儿童服务范围显著扩大，内容显著增多，涉及儿童身心健康成长的所有领域。与社会参与行动增加的同时，媒体接连报道系列影响社会参与的负性案件，一些“扶助”行动者反遭诬陷，并被诉讼而伤财，挫伤了社会参与行动，也在一定程度上削弱了社会个体参与儿童福利和保护的责任感；或者个体或组织将儿童福利和保护归结为政府与家庭的责任，认为其他社会个体和组织无保护责任和义务。个体和组织具备参与的能力和条件，但是由于缺乏相应的主体责任感而未参与相关活动，形成了有意识有能力的零参与现象。

应对有意识有能力的零参与也需要双重策略，即一方面强化不同社会角色的责任感，另一方面制定和完善社会参与的行为规范和保障制度。

二、弱参与模式

随着我国政府对儿童福利和保护工作的日益重视，儿童社会福利和保护需求不断趋于显性化，诸多相关法律和制度的出台，社会个体和组织的参与不断增多，但是各种参与主体的参与效果参差不齐。其中不乏对儿童福利和保护的自我责任认知不足、参与意识不强的主体，其参与时间较短，参与效果较弱，属于弱参与模式。

（一）应景式参与

在各项政策推动下，社会各界、各类组织和社会个体不同程度参与儿童福利和保护行动。在参与过程中，部分参与主体响应政策倡导的行动力度不大，仅仅在形式支持儿童，甚至只是做“形象工程”，“应付责任”。例如，有些长辈带孩子，看似在保护儿童，但在带娃行动中，却以自己的打麻将、玩手机、看电视等爱好、需求为主，忽略儿童的安全和需求，让儿童长时间伴随自己在烟雾缭绕的麻将室，或者使儿童处于其他高风险状态，带娃者却不自知。这样带孩子的方式被认为“不是在真正意义上的带孩子”，他们只是在做自己事情的时候，顺便带了一下孩子，是“假带娃”。一些志愿者在参与儿童福利和保护的服务时，只来报到开会，摆拍留念，盖章积分，再不露面。一些学校配备了法治副校长，法治副校长只开开会，传达一下会议精神，对自己学校学生中的霸凌行为却视而不见。这样的行为只是为自己身上应有的责任“应景、交差”，并未真正从儿童福利和保护的实际需要出发，履行儿童保护的责任。

（二）偶发性参与

慈善论强调关爱者对被关爱者的情感投入和物质支持，这也形成了扶贫济困传统中的美德。中央明确提出要鼓励支持社会力量兴办公益事业，凡是社会能办好的都交给社会力量承担（谢琼，2020）。在此基础之上，不少参与主体秉持“爱心”和“奉献精神”积极地参与儿童福利和保护的志愿活动和政策建设之中。志愿者大多有自己的工作、学习任务，且与儿童福利和服务无关联性，虽然他们在主观上认同儿童福利和保护的意义，当他们发现儿童的福利与保护需求时，或者被某组织或机构组织时，愿意参与行动；不过，在行动的频次上比较少，只是偶尔参与；由于不是专职儿童福利和保护领域的工作者，他们对儿童福利和保护需求的系统性缺少关注。

多数情况下，偶发性参与的成效对于随机性儿童保护具有十分积极的作用。当儿童处于困境状态下，其偶遇的每一个人能够随机“偶发”关注并施以援手，儿童安全保障便可能很大提升。但是，因偶发参与者缺乏对服务标准和监督规范的了解，常常依靠自己经验模式提供服务，有可能出现助人服务合情而不合理甚至不合法的风险。例如，遭遇正在被照顾者忽视的儿童，不恰当的指责，可能激怒照顾者转为向儿童的暴力行为。因此基层专业化的儿童服务机构的合理布局，并统一提供热线电话，当偶发参与者发现儿童的“非一般”需求时，及时联络专业服务机构，使儿童获得及时、适当的福利和保护服务。

（三）过程性参与

过程性参与指参与主体只是按照他人的要求或者自我过往经验参与儿童福利和保护活动的全程性服务程序性投入时间、金钱或者技能；但是，参与者缺乏情感性投入，缺乏钻研服务意识，不能兼顾儿童成长的当下与未来、个体与家庭及群体的协调发展，参与的深度较为有限。

过程性参与者可能缺乏精准把握儿童问题、评估儿童需求的能力，其参与行动可能解决儿童的表面问题，却可能忽略儿童的真正需求，因此，参与成效有限。例如，某社会组织承接了某市困境儿童帮扶项目，项目参与者按项目书的计划，每两周入户探望一次父亡母重病在床的念初一的女童，每次都发挥自身特长为其做一次些心理测评，但却忽略女童身体出现的营养不良状况。这样“重过程、轻成效”的参与，往往达不到儿童服务和保护的最终目标。

三、强参与模式

随着我国经济的迅速发展，人民的生活水平稳步提高，人民对美好生活向往已成为新时代国家和政府的奋斗目标。构建适度的普惠型儿童福利和保护政策已经势在必行，进入新的世纪，我国儿童福利和保护在制度层面不断完善，2010 年出台《国务院办公厅关于加强孤儿保障工作的意见》，2016 年先后出台了《关于加强农村留守儿童关爱保护工作的意见》《关于加强困境儿童保障工作的实施意见》，这些制度的出台和宣传促进了整个社会对儿童福利改善和保护儿童行动的意识快速提升，社会个体和组织的强参与模式也得以更多呈现。

所谓强参与模式是指参与主体对儿童福利和保护的自我责任认知充分、参与意识强烈、参与时间较长、参与效果好。参与者深度参与具体的儿童福利和保护活动过程，不仅投入时间、金钱或者技能，还倾注关怀之情，不断探索更好优化儿童福利和保护过程和成效，兼顾儿童成长的当下与未来、个体与家庭及群体的协调发展，追求儿童权益的最优化。强参与模式包括沉浸式参与、持续性参与、系统性参与和组织化参与。

（一）沉浸式参与

沉浸式参与是指参与者深入到需要扶助儿童的真实困境中去，为改善儿童的福利和受保护状况实实在在地投入时间、真情和服务。

“沉浸式”原指一种语言培训方法，就是在一个相对封闭的环境中，要求学生衣食住行全方位、全时间段只能使用目标语言，从而阻断母语的干扰，在短时间内形成目标语言的思维习惯，达到灵活运用该语言的目的。在此借用更多强调的是参与者能够换位思考，沉浸在儿童视角中，感悟儿童问题与困扰，体察儿童的感受，理解儿童的需要，从而提供适合儿童的支持和服务。

沉浸式参与主体对儿童的理解往往比较深刻，参与意识强，带有真情实感，反应方式比较接地气，所提供的支持和服务也令儿童感到满意。例如河南省周口市清集镇二郎庙小学校长张鹏程，沉浸在乡村孩子艰难求学的环境里，目睹女孩省下校园午餐的鸡腿带回给长久未吃过肉的妈妈，他不仅要教好儿童文化知识还需要想方设法增加儿童营养，他用自己的工资补贴学生餐费，为保障学生的营养，他每周两次凌晨3点去买菜。这种沉浸式参与使二郎庙小学从27个学生增加到近150名学生（吴采倩、谢婧雯，2021）。南京市"博爱之家"的"妈妈"们，最初救助了一个出生在路边的铁路宝宝，在救助过程中，"妈妈"们沉浸在幼童孤苦无助的情境中，激发出她们共同的爱心和对贫病儿童的热情，努力为处于病痛折磨中孩子提供力所能及的帮助。从一些公益网站上了解了很多因为身患重病而无钱医治、甚至因此失去生命的宝宝的信息，她们决定将救助铁路宝宝的爱心延续下去。这种具有深厚的情感投入比一般性的志愿服务活动持续的时间更长，服务的投入也更高。

（二）持续性参与

持续性参与是参与者聚焦儿童发展需要，为满足儿童持续性福利和保护需求而提供持续性的支持和服务。

满足儿童持续性的福利和保护需求，必须仰仗持续性的人力、物力、财力保障，在现代社会往往是通过政府支持的机构或项目来满足。例如，孤弃儿童、残疾儿童的福利和保护需求的满足具有典型的持续性，往往通过相关法律制度的保障，由各地的儿童福利院提供持续性服务。这些儿童无论是生活在福利机构还是家庭，一方面，需要更多的社会接触和社会帮助顺利完成个体社会化；另一方面，需要更广泛的社会支持弥补福利机构和家庭照顾的不足，例如，生活在安徽芜湖的朱麟洁（麦洁）女士，6岁时因患病导致肢体瘫痪，因生理和经济双重困境而接受正常的教育。偶然的机会，安徽师范大学政教系1989级两名学生王友平和费维照成了为朱麟洁提供志愿服务的启蒙老师。当他们毕业离开学校时，他们的学弟、学妹们接替老师的使命。10年时间内该系陆续有108名学生曾担当过朱麟洁的老师。正是因为这些"学生老师"的接力陪伴和教育，使朱麟洁成长为一名在小有名气的网络作家，出版了《梦猫人》《微麟心愿》等著作。

这样持续性的关怀和服务，不仅成就了一个残疾女童的梦想，也温暖了这个世界。持续性关怀和服务是众多困境儿童及其家庭的期待，也是整个社会提升儿童福利和服务的重要策略。

（三）系统性参与

系统性参与的专业化程度更高，参与者在系统性评估儿童的福利和保护需要的基础，为满足儿童全面发展需求和长期发展需要提供持续而多元的支持和服务。

系统性评估、支持和服务的基础是儿童健康成长的系统性需求。生态系统理论认为发展的个体处在从直接环境（像家庭）到间接环境（像宽泛的文化）的几个环境系统的中间或嵌套于其中。每一系统都与其他系统以及个体交互作用，影响着个体发展的许多重要方面。因此，沿着该理论的逻辑，强调儿童的微、中、外、宏四个环境系统中相互关联的过程和结构以及时间系统发挥良性作用，保障和促进儿童健康发展。微系统被称为离儿童最近的环境，是指儿童与之直接接触的密切关系结构，通常由亲密关系、同学和老师、照顾者和邻居组成，儿童与此系统发生交互影响关系。中系统和外系统通常是由儿童不能影响的结构。中系统反映儿童是如何受到父母和教师之间的互动影响的。外系统通常是更广泛的社会系统的结果，在这个社会系统中，儿童在其中没有直接的互动，比如父母的工作安排。宏观系统被认为是最外层的，由文化习俗、价值观和法律组成。四个层次的系统在时间维度上都能连续保持良好的状况发挥良好的功能，儿童方能顺利而健康的成长。但是，儿童家庭的多样性和儿童自身的多样性，儿童自身和各系统层次出现结构受损和功能残缺的情况难以避免。一般情况下，各系统蕴涵一定的修复功能，协助生态系统受损的儿童在不顺利的条件下也能健康成长。这种修复功能的实现是以系统性的社会参与作为前提条件的，即在儿童的任何一个系统层面受损时，因出现各种社会参与，提供恰当的支持和服务，弥补了系统的功能不足或欠缺，从而保障儿童身、心、社的全面发展。

从现实来看，儿童的健康成长需要获得养育、教育、指导、陪伴等多维度的并富有温情的照顾，体现儿童成长的系统性需求。因此，孤残儿童，单纯依靠父母或单一组织的支持往往不足以满足其成长之需；特别是长期生活在机构中的孤残儿童，无法享受亲情呵护。因此，系统性社会参与成为儿童福利和保护服务中越来越重要的内容。南昌市某儿童福利组织申请福彩公益金用以购买孤残儿童的住院护理服务，并通过专业社会工作者的介入，建立起儿童养育、安置评估，根据儿童的生理、心理等情况制定合理的安置计划，并跟踪落实。

北京市通州区2017年至2019年16个街镇的儿童成长驿站计划，通过一系列兴趣活动、心理疏导和社会工作者家访等形式，为800名困境儿童的健康成长提供福利服务，使儿童得到了专业的照料和陪伴。为提升儿童福利院儿童的家庭归属感，享受正常的家庭生活，南京市社会儿童福利院一方面开展模拟家庭项目，聘用有爱心的夫妇带着福利院5、6个儿童共同生活在儿童福利院内的“类家庭”中，住房及生活费用由福利院提供；另一方面，拓展家庭寄养服务，在家庭寄养点配备社会工作者，协同寄养家庭，整合学校资源，共同帮助儿童在家庭生活中提升认知社会和融入社会的能力。2016年江苏银行向江苏省红十字会捐赠100万元，用于支持南京市社会儿童福利院家庭寄养儿童教育项目，招募师资就地对寄养儿童开展教育工作。

系统性参与是专业化程度更高的参与，满足儿童全面发展需求和长期发展需要，不仅将眼光着眼于困境儿童，也关注着其他有成长需要的儿童。

（四）组织化参与

组织化参与是指儿童福利和保护的参与者嵌入在社会组织中，提供系统性服务。组织化参与包括同源组织参与、非同源组织参与以及混合组织化参与三种形式，同源组织参与又分为专项同源组织参与和非专项同源组织参与两个亚类。

所谓同源组织是指所有参与者来自同一家组织，专项同源组织的使命是专门提供儿童福利和保护服务，例如，南京市社会儿童福利院，其所有参与者供职于该组织，该组织使命就是为院内儿童提供福利和保护服务；非专项同源组织的使命并非专门提供儿童福利和保护服务，例如安徽师范大学政教系，他们的主要任务是学习和研究政治思想教育，但因为偶然因素接触到困境儿童，而提供组织化的服务，改善困境儿童的生存状况。非同源组织参与是指来自不同组织的个体加入提供儿童福利和保护服务的组织，以组织形式提供服务，例如蓝天救援队，其参与者均供职于不同的组织，当包括儿童在内的发生突发状况需要救援时，他们便组织施救；他们也组织安排安全教育课程进校园，帮助提高儿童的自我保护、安全脱险等方面的知识和技能。混合组织化参与是指参与者既有来自本组织的，也有来自其他组织的，但两者被再组织化提供儿童福利和保护服务。例如，南京同心未成年人保护与服务中心，有供职于该组织的全职工作人员，也有来自媒体、高校等其他组织的参与者，二者共同在中心参与组织化的儿童福利和保护服务。

组织化参与使儿童福利和保护服务的系统性和可持续性大大提升，推动了参与服务的专业化水平的快速发展，也与国际慈善事业发展的方向一致。

四、独参与模式

所谓独参与模式是与组织化参与相对的个体化参与，也就是个体在儿童福利和保护服务过程中的独立行动。虽然，组织化参与的系统性和可持续性的优势明显，但是，独参与也是不可或缺的，在社会生活中广泛存在，也被儿童广泛需求。

（一）低调性独参与

低调性独参与是指参与者独立为儿童福利和保护提供服务，但又不想让其他人知晓其行为和贡献。

儿童的脆弱和希望并存，当他们处于困境之时，常常唤起人们的社会责任意识，开启无私奉献行为。低调性独参与者以自己的实际行动来落实儿童福利和保护，行动参与者不仅满足儿童的需求，消减儿童的困境，也满足了参与者自我实现的需求。例如，微友“感悟人生”通过微信分两次转账5000元捐款，捐赠给媒体报道的穆棱市下城子镇仁里村被牛踩伤的女孩以及为“山里娃”购买“温暖包”，并嘱咐记者“我不需要宣传，我只想帮一帮孩子们。”“感悟人生”在捐款后拒绝透露个人信息。

这种低调性独参与所散发的慈善光芒，温暖了被服务的儿童及其家庭，也悄然滋润了整个社会，对社会慈善文化和社会建设而言价值非凡。

（二）缺伴性独参与

缺伴性独参与是指儿童福利和保护的参与者主观上想找同盟者共同参与，但在特定情境中却无人相伴，或是同伴也有想参与儿童福利和保护的活动却由于自身时空条件的限制无法共同参与，最终导致个体无人相伴参与。

首届“感动中原”人物，被人们誉为“中华大爱使者”，2010年“感动中国”候选人赵俊方，曾经为救助比自己孙子更困难的换肾孩子而捐掉孙子治疗烫伤的医疗费，使孙子落下残疾，而且这笔医疗费也是他家人向他人借来的。他这次保护社会儿童的行为，遭到了家人的责怪，他的两个儿子认为他没有尽到父亲的责任。坚持缺伴性独参与与社会慈善环境和文化相关联。当怪诞的道德绑架论和无聊的阴谋质疑论较为盛行时，儿童福利和保护的独参与行动难有陪伴者；当人们坚持“自己不是大富豪，无力顾及无关者”的哲学时，陪伴者自然也很难出现。

（三）排斥性独参与

排斥性独参与是指参与者不认同周边他人的行动方式，不想与人为伍，为儿童福利和保护而独立行动。

在参与儿童福利和保护的实践中，个体与个体之间的价值观可能互不相同，彼此参与实践的方式和方法也千差万别。个体在保留自己想法的同时不能够很好地认同周边他人的行动方式也是时有发生的事情。不与其他参与个体结成伙伴关系，例如，小张原计划参与小李参与的困境儿童服务项目，小李坚持在走访和服务困境儿童过程中应聘请专业摄影师全程跟踪录像。但是小张认为这样的方式既浪费资源，也不利于儿童对走访和服务的接纳，于是放弃与小李的合作，转而独自开展困境儿童的走访和服务。这种因为价值理念上的不同，形成儿童福利和保护参与行动中的相互排斥，可能造成社会参与行动的成效损耗。因此参与行动前的宣传、培训和讨论成为重要的前置条件，以便统一认识，避免排斥。

（四）信任性独参与

信任性独参与是指因服务对象只信任某个特定参与者，参与者按照儿童意愿独自提供儿童福利和保护服务。

儿童福利和保护的实践过程是一个双向过程，专业化的社会工作者、组织化的志愿者、慈善捐赠的行动者是服务的供给者，而儿童在整个的服务接受中也处于一个重要的地位。供给者在提供服务时要时刻关注儿童自身的需求，细心聆听儿童内心的想法。例如一直接受某个参与个体服务的儿童，有可能对其他新的参与者表示不信任或猜疑，并可能造成其他参与者的服务成效不佳。信任性独参与，是儿童对儿童福利和保护服务的选择性结果。

第三节　儿童福利和保护社会参与的成效评价

多元主体、多元动力、多元方式和多元模式的社会参与，突破了单一行政力量主导下的儿童福利和保护，既丰富了儿童福利和保护的实践经验，也极大丰富了儿童的生活世界。正确评价社会参与对儿童福利和保护的影响，将有利于促进社会参与，完善儿童福利和保护的体制、机制和行动实践。

一、对儿童福利和保护质量和水平的影响

（一）增加了儿童福利的供给能力

专业的社会工作者、组织化的志愿者以及慈善行动者共同参与的儿童福利弥补了传统的政府单一供给主体的儿童福利和保护，政府不再是福利和保护服务的唯一提供者，多方社会力量协同工作成为儿童福利和保护的新发展取向。

首先，提供儿童福利和保护服务的工作者专业化水平得以提升。专业社会工作者的培养受到重视，社会工作者的数量规模大幅提高，专业社会工作者被吸纳到儿童福利和保护服务队伍。2010 年 6 月，中共中央、国务院发布《国家中长期人才发展规划纲要（2010—2020 年）》，将国家中、高级专业社会工作人才培养首次纳入国家中长期人才发展规划战略重点之一〔1〕，2017 年 8 月，民政部等五部门印发《关于在农村留守儿童关爱保护中发挥社会工作专业人才作用的指导意见》，提出支持引导社会工作专业人才参与农村留守儿童关爱保护工作的政策措施，进一步推动专业化儿童福利工作走向规范化发展（贾志科等，2019）。社会工作者成为儿童服务实施的中坚力量。

其次，提供儿童福利和保护服务的机构专门化水平得以提升。自 2000 年以来，儿童福利机构和专职服务某类困境儿童的非营利性组织一直在为广大儿童提供福利服务（李敬、程为敏，2011）。截至 2012 年底，全国儿童收养救助服务机构 724 个，儿童福利机构 463 个〔2〕，组织化的志愿者作为儿童福利服

---

〔1〕 中共中央、国务院：《国家中长期人才发展规划纲要（2010－2020 年）》，载《人民日报》2010－6－7。

〔2〕 民政部门户网站：《民政部 2012 年社会服务发展统计公告》，2013－06－19 .08：02. http：//www. mca. gov. cn/article/sj/tjgb/201306/201306154747469. shtml。

务的补充力量与系统有效的志愿者机制共同保证了儿童福利项目的长期持续发展。

第三，为儿童福利和服务提供了一定的资金支持。根据第五届中国城市公益慈善指数显示，仅在社会捐赠方面，样本城市 2017 年的社会捐赠总额为 660. 14 亿元，同比增长 4. 86%，慈善捐赠的总量上升。民政部《2017 年社会服务发展统计公报》显示，全国共建立经常性社会捐助工作站、点和慈善超市 2. 8 万个（其中：慈善超市 8969 个）。全年共接收社会捐款 754. 2 亿元，其中：民政部门直接接收社会各界捐款 25. 0 亿元，各类社会组织接收捐款 729. 2 亿元。全年各地民政部门直接接收捐赠物资价值折合人民币 1. 1 亿元，间接接收其他部门转入的捐赠物资折款 0. 7 亿元，社会捐款 10. 3 亿元。全年有 1716. 4 万人次在社会服务领域提供了 5395. 6 万小时的志愿服务。这些资金和服务作为福利项目的补充，在一定程度上保证了儿童福利和保护项目和服务的稳定供给。

（二）拓宽了儿童福利服务的范围

首先，体现在服务领域的扩大。传统的儿童福利服务领域主要由政府部门根据部门职能来开展。主要为孤残儿童提供如安全食品与饮用水、衣物、住房的物质保障服务以及提供如医疗救助、教育救助和生活救助的经济保障服务，儿童的需求不能准确定位。而社会参与的行动者更具有灵活性和多样性，可免于某些规则与规定的约束（熊梅，2016），提供更加多样的服务，如教育服务和生活照顾服务等。例如，南京市彩虹重症儿童安护中心所参与的儿童福利和保护服务，不仅在内涵上与政府部门的服务互补；还由于其主动学习和引用发达国家的组织管理规范和服务经验，对其他机构包括政府举办机构的服务产生积极推动作用。

其次，儿童福利服务对象的覆盖面扩大。在求学方面，建成“广覆盖、保基本、有质量”的学前教育、扩大高职教育规模、切实关心特殊教育，培养特教人才、协调各方资源，维护城乡教育公平，保证儿童有学上、上好学。在就医方面，2016 年国务院出台《关于整合城乡居民基本医疗保险制度的意见》，保证城乡儿童享受统一的医疗保障标准，不断完善覆盖城乡的儿童健康服务体系（贾志科，李文强，王思嘉，2019）。在生活方面，截至 2018 年底，我国困境儿童和留守儿童的基本生活已经得到全面保障，且保障水平也较之前有所提高。目前已有31个省份出台措施，将农村留守儿童关爱保护纳入经济社会发展规划，全国近700万农村留守儿童已经全部纳入动态信息管理系统。“儿童主任”模式解决了基层儿童福利和保护服务“最后一公里”的问题，由儿童主任构成的基层儿童工作队伍有效提了儿童享有福利和保护的权利。

（三）提升了儿童福利服务的效率

儿童福利和保护涉及政府部门众多，部门协调机制失灵等问题时有发生，负责牵头的民政部门在部门整合和资源整合过程中，很难协调财政、教育、公安等强势部门，更多只能依靠部门内部政治精英的个人能力、游说和培训等非制度化的方式完成（刘玉兰，2020）。同时，在政府提供儿童福利服务的过程中，出现了儿童福利成本支出过高但效率较低的状况，这种福利供给模式单一、效率低下的根本原因在于政府公共服务不以营利为目的，缺乏利益驱动机制（李英东，2017）。而政府将儿童福利和保护的具体项目交由社区及各类社会组织，引入社会力量，本质上就是引入竞争体系，这既可以减少由于政府垄断或者独占儿童福利资源而导致的寻租、低效的病态现象（吴俣丹，2016），也可以让社会组织脱离对地方政府的依附，从而节约大量的时间和精力从事与本机构相关的儿童福利服务工作。同时社会组织的独立性发展、对超越政治边界的自由和平等的维护及其对社会资源的整合能力（王磊，王青芸，2020），保证了其治理权威，也更能获得民意支持，社会组织从“公家人”变成了“自家人”，公民也就则更愿意投身于组织事务（尹广文，2016），提升了对儿童福利和保护服务的认同感，从而促进服务成效的提升。

（四）优化了儿童生存发展的质量

自1992年开始，中国政府先后制定了《九十年代中国儿童发展规划纲要》《中国儿童发展纲要（2001—2010年）》和《中国儿童发展纲要（2011—2020年）》三个儿童发展规划纲要，“儿童优先”的理念深入人心。其中《中国儿童发展纲要（2011—2020年）》从儿童健康、教育、法律保护以及环境等四个方面提出了今后我国儿童发展的主要目标和策略措施。我国儿童福利和保护被广泛关注，国家加快完善保护儿童权利的法律体系，强化政府责任，不断提高儿童工作的法制化和科学化水平，不断促进儿童权利、福利和保护水平的提升。

社会组织和慈善行动者如雨后春笋般涌现，在一定程度上促进了儿童权利的保护和发展，他们在保障儿童的生存权和受保护权的基础上，积极保障儿童的参与权与发展权（林秀雄，2001），儿童权益认知度显著提高，根据《中国儿童福利和保护政策报告2019》显示，我国儿童生存健康和教育发展状况与上年相比，得到显著改善。COVID－19疫情期间，实现了全国1217家儿童福利机构、1806家未成年人救助保护机构所抚养的儿童、全国24.2万名孤儿（含社会散居孤儿）"零感染"的目标（翟倩，2020），多元社会参与在中国大地上创造了儿童福利和保护的奇迹。

二、对儿童福利和保护政策的影响

（一）促进儿童福利和保护政策的逐步完善

改革开放以来，出现了诸如留守儿童等新的儿童问题，亟须新政策来解决。而保护儿童权益，制定专业、完善的儿童福利和保护政策，社会力量的参与是不可或缺的。其一，一线社会工作者以及民间社会组织相较于政府而言，更加贴近基层社会，他们有时间与精力研究儿童的生活及遇到的问题，了解儿童需求。其二，许多参与儿童福利的社会组织的人员都是该领域的专业人士，他们提出的各项政策非常具有行动力，如北京师范大学公益研究院提出的"儿童主任"概念成为国家重大涉童政策的成果。而早在2016年，北京师范大学中国公益研究院就已在中国智库大数据指数影响力排名中位列全国第26位。其三，社会组织更加灵活，他们可以根据外部环境提出更加灵活和创新的方案，避免政府的僵化保守（吴俣丹，2016）。社会参与往往先从实践层面的助童服务开始探索，积累一定的经验后，研究报告向有关部门建言献策；另一方面，政府部门以积极开放的态度主动在已有的实践成果和研究成果中寻求完善政策的智慧。

（二）改善儿童福利和保护政策的社会环境

政策社会环境是指由人以及人的活动形成的，并对政策活动产生直接影响的各种社会因素，包括政治环境、经济环境、政治文化环境、社会心理环境和国际环境（张开平，2008）。就儿童福利和保护而言，以社会工作者、志愿者和慈善行动者为骨干的社会参与持续优化儿童福利和保护的政治环境，对社会公众态度和大众传媒导向产生了积极影响。公众对儿童福利和保护的关注度在不断提升，大众传媒不仅积极传播儿童福利和保护的理念和方法，一些传媒人逐渐成长为儿童福利和保护的专业工作者，甚至创办了如南京同心未成年人保护与服务中心[1]这样专门保护和服务儿童的机构。此外，政府开放和担当的政治文化，为保持政局稳定所做的巨大努力，共同构筑了儿童福利和保护良好的政治环境和政治文化环境。通过社会参与，参与者对儿童福利和保护产生新的感受、情感、认知、态度和责任意识，他们通过各种方式将这种心理影响分享或传递给其他相关者，借助于身临其境的媒体和自媒体使心理影响更加深刻。

公民对儿童福利和保护政策的态度，既包含政策评估部分，即政策是否达到了他们的预期目标，如是否改善了儿童的生存状况；同时也包含着非预期的结果，如政策带来的社会经济影响。倘若政府实施的改善儿童福利和保护的政策，未产生税收负担的同时还能促进儿童全面积极的发展，民众对其支持率和信任度会更高（Van Oorschot，2010）。面对留守儿童的种种困境，政府、企业开始筹划转移投资，将生产线建到劳动力输出地，减少儿童父母的远距离流动，缓解“挣钱”与“陪娃”的矛盾，再有精准扶贫、政府托底以及乡村振兴的重大政策举措的加持，儿童福利和保护的经济环境持续好转。

扶贫成就是带给贫困儿童的重要福祉，中国扶贫攻坚工作所取得的成就举世瞩目，被国际社会高度认可。我国村级儿童之家和儿童主任服务经验模式被联合国儿童基金会向全球推广，对世界产生重要影响。

（三）提高儿童福利和保护政策的执行力度

儿童福利和保护的实施需要民众的积极参与，而民众持续从事福利和保护实践行动的内生动力是他们普遍接受这样的福利多元组合（Taylor – Gooby等，2019）。目前，我国的儿童福利的参与主体包括政府、社会工作者、组织化的志愿者以及慈善行动者，而“三聚氰胺”等恶性事件导致公民对政府的信任缺失，儿童福利的社会机构相对于政府权力高位来说，更具有亲和力，其作为政府和公民之间的润滑剂，使政策落地成为可能。

传播媒介对儿童福利和保护政策的宣传、对恶性事件的报道，吸引越来越多的人关注儿童福利和保护状况，加入保护儿童、关爱儿童的队伍。2015 年，

---

〔1〕 南京同心未成年人保护和服务中心是由资深媒体人江苏卫视记者城市频道《法制集结号》制片人及《德行天下》制片人黄琼花于 2015 年发起创办的公益组织创办。

贵州毕节发生留守儿童自杀事件，反映了留守儿童亲情照护的缺位，对所居村庄的不熟悉导致其无法链接到社会支持，从而产生了强烈的被抛弃感（彭晓刚，陶进，2018）。事件发生后，众多具有心理学及其相关专业知识的志愿者深入乡镇为农村留守儿童提供心理辅导、学业救助、课业辅导、情感疏导及安全知识讲解等关爱服务；爱心人士结对帮扶留守儿童，捐赠建设山村幼儿园、儿童福利院。组织化的志愿者和慈善行动者成为落实政策的积极践行者。

（四）激活地方儿童福利和保护政策创新力

儿童福利和保护是公共事务的一部分，社会公民和组织有权也有义务参与公共事务，这种参与也为解决社会公共事务的政策创新注入了活力。近些年来，儿童遭受性侵案件不断曝光，邵丽晶等（2021）在农村地区对1666名7－12年级学生的调研结果显示，10.50%的受访者遭受过非接触性性侵（男性为13.30%，女生为7.14%），2.64%的受访者遭受过接触性性侵（男生为3.30%，女生为1.85%）。与成年人相比，儿童的生理和心理尚不成熟，这样的特点使得被害人的处境极为艰难，很多人甚至不愿声张、不敢报案（樊荣庆等，2017）。2017年3月，最高人民检察院提出建立针对未成年被害人的特殊程序和救助机制——“一站式”[1]的询问调查机制（孙自豪，2021）。各地检察机关落实最高检部署，到2020年10月已建成集未成年被害人接受询问、生物样本提取、身体检查、心理疏导等功能于一体的“一站式”取证、救助场所1000余个（人民资讯，2021）。上海检察院积极整合社会力量进行政策创新，从落实法律援助、提供心理支持、协调社会救助等多方面推动完善对性侵案件未成年被害人综合救助（樊荣庆等，2017）。加大普法教育力度，向未成年人普及预防性侵害知识，倡导学校、社区、家庭联合行动，推动建立一站式综合救助与预防的复合体系。

三、对儿童福利环境的影响

（一）自然环境的优化

第一，生态环境的优化。以南京建邺区为例，为建设“莫愁湖西路儿童·

[1] “一站式”调查机制：即在处理未成年人性侵案件时，公安机关刑侦、技术鉴定，检察机关等部门同步到场，一次性开展询问、检查、鉴定等取证工作，同时在询问调查的过程中关注未成年人的心理健康，保护隐私，避免二次伤害。

家庭国际街区”，城市规划局听取群众意见，深入实施生态文明建设工程，扩大人均公共绿地面积、提高绿地覆盖率；城市管理局联合社区共同推进垃圾分类示范区建设，宣传垃圾分类知识；环保局联合企业，控制工业污染源稳定达标计划，提高水质标准以及土壤污染防治行动计划。同时，号召所有群众行使建设过程中的监督权，并积极为友好街区的建设建言献策。

第二，资源环境的优化。其中食品安全的健康最为重要。“三聚氰胺”毒奶粉事件、校园聚集性诺如病毒事件等都警示我们食品安全保障刻不容缓。我国通过实施“健康中国战略”“食品安全战略”等守护儿童食品安全。但儿童食品安全的监管治理涉及种植养殖、食品加工、运输流通、终端销售乃至消费者等诸多环节，仅靠政府部门的监管远远不够。目前，许多学校、家庭、社会协同建立了食品安全教育基地和社区科普工作站，凝聚全社会力量（周华兵，2021），保障儿童食品安全。但是，市场主体的安全意识、规范意识、责任意识，消费者及社会成员的监督意识，均有待进一步提升；政府部门的监管力度和监管方式也有待进一步提高。

（二）社会环境的优化

1. 物理环境的改善

《儿童权利公约》提出，儿童的根本需求应该被纳入街区或者城市的规划之中。目前，学校、社区都在努力打造以儿童为主体的生活环境。

首先，学校建设以满足儿童需求为目的。深圳龙岗外国语学校作为儿童友好型学校的试点，在充分考虑学生诉求后对洗手间、饮水机、安全设施等进行了一系列更新改造；改建了大型阅览室，配备了读书吧和休憩室，为学生提供了更加舒适的学习环境。

其次，在社区建设中，根据2016年《中国儿童友好示范社区建设指南》，社区环境规划师、儿童心理学家、居委会、学校、儿童及其父母等都应在不同阶段参与建设，在尊重儿童活动的需求上，合理规划各年龄阶段儿童的生活、学习、游戏空间与配套设施。深圳福海街道作为儿童友好型街道试点，提出以“一米高度”审视福海的空间和规划，让城市公共空间建设更加贴近儿童最真实的需求，并且做出规定——所有儿童友好型项目的定位、规模、规划、工期等事项必须征求学校和儿童的意见[1]，树立儿童主人翁的意识，建设让儿童满意的物理环境。

2. 生物社会环境的优化

城市不仅要为儿童提供生存和庇护的场所，而且要为儿童接触自然空间提供机会和场所（陈长虹，刘颂，2018）。上海程家桥街道在友好社区的建设中，提倡让儿童参与进来，在社区里栽种果树，并将养护工作逐步移交到社区的亲子家庭和社区志愿者的手中，将社区建设成自然科普乐园，社区内的儿童有更多的机会可以与自然亲密接触[2]。南京市提出《南京市环境教育促进办法》，主张将环境教育纳入中小学课程，鼓励儿童和家长参与环保公益活动，鼓励儿童参加环保宣传教育和实践活动，增强儿童热爱环保、保护自然的意识。

3. 空间环境的优化

儿童的天性决定了儿童喜欢游戏和玩耍，良好的户外游戏环境影响儿童的生长发育。游戏空间和设施对儿童身体、感官的刺激也是促进儿童身体系统发育的最佳手段（黄进，2003）。塑造城市空间的同时也是在塑造儿童成长的环境、儿童的发展能力以及儿童的记忆与情感。根据《城市居住区规划设计规范》要求，居住区和居住小区在建设时必须配建儿童户外游憩空间（张慧超，2015）。这从政策上保证了儿童公共空间的权益。

除了公共空间的建设，儿童居住环境保障也十分重要。有研究表明，恶劣的居住条件会给儿童学业表现产生直接以及间接的负面影响（Smith，1993）。因此，有针对性的改善贫困家庭的住房条件将比直接的资金援助更为有效。国家出台保障性住房政策，为贫困家庭兜底，保证贫困儿童有所居；慈善企业通过减免租金、生活物资捐赠等改善儿童居住条件；社区工作人员关注社区动态，努力改善困境儿童的生活条件，政企社三方联动共同优化儿童空间环境。

4. 心理社会环境的优化

儿童时期是心理发育的关键时期，在这个时期的儿童极易出现心理冲突和精神健康的问题，如果不加以干预，可能会影响其一生。随着时代的发展，人们逐渐认识到，儿童不仅是家庭成员也是社会的一分子。关心儿童的心理健康是整个社会的责任，而心理健康机构、心理志愿者作为专业力量更应为儿童心

---

〔1〕 儿童友好型城市的“深圳样本”（baidu. com）。

〔2〕 建设“儿童友好社区”长宁这里的孩子有自己的“私享乐园”（baidu. com）。

理健康保驾护航。2008 年汶川地震，许多儿童因为亲历灾难，产生了急性应激反应，儿童心理、情绪和认识异常（郑毅，2008）。卫生部北京第三批医疗队派出由 50 人组成的专业“心理救援”队，通过倾听、故事疗法、绘画分析、认知行为治疗、负性情绪打包消除技术、眼动脱敏再加工技术等对受灾儿童进行专业的心理治疗，保护了受灾儿童的心理健康，也为儿童福利和保护语境的社会化做出了榜样。

第四节　儿童福利和保护社会参与存在的问题

信息时代的来临至少会为社会参与提出三种新的挑战：一是社会参与的碎片化。在由互联网定义的“真实虚拟文化”中，人们构建出各种“超文本”进行意义表达，但多样性的表达可能令公共语言与公共意义变成强行拼接的文本碎片。二是社会参与的短时化。虽然，在线群组方便了社会参与，但人们的注意力变得分散化、参与时间变得短暂化、参与内容亦不完整。三是社会参与的脱域化。虚拟世界中的社会参与虽打破了地理疆界，但也会令参与行为走向自由随意与飘忽不定，稳定的公共活动将更难维持（贾文娟，2019）。总之，在这样一个信息时代，有序的社会表达可能滑落成混乱的情绪宣泄，公共生活可能在民粹影响下失序或在集权压力下僵化，而最糟糕的情况无疑是在看似丰富的公共活动中，真实的社会问题，如儿童福利和保护却被搁置，社会参与无法帮助儿童实现福利与保护。

人们社会参与的内容从与生产、政治相糅合，演变为以利益维权为主，再演变为以社会自身需要为主。社会参与的方式则从由政治 - 行政力量管理、受市场机制的影响，再发展为依据法律的规范（贾文娟，2019）。我国儿童福利制度主体虽然是主动方，但作为社会参与的民众也并不是被动的“他者”。当制度设定有助于解决问题时，人们会顺势进行适应性的社会参与；而当制度无助于解决问题时，人们会通过革新性的社会参与提出新诉求，甚至推动社会参与本身的改变，来促进儿童福利和保护的发展。

但是，目前我国社会力量参与儿童福利事业的探索尚处于起步阶段，社会力量在为儿童福利机构带来资金、人力、理念、技术、管理等支持的同时，仍面临着一些困难与问题。

一、社会参与的动员机制有待进一步优化

（一）政策引导力度有待加强

引导社会参与儿童福利和保护方面相关政策的力度不足，首先表现为导向机制操作性强度不够高。政府部门虽然制定了一些导向机制，体现了政府及其相关部门开始探索如何引导社会力量参与儿童福利事业。但是，这些指导性文件比较宽泛，如果没有及时制定后续的具体措施，在实际操作中就缺乏完善的、可操作性强的工作机制。其次，引导社会组织发展的政策力度不足。我国到目前为止尚没有出台系统完整的《社会组织法》，只有分散的几个专门法规，立法层次偏低，培育和扶持社会组织的发展找不到法律支撑（谭日辉，2014）。再次，引导慈善捐赠的政策力度不足。以《慈善法》《新企业所得税法》规定为例，企业发生的公益性捐赠支出，在年度利润总额 12% 以内的部分，准予在计算应纳税所得额时扣除。在税收优惠政策方面，还缺乏更多的相应激励措施，市场主体参与的积极性有待进一步挖掘。政策引导不足，儿童福利和保护能够适用的社会资源便受限，当儿童权益受到侵害时，往往无法得到更有效的保护，也不利于儿童福利和保护社会参与的发展。

（二）社会参与宣传力待提高

目前，我国儿童保护理念还比较落后，儿童利益最大化的观念尚未成为一种社会共识（赵川芳，2014）。《联合国儿童权利公约》确立了儿童最大利益原则，我们国家的《未成年人保护法》也规定儿童需“特殊、优先保护”，但大多数时候，我们对儿童优先、儿童利益最大化的理解往往只停留在口号上，尚未都能真正落实到实践层面。在制度建设、资源分配、环境设施等实际操作层面，儿童被置于边缘位置，缺乏应有的关注，社会参与不足，儿童利益时常被忽略、甚至被侵犯。因此需要扩大宣传，动员社会多元力量参与护佑儿童健康发展，为儿童特别是困境儿童和留守儿童提供陪伴、教育、游戏等方面的支持服务，预防儿童伤害的发生等等。

（三）社会组织发展力待提高

截至 2019 年底，全国共有社会组织 86.6 万个，比上年增长 6.0%；吸纳社会各类人员就业 1037.1 万人，比上年增长 5.8%（民政部，2020）。社会组

织登记注册的条件需要符合《慈善法》《社会团体登记管理条例》《民办非企业单位登记管理暂行条例》《基金会管理条例》等法律法规要求，以确保社会组织健康规范运行，因此一些不符合条件的社会组织转向工商部门登记，而游离于政府监管之外，严重影响了我国社会组织的发展。同时，中国公益组织的诚信建设也还处于一个初级阶段，诚信的制度体系尚未完全建立（谭日辉，2014）。在这样的一个发展阶段，部分社会组织发展不规范，牟利动机强，甚至打着公益的旗号，实施伪公益真营销、假慈善真捞钱。如2011年，郭美美事件引发的红十字会危机。一些合法与非法民间组织违规敛财现象被媒体放大后，在全社会引起强烈反响，导致社会组织的公信力出现危机，影响了社会组织的发展。

二、社会参与的监管机制有待进一步完善

（一）监管制度有待完善

目前，我国的社会组织监管体系有待完善。一是直接登记实施后配套制度与管理机构建设不足。全国均开展社会组织直接登记，但是三大条例的修订依然是“千呼万唤不出来”（杨丽、赵小平等，2015）。民政部2020年8月在《关于完善社会组织法律体系的提案答复的函》中指出，我国尚未制定一部社会组织基本法律，现行的《社会团体登记管理条例》（2016年修订）、《民办非企业单位登记管理条例》（1998年制定）、《基金会管理条例》（2004年制定）立法层级偏低且较为滞后，与新时代社会组织高质量发展要求不相适应。随着离岸社团、网络社团的大量涌现，以及行业协会商会与行政机关脱钩改革的全面推开，现行法规制度缺位和空白问题更为突出。2018年民政部虽然公布了《社会组织登记管理条例（草案征求意见稿）》全文，征求社会各界意见，以新条例替代三大条例。但是正式条例尚未出台，不利于社会组织登记改革的更广更深推进，很多社会组织依然登记难（杨丽、赵小平、游斐，2015）。直接登记体制下的社会组织如何监管，目前没有明确规定，各地实践各不相同，对社会组织的监管呈现出重准入控制，轻过程监控的特点。

二是推进社会组织信息公开的法律法规不完善。相关法律法规对与信息公开有关的程序等实际操作涉及少，也缺乏相应的惩戒措施。我国需要尽快完善对社会组织，志愿者服务等的监管，促进儿童福利和保护的社会参与更加公开、公正和公平。

（二）自我监管机制乏力

我国社会组织量大面广，仅仅依靠政府监管是难以实现有效全面监管的，行业自律是政府监管的有力支持和重要补充。但是，我国社会组织的行业组织才初步形成，自律机制尚不完备，行业监管功能尚未得到有效发挥。以我国慈善组织的信息公开情况来看，目前的公开力度，与公众期待之间还存在较大差距（杨方方，2017）。民政部主管的中民慈善捐助信息中心《2014 年度中国慈善透明报告》显示，1071 名受访者对我国慈善组织披露工作的满意度为 28%，透明指数为 44.10。得分最低的基金会，除名称之外没有任何信息公开，全国还有一部分基金会没有官方网站。加之我国社会组织信息公开的法律规定也还不健全，社会组织违反信息公开义务的法律责任不完备，也进一步加剧了上述社会组织、慈善组织信息不公开的程度。总之，与社会组织发育程度较高的国家相比，我国慈善组织在信息公开方面还存在较大差距，参与儿童福利和保护的社会组织在此背景下，其自我监管机制也不完备，自我监管能力也不足。

（三）第三方评估的普及度不足

第三方评估机制是有别于慈善组织内部监督机制的一种外部监督制衡机制，它与政府的监督和社会公众的监督共同构成了完整的外部监督体系（石国亮，2012）。2015 年，民政部颁布了《关于探索建立社会组织第三方评估机制的指导意见》。建立独立的第三方评估制度，由具有合法资质、公信度好的中立第三方，对慈善机构定期进行资质、财务状况、信用等级评估并予以公布。但我国独立第三方评估机构起步较晚，基础较为薄弱，还存在很多不足，首先，对于独立的第三方评估制度的重要性认识不到位。在对社会组织的监督管理中，政府部门还是青睐于传统的行政监管手段，尤其是行政许可、行政处罚等刚性执法措施，轻视第三方评估制度这种新型的监督手段的价值（李树海、丁渠，2013）。其次，在独立第三方评估中的社会参与不到位。第三方评估制度需要社会组织和社会公众的积极参与，在实际工作中，社会组织对于第三方评估制度并不热心，尤其是那些管理混乱、运行实效差的社会组织；普通社会公众由于信息不对称和参与热情不高，也很少关注社会组织的第三方评估活动。我国第三方评估的不足影响了儿童福利和保护的社会参与监管水平的提升。

（四）社会监督机制有待完善

社会监督是以社会公众高度的社会监督意识和积极的社会监督行为作为基础的。现阶段，社会公众对有关儿童福利和保护组织的监督意识还不强。一方面，受长期以来公众参与政治生活的程度不高影响，公民的社会政治参与热情普遍不高。虽然，有关的法律法规赋予了公众监督的权力，但是，普通公众很少主动行使监督权，即使有些民众具有自觉监督的现代公民意识，也存在监督行动不力的问题。当公众发现儿童福利和保护方面的问题时，不知道如何实施有效监督，多数情况下，公众会通过报警或通报媒体而将社会参与转化为行政监督、法律监督和新闻监督。

新闻媒体对儿童福利和保护的社会参与监督乏力。首先，新闻媒体对社会参与的舆论关注不高。在媒体监督实践中，惯于把监督的重点放在对国家机关和国家工作人员身上，而容易忽略对社会组织的监督（李树海、丁渠，2013）。其次，新闻监督力度不足。目前，新闻媒体的发展远远滞后于社会发展的需要，一些新闻媒体成为国家行政职能的延伸，自身缺乏独立的监督地位。提高社会公众的监督意识，需要更多具有独立地位的新闻媒体发挥好社会监督功能，方能相互成就，促进社会参与良性发展，更好保护儿童。

三、社会参与的资源配置稳定性有待提升

（一）服务机制的稳定性不足

社会参与服务机制的稳定性不足首先表现为儿童福利供给的“碎片化”（刘玉兰，2020）。民政部门负责儿童福利、孤弃儿童保障、儿童收养、儿童救助保护、农村留守儿童关爱服务、困境儿童保障；国家卫生健康委员会、国家医疗保障局和国家药品监督管理局负责儿童的医疗卫生服务、医疗保障和药品安全监督管理，满足儿童的医疗保障和医疗服务需求；教育部负责儿童的教育保障，满足儿童的接受教育需要。这些福利和保护服务分散在不同部门，使儿童服务活动的系统性和延续性大受影响，虽然，2021 年 6 月 1 日开始实施的新未成年人保护法明确了由民政部门牵头协调未成年人保护工作，为各地统筹推进部门横向联动，落实国家兜底责任提供了有力依据，但是，没有《儿童福利法》系统性支撑，条块分割式的儿童福利和保护服务供给，难以形成稳定的服务机制，儿童的福利和保护服务需求的满足程度自然也受到很大影响。

社会参与服务机制的稳定性不足还表现为儿童福利供给的专业化不足。专业化与职业化是相辅相成的，专业化的重要前提是科学分工和权责关系界定。日本的儿童福利服务机制的专业化分工具有重要的借鉴价值，关于儿童福利理事会、儿童指导中心、儿童福利委员的设置以及儿童事务官员的资质要求、儿童福利委员与地方长官和儿童指导中心主任之间的权责和关系，在日本《儿童福利法》里有详细的规定（邹明明，2010）。我国虽然对专业人员也有相关规定，但并没有以法律的形式体现出来，缺乏强制性和可操作性，儿童社会工作专业性不足也导致了社会参与儿童福利和保护服务的不稳定。

（二）人力资源的稳定性不足

在儿童福利和保护的社会参与方面，社会工作专业人才无疑是重要的核心人才之一。2011 年，中组部、民政部等 18 个部门联合发布了《关于加强社会工作专业人才队伍建设的意见》，明确指出我国社会工作专业人才工作存在基础比较薄弱，岗位不明确，投入不足，体制机制和政策制度不太完善，人才数量缺口很大、能力素质不高、结构不太合理等问题。2019 年，全国共有 7. 3 万人通过助理社会工作师考试，2. 1 万人通过社会工作师考试。截至 2019 年底，全国持证社会工作者共计 53. 4 万人，其中社会工作师 12. 8 万人，助理社会工作师 40. 5 万人（民政部，2020）。自 2008 年全国首次社会工作者职业水平考试以来，通过考试确认为专业社会工作者的人才增长速度较快，但是这些人才真正从事社会工作者职业并提供社会工作专业服务的比例还不够高，从事儿童社会工作专业服务的比例则更低。

如前所述，儿童福利供给的条块分割或碎片化，从事儿童福利服务的人力资源也相应地呈现出分散之势。儿童福利管理在行政组织安排上是比较分散的，从更深层次进行分析，我国也并没有培养和雇佣一批专门进行儿童福利管理的人才（刘璐瑶，2018）。目前我国参与儿童福利和保护服务的社会工作、医疗、特教等方面的专门人才，为儿童服务过程中在各自专业领域中已有所建树，但是，不同门类的专业人员间缺乏制度化的沟通和交流机制，更未形成成熟的、相互合作的服务团队。

日本对儿童服务人才的最新培养经验值得借鉴，一些高校开设“儿童学”专业，从幼儿、儿童的成长和发育等多种角度对科学研究儿童，包括“儿童心理学和发育心理学”“儿童教育学和幼儿教育学、保育学”“儿童福利学”“儿童保健学”“儿童文化学和儿童环境学”等角度对儿童和儿童成长的环境进行研究，打破学科限制，将促进儿童健康发展的相关学科知识整合在“儿童学”中，培育儿童学人才，使之在进行儿童干预时方法众多，更好为儿童服务。我国则是在专业基础上的差异化分类，对于培养综合性儿童服务人才不利。

人力资源的稳定性不足还表现为志愿服务队伍不足。截至 2019 年底，全年共有 1664.2 万人次在民政领域提供了 4326.9 万小时志愿服务。全国志愿服务信息系统中汇集的注册志愿者近 1.4 亿人（民政部，2020）。但目前我国志愿者队伍建设仍处于初级阶段，成员流动率高，组织人员经常更换。同时，志愿者提供的助人服务专业性不足，缺乏系统的培训，服务质量不高，从而导致服务的持续性难以保障。

（三）资金支持的稳定性不足

中国社会团体、民办非企业单位、基金会尤其是公募基金会，作为中国第三部门和公民社会的重要组成部分，为中国福利事业发展作出了卓越贡献。但是，总体来说，有关儿童福利与家庭福利的全国性公募基金会数量少、规模小、比重低，儿童与家庭福利边缘性地位明显。根据民政部（2020）统计，截至 2019 年底，全国社会组织捐赠收入 873.2 亿元，比上年下降 5.1%。全国备案慈善信托 239 个，慈善信托财产规模 27.6 亿元。而且我国具有公开募捐资格的基金会远远少于不具有公开募捐资格的基金会。自 2016 年起，基金会增长率呈逐年下降趋势。所以，面对我国社会参与儿童福利和保护的资金支持不足，中央政府和财政部应尽快组建全国性、跨部门、综合性和以儿童福利、家庭福利为主要职能的中国儿童福利与家庭福利基金会，利用一切可以利用的资源大力发展儿童与家庭福利，满足儿童健康成长和发展之需。

四、社会参与与需求对接的精准度待提高

（一）区域性偏差

近年来，各地大力推动政府购买服务，积极培育儿童服务类的社会工作服务机构和公益组织，引导政府购买服务与基层儿童工作的有效衔接，促进了留守儿童和困境儿童关爱保护服务的专业化发展，促进儿童福利和保护社会参与

发展。然而，我国社会工作在儿童救助保护服务中的参与仍然面临着诸多挑战，由于社会参与主要集中在热点地区，一些偏远地区儿童救助保护的压力很大，当地基层民政力量薄弱，社会组织与社会工作发展较为滞后，社会工作者难以在儿童福利服务中有效参与并发挥优势（邓锁，2020）。同时社会参与还存在城乡二元分割特征显著，城乡儿童福利资源不对等的问题比较突出（陈珍珍，2020）。我国农村家庭出现小型化、流动频率高等问题，导致了单亲家庭、流动儿童、留守儿童、流浪儿童、虐童、弃婴、残疾儿童等儿童问题层出不穷，社会服务需求随之增加。但是，社会参与的不足，使这些儿童难以走出困境。

（二）需求性偏差

我国困境儿童福利供给秉持“分类保障”的原则，即按照困境类别进行识别和福利供给，但容易导致福利供给精度不足的问题。

该保的未保。虽然分类保障在某种程度上能够实现对困境儿童的精准定位，但是困境可能有很多方面的表现，如生理上的痛苦和脆弱、缺乏来自家庭的重视和关爱等（刘玉兰，2020）。如果将具有这些方面特质的儿童都全部纳入，“困境”儿童会很难确定和统一；但如果按照当前的分类标准，则又容易导致不属于这些分类的儿童，有“困”有“难”，却很难纳入政府的正式困境儿童保障范围内。因此，服务参与者就无法帮助到全部儿童，不利于儿童福利和保护的实现。

内容不匹配。主要是困境儿童保障实际上超出了当前基本保障标准的状况。由于困境产生的原因各有不同，其对儿童及家庭的影响也各有不同，如果单纯地按照困境产生原因进行统一的福利供给，则有可能造成供给内容不匹配的问题。福利供给内容的不匹配一方面导致资源浪费，另一方面也会导致社会参与儿童福利和保护效果下降。因此需要提高专业性需求评估意识、完善需求评估机制，促进儿童福利和保护社会参与的精准度提升。

（三）对接性偏差

儿童福利服务对象单一。在我国，儿童福利的对象常常是指特殊的弱势儿童，因此，总体上我国儿童福利覆盖面较窄，主要以孤儿、流浪未成年人、贫困家庭的残疾儿童等特殊群体为对象，很多普通儿童享受不到一般性儿童福利服务（李晓云，2013）。相比于我国，国际儿童福利理念和教养方式经历了从补缺型向普惠型的转变，儿童福利的对象也从不幸儿童、困境儿童扩展为所有儿童及其家庭。因此，建立适度普惠式儿童福利，儿童福利适用对象逐步扩大，并最终扩大到普通儿童是一个必然趋势。

福利提供内容的单一。从我国儿童的照顾方式来看，大多数儿童在家庭中受到父母照顾，少数弃婴被送到儿童福利院照顾。在这种情况下，儿童福利的提供形式多数情况下成为日常生活照顾，儿童全面发展、康复、精神服务等方面的相关福利项目较少（行红芳，2014），福利提供内容的单一性无法满足困境儿童的多样化需求。从法律角度来看，我国现行的儿童福利和保护也主要集中在司法保护、教育、预防犯罪等方面，并未对儿童的营养健康、抚养与照顾、健康等方面制定明确的法律法规，缺乏《儿童福利法》这类根本大法，法律的缺失也导致社会参与儿童福利和保护时，福利提供内容单一，无法更好地为儿童的成长与发展提供帮助。

总体而言，社会参与的广泛性、系统性和稳定性方面还有较大的提升空间。

第五节　提升儿童福利和保护社会参与程度的路径建议

由于在制度建设与社会服务行动中的巨大进步，2010 年常常被学术界视为我国儿童福利元年；实际上，也是社会多元参与的元年，国家、市民社会与市场的共同行动，使儿童福利政策成为国家级政策议题（刘继同，2012）。十年余的持续发展，我国的儿童福利和保护的社会参与有了长足进步，但也存在一些问题；探索应对问题之策，是促进我国儿童福利和保护社会参与更健康、快速发展的积极之举。

一、优化慈善环境，增强社会动员

儿童福利和保护的社会参与，是社会慈善事业的重要组成。社会慈善环境的优化，无疑更便于社会动员，吸纳更多、更广泛的社会参与进入儿童福利和保护的场域。慈善环境是指影响慈善事业发展的各种因素的总和，衡量慈善环境的变量主要有文化、社会、经济、制度和组织五大类（南锐、汪大海，

2013)。慈善文化是慈善环境的重要内核，由慈善动机、慈善价值观和慈善行为构成的社会慈善文化是慈善事业健康发展的动力。慈善文化存在以慈善作为手段的伪善、以慈善作为目的的下善、以慈善作为义务的上善、以慈善作为利他与利己相统一的至善四个层次（周忠华，黄芳 . 2017）。当然作为社会存在，也有既无慈善手段、也无慈善目的、更无慈善义务意识的“无善”或“善无为”，甚至还存在“恶行”。通过优化慈善环境，增强社会动员，进一步改善我国儿童福利和保护的社会参与状况。

1. 倡导“上善”、弘扬“至善”，“强”社会环境之“根”

从儿童福利和保护的社会参与成效角度出发，各级政府及其相关部门、儿童福利机构秉承儿童优先的原则，积极引导社会力量参与儿童福利事业，协助社会力量整合资源，系统、有效、准确和适度地提供资源支持和服务支持；鼓励个人、慈善组织、企事业单位和其他机构依法依规开展关爱儿童的慈善活动，既能尽力帮助身边需要帮助的儿童，也能量力而行帮助不在身边的需要帮助的儿童；适时表彰宣传在儿童福利和保护行动中做出突出贡献的“上善”者和“至善”者，弘扬正气；完善慈善组织及时公开有关工作和活动的信息，特别是资金、物资和人力的配置使用情况，提高透明度，增强慈善事业的公信力，为促进社会力量参与儿童福利事业营造良好的慈善环境。

2. 消除“无善”、改造“下善”，“固”社会环境之“本”

社会个体或群体若对社会抱持冷漠旁观的态度，事不关己高高挂起，在慈善领域追求“无为”和“无善”，就必然会使社会的慈善土壤失去养分，成为“死土”，而阻碍慈善之根破土发芽，更难枝繁叶茂。不以受助者感受与意愿为行动起点，反使受助者尊严受损的“善举”带有“慈善暴力”倾向。一些高校为激励大学生志愿服务，将志愿服务纳入综合测评，关系到学生奖学金评定、保送研究生资格评定以及其他各种奖项的评定。于是一些学生为了在评定中获得优势，选择去偏远地区支教，然而却天天在微博上辱骂自己的学生，这种行为是“下善”文化的典型。从长远来看，“下善”行为也许能解一时之急，但并不能使受助者长久受益，反而使受助者怀揣受伤的心，从此避离“善举”。唯有多途径、多维度激发个体和社会群体，放弃对慈善的无反应状态，消除“无善”，改造“下善”，获得更多“上善”和“至善”的积极体验。在慈善事业发展和儿童福利和保护的环境改善与社会动员方面，普方协会的慈善服务范例[1]具有更多示范效益，具有“破土”之功。社会多元主体的支持与响应，以慈善为义务、以慈善作为利他与利己相统一的慈善文化大行其道，社会的正气之“本”方能得“固”。

保护儿童，人人有责。现代社会中的每一个人都有提高儿童保护意识的责任，也有提升从儿童需要、尊严出发提高适当服务和保护行动能力的义务，不做旁观者。如果遇到危害儿童的行为，以恰当的方式，避免儿童继续受伤害，及时制止、护佑、报警等，避免激惹加害者的加害行为升级。企业，特别是一些与儿童生活密切关联的企业，提升产品质量，保护儿童安全；当下各类电子游戏产品对儿童影响巨大，企业必须严格区分成人游戏和儿童游戏，儿童游戏应符合儿童认知和发展规律，严禁暴力、色情等画面的出现；网络平台，必须使用技术手段，保持儿童网络空间的清洁；网管部门加强网络执法力度，及时处理涉童网络违法犯罪行为。家长、学校更需要明了父母等家长角色、教育者角色对儿童福利和保护的意义，不仅自身需要在陪护儿童成长中扮演好养育者、照顾者和教化者的角色，更需要担负起协助和保护儿童健康成长的使命，在各种情境中维护好儿童的合法权益，并引领其不断提升自我保护的意识和能力。

3. 纠正“伪善”，惩治“恶行”，“浚”社会环境之“源”

“罗尔筹款事件”“凉山伪善事件等”等伪善事件以善的名义谋求非善的意图，使所谓的“善举”背离善心，而无法彰显善力，却可能连带伤害了“上善”和“至善”参与行为，而严重破坏慈善环境。2011 年上海中学女生“援助交际”事件，2020 年江苏南通 15 岁少年受校园霸凌致死，海南某小学校长带小学生开房事件，性侵女童的产业链等等面向儿童的恶行，不仅伤害直接受害者，而且也严重挫伤了儿童的社会安全感。恶行盛，参与善行的动机便受抑；恶不惩，善难张；大恶始于小恶无抑。因此，有恶必除，除恶安良。作为儿童福利和保护的国家力量，公安等执法部门以“零容忍”态度和行动当好惩恶的“排头兵”和“指挥部”，包括儿童在内的各种社会力量结成“同盟军”，发现苗头及时报告，全体总动员，联防联治，及时清除社会环境的垃圾，

---

[1] 2000 年 4 月 1 日深夜，来自苏北沭阳的 4 名失业青年潜入南京金陵御花园的一栋别墅行窃。被发现后，他们持刀杀害了屋主德国人普方夫妇及其子女。随后，4 名年龄在 18 岁到 21 岁间的凶手被判处死刑。同年 11 月，在宁的一些德国人及其他外国侨民为纪念普方设立了普方协会，致力于改变江苏贫困地区儿童的生活状况，并与爱德基金会合作帮助贫困家庭的儿童完成 9 年义务教育，为他们走上“自主而充实”的人生道路创造机会。

消减在儿童福利和保护领域社会动员和社会参与的阻力。

“上善”“至善”得以弘扬，“无善”被消除、“下善”被改造，“伪善”得以纠正，恶行得以惩戒，社会慈善环境必然得以优化。在风清气正的慈善环境中，动员各类社会主体积极参与儿童社会福利和保护行动将变得顺风顺水。

二、增强社会教育，激发参与动力

关于社会教育存在不同理解，有的认为是“家庭和学校以外的社会文化教育机构实施的教育”，或认为是与学校教育、家庭教育并行的影响个人身心发展的社会教育活动；也有人能认为是在社会文化教育机构对青少年和人民群众开展的各种文化和生活知识的教育活动。从儿童保护人人有责的立法精神来看，社会教育应该既包括家庭和学校所实施的儿童福利和保护内涵的教育，也包括社会文化教育机构和各类传媒机构所开展的旨在促进儿童福利和保护状况改善的宣传教育。

1. 家庭教育固“本”

家庭是儿童受到善待和保护的最基础环境，与学校教育和社会教育共同构成了国民教育体系。相比于学校和家庭，儿童嵌入家庭的程度最深，受影响程度也是最深，因此对儿童成长和保护最为关键。习近平总书记说，作为父母和家长，应该把美好的道德观念从小就传递给孩子，引导他们有做人的气节和骨气，帮助他们形成美好心灵，促使他们健康成长，长大后成为对国家和人民有用的人。广大家庭都要重言传、重身教，教知识、育品德，身体力行、耳濡目染，帮助孩子扣好人生的第一粒扣子，迈好人生的第一个台阶。家庭教育需要根据儿童生命周期的不同阶段，区分不同教育的侧重点。总体而言，家庭教育的主要内容是联合国教科文组织提出的21世纪青少年应该具备学会学习、学会生存、学会发展和学会与人相处的能力。就儿童福利和保护而言，家庭的参与着重两个层面。第一层面是家长面向儿童的教育，教育儿童生活技能、甄别和规避风险、建立友好关系、寻求帮助等方面的能力。第二层面是家庭环境建设，为儿童生存、发展、保护和参与营造适宜的家庭氛围和生活环境，包括家长的行为方式和相处方式。上述两个层面的家庭教育正是言传身教的重要体现。

对于儿童自身而言，习近平总书记提出从小做起，就是要从自己做起、从身边做起、从小事做起，一点一滴积累，养成好思想、好品德。因此，家庭教育中儿童自主意识的激发成为重要的核心，所有形式的教育必须通过儿童自身的接纳作为前提。家庭教育中必须将情与理相结合，将儿童的当下和未来相结合，将儿童的尊严和幸福相结合，将儿童发展的规律性与差异性相结合，将儿童的权益与责任相结合，方能使儿童快乐地、有尊严地接受家庭教育。

然而，因为受意识、能力、时间、空间等多因素影响，不是所有的家长和家庭都具有完成全面意义上的家庭教育，保障每个儿童都能享受到家庭福利和保护。因此，学校和社会等其他形式的教育补充成为必要。蔡迎旗、胡马琳（2020）提出加强国家层面家庭教育立法，明确家庭、政府、学校与社会的责任，坚持家庭履职、政府主导、学校指导、社会参与的基本原则，为家庭教育工作的开展提供系统全面的支撑和保障。2021 年 2 月全国人大对《中华人民共和国家庭教育法（草案）》审议并征求意见，此法已呼之欲出。随着家庭教育立法不断推进，“家庭承担主体责任，政府承担补充责任”的原则将得以确立。

2. 学校教育强“基”

在我国，教育部门作为事业单位，担当着政府的教育使命。叶强（2020）将政府责任总结为：尊重家庭教育的选择权、防止学校过度干预、完善组织和程序、提供家庭教育指导服务、培育和监管家庭教育服务市场、改善经济条件、代为行使国家亲权等七方面。中央在顶层制度设计方面，通过社会治理逻辑，促进家庭、学校和社会教育功能到位，相互合作和补充。

科学文化知识是基础教育的核心内容，也是国家科学技术的进步和发展的教育基础，而非全部内容；儿童福利和保护的教育也是基础教育阶段的基础内容。教育要“培根、铸魂、启智、润心”，好的教育就应该是培养终生运动者、责任担当者、问题解决者和优雅生活者，孩子们以健全而优秀的人格赢得未来的生活，造福国家社会。学校对学生强健体魄的关怀与塑造，引导学生努力学习、提升本领、担当责任，激励学生以积极的心态和务实的态度面对现实、化解前行中的问题，鼓励学生以乐观从容的姿态开辟生活。学校教育增强学生的体能、智能、“责”能、“心”能、耐挫力、生活能力，便提升了学生的自我福利和自我保护水平，不仅可以减轻当下社会对儿童福利和保护的实践压力，也为未来社会培养和塑造了强有力的儿童福利和保护的贡献者。

好的学校应该成为儿童学习的乐园，人生发展的基地，个人安全的避难所和疗愈地。因此，第一，必须加强现有师资的“儿童保护”在职教育和训练，提升教师满足学生多维发展、多元需求的需求。第二，改革中小学的教育机制，每个班级每天至少开一节体育课，既提高学生体能，也宣泄学生压力；开设多元艺术课程，陶冶学生情操，激发学生兴趣，愉悦学生身心。第三，合理配置学校人力资源。满足学校文化、科技、体育、艺术类师资需求，配置真正懂教育的管理人员，配备专业社会工作者和心理咨询师助力学生健康成长，有效化解学生烦恼和个体危机。多措并举，夯实学校在儿童福利和保护方面的教育之“基”。

3. 社会机构宣教添“专”

人类是生物多样性的代表，即使在同样的条件和相似的环境下未必能够塑造出同样的个人；儿童父母和生活的家庭同样也具有多样性，困境儿童便是这种多样性的产物。随着城市化进程的加快，农村劳动力外流，农村留守儿童的家庭教育弱化或缺失问题日趋严重。因此，固“本”、强“基”过程中，可能还会出现“本”不固，“基”不强的情况，产生补充或替代家庭教育功能的需求。

社会需求呼唤公共服务供给，政府购买家庭教育服务的模式首先在苏州、长春、西安等城市铺展开来，并被一些城市纳入地方规划纲要。李晓巍等（2019）提出了家庭教育社区支持的六领域三层次体系框架。即家庭教育的物质环境支持、身体健康支持、教育学习支持、文化娱乐支持、人际关系支持和安全保护支持六个领域，使儿童、家庭、社区三个层次均有所获益。这在内容上为社会机构的公共服务内涵提供了重要参考。政府通过政策支持、资金投入、人才保障确保公共产品的精准供给，促进教育服务供需平衡发展，推进公共服务供给侧结构性改革（杨剑，2018）。通过政府购买服务，寻找多元、专业的功能替代机构；社会机构运用专业化方法承接宣教功能，为家庭添加或补充教育功能；第三方机构参与公共服务的评价，促进公共服务质量稳步提升。

4. 传媒机构宣教加“瓦”

传媒技术的日新月异，对现代生活中的每一个人都发挥越来越重要的作用；自媒体技术的普遍使用，使个体在大众传播中的参与性迅速提升。儿童从咿呀学语便开始接受各类传媒的熏陶和影响，儿童在体验媒体、参与媒体、利用媒体过程中，获取信息、学习知识、拓展文化视野、享受娱乐，传媒对于今日的儿童发挥着举足轻重的作用。因此，儿童也是媒体宣教的直接对象。面对父母教养、老师教化的许多功能被传媒取得的现实，以及媒介对于儿童身心发展和儿童保护所带来的挑战。如何运用便利的传媒，发挥儿童福利和保护的宣教功能，成为时代命题。

在宣教内容上，政府的教育、司法、宣传等部门，立法机构、社会机构与各类媒体机构合作，广泛宣传儿童福利和保护的知识和参与理念和技巧，为激发社会参与动力添砖加瓦。由于大众认知能力的层次性，宣教内容需要以多种形式、多种载体、多种叙事方式回应这种层次性。

媒介自身的规范发展，是发挥宣教功能的重要前提和保障。裘指挥等（2019）在研究美国等发达国家的经验基础上，从保护儿童健康和利用媒介的权利入手，提出制定完善的数字媒体儿童保护法规、出台数字媒体儿童保护指南。通过更为操作性的制度规范，保障媒介本身担负在儿童福利和保护中的责任与使命，在提供社会教育，激发社会参与中发挥作用。

三、规范组织发展，有效促进监管

虽然社会组织在参与儿童福利和保护工作中，为实现儿童的各项权益，特别是改善困境儿童和留守儿童的境遇，做出了突出贡献。但是，如前所述，我国社会组织发展和服务仍然良莠不齐，需要在一些关键层面上引领和规范社会组织发展。

中央引领与地方规范相结合。在政府购买服务政策的基础上，各地承接包括儿童福利和保护服务在内的社会组织骤增。2014 年民政部印发的《关于建立儿童福利领域慈善行为导向机制的意见》、2018 年出台的《儿童福利机构管理办法》，为儿童福利和保护的社会参与指明宏观方向。地方政府及其相关部门发挥主导作用，担负组织和动员社会力量参与儿童福利事业的责任，通过制定财政支持、优惠政策等具体措施，激励和引导民间社会力量建立慈善组织投入到儿童福利服务中来。导向机制是对社会组织早期发展的一种积极规范，并不能十分有效地抑制特定区域社会组织服务的低效、无效甚至反效结果，例如疫情初期，某地慈善协会的物质资源调度失灵。从实践来看，造成这些效果状态的服务，原因是非常具体、多元，较多呈现区域性，特别需要地方性政策来调整。因此，以实证和实务研究为基础，系统性研究区域性组织参与行为失效的应对之策。区域策略需要注意以针对性、及时性、补救性来回应。

规范购买服务促进服务规范。目前，被广泛使用的地方政府购买社会服务，已经积累了一些地方经验，但也需要反思和加强规范化建设。首先需要规范购买服务本身，不断优化以社会需求为导向的购买政策。借助于信息化和网格化的优势，准确设定需要购买公共服务的领域，规范购买服务的方案、第三方评估方案。其次，根据地区社会组织发展的阶段特点，坚持不同的规范策略，早期教育学规范，中期激励守规范，成熟期惩治不规范，逐步引导社会组织走向服务规范的发展道路。

内部建设与外部监督相结合。强化社会组织内部管理意识，完善内部治理机制，提高社会组织理事会和监事会的专业性和工作的规范性，聚焦和促进专业化服务功能提升；建立透明的财务审计机制，提升公益组织的公信力。既重视对儿童及其家庭的问题的解决和状态的改善，优化服务成效；也重视对问题普遍性程度的研究和服务的政策性反馈，促成社会组织与政府间良性的政策互动。重视和加强专业评估和专业督导，特别是外源性的专业评估和督导，可以克服内部自我评估和督导的不足，拓宽专业视野，提升服务能力。重视有关儿童及其家庭的服务反馈，以开放的姿态社会监督，不断推动涉童社会组织规范化发展。

四、提升参与系统性，提高参与稳定性

社会参与的优势是与社会性相伴随的自发、有机、灵活特质，但提高社会参与的系统性和稳定性，避免儿童福利和保护过程中马太效应，促进社会平等和参与效益最大化，也是当务之急。

系统性具有三重含义，一是指在宏观层面上，不同类型、不同区域儿童的需求都能被发现，以广泛的社会参与来满足儿童的需求。如孤儿、监护缺失或监护不力的儿童、各类残疾儿童、学业困难的儿童、被霸凌的儿童、霸凌他人的儿童等等，贫困地区的儿童与富裕地区的儿童，机构内的儿童和机构外的儿童都能获得必要社会服务。二是指在微观层面，社会参与者需要关注儿童遭遇的困境可能产生多元影响，系统性评估儿童的物质保障和支持、身体状况、心理和精神状况、人际关系状况等，并给予系统性支持。三是指在中观层面，有链接宏观和微观的组织化结构，个体能够更多嵌入在组织中参与儿童福利和保护行动，为宏观目标实现做贡献。

稳定性是指在发现需要支持的儿童后，社会参与者所提供的服务对儿童而言应具有可预期性，即具有合理的周期；依据儿童的不同状况，周期可长可短。社会参与者开展的服务是儿童可以理解和愿意接受的，结束则是以儿童的

自然生态系统功能恢复或儿童具备了自我能力为前提的。不稳定性的社会参与，可能使儿童产生失望、羞愧、怨恨等心理而遭遇二次伤害，反而失去社会参与儿童福利和保护的意义和价值。

江苏省构建“家庭尽责、政府主导、民政牵头、部门联动、社会参与、共同关爱”的儿童福利工作新格局，“聚焦精准保障，强化体系建设”（翟倩，2020）的思路正是“系统性”和“稳定性”的体现。以“大数据 + 网格化 + 铁脚板”的“三步排查”法精准排查、发现困境儿童；根据儿童的监护风险、生活风险、行为风险状况，将困境风险由高到低分为红、黄、蓝、绿四个风险等级。市、县联动，开展“靶向”关爱，提供精准保障；根据儿童的多元需求，整合多方资源，提供多重“N 重”关爱。这种“3 +4 + N”儿童福利和保护模式，能否推动儿童福利工作高质量发展，关键在于实现最大限度的全域动员和全域参与，维持社会参与的系统性和稳定性，既要避免“爱心扎堆”，也要避免对儿童需求和困境的漠视与忽略。

系统性、稳定性社会参与和全球慈善指数（WGI）所倡导的参与者经常担当志愿者、经常帮助陌生人、经常向慈善机构捐款以及加入社会组织提供服务的理念相吻合。

五、信息对称，行动耦合

供求信息对称是社会参与效率最大化的重要前提，行动耦合则是社会参与效率最大化的现实保障。需求信息能否准确传递和被及时发现，是信息对称的起点。儿童向外表达自我困境的意识和能力并不充分，且因年龄和保护性教育程度不同差异较大。因此，一方面通过学校、幼儿园，也可以通过儿童读物和视频加大求助知识和技巧的教育与训练，使儿童能够及时、准确地表达求助需求。例如，华东政法大学附中因校门附近设立的交通信号灯导致交通拥堵。在老师的带领下，20 名学生通过问卷调研、监测车流量、统计红绿灯时间、查看车辆停放状况等工作，研读法律条文，商讨改进措施，撰写了包含增设监控探头、调整信号灯时间、延长交通隔离线等 5 条建议的报告，转为政协提案提交，区交警大队很快根据建议做出整改、处理和解释，使校门口的交通状况得到了改善。另一方面，社会参与者提高儿童保护意识，随时随地关注身边儿童的状况，及时主动发现儿童的需求，有时需要社会参与者代表儿童准确发布求助信息。有些发现，可能是儿童遭遇的普遍性问题，如学业压力过大、睡眠不足、儿童食品安全风险等，则需要呼吁政府部门和司法部门的权力干预。儿童的显性困境信息容易被发现，例如儿童身体残疾、行动不便、衣衫不整；隐性困境常常不易被发现，早期的创伤经历可能危害儿童的及其未来的心理健康。因此，需要专业化的“铁脚板”根据儿童的过往经历和所处的家庭环境、学习环境和社交环境等多域环境，系统性评估发现儿童的隐形问题。

儿童的需求信息表达后或被发现后，需要将需求信息及时传递给能够提供匹配性服务的社会参与者，方能使信息对称。因此，建立儿童福利和保护的专业信息平台，将需求信息接收和发送以及服务委派、督导、反馈功能整合，成为信息对称机制的保障县级及以上民政部门履行儿童福利和保护的牵头人职责，应将平台建设作为工作的重要内容。发挥联动机制的作用，公安、教育、共青团、妇联等其他相关部门作为信息平台的重要资源单位；广泛动员社会力量，特别是服务儿童的专业机构和个人以及各类志愿者加入平台。从我国COVID－19的疫情应对经验来看，这样的平台是非常必要的，也是非常有效的。

通过信息平台不仅使儿童的每一个社会性需求都能被看见，还需要广泛而恰当的社会参与行动与儿童的需求相耦合。儿童的一般性需求，大多可以通过社会参与者及时处置和满足，相对容易满足；但是，儿童的特殊性需求，往往需要特殊的参与方能满足。例如，湖南常德市一名7岁儿童轩轩，3岁时丧母，父亲离家未归，由外婆抚养成长。现在要入学，外婆却无法接送孩子上下学，且上学之路，路况复杂不安全。常德市社会救助事务中心工作人员及时将儿童的困难和需求信息通报给公交公司，有着53年历史的公交公司首次为个人增设公交临时停靠点，一块临时站牌，解决了儿童及其家庭的问题，满足了儿童的需求。社会参与的广泛性和系统性是信息对称性的保障，信息的对称性决定了耦合成效，而耦合成效决定着儿童福利和保护的水平和质量。

第六章　中国儿童福利和保护法律制度探索

全球儿童福利和保护制度的发展，均遵循“立法先行”铁律，我国儿童工作也离不开法律制度不断完善的护航。本章将通过对我国当前儿童福利和保护法律制度立法体系、执法体系、司法体系的系统梳理，在分析现有问题的同时结合国外可供吸收的优秀制度经验，为完善我国儿童福利和保护法律制度提出一些具有可行性的建议。

第一节　儿童福利和保护法律制度的理论架构

一、儿童福利和保护法律制度的概念界定

（一）法律制度的内涵与外延

界定儿童福利和保护法律制度的概念应当明确“法律制度”的含义，尽管“法律制度”与“制度”在特定语言环境下可能会被用来指代相同的意思，即认为制度是法律制度的简称，但两者在本质上相差“法律”两个字，说明前者比后者更具有法律的特点，强调和突出法律对制度的作用。

法律制度，简称法制。[1] 一般认为，狭义的法律制度是指一个国家或地区用以调整某种社会关系的法律原则或规则的总和，对应而言，狭义的儿童福利和保护法律制度是关于儿童福利的法律规范的总称；而广义的法律制度在包含狭义的法律制度的基础上还包括了运用法律规范来调整各种社会关系时所形成的实施、运行、管理及监督等制度，它根据调整的社会关系不同会形成各个

---

〔1〕 由于中文的博大精深，法制的概念同样存在不同含义的区别，法制既可以指代法律制定，也可以指代法律制度，我国在政治经济和法律领域内使用的“法制”通常含义为法律制度，如法制建设。

具体的法律制度，如行政法律制度、婚姻家庭法律制度、刑事诉讼法律制度等。故广义的法律制度是一个相对宽泛的概念，既蕴含了法律的内涵又包括了制度的外延。

广义的儿童福利和保护法律制度指用以调整儿童福利和保护的立法体系及其实施体系，不仅包括儿童福利和保护的有关法律法规，还包括儿童福利和保护的法律在实施过程中涉及的一系列司法、执法以及守法等活动。是所谓“徒法不足以自行”,[1] 忽略制度建设仅讨论儿童福利的立法问题容易导致立法与实践工作不相适应，考虑到最大限度地统筹立法体系与司法体系、执法体系之间的内部协调性，构建中国儿童福利和保护法律制度应当从广义的角度理解法律制度，着眼于儿童福利在立法、司法、执法、公民守法以及法律监督等多个层次的不同需要，以健全儿童福利制度的立法体系为基础协调完善儿童福利的司法体系、执法体系、法律监督体系并促进公民守法。

（二）儿童福利和儿童保护并行

在社会福利制度极不完善的20世纪，我国弃婴现象、童工浪潮、流浪乞儿问题都相当严峻，以至于在我国儿童福利初建阶段，福利的含义更接近于救助，主要以查漏补缺的形式开展，又称为补缺型儿童福利政策。长期以来，中国儿童福利事业基本处于社会救助为主、教养取向发展和狭义社会保护为辅的阶段，儿童福利是个典型的狭义概念。[2]

目前，我国处于适度普惠型的儿童福利政策阶段，儿童福利的制度框架内吸纳了儿童保护、儿童服务、儿童津贴、儿童发展等内容，使得我国儿童福利制度在日益完善的同时催生出了儿童保护或未成年人保护制度，且随着《未成年人保护法》将保护对象拓展至全体儿童，儿童领域的立法相关理念开始体现出高度普惠化的儿童福利和保护融合的思想，将二者合并有利于实现儿童利益最大化原则。为保障我国儿童的合法权益、实现普惠型儿童福利的最终目标，构建我国儿童福利和保护法律制度应当在结合我国现阶段实际国情的前提下具有一定的前瞻性和系统性，故采取儿童福利和儿童保护并行的法律制度建设方针。

---

〔1〕《孟子·离娄上》：“徒善不足以为政，徒法不能以自行。”

〔2〕参见刘继同：《国家责任与儿童福利：中国儿童健康与儿童福利政策研究》，中国社会出版社2010年版，第50页。

二、构建儿童福利和保护法律制度的意义

构建儿童福利和保护法律制度，既是目的，也是手段。其目的固然是为了保障儿童合法权益、促进儿童全面发展，但通常学者是从儿童福利发展历史与其理论基础进行分析，采用的是目的解释论，少有人剖析其存在的必要性。以方法解释论的角度从经济学的层面进行分析，可以进一步说明构建儿童福利和保护法律制度对实现依法治国、维护社会稳定的重要作用。

（一）缓和社会矛盾的重要手段

福利在经济学中以效用为标准进行衡量，所谓效用指人们从环境中得到的幸福或满足程度。[1] 在一个相对稳定的社会中，人们的幸福程度也相对稳定，但当社会环境受到不良因素的刺激变得恶劣时，如出现自然灾害或经济衰退等情况，人们获得的幸福感程度就会变低，使得纠纷现象、越轨行为甚至犯罪行为增加，继而可能导致社会环境的进一步恶化。尽管人们可以通过市场这只“看不见的手”实现经济效率与社会普遍福利的增加，但实践中反而产生了各种剧烈的社会矛盾，相反，政府及其宏观政策与经济管理这两只“看得见的手”的作用却能很好地缓和社会矛盾，以政府调整为手段的制度性社会福利，本质是对社会收入的再分配。[2] 社会福利有广义和狭义的理解，广义的社会福利是指面对广大社会成员并改善其物质和文化生活的一切措施，狭义的社会福利基本上指向困难群体提供的带有福利性的社会支持，包括物质支持和服务支持。[3] 一般而言，儿童缺乏劳动能力而没有独立的经济来源，只能被动地接受市场经济带来的一切后果，儿童福利也因为具备这种儿童高度依赖环境呵护的特殊性，除了普遍性的社会福利保障以外还需要国家的专门照顾，故儿童福利是社会福利的特别形式，在发展过程中与经济学关系密切，是国家福利制度的重要组成部分。

就我国儿童福利所起的作用而言，一是可以减少未成年人犯罪行为的发生。根据国家统计局数据显示（表1），在2007年以前，我国未成年人的犯罪

[1] ［美］曼昆：《经济学原理》（下册），梁小民译，北京大学出版社1999年版，第53页。转引自贺颖清：《福利与权利——挪威儿童福利的法律保障》，中国人民公安大学出版社2005年版，第9页。

[2] 参见刘少杰主编：《国外社会学理论》，高等教育出版社2006年版，第503－504页。

[3] 参见王思斌著：《社会工作概论（第三版）》，高等教育出版社2014年版，第10页。

比重相对稳定且偏高，占整体刑事犯罪的比重基本在9%以上，这是由于当时我国儿童福利政策还很不完善，几乎难以抑制未成年人的犯罪行为。而在2008年到2011年之间，我国开始重视儿童保护的课题，未成年的犯罪比重也随之出现降低的趋势，但在占青少年犯罪比重上仍存在起伏。从2012年到2017年，未成年人刑事罪犯的人数在犯罪总数上升的同时大幅下降，犯罪比重出现明显降低的趋势，这与我国日益进步的儿童福利制度有着密切的关系。但从2018年至今，未成年人犯罪情况出现回升的趋势，这一现象十分值得警惕。二是儿童福利政策可以通过给予儿童所在家庭一定福利帮助的形式来调解社会矛盾，如国家通过救济补贴、家庭服务、民政帮扶等儿童福利方面的法规政策以保障社会困难群体平等幸福生活的基本权利，减轻困难家庭养育儿童的生活负担，从而间接地促进社会稳定。

表1：2004年－2019年我国青少年违法犯罪状况[1]

单位：人、%

年份	刑事罪犯总数	青少年罪犯	不满18岁	不满18岁占刑事罪犯比重	不满18岁占青少年罪犯比重
2004	764441	248834	70086	9.17	28.17
2005	842545	285801	82692	9.81	28.93
2006	889042	303631	83697	9.41	27.57
2007	931745	316298	87503	9.39	27.66
2008	1007304	322061	88891	8.82	27.60
2009	996666	302023	77604	7.79	25.69
2010	1006420	287978	68193	6.41	23.68
2011	1050747	282429	67280	6.40	23.82
2012	1173406	282990	63782	5.44	22.54
2013	1157784	265439	55817	4.82	21.03
2014	1183784	249576	50415	4.26	20.20
2015	1231656	236341	43839	3.56	18.55

〔1〕 数据来源：国家统计局《中国统计年鉴2020》，"表24－15 人民法院审理刑事案件罪犯情况"。http：//www.stats.gov.cn/tjsj/ndsj/2019/indexch.htm，2021年5月26日最后访问。

续表

年份	刑事罪犯总数	青少年罪犯	不满 18 岁	不满 18 岁占刑事罪犯比重	不满 18 岁占青少年罪犯比重
2016	1219569	204657	35743	2. 93	17. 46
2017	1268985	183471	32778	2. 58	17. 87
2018	1428772	243275	34365	2. 41	14. 13
2019	1659550	281860	43038	2. 59	15. 27

（二）战略性儿童投资策略

由联合国儿童基金会委托开展的一项研究显示，虐待和暴力侵害儿童每年给东亚及太平洋地区不同类别的国家带来的经济负担约达 2090 亿美元，相当于该地区国内生产总值（GDP）的 2%；据估算，2010 年光儿童身体虐待一项给中国造成的负担就相当于国内生产总值的 0. 84%（约 500 亿美元），对儿童的精神虐待和性侵害所造成的经济负担分别相当于年国内生产总值的 0. 47%和 0. 39%；这项研究表明，对儿童暴力的不作为会给国家和社会造成巨大的经济负担。[1] 另一方面，相关研究表明经历过虐待等童年逆境的儿童在成年之后往往伴有相应的后遗症而很难高效地参与到社会生产中去，从而对国家造成潜在的劳动力和经济发展的损失。都说孩子是祖国的花骨朵，教师是园丁，这也正意味着家庭、学校和社区是儿童成长的花园，恰如近年来儿童福利基层人员被媒体誉为“护苗员”一样，国家帮助儿童更好地成长，相当于在花园里施肥、除虫，期待儿童花园有朝一日能够百花齐放、果实累累。在日新月异的网络时代，科技发展速度达到了前所未有的水平，当小学生学习编程逐渐成为常态却还有同龄的孩子连生活都存在困难。如果说生存是文明的第一需要，那么儿童的生存是文明发展的第一需要。儿童作为未来国家建设的主力军，在成长的过程中产生无数的可能性，儿童福利是一项长远的、巨大的、有效的投资政策，事实上儿童福利的成果目前已有所体现。

---

〔1〕 参见联合国儿童基金会：《儿童虐待给亚太地区国家每年带来 2090 亿美元经济负担》，2015 年 6 月 2 日。https：//www. unicef. cn/press – releases/child – maltreatment – asia – pacific – costing – countries – us – 209 – billion – each – year – says – unicef，2021 年 5 月 26 日最后访问。

第二节　完善中国儿童福利和保护法律制度的立法体系

虽然当前我国儿童福利和保护法律制度的立法体系整体结构不够清晰，在法律层面尚未形成像《民法典》《刑法》那样专门的儿童法典性法律，但经过梳理可以发现，我国儿童福利和保护法律制度的立法体系已经有了基本的框架，本章将在分析我国儿童福利和保护立法现状和问题的基础上提出可行性的立法建议。

一、儿童福利和保护立法体系的现状梳理

本章儿童福利和保护法律制度的立法体系采用的是扩大解释的定义，不仅包括狭义的法律，还包括行政法规、部门规章和政府文件等。目前，国家层面有关儿童福利的法律法规、规章和规范性文件有数百部。其中，据学者统计截至2019年底，关于一般儿童福利的33部、非常规教育的15部、儿童疾病救助的10部、儿童保护的66部、儿童发展的8部。[1] 为方便理解，将按照法律效力不同并结合是否具备儿童福利专门性的特点进行分类并分别进行分析，基本分为宪法、专门性法律、一般性法律、国务院行政法规、部门规章、地方性法规或规章、国际公约等七个层次，试图把我国儿童福利的立法体系梳理清楚。

（一）《中华人民共和国宪法》

第一层次是《中华人民共和国宪法》，它以国家根本大法的形式确立了儿童福利的基本原则。《宪法》从基本法的高度，规定了包括儿童在内的所有公民的基本权利和义务，并从“五四宪法”时起就明确规定了儿童权利保护的国家立场与基本原则，“婚姻、家庭、母亲和儿童受国家的保护”，该条文贯穿于每一部《宪法》之中，是我国儿童福利和保护法律制度的宪法性原则。[2]

---

〔1〕易谨：“论我国《儿童福利法》的定位”，载《理论探索：少年儿童研究》2019年第12期，第39页。

〔2〕“婚姻、家庭、母亲和儿童受国家的保护”的规定，出现在1954年《宪法》第96条，1975年《宪法》第27条，1978年《宪法》第53条，1982年、1993年、1999年、2004年、2018年《宪法》第49条。

同时，现行《宪法》第46条规定，“国家培养青年、少年、儿童在品德、智力、体质等方面全面发展”，体现了儿童福利和保护的基本内涵。

（二）儿童福利和保护的专门性法律

第二层次是全国人大及其常委会以儿童为对象通过的具有儿童福利和保护性质的法律。我国没有专门以“儿童福利”或“儿童保护”命名的法律，而是通过调整儿童相关法律关系的形式来保障儿童的合法权益，主要有《未成年人保护法》《预防未成年人犯罪法》《义务教育法》和《反家庭暴力法》。另外，《母婴保健法》（2017年修正）、《妇女权益保障法》（2018年修正）、《人口与计划生育法》（2015年修正）等均是最近几年国家以儿童为主要对象修正的专门性法律，这类法律涉及了儿童工作的多个领域并为儿童福利和保护制度的实施提供了有效的法律保障。

1.《未成年人保护法》

2020年10月17日，第十三届全国人大常委会第二十二次会议通过了修订后的《未成年人保护法》，从家庭、学校、社会、网络、政府、司法六个方面体现了儿童的相关权益，比原先更加重视儿童保护的法律作用。新未保法不仅完善了儿童的监护制度，确立了强制报告制度，还特别加强对儿童的校园安全、网络健康的保护，完成了从“预防犯罪”向“儿童保护”的立法视角转变，是我国儿童福利制度最主要的法律渊源。

2.《预防未成年人犯罪法》

作为《未成年人保护法》的姐妹篇，新修订的《预防未成年人犯罪法》在吸收保护儿童的立法理念的同时更侧重儿童教育和预防犯罪，两部法律互相支持、共同构成我国儿童福利领域的重要法律渊源。2020年12月26日，第十三届全国人大常委会第二十四次会议通过了修订的《预防未成年人犯罪法》，新修订后的预防法改变了原先要求未成年人自我防范的立法思想，进一步强调国家、社会、学校和家庭的作用，对未成年人的违法犯罪行为采取分级预防，比过去更重视对预防犯罪的教育，明确规定了“坚持预防为主、提前干预”的基本原则，还对收容教养制度进行了改革，将它纳入专门教育的制度范畴。

3.《义务教育法》

义务教育是我国儿童教育福利的最基本保障法。我国第一部《义务教育法》是于1986年通过的，仅有18条规定，2006年6月29日，第十届全国人大常委会第二十二次会议修订通过了《义务教育法》，形成了总则、学生、学校、教师、教育教学、经费保障、法律责任及附则的八章格局。虽然全国人大常委会分别于2015年4月和2018年12月审议通过了两次修正案，但对《义务教育法》没有大的改动，只对第四十条“教科书价格”的规定予以修改。

4.《反家庭暴力法》

2015年12月27日，第十二届全国人大常委会第十八次会议通过了《反家庭暴力法》。自此，中国的第一部反家暴法正式颁布，以共六章38条的形式对家庭暴力的范畴、预防、处置、人身安全保护令和法律责任作出了概括规定，是我国专门针对家庭内妇女儿童等弱势群体遭受暴力的现象而制定的法律，具有明显的儿童保护色彩。

（三）涉及儿童福利和保护的一般性法律

第三层次是全国人大及其常委会颁布的涉及儿童权利的一般性法律，这类法律与儿童福利和保护的内容密切相关。其中，以《民法典》《刑法》《教育法》和《残疾人保障法》为主，适用度也最高。另外还有《传染病防治法》（2013年修正）、《食品安全法》（2018年修正）、《烟草专卖法》（2015年修正）、《劳动法》（2018年修正）、《慈善法》（2016年通过）、《红十字会法》（2017年修订）、《民事诉讼法》（2017年修正）、《刑事诉讼法》（2018年修正）、《社会保险法》（2018年修正）、《公益事业捐赠法》（1999年通过）等与儿童权利保障紧密相关的一般性法律。

1.《民法典》

2020年5月22日，第十三届全国人大三次会议通过了《民法典》，共7编1260条，是我国首部民事类法典性法律，与儿童福利关系重大。它在“总则”部分就对儿童权利有了诸多保护，尤其是第二章“自然人”，并在第二节“监护”中对儿童的监护问题进行了较为详细的规定。《民法典》还专门设置了“婚姻家庭编”与“继承编”，整合了原有的《民法总则》《婚姻法》《收养法》与《继承法》等内容，系统的规定了儿童在民事法律生活中接受监护、教育、抚养、收养和继承等基本权利。

2.《刑法》

现行刑法在规定一般性罪名以保障普通公民合法权益的同时，还特别设置了拐卖儿童罪、雇用童工从事危重劳动罪、虐待被监护人罪、遗弃罪、拐骗儿童罪、组织儿童乞讨罪等侵犯儿童合法权益的犯罪行为，体现了刑法对儿童权利的特殊保护。但2020年12月26日第十三届全国人大常委会第二十四次会议通过的《刑法修正案（十一）》却将未成年人的刑事责任年龄降低至12周岁，[1] 这一规定虽迎合了舆论的声音，但一味降低刑事责任年龄所起到的威慑作用并不能从根本上预防未成年人犯罪，此举始终是治标不治本。

3.《教育法》

1995年3月18日，第八届全国人大第三次会议通过了我国首部《教育法》。2015年12月27日，第十二届全国人大常委会第十八次会议通过《关于修改〈中华人民共和国教育法〉的决定》，对《教育法》进行了第二次修正，也是历史上较为重大的一次调整，新增了第18条关于国家规范学前教育的规定并加强了考试作弊的法律责任。相比《义务教育法》具有针对儿童的教育保障的专门性，《教育法》面向的是全社会的教育问题，在对象和内容上具有一般性，但《教育法》中明确了学前教育和中等教育这两个义务教育之外的18周岁以下的教育阶段的规定，对国家保障儿童教育意义重大。

4.《残疾人保障法》

残疾儿童作为儿童的特殊群体，目前没有专门的残疾儿童保障性法律，而是通过《残疾人保障法》予以统一规范。1990年12月28日，第七届全国人大常委会第十七次会议通过我国首部《残疾人保障法》，具有一定的福利法特性，尤其第三章"教育"部分多次提到残疾儿童、少儿、幼儿与残疾学生等内容，而第六章专门以"福利"命名，内容侧重对残疾人的社会保障。2008年4月24日，第十一届全国人大常委会第二次会议修订通过《残疾人保障法》，将第六章"福利"修改为"社会保障"并新增了"无障碍环境"的专章规定，对残疾人的基本人权、教育、康复、文化生活、社会保障、无障碍环境等内容进行了总领性规定。虽然是一般性法律，但是儿童福利的主要法律渊源。

（四）国务院发布的儿童福利和保护的行政法规等

第四层次是以国务院为主体发布的以儿童权利保障为内容的行政法规与

---

[1]《刑法修正案（十一）》将第17条第三款修改为，"已满十二周岁不满十四周岁的人，犯故意杀人、故意伤害罪，致人死亡或者以特别残忍手段致人重伤造成严重残疾，情节恶劣，经最高人民检察院核准追诉的，应当负刑事责任。"

发展纲要、意见等规范性文件，从国家层面指导儿童福利总体规划。近年来，国务院批准下发了许多保障儿童权利的文件，在儿童福利制度建设过程中起到了至关重要的作用，包括现行有效的行政法规在内的国务院规范性文件中：

1. 以儿童为制定对象的专门保障儿童权益的国务院行政法规

我国专门针对儿童福利制定的行政法规数量不多，但具有很强的儿童保护理念，如《母婴保健实施办法》《禁止使用童工规定》《中国公民收养子女登记办法》《外国人在中华人民共和国收养子女登记办法》。

2. 不以儿童为制定对象但与儿童密切相关的国务院行政法规

国务院制定了一批一般性社会福利性质的行政法规，如《社会救助暂行办法》《艾滋病防治条例》《城市居民最低生活保障条例》《农村五保供养工作条例》《城市生活无着的流浪乞讨人员救助管理办法》等，而其中《残疾人教育条例》和《残疾预防和残疾人康复条例》虽然不完全针对儿童，但在条例中存在大量“残疾儿童、少儿”的表述，是国家保障残疾儿童社会福利的重要文件。

3. 以儿童为制定对象的专门保障儿童福利的国务院文件

国务院发布的文件中，最为重要的有“儿童发展纲要三部曲”，包括《九十年代中国儿童发展规划纲要》《中国儿童发展纲要（2001—2010 年）》《中国儿童发展纲要（2011—2020 年）》。《中国儿童发展纲要（2011—2020 年）》新增了“儿童与福利”的专门章节，并明确了“扩大儿童福利范围，推动儿童福利由补缺型向适度普惠型的转变”的儿童福利制度建设目标，是我国儿童福利和保护法律制度的纲领性文件。2021 年 9 月，《中国儿童发展纲要（2021—2030 年）》正式印发。另外，国务院还有大量保障儿童权益的文件，如《关于建立残疾儿童康复救助制度的意见》《关于学前教育深化改革规范发展的若干意见》《关于加强和改进流浪未成年人救助保护工作的意见》《关于加强农村留守儿童关爱保护工作的意见》《关于加强困境儿童保障工作的意见》、国务院联防联控机制《因新冠肺炎疫情影响造成监护缺失儿童救助保护工作方案》等。

4. 不以儿童为制定对象但与儿童密切相关的国务院文件

如国务院发布的《关于加快实现社会福利社会化的意见》《关于建立城市医疗救护制度试点工作的意见》《关于全面建立困难残疾人生活补贴和重度残

疾人护理补贴制度的意见》等。

（五）有关部委发布的儿童福利和保护的部门规章等

第五层次是以国务院儿童福利有关部委为主体发布的部门行政规章与意见、方案等规范性文件，这部分文件的数量最多，涉及的行政主体也最多，主要是针对儿童福利的具体问题制定的实施意见或通知。儿童福利的各类规范性文件基本由各部门根据国务院的相关文件依职权制定并发布，如民政部主管儿童收养、寄养、救助等工作，教育部主管儿童教育、儿童校园保护等，卫生部门主管儿童医疗、健康保障等，住建部主管儿童福利机构、学校建设等设施安全保障等，而像公安部、财政部、人社部、发改委、扶贫办等与儿童福利工作密切相关但不具有儿童工作专门性质的行政部门，主要特点是与前述儿童工作主管型部门共同制定儿童福利的相关文件。

1. 民政部是传统儿童福利制度的主管部门，发布的相关部门规章与规范性文件的数量相对较多，也更具有体系

（1）部门规章：如《家庭寄养管理办法》《儿童福利机构管理办法》《收养登记工作规范》等；（2）单独发布的规范性文件：如《关于进一步加强受艾滋病影响儿童福利保障工作的意见》《关于开展适度普惠型儿童福利制度建设试点工作的通知》《关于进一步健全农村留守儿童和困境儿童关爱服务体系的意见》《关于进一步加强事实无人抚养儿童保障工作的意见》《关于做好因新冠肺炎疫情影响造成监护缺失的儿童救助保护工作的通知》等，这类规范性法律文件具有较强的时代指导作用，可以大致看出民政儿童福利工作的开展脉络和体系结构；（3）以民政为主导的联合发文：民政部作为儿童福利工作的主要牵头部门，联合发文的数量和规模也相对较多、较高，如民政部等 5 部委《关于解决国内公民私自收养子女有关问题的通知》，民政部等 14 部委《关于加强孤儿救助工作的意见》，民政部等 19 部委《关于加强流浪未成年人工作的意见》等。

2. 教育部是儿童在校权益保障的主管行政部门，专门发布的政策规章大多涉及儿童教育工作

（1）部门规章：根据教育部发布的关于《教育部现行有效规章目录》可知，截至 2020 年 12 月 31 日，教育部现行有效的规章有 47 部，其中名称中明显涉及儿童权益的规章有《小学管理规程》《学生伤害事故处理办法》《中小

学幼儿园安全管理办法》，《幼儿园工作规程》《学校食品安全与营养健康管理规定》以及最新发布的《中小学教育惩戒规则（试行）》等9部；（2）单独发布的规范性文件：与民政部不同，教育部单独发布的文件较少，主要有《关于加强残疾儿童少年义务教育阶段随班就读工作的指导意见》等；（3）教育部、财政部联合发文：在整理过程中发现，我国教育部与财政部共同发布的文件最多，仅两者制定并印发的文件就有《特殊教育补助资金管理办法》《城乡义务教育补助经费管理办法》《义务教育薄弱环节改善与能力提升补助资金管理办法》《关于切实做好学校疫情防控经费保障工作的通知》等，足以说明教育与财政在我国儿童福利工作中的重要性；（4）以教育部为主导的多部门联合发文：教育部作为儿童教育保障、校园安全保障的牵头部门，有大量文件是以多部门联合的形式发布，如教育部等8部门共同制定的《综合防控儿童青少年近视实施方案》，教育部等11部门共同制定的《加强中小学生欺凌综合治理方案》，教育部等7部门共同制定的《第二期特殊教育提升计划（2017－2020年)》，教育部等10部门《关于进一步加强控辍保学工作健全义务教育有保障长效机制的若干意见》等文件。

3. 我国目前的卫生部门主要是国家卫生健康委员会，前身是国家卫生和计划生育委员会，由原卫生部与人口和计划生育委员会合并组建

（1）部门规章：我国卫生部门统一的发文机关是国家卫健委办公厅，如《妇幼保健机构绩效考核办法》等；（2）内设机构发文：关于儿童福利的规范性文件根据具体内容的不同，可以由不同的内设机构制定。①主要集中在妇幼健康服务司，《健康儿童行动计划（2018—2020年)》与《母婴安全行动计划(2018—2020年)》是我国2018年—2020年间儿童健康保障的两个规划性的政策文件，具有重要的指导作用，以及《关于印发2014年贫困地区儿童营养改善项目方案的通知》《关于做好儿童和孕产妇新型冠状病毒感染的肺炎疫情防控工作的通知》等；②其他内设机构也会制定关于儿童卫生健康的政策性文件，比如药物政策与基本药物制度司的《关于保障儿童用药的若干意见》，人口监测与家庭发展司的《关于做好托育机构复托相关工作的通知》，流动人口计划生育服务管理司的《关于印发留守儿童健康教育核心信息和留守儿童监护人健康教育核心信息的通知》，农村卫生管理司的《关于开展提高农村儿童重大疾病医疗保障水平试点工作的意见》等；（3）以卫生部门为主导的联合发文：我国卫生部门对于儿童卫生保障文件的联合发布也很常见，如原国家卫

计委等6部委《关于印发加强儿童医疗卫生服务改革与发展意见的通知》，国家卫健委等6部委《关于开展儿童白血病救治管理工作的通知》，国家卫健委等8部委《综合防控儿童青少年近视实施方案》，国家卫健委等8部门联合印发的《关于进一步加强青少年控烟工作的通知》等。

4. 住房和城乡建设部是儿童福利基层设施建设的保障部门，具有高度的专业性，制定了一系列儿童建筑的行业标准

（1）部门规章：如《行业标准儿童社会福利机构基本规范》《行业标准托儿所、幼儿园建筑设计规范（JGJ39－2016）》等；（2）部门发文：如《关于发布行业标准〈托儿所、幼儿园建筑设计规范〉局部修订的公告》《关于印发〈智慧社区建设指南（试行）〉的通知》《关于批准发布〈流浪未成年人救助保护中心建设标准〉的通知》等；（3）联合发文：住建部与发改委联合发布的《关于批准发布〈儿童福利院建设标准〉的通知》等。

我国儿童福利和保护文件一个重要特点就是联合发文。国务院有关部门联合发布的儿童福利类的法律文件数量相当多，通常涉及的部委的数量也较多且主体不固定。除上述已经列举的具有民政、教育、卫生部门等牵头性质的联合发文外，还有一些联合文件具有较强的综合性，如中央综治办等15部门联合发文《关于建立家事审判方式和工作机制改革联席会议制度的意见》，国务院食品安全办等6部门发布《关于开展学校校园及周边食品安全联合督查工作的通知》，民政部与公安部联合发布的《关于开展查找不到生父母的打拐解救儿童收养工作的通知》等。这种多部委共同制定儿童福利规范性法律文件并联合发文的“立法模式”与我国儿童福利执法体系的“多头执法”有着相生相成的关系，两者互为因果、密不可分。

（六）儿童福利和保护的地方性法规或规章等

1. 与儿童福利和保护有关的地方性法规

目前地方人大及其常委会制定的专门的儿童福利和保护地方性法规数量较多且不易查找，能够查到的一般是儿童有关的法律的地方性法规，与其上位法律相辅相成，为儿童工作提供可操作性的规范要求，如地方性的《义务教育条例》（约20部）、地方性的《反家庭暴力条例》（约20部）、地方性的《未成年人保护条例》（约25部）等，但由于《未成年人保护法》等相关法律的修订，一些地方条例面临重新修订的必要性。还有类似《上海市妇女儿童保

护条例》（1990 年通过）等地方性法规，则存在制定年代久远、与社会发展不相适应的问题。

2. 与儿童福利和保护有关的地方性的政府规章

以地方政府或地方行政机关为主体针对上级政府或有关部门下发的文件而制定的地方政府规章或规范性文件，是儿童福利政策的具体实施方案。现阶段，我国儿童福利和保护的地方政府规章在省、市、县各级都有，基本是《实施办法》，数量较多且自成一派。

3. 与儿童福利和保护有关的地方政府部门的文件

儿童福利和保护的地方部门的规范性文件一般为地方行政机关对其所属的国务院部门或上级机关下达文件的具体执行通知、意见或实施细则，据非官方不完全统计有 50 部,[1] 但实际数量应该远远不止，全国范围仅民政系统内就可能达到三位数以上，此处不进行列举。

（七）我国加入的国际公约、宣言等

我国儿童福利和保护法律制度具有一定的国际法基础，主要由中国政府已经签署、批准、加入和承诺履行的联合国机构、国际组织和国际 NGO 有关儿童福利、儿童保护的国际公约、宣言构成，总体来说可以分为两个领域：一是专门针对儿童权利、生存、保护和发展的国际公约、宣言和政策决定，二是一般性公民权利公约。[2]

1. 针对儿童权利保障的专门性公约、宣言等

（1）《儿童权利公约》。1990 年，我国加入了《儿童权利公约》，明确了儿童最大利益原则、平等保护原则等儿童福利国际基本原则并在之后分别批准了《关于儿童卷入武装冲突问题的任择议定书》和《关于买卖儿童、儿童卖淫和儿童色情制品问题的任择议定书》。此后，我国儿童权利保障的法律建设有了长足的发展，可以说包括儿童福利和保护法律制度在内的儿童立法的发展不仅是我国经济和社会发展的直接产物，也是《儿童权利公约》在我国实施

---

[1] 参见姚建龙主编：《新时代儿童福利研究》，中国政法大学出版社 2019 年版，第 174－177 页（表 8－4），该表的标题关于“地方规章”的说法有误，表中所列文件均为地方政府及地方部门单位发布的规范性文件或其他文件。

[2] 参见刘继同：“当代中国的儿童福利政策框架与儿童福利服务体系（上）”，载《青少年犯罪问题》2008 年第 5 期，第 16 页。

的必然结果。[1]（2）作为联合国成员国加入的公约、宣言、规则等。联合国大会通过了《关于儿童保护和儿童福利、特别是国内和国际寄养和收养办法的社会和法律原则宣言》《儿童生存、保护和发展世界宣言》《少年司法最低限度标准规则》（北京规则）《打击跨国有组织犯罪公约关于预防、禁止和惩治贩运人口特别是妇女和儿童行为的补充议定书》《保护被剥夺自由少年规则》《预防少年犯罪准则》等多部涉及儿童权益的国际文件，我国作为联合国成员之一，这些文件与我国儿童福利和保护制度的发展关系密切。（3）我国加入的其他国际儿童权利类公约。2005 年，我国以保留条约的形式批准了《跨国收养方面保护儿童及合作公约》，明确民政部为履行职责的中央机关，为儿童的国际收养制度奠定了法律基础。再比如，我国还加入了《国际劳工组织关于禁止和立即行动消除最有害的童工形式公约》，保障儿童免受非法用工的权益。

2. 涉及儿童福利的一般性公民权利公约

自我国 1971 年恢复联合国合法席位以来，我国政府先后加入了多个一般性国际公民权利公约。其中包括《世界人权宣言》《消除一切形式种族歧视国际公约》《消除对妇女一切形式歧视公约》《公民权利和政治权利国际公约》和《经济、社会和文化权利公约》等，以保障基本人权的形式概括性地对儿童人权予以了相应的规定。

二、儿童福利和保护立法体系的问题

（一）立法歧视问题

基于儿童心理发展理论，思维的本质是适应，思维起源于动作，既不是单纯来自客体也不是单纯来自主体，而是来自主体对客体的动作而相互作用的结果。[2] 由此可见，儿童立法问题中隐含的歧视因素会作用于儿童的认识与思维，从而影响儿童的心理发展。

立法歧视问题可以分为显性歧视与隐性歧视。在 21 世纪以前，我国儿童福利和保护的立法水平与立法理念相当落后，儿童领域的立法和政策严重滞后于社会发展而存在一些显性歧视的情况，儿童作为被特殊保护的弱势群体却并

---

〔1〕 王勇民：《儿童权利保护的国际法研究》，法律出版社 2010 年版，第 263 页。
〔2〕 参见桑标主编：《儿童发展心理学》，高等教育出版社 2009 年版，第 49 页。

没有得到相应的尊重，主要表现为户籍歧视、残疾歧视、贫困歧视及性别歧视等。随着儿童福利事业加快法制化进程，国家通过了一系列“儿童本位”的政策法规以改变该状况，但我国儿童福利和保护的现行立法仍然存在隐性歧视的问题。一方面，立法对儿童福利的内容进行割裂是可行的，如《未成年人保护法》《反家庭暴力法》等侧重对儿童基本生活的保护，《义务教育法》《教育法》等保障儿童的教育，这并不会对儿童本身的心理发展和社会评价造成影响，但这些法律仍然没有体现出儿童作为国家未来主人翁的主体特点。同时，还存在大量儿童立法和政策是针对儿童特点对其类型进行割裂，形成了残疾儿童、留守儿童、困境儿童等一系列儿童类型，虽然这种做法的出发点是善意的，但长期来看却会在内部对儿童的心理产生影响并在外部对儿童群体形成标签效应。

总体而言，儿童福利和保护的立法理念决定了儿童福利和保护法律制度的定位，立法歧视的本质仍然是落后的立法理念问题，是立法对儿童问题的把握不准确造成的。

（二）立法结构松散

改革开放以前，我国儿童福利事业处于一种“无法少规”的状态，[1] 目前我国儿童福利在立法层面虽然有了一定规模的体系结构，改变了这种状况，但法与法之间的关系不够紧密，调整儿童福利的立法体系存在碎片化严重的问题，只形成了一个松散的框架。

首先，我国国内法中，尽管宪法最具权威性，但适用程度和强制力很低。其次，专门性法律虽然具有儿童特殊性，但目前数量太少，而有关儿童福利的一般性法律、国务院法规和部门规章虽然数量较多，但有关儿童福利的法条被打得太碎，分散在各种法律法规中极难整合，且部分法条之间因立法者部门立法、行业立法缺乏全局性视野而存在一些冲突和前后不一致的现象[2]再次，地方性法规、地方政府规章则是杂乱无章、不成系统。最后，国际法中，涉及儿童权利的国际公约虽然是我国儿童福利的重要法律渊源，但在实践中直接适用的程度非常低。构建中国儿童福利和保护法律制度，应当具有大局观和广角

---

〔1〕 成海军，陈晓丽：“中国儿童福利法治建设及其不足”，载《青少年犯罪问题》2011年第4期，第49页。

〔2〕 参见张鸿巍：《儿童福利法论》，中国民主法制出版社2012年版，第66页。

视野，能够在立法层面形成一个相对完整的体系结构，为调整儿童福利各项社会关系提供明确的法律依据。

（三）立法层次偏低

我国儿童福利和保护的立法体系从宪法到国际公约的七个层次的法律效力存在差异，其中以法律的稳定性和强制执行力最强且适用范围最广。但目前来说，儿童福利和保护的具体工作主要依据仍然大量集中在民政部、教育部等部门规章和政策文件，表现为在“规定”“办法”“条例”等形式法规予以规范的同时辅以“通知”“意见”等规范性文件提供相应的政策指导。准确来说，“通知”“意见”等规范性文件并不是严格意义上的行政法规或规章，在性质上更不属于“立法层次”的范畴，而是政府内部的红头文件，法律效力极其低下。短期依靠红头文件调整儿童福利工作具有灵活性的优点，但儿童福利作为一项以儿童为对象开展的长远型社会福利事业，牵涉了国家政府、社会组织、企业单位、家庭与个人等广泛主体并涉及社会生活的方方面面，如果长期以规章政策甚至红头文件作为儿童工作的主要规范依据，儿童福利和保护立法体系的各项问题将很难得到改善，同时还有可能陷入难以持续发展的困境，成为制约我国儿童福利制度改革的重要因素之一。

（四）明显的救助色彩

中国儿童福利和保护制度有着明显的救助色彩。当前儿童福利和保护对象的定位仍然主要局限在孤弃儿童、残疾儿童及困境儿童等特殊群体上，可以说本质仍然是一种社会救济制度，然而这种儿童救济的立法思想不仅严重落后于儿童福利和保护理论研究的步伐，也逐渐与当今中国社会经济发展的水平不相适应。

（五）缺乏儿童的特性

中国儿童福利的法制框架有着明显的成人色彩。一方面，我国儿童福利制度的构建仍旧是以成人为视角并没有真正起到“儿童本位”的作用，以基本生活保障制度为例，儿童基本生活保障法律制度是将成人的制度框架嫁接到儿童这一特殊群体之上的。[1] 另一方面，国内法中以儿童作为制定对象、保障儿童权利的专门性法律数量较少，仅有不到十部，涉及儿童权益的法律大多是一般性法律，使得儿童的大部分权利只能参照成人法律适用。

（六）普惠化程度不够

我国通过多年的努力，儿童福利的立法理念正处于一个更新换代的时期，由传统的补缺型立法逐渐向着普惠化的方向发展，但我国儿童福利和保护的立法存在延续补缺型儿童福利模式的硬伤。虽然近几年国家修正了部分法律，但大部分与儿童关系密切的法律仍然具有很强的补缺性，在总体结构上也不够完整，缺少了普惠性的儿童津贴、儿童服务、儿童社会参与等相关的法律规范，难以支撑起新时代儿童福利和保护事业的法律需求。

三、日韩儿童福利和保护立法的经验与启示

日本与韩国与我国有着深远的历史关系，与我国的文化背景也更加接近，日韩作为东亚地区的发达国家，考察其儿童福利和保护法律制度对探索我国儿童福利和保护法律制度有着重要的参考价值。

（一）日本的儿童福利和保护立法简析

1. 健全的福利制度

第一，日本的福利制度结构相对完整，日本的福利制度中既有专门的社会福利法，还包括儿童福利法、母子及寡妇福利法、老人福利法、身体障碍者福利法、智力障碍者福利法以及它们所涵盖的法律制度。因此，日本的儿童福利和保护法律制度在设置上不是孤立的，而是和其他社会福利的法律制度有机地结合在一起，形成相对稳定的福利制度结构，这样的多维结构保证了儿童领域的立法与社会制度的整体协调性。反观我国各类福利制度相对独立且发展水平不一的现状，就缺乏整体协调性。第二，日本的家庭福利制度日益完善。20世纪90年代以后，日本将儿童福利纳入家庭福利制度之中，出台了《儿童抚养津贴法》《母子福利法》《儿童津贴法》等一系列与儿童养育相关的法律。2003年，日本儿童福利制度导入支援费制度，福利制度整体上朝着居家支援

---

〔1〕吴鹏飞：《中国儿童福利权研究》，中国政法大学出版社2015年版，第97页。

的方向转变,[1] 日本家庭在养育孩子过程中可享受的补助金类型具有多样性，如小孩补贴、抚养儿童补助金特别补助金与残疾儿童福利补助金等，一些市区町村也有其他的独自的育儿支援福利制度。日本这种以家庭为单位的福利制度在制度设计方面的启示在于，推动完善家庭福利制度的同时能够反向推动儿童福利和保护法律制度的进一步完善，从而起到相互促进的作用。第三，日本具有功能完备、设施齐全、结构合理的社会支持体系，即社会养护制度。社会养护是指“当没有监护人或由于虐待等原因而监护不当，则社会对抚养有困难的家庭儿童承担支援抚养责任。”[2] 从下图（图1）中可以看到，日本的儿童福利和保护立法不是空中楼阁，它具有与之对应的社会养护体系，主要包括设施型的养护、住宅型的养护和家庭型的寄养制度，其中设施型的养护又分为残疾儿童机构和儿童成长支援中心。社会养护的相关组织则主要有由国家和地方公共组织支持的儿童指导中心、市政府、警察、福利设施、寄养父母、私立援助机构、民间团体、学校、保护儿童对策协会等地方性团体，并在儿童福利制度的基础上建立网络。[3] 因此，日本的儿童福利和保护工作具有很强的可行性，但事实上，我国在儿童领域的设施与队伍建设并不落后，缺少的或许是更为高效合理的规划。

---

〔1〕［日］桑原洋子：《日本社会福利法制概论》，商务印书馆出版社2010年1版，第1－9页。

〔2〕［日］高田，豊司：“児童福祉施設における被虐待児を対象とした学習支援上の工夫に関する一考察”，《関西福祉大学研究紀要（第24巻）》The Journal of Kansai University of Social Welfare，Vol. 24，2021. 3 pp. 159.

〔3〕［日］大園孝子，金子道子：“わが国の里親制度の現状に関する文献検討”，《健康科学と人間形成》Vol6 No. 1，(2020)，p7.

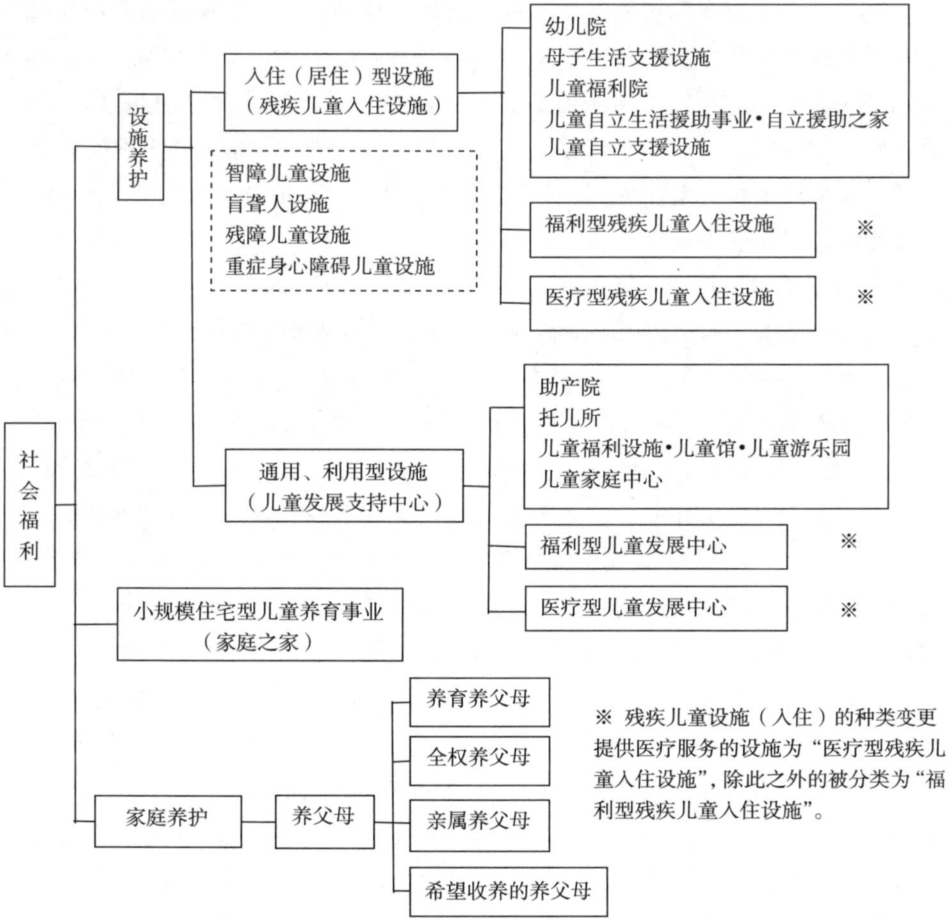

图 1：社会福利体系

2. 完善的法制体系

由下表（表 2）可知，在二战后不久的 1947 年，日本便制定了《儿童福利法》，是较早制定儿童福利专门法律的国家。随后，日本陆续出台了大量有关儿童权利的法律和政策，如《儿童救济法》《防止虐待儿童法》《母子保护法》《儿童抚养法》《母婴健康法》《儿童津贴法》等。1973 年，日本施行了普惠型的儿童福利政策，进一步新增了许多普惠型儿童福利的法律和政策，如《母子福利法》、育儿支援计划、关于促进学龄前儿童全面提供教育、保育等的法律等。1981 年，日本政府把《母子福利法》修改为《母子与寡妇福利法》，将儿童福利扩展至单亲家庭。到了 20 世纪 90 年代，日本《儿童福利法》逐渐将儿童福利的服务对象从过去疾病儿童、残疾儿童等特殊困难儿童向家庭内的所有儿童转变。[1] 自1947年颁布至今，日本的《儿童福利法》共经历了大大小小110次的法令沿革，其中具有实质性修改内容的超过60多次。[2] 日本制定了大量关于儿童福利和保护的专门性法律和政策，在实体和程序上都形成了较为完善的立法体系，这其中所反映出的日本对儿童相关立法高度重视的态度值得我国学习。

3. 先进的立法理念

2016年，日本成立并开始阶段性实施《儿童福利法等部分改正法律》（平成二十八年法律第六十三号），根据联合国大会通过的《儿童权利公约》的思想对《儿童福利法》进行了大刀阔斧的修改，标志着日本儿童福利制度趋于成熟。一方面，修正法案将旧法总则第一条规定的“所有国民都必须努力使儿童身心健全地出生并成长。②所有儿童都必须平等地保障和爱护他们的生活”修改为“所有儿童都有权按照有关儿童权利条约的精神被适当地抚养、保障其生活、身心健康的成长和发展以及谋求其自立等其他福利得到同等保障”，开头的主语从“国民（成人）”向“儿童”采取了180度的转变。[3] 另一方面，修订后的《儿童福利法》在总则第二条确立了抚养儿童的责任主体，“儿童的监护人负有抚养儿童身体健康的主要责任，国家和地方公共团体组织负责与父母一起养育身体健康的儿童”，强化了监护人的法律义务。正如日本政府不断强调的那样，父母的自觉教育是确立国民道义的基本，家庭在抚养未成年人成长道路上担负重大责任。[4] 因此，家庭应当承担儿童福利首要和主要责任，而国家与社会承担的是相对的补充责任，当家庭不能承担养育儿童的责任时才施以援助。这种国家补充性监护责任的思想与我国当前儿童福利政策

---

〔1〕参见日本《児童福祉法》（昭和22年12月12日法律第164号），附则（平成元年四月一〇日法律第二二号）~附则（平成一一年一二月二二日法律第一六〇号），现行有效。https：//elaws. e－gov. go. jp/document？lawid＝322AC0000000164，2021年5月27日最后访问。

〔2〕参见日本《児童福祉法》（昭和22年12月12日法律第164号），昭和22年12月12日公布，现行有效。https：//hourei. ndl. go. jp/#/detail？lawId＝0000039438，2021年5月27日最后访问。

〔3〕［日］藤原伸夫：“「改正児童福祉法」と「新しい社会的養育ビジョン」への一考察”，神戸親和女子大学福祉臨床学科《福祉臨床学科紀要》（16），2019－03，p. 37。

〔4〕邓元媛：“日本儿童福利和保护法律制度及其对我国的启示”，载《外国青年研究》2012年第3期，第81页。

具有内在相似性，但在侧重方向上存在一定的差异。

表 2：日本儿童权利和儿童福利的历史〔1〕

1874 年	明治 7 年	救援规则
1929 年	昭和 4 年	救济方法
1933 年	昭和 8 年	防止虐待儿童法
1933 年	昭和 8 年	男孩救济法
1937 年	昭和 12 年	母子保护法
1946 年	昭和 21 年	日本宪法
1947 年	昭和 22 年	儿童福利法
1951 年	昭和 26 年	儿童宪章
1961 年	昭和 36 年	儿童抚养津贴法
1964 年	昭和 39 年	母子福利法
1964 年	昭和 39 年	关于支付特殊儿童抚养津贴等的法律
1965 年	昭和 40 年	母婴健康法
1971 年	昭和 46 年	儿童津贴法
1981 年	昭和 54 年	母子福利法修改为母子及寡妇福利法
1994 年	平成 6 年	日本批准了《儿童权利公约》
1994 年	平成 6 年	天使计划
1997 年	平成 9 年	《儿童福利法》的修正案（对儿童保育制度的重大修改以及课余儿童健康发展业务的合法化）
1999 年	平成 11 年	新天使计划
1999 年	平成 11 年	颁布有关惩罚与儿童卖淫和儿童色情制品有关的行为以及保护儿童的法律
2000 年	平成 12 年	议会法制定的关于防止虐待儿童的法律

〔1〕［日］阳光福祉会（社会福祉法人）："日本における子どもの権利・児童福祉の歴史"，2015 年 9 月 27 日。https://sunshine. ed. jp/% E5% 85% 90% E7% AB% A5% E7% A6% 8F% E7% A5% 89% E3% 83% BB% E5% AD% 90% E3% 81% A9% E3% 82% 82% E3% 81% AE% E6% A8% A9% E5% 88% A9% E3% 81% AB% E9% 96% A2% E3% 81% 99% E3% 82% 8B% E5% B9% B4% E8% A1% A8/#，2021 年 5 月 27 日最后访问。

续表

2000 年	平成 12 年	父母和孩子健康 21
2001 年	平成 13 年	《儿童福利法》的部分修正
2003 年	平成 15 年	下一代发展支援措施促进法
2003 年	平成 15 年	降低出生率的对策基本法
2003 年	平成 15 年	儿童福利法修正案
2004 年	平成 16 年	儿童/育儿支援计划
2004 年	平成 16 年	修订《儿童福利法》（增强儿童咨询系统等）
2004 年	平成 16 年	发展性残疾支持法
2006 年	平成 18 年	关于促进学龄前儿童全面提供教育，保育等的法律
2008 年	平成 20 年	《儿童福利法》的部分修正
2014 年	平成 26 年	制定法律以部分修改《儿童福利法》

（二）韩国的儿童福利和保护立法简析

1. 立法体系的迅猛发展

基于历史的原因，韩国在政治经济等制度发展层面相比其他发达国家来说是比较晚的，但在儿童领域的立法却具有持续增长的阶段性进步。韩国国家层面的现代儿童福利政策的开端是 1961 年《儿童福利法》的制定，并在同期颁布了《生计保护法》（1961 年）、《孤儿收养法》（1961 年）、《保护设施中的孤儿监护法》（1961 年）、《未成年人保护法》（1961 年）和《社会保障法》（1963 年）等相关法律，奠定了韩国儿童福利法律制度的基础。[1] 但由于当时的儿童福利缺乏政府的支持，主要还是由民间的儿童福利支援构成。[2] 20 世纪 80 年代，韩国政府开始日益重视儿童福利。1981 年，韩国对《儿童福利法》彻底修改，把法律名称修改为《儿童福祉法》，将儿童福利的对象从以需保护儿童（13 至 18 岁）为中心扩大到了全体儿童（18 岁以下），规定强调了政府和监护人对保护和养育儿童负有的责任，还将儿童福利指导员设为特别官员的专业职位，并对儿童福利设施的雇员设置了准入资格，可以说此次修正是

〔1〕参见［韩］조성혜: “아동·청소년 복지의 개념과 법체계의개선방안”，《법제연구 (특집: 복지법의 발전방향)》제41호，2011. 12. 19，p. 48。

〔2〕［韩］李奉柱:“韩国儿童福利的历史、现状与挑战”，载《社会保障评论》2020 年第 3 期，第 111 页。

从需保护儿童的补充和选择性性质到提供普遍服务的转变。[1] 之后，韩国又制订或修改了一系列儿童福利和保护的专门性法律，如《母子福祉法》（1989年）、《婴幼儿保育法》（1991年）、《残疾人福祉法》（1989年）、《社会福祉事业法》（1992年）等。21世纪以来，韩国儿童福利和保护的法律政策更具有普遍性，制定了《育儿支援法》（2012年）、《惩治虐待儿童罪行特别法》（2014年）等重要法律，并对20世纪颁布的相关法律进行了频繁的修改，如《母子保健法》25次、《儿童福利法》51次、《婴幼儿保育法》71次修改。目前，韩国儿童立法在结构上已经相当完善。

2. 对日本的学习和创新

日韩在儿童福利和保护制度上有很多共同的特点，可以说韩国的儿童福利政策很大程度上借鉴了日本，但它又在日本的基础上进行了本土化和创新。一是日韩在儿童福利立法上都采取统一立法的模式规范儿童福利事业及有关的服务政策，同时以其他单行法作为补充形成覆盖儿童福利、教育、保护、发展等全方位的儿童福利立法体系。但区别在于，日本是以《儿童福利法》作为综合性儿童福利基本法，而韩国以《儿童福祉法》作为儿童福利的实体法，并不对程序进行规范。[2] 二是当今日韩的儿童福利都是“以家庭为中心”，认为家庭承担着照顾儿童日常生活、促进儿童身心健康成长的基本功能，强调强化父母养育孩子的自觉性，以家庭为单位整体性地提升儿童福利的水平，将儿童津贴、育儿支持等制度放在家庭（福利）法律制度之下。但与日本不同的是，韩国立法部更倾向于将儿童和青少年问题放在一起研究，不仅在生活法的官方分类下分别明确了“社会福利”与“儿童/青少年教育”两项法律制度，前者更侧重生活保障、单亲家庭、疾病健康等传统儿童福利，而后者则包括失踪儿童、虐待儿童、婴幼儿保育、早教、互联网使用等更为广泛的儿童保护，韩国立法部还制定了许多适用青少年概念的法律，如《儿童和青少年性保护法》等。[3]

---

〔1〕［韩］김경민：“한국과 일본의 요보호아동복지제도전개에 관한 연구”，载《日本語文學（第87輯）》2019，No. 87，第365页。

〔2〕参见易谨：“论我国《儿童福利法》的定位”，载《理论探索：少年儿童研究》2019年第12期，第44页。

〔3〕韩国立法部：韩国法律信息中心数据库，2021年5月28日最后访问。https：//www. easylaw. go. kr/CSP/CsmSortRetrieveLst. laf？sortType = cate&search_ put = 。

3. 生育政策的前车之鉴

近年来，韩国高度重视生育问题，主要政策有针对低生育率实施的无偿保育制度、育儿津贴制度以及 2018 年引进的儿童津贴制度。儿童津贴制度通常对家庭收入或其他条件没有要求，向所有儿童的家庭“按人头”（Demogrant）方式定额支付。[1] 目前，7 岁以下（0～83 个月）儿童每月可领取 10 万韩元的儿贴费。儿童津贴制度在引进初期被给予厚望，但根据韩国统计厅公布的数据，2020 年韩国的总生育率（每名女性一生平均生育的子女数）是 0.84，比上年下降 0.08，[2] 这是韩国的生育率连续第二年在全球倒数第一。这一现象说明，儿童津贴等外部福利刺激对于日渐不良的生育状况所带来的正面效应十分有限，如果不积极从青年群体的生育观念出发进行矫正，一味的物质补偿已经难以挽回生育率降低的颓势。2021 年，一份由韩国首尔怀孕分娩信息中心于 2019 年发布的“孕妇产前指南”因内容不恰当而遭到韩国民众的批评与抵制，字里行间表现出对孕妇的不尊重，首尔市政府已在 1 月 11 日删除了指南中部分引发争议的内容。[3] 这一闹剧也暗示了改善生育现状必须改变过去固有的性别歧视思想，而首要任务是要保障孕妇权益、为孕育提供便利、鼓励生育优化政策。

四、完善我国儿童福利和保护立法体系的建议

改革开放以来，我国儿童福利和保护的法制建设经历了从停滞期到恢复重建，有关部门一直在探索构建系统化的儿童福利和保护法律制度，儿童福利研究领域的学者提出了几种不同的构建模式，其中也存在一些争议，本章将对此给出相应的回应以及较为可行的指导性建议。

（一）回应制定儿童福利法的争议

由于我国没有专门的集中规范儿童福利的法典性文件，一些专家学者呼吁

〔1〕参见［韩］李奉柱：“韩国儿童福利的历史、现状与挑战”，载《社会保障评论》2020 年第 3 期，第 112 页。

〔2〕［韩］담당부서 사회통계국 인구동향과：《2020 년인구동향조사：출생 • 사망통계 잠정 결과》，보도일시2021. 2. 24. （수） 12：00。

〔3〕［韩］조선일보：“‘불쾌하고 역겹다’ 전국 여성들 발끈하게 만든 글”，2021 年 1 月 8 日。https：//news. chosun. com/misaeng/site/data/html_dir/2021/01/08/2021010801880. html，2021 年 5 月 28 日最后访问。

要尽快制定《儿童福利法》或提倡制定《儿童福利条例》。其中，多数观点认为《儿童福利法》是当代法制化国家的主要立法项目之一，是法制化国家在立法进程中必须予以关注的基本法之一，希望通过制定《儿童福利法》以完善儿童福利制度。[1] 但笔者认为，目前中国的法制基础和社会现状不适合制定儿童福利法典性文件，原因有以下几点。

（1）中国现行的儿童福利实然水平还没有达到广义儿童福利应然的理论要求。和日韩模式相比，我国儿童福利对儿童所在家庭的影响是很微弱的，主要表现为贫困家庭补助、国家监护保护、困境儿童救助等，即使不是完全补缺的，但也没有脱离传统儿童保护的大体范围，更不说与瑞典等北欧国家相比，我国公办托育、带薪育儿、保育津贴、学前教育、社会服务等儿童福利的重要制度几乎没有或者非常欠缺。在这样一个儿童福利实然现状还很不充分的法律政策和实践基础上，无论是制订侧重实体的《儿童福利法》还是侧重程序的《儿童福利条例》都显得有些突兀，容易出现立法与实践不相适应的问题。现阶段来看，儿童福利的立法体系确实存在许多问题，但最好的办法不是急着制订《儿童福利法》，尤其如果采用广义的儿童福利概念，面临的法制问题和现实矛盾或许将会更多。

（2）中国儿童福利已经在事实上形成了具有一定中国特色的儿童福利立法体系。我国儿童福利事业基本能找到相互对应的法律或政策基础，如《未成年人保护法》被称为未成年人保护的“小宪法”，指导儿童保护工作，修订后的未保法在儿童福利方面有了明显的进步，《民法典》则从民法领域增加了许多新的儿童权利保障规定，另外还有《预防未成年人犯罪法（修订草案）》《学前教育法（草案）》等法律的完善也显示出我国儿童福利法制化的决心。

（3）建立健全中国儿童福利立法体系要利用好“从下往上再从上往下”的中国式立法模式。事实上早在2013年，民政部就在北京召开过《儿童福利条例》的专家论证会，希望通过立法解决儿童保护和福利领域的突出问题，但在制订过程遇到了一些问题而最终搁置。因此，需要客观认识到的是中国的立法从来不是“平地起高楼”，而是一般以地方或区域试点为基础先行法制探索，等发展到一定程度后再以中央政策的形式进行全国推广，中国式立法具有很强的政策导向性。

---

〔1〕参见吴海航：“儿童权利保障与儿童福利立法研究”，载《中国青年研究》2014年第1期，第39页。

（二）促进儿童福利和保护立法进步

我国儿童福利和保护立法不完善，很大程度是由于儿童福利思想的落后，这种落后不是指立法机关对儿童问题不重视，相反可以说是高度重视，但问题在于我国儿童福利和保护的立法定位始终存在一定的偏差，要想弥补这种定位偏差，提升我国儿童立法观念，就必须紧紧从儿童、福利和保护两个角度出发。

（1）要确立儿童在儿童福利和保护法制建设中的主体地位。目前来看，中国儿童福利和保护立法体系的成人和救助气息还是太重，很多应当具备儿童特殊性的法律政策仍然是从成人角度出发的，没有从儿童的视野进行考虑。儿童福利法制建设过程中应当调整这一误区，多去倾听儿童的真实诉求，努力把握好不同年龄、性别、发育水平以及生活环境的儿童的各类福利需求，尽可能从儿童的角度对立法进行相应的完善，比如“月经贫困”问题中适龄女童对于卫生常识贫乏和买不起卫生用品的特殊需要。

（2）要明确儿童福利和保护法律制度中福利和保护所包含的内容。我国儿童福利正处于一个变革的时期，儿童保护制度脱颖而出，那么如何平衡儿童福利与儿童保护间的关系是儿童福利法制建设必须思考的问题。另外，随着儿童福利制度框架的不断扩大，如何对儿童教育、安全、身心健康、家庭福利、性别平等、预防犯罪、社会保障、全面发展等相关工作进行规范，就需要进一步明确儿童福利和保护法律制度的定义和相关外延，建立儿童津贴制度、儿童服务制度等更具有普惠性的儿童福利制度，从而促进儿童福利和保护的立法进步。

（三）健全儿童福利和保护相关法律政策

如前所述，我国儿童福利和保护立法体系存在立法定位偏差、法律结构不完整、法律层次偏低等问题，尽管我国儿童福利政策还存在区域不平衡等问题，但总体上已经基本从补缺型过渡到了适度普惠型，相对可行的解决方法是“递进式”立法，即在继续完善具体的儿童福利和保护政策的基础上制订并健全有关的法律法规。

（1）提升有关法律对儿童福利和保护的立法理念。一个相对成功的例子就是《未成年人保护法》，修订后的新未保法有了很大的进步，不仅明确了以民政牵头为主的协调机制，还立足于儿童生活、教育、安全、身心健康、司法保护、网络安全等多方面需求而新增了一系列的儿童保护的具体机制。那么类似的，也可以考虑通过制订《学前教育法》的方式来进一步规范儿童的教育福利，而这些内容是直接制订《儿童福利法》难以完全覆盖和规范的。

（2）制订儿童福利和保护相关政策已相对成熟但现行立法尚空白的专门法律。以儿童医疗保障为例，国家卫健委在儿童医疗卫生方面发布的政策文件已经初具一定规模，在机构上也设置了专门的妇幼健康司，特别在受到新冠肺炎的影响后，原有的《基本医疗卫生法》已经不足以规范儿童医疗保障的相关工作，社会保障制度中儿童医疗保障也亟需法律规范的调整，或许有关医疗卫生部门可以考虑以制订《儿童医疗卫生保障法》的形式对儿童的健康福利加以完善。

（3）对于尚不成熟的儿童福利和保护工作，建议以政策文件或地方试点的形式先行探索。以幼儿托育为例，目前我国托育机构数量庞大，但尚未出台关于婴幼儿托育服务的总体规划，相关法律法规和政策也不健全，有关部门应当先对托育市场监管或公办托育服务进行一定的探索。另外，如儿童社区服务、家庭保障以及生育、产假制度等福利制度还不够成熟，虽然建立了一定程度的法律规范，但真正起到的作用还不够，并严重受到现实生活的影响。对此，国家还需要针对具体的问题予以研究、规范，尽可能进一步优化这类儿童福利的现有制度。

第三节　完善中国儿童福利和保护法律制度的司法体系

一、儿童福利和保护司法体系的现状梳理

儿童福利和保护的司法体系，也可以理解为我国目前未成年人的司法保护体系，指司法系统在儿童领域具有福利和保护性质的司法工作运行机制以及形成的体系，主要包括少年司法体系、侵害儿童权益的司法体系与儿童民事司法体系三个层次以及随之产生的司法社工体系、社会支持体系等相关领域的儿童司法体系。从主体上来看，一般认为由公安、检察、法院、司法行政四家机关共同构成，其中公安机关具有司法职能的同时还兼具儿童工作的部分行政执法权限，而司法行政机关还负责开展儿童保护的法制宣传等行政事务。

（一）传统少年司法体系

1. 儿童福利的内在关系

少年司法体系，即传统的未成年人司法体系，是与青少年违法行为密切相关的司法制度，最早建立在青少年犯罪问题之上。在传统补缺型儿童福利政策时期，少年司法是一个相对独立的社会体系，少年司法与儿童福利并行于世，看似与儿童福利工作没有太大的关系，但将二者截然分开显然是不切实际的。[1] 事实上，少年司法与儿童福利密切相关，其建立之初内含的保护青少年隐私、身心健康、人身安全等司法理念就已经具有儿童福利的性质。

2. 少年司法的福利化趋势

首先，我国少年司法观念逐渐福利化，大量少年司法的相关规定都在开篇贯彻了“教育、感化、挽救”的基本方针，[2] 2012 年修正的《刑事诉讼法》新增第五编“特别程序”并明确规定了“未成年人刑事案件诉讼程序”，近年来审理未成年人案件有关司法解释也逐渐有了“非犯罪化、非监禁化、非刑罚化”的价值取向。其次，少年司法体系的具体落实工作也有了福利化倾向。在司法机关的检察、审判和执行阶段，各级司法机关设立了未成年人检察工作室、少年法庭、少年犯管教所、专门学校和特殊学校等专门机构，并在此基础上创设了“圆桌审判”“档案封存”“前科消灭”等具有宽容意味的司法机制。随着我国少年司法工作的不断完善，司法工作逐渐由“控制青少年犯罪”向“未成年人保护”转变，呈现出与传统司法体系的明显区别。

（二）侵害儿童权益的司法体系

多年来，侵害儿童的案件一直是我国各界关注的焦点，如果说父母是孩子的第一监护人，那么国家是每一个孩子的最大监护人。

（1）历史基础。虽然目前我国没有专门的儿童侵权司法体系，但自 2010 年以来，最高人民法院、最高人民检察院、公安部、司法部等司法机关发布了

---

[1] 参见张鸿巍：“儿童福利视野下的少年司法路径选择”，载《河北法学》2011 年第12 期，第 50 页。

[2] 如 1995 年公安部的《公安机关办理未成年人违法犯罪案件的规定》，1999 年司法部的《未成年犯管教所管理规定》，2001 年最高人民法院《关于审理未成年人刑事案件的若干规定》（现已废止），最高人民检察院 2013 年修订的《人民检察院办理未成年人刑事案件的规定》等。

《关于依法惩治拐卖妇女儿童犯罪的意见》《关于依法惩治性侵害未成年人犯罪的意见》《关于依法办理家庭暴力犯罪案件的意见》等多项惩治犯罪、保护儿童权益的专门意见，为儿童的健康成长提供了司法后盾。从宏观的角度来看，侵害儿童权益的司法体系可以理解为特殊的儿童保护执法体系，是司法机关针对侵害儿童合法权益行为开展的保护工作，主要依据《刑法》《刑事诉讼法》与《未成年人保护法》等有关法律。

（2）逐渐成形。我国司法系统不断加强司法系统打击侵害儿童权益行为的制度建设，其中最为典型的是监护侵害的司法保护机制。2014 年，最高人民法院、最高人民检察院、公安部、民政部联合发布《关于依法处理监护人侵害未成年人权益行为若干问题的意见》，这是国家亲权理论在我国司法实践落地的立脚点，基本建立了监护侵权案件中行刑交叉的具体实施机制、信息共享机制，完善了国家监护制度，促进现代司法越来越具有儿童福利的特点。

（3）制度困境。近几年，社会对儿童侵权案件的司法工作产生了一些质疑的声音，认为司法机关对儿童的保护不到位、对犯罪行为人的惩治不够严厉，特别是在案件当事双方均为未成年人的时候批评的声音尤为明显。这是我国未成年人司法体系福利化的一个困境，探索如何平衡保护受害儿童权益与侵权儿童权益，是我国儿童福利和保护司法体系的必修课题。

（三）儿童民事司法体系

除了刑事还包括民事司法，以家事审判为中心的民事司法工作在儿童福利和保护的司法体系中占据重要地位。

（1）家事审判制度的司法保护基础。随着儿童福利制度的普及，国家加强重视儿童在民事诉讼尤其是家事审判司法领域的权利保障。2012 年，最高人民法院发布《关于充分发挥民事审判职能，依法维护妇女、儿童和老年人合法权益的通知》专门对儿童等家庭弱势群体的民事审判工作予以指导。2020 年底，最高人民法院发布了一系列关于适用《民法典》的婚姻家庭编、继承编等涉及儿童权益的司法解释，主要特点之一就是未成年人等社会弱势群体的合法权益、落实儿童利益最大化原则。

（2）儿童民事权利与诉讼权利的保障难题。当今社会离婚率居高不下，被动卷入父母离婚案件的儿童数量也日益增多，而婚姻家庭纠纷、遗产继承纠纷、侵权纠纷、收养效力的认定等民事案件都有可能涉及儿童的利益。儿童作为无民事行为能力或限制民事行为能力人，权利保障是很被动的，很难在民事案件的审理过程中为自己争取相应的权益。因此，就儿童权利保障而言，无论是实体还是程序、法院势必将承担起更大的责任，其中最为突出的问题就是未成年人子女抚养权归属的判断。

二、儿童福利和保护司法体系的缺陷

（一）罪错儿童司法干预失灵

（1）相关概念不统一。虽然我国《预防未成年人犯罪法》使用的是“犯罪”的概念，但就具体行为的特点而言，未成年人除了狭义的“犯罪行为”以外，学界和实务界对于尚未构成犯罪的行为还有“虞犯行为”“触法行为”“违警行为”“不良行为”“严重不良行为”“违法行为”等多种说法，在概念表述上没有完全统一。

（2）儿童福利原则与司法公正的矛盾。由于中国立法体系中不存在“少年刑法”的概念，因此进入少年司法体系的都是达到《刑法》所规定的刑事责任年龄并符合犯罪构成要件的未成年人，对于没有达到刑事责任年龄或不符合犯罪构成要件的未成年人，一般依法不予追究刑事责任而采取收容教养的措施。事实上，未经审判即强制收容教养的做法在违背了《宪法》与《儿童权利公约》等儿童福利原则的同时，却仍然不能达到社会对于司法“正义”的朴素价值观，而司法实务中存在一些为了采取司法干预措施而对没有达到犯罪程度的未成年人强制按照犯罪处理的现象，这样的做法于法于理显然都是不恰当的。[1]

（3）对于未成年人的罪错行为缺少有效的预防、矫正作用。我国少年司法体系对于不入刑处罚的罪错未成年人的干预可以说是力不从心，现行少年司法体系对于罪错未成年人采取的主要措施是工读教育、收容教养等强制措施与社区矫正、训诫教育、具结悔过等非强制措施，这些措施的矫治效果总体来看还是不够，基层司法机关反映的一个很大的问题就是未成年人罪错行为的反复性，经常在结束相关矫治措施后不久再次出现罪错行为，反反复复直到成年，让人惋惜。

---

〔1〕 参见姚建龙：《法学的童真：孩子的法律视界》，上海三联书店出版发行2015年版，第144页。

（4）适用相关措施的少年司法制度存在许多问题。如决定收容教养的必要性如何判断，专门学校等公共资源的有限性问题如何解决，专门教育人员在矫正方面的专业性如何保障。我国司法体系对相对可发现的罪错未成年人的预防再犯能力就可以说是非常弱，更不提对那些难以发现的具有潜在犯罪可能性的未成年人的预防犯罪和提前干预了。

（二）司法社会支持力度不足

（1）我国的司法社会支持具有先天发育不足的缺陷。"社会支持"一词最早起源于西方心理学理论，泛指社会对他人的关心和支持，正式提出是被应用为精神病学的专业概念，随后在心理健康领域发展壮大。基于社会支持理论的产生和发展背景，长期以来研究该理论更重视个体的生理与心理对社会生活的适应，直到20世纪80年代，西方部分社会学家将社会支持的视野拓展至社会环境对个体发展的促进作用，社会支持的研究方向有所调整。相比之下，我国的社会支持理论起步更晚，对司法工作的社会支持的研究主要集中在近五年内且强调地方司法实务，不够深入和系统，司法的社会支持缺乏足够的理论基础。

（2）儿童司法社会支持体系的后天建设很不完善。儿童福利和保护的司法体系与一般司法体系不同，更注重儿童的权利保障，具有很强的维权、教育、矫正、观护、预防等社会化作用，因此在运行过程中，除了国家司法机关以外还需要一些具有儿童福利性质的社会主体积极参与到司法活动中，一般被学界称作"少年司法社会支持"，指通过国家、群体和家庭对进入司法程序的未成年人提供各项救助及服务，形成有序的外部社会保护网络。虽然司法实务界已经认识到社会支持的重要性，但从国家少年司法体系的层面来看，我国儿童福利司法体系的社会支持主要依靠青少年司法社工，尚未建立系统的向罪错少年等弱势群体提供各项社会救助、服务的社会支持体系，各地少年司法与社会力量的合作也存在社会资源不足、合法性不足、专业性不足、可行性不足等方面的具体问题。

（三）司法实务缺乏福利意识

司法机关应在依法调查、审理、执行的同时发挥一定的积极性，切实发挥儿童关爱保护的司法职能，让冰冷的法律在儿童司法体系之下透出温暖。

（1）司法实务规定的落后。我国司法体系关于儿童福利和保护的条文和举措具有局限性，多是从司法办案的角度对如何保护未成年人的形式上诉讼相关权利进行规定，而对于未成年人在羁押期间的生活、学习等权利保护的规定和要求则显得相对笼统和简单。[1] 主要原因在于司法机关在实务工作中仍然欠缺关爱儿童的思想，把儿童福利在司法体系的定位局限于传统少年司法体系的范畴，没有意识到司法机关作为儿童权利法律保护的“最后一道防线”的重要职能。

（2）民事审判儿童福利观念淡薄。涉及儿童权益的民事案件通常涉及身份关系与公序良俗等问题，因此不仅需要司法机关对法律的公正司法，还需要一点司法温情，但由于司法被动性与儿童保护主动性之间的理念差异，司法机关在实务工作中存在许多问题。以近期发生的“河南郑州 9 岁孤女被限制高消费”一案为例，尽管涉事法院勇于承认了自身的错误，但该案折射出基层民事司法实务对儿童保护的认识不到位。大部分民事案件中儿童是被迫卷入大人们的纷争，无法表达或者缺乏自己的主观想法而被忽略，有时还会沦为成年当事人之间的博弈筹码或利用工具，即使我国司法体系的家事审判坚持“儿童利益最大化原则”，但涉及儿童权利的离婚、继承、侵权等案件中司法不当问题仍较为突出。

（3）儿童司法救助观念落后。儿童司法救助是一个争分夺秒的工作，尤其是在儿童绑架、家庭暴力、司法救助等案件中，每晚一天出手，儿童就多一分危险，而现代司法机关作为儿童保护的强制执行主体，儿童的特殊性则要求司法系统作出改变。但在实务工作中，一些司法机关工作人员没有正确理解“司法被动”的真正含义，司法的被动性是指司法诉讼的不告不理原则，体现在司法程序启动的被动性、司法请求应答的被动性、法院行使裁判权的被动性，但有的司法工作人员却错误的理解为司法工作的被动性，有关机关与当事人不催就不做，有的甚至养成了拖延审判、执行的恶习。

三、优化儿童福利和保护司法体系的建议

（一）完善儿童司法教育体系

罪错儿童的司法干预失灵，不仅是司法体系的问题，还与社会结构有很大

---

〔1〕 参见未成年人检查专业委员会秘书处编：《检察视角下的未成年人司法保护：兼论〈未成年人保护法〉〈预防未成年人犯罪法〉修改完善建议》，中国检察出版社 2020 年版，第 70 页。

关系。总的来说，儿童司法干预的出发点是好的，本质是希望罪错儿童能够在司法的干预下塑造起健康的世界观、人生观和价值观，而出现问题的主要原因和相应的建议大致可以分为三点。

（1）正确认识司法干预的内涵。传统少年司法体系与少年犯之间存在一种不平等的管理关系，认为儿童身心不健全、思想不成熟，必须要把他们管好，因此一般会采取限制人身自由、限制各项权利的方式进行约束。而随着儿童保护理念的日益发展，习惯管好少年犯的司法工作人员变得难以平衡保护与管理罪错儿童之间的尺度，于是想管又不敢管。面对这一矛盾，就需要司法系统改变过去管理式的思维模式，从教育的角度重新思考司法干预的可行性，立足于教育和保护儿童的基本福利观念对罪错儿童进行分级预防，通过司法机关和其他有关部门、社会组织配合开展的形式采取司法干预，将原有的强制措施与儿童福利结合，从而形成相对完善的儿童司法教育体系。

（2）从儿童的视角看待司法干预。目前我国的司法干预基本采取的是成人视角，具有很强的压迫性，即使是坚持教育为目的的司法干预也没有完全从儿童的视角出发，事实上，罪错儿童往往具有一定的叛逆心理，强制教育的效果在实践中并不理想。而建立在儿童福利法制框架之下的司法体系应当充分考虑福利的重要性，尝试以平等“对话”的方式了解罪错儿童的基本情况，可以是面对面的对话交流，也可以通过劳动等形式进行间接的沟通，目的在于培养儿童的正确道德观。

（3）强大的司法机构和队伍做支撑。儿童司法教育体系的建立，既要重视“软件”，也要重视“硬件”，目前司法系统存在的一个问题是缺少专门的司法教育机构和队伍。对此，建议在司法系统内建立起一系列儿童司法教育的专门机构，分别设置在公安、检察院和法院系统内，以保障儿童司法干预的全面和连贯，同时配备相应的司法教育专门工作人员负责儿童司法教育。另外，国家也应当不断加强工读学校、劳动学校等专门学校的建设和规范化，保障儿童司法教育体系的开展。

（二）健全儿童司法社会支持体系

从理论上来看，司法社会支持的提出主要建立在社会排斥理论之上，社会学家吉登斯认为犯罪与社会排除存在密切的关系，这是现代社会结构趋于排斥某些特定人群的缘故。[1] 而罪错儿童尚未完全社会化，还有很多挽救的可能，建立司法社会支持体系的目的主要是为了帮助进入司法程序的儿童更好地完成社会融入。我国司法实务中已经开始认识到社会支持对少年司法的重要性，问题在于建立怎样的儿童司法社会支持体系以及该如何建立，前一个问题需要回答的是儿童司法社会支持的理论和原则，后一个问题则更偏向于实务和操作。

我国《未成年人保护法》为司法社会支持体系提供了法律依据，而在具体落实上可以从四个方面分别突破。第一，新未保法第一百一十六条已经针对合法性问题给出了回应："国家鼓励和支持社会组织、社会工作者参与涉及未成年人案件中未成年人的心理干预、法律援助、社会调查、社会观护、教育矫治、社区矫正等工作"，司法机关要抓紧这一机遇完善司法社会支持体系的制度建设；第二，针对社会资源不足问题，可以在保留原先外聘司法社工等模式的同时，考虑通过政府购买服务将部分司法儿童福利项目转移给社会团体组织来承担，[2] 或以招投标的形式吸收更多的企业单位参与儿童司法服务，扩大社会支持储备力量；第三，对于专业性不足的问题，可以考虑由法官、检察官等司法工作人员指导社工人员专业法律知识而后者则传授前者专业的社会工作与服务技能，建立司法社会工作相互学习机制，争取培育出一批司法体系内综合能力较强的专业儿童工作人员；第四，可行性不足问题，也是重点问题，前三者在事实上是为了保障罪错儿童更好地融入社会而服务的，因此司法机关和有关部门要加强合作，在实践中不断积累、分享、吸收优秀经验，建立多部门间协作化的多功能的儿童司法社会支持体系，进一步促进儿童司法教育体系的完善。

第四节　完善中国儿童福利和保护法律制度的执法体系

一、儿童福利和保护的执法体系的现状分析

儿童福利的执法体系包括两个方面，一方面是各级政府单位发布的儿童福

---

〔1〕［UK］Anthony Giddens：*Sociology*（*Sixth Edition*），revised and updated with Phlip W. Sutton，First Published in 2009 by Polity Press，pp. 935－936.

〔2〕宋志军："儿童最佳利益：少年司法社会支持体系之伦理议题"，载《浙江工商大学学报》2019 年第 5 期，第 65 页。

利规范性文件，它们是儿童福利执法人员行政执法工作的书面依据，即各类红头文件，这部分内容在前文“儿童福利的立法体系”中已详细梳理。另一个方面，是我国儿童福利的执法机构及其具体执法工作，根据我国儿童福利执法现状，可以分为纵向与横向两个方向。

（一）“多头执法”的横向执法体系

儿童福利的横向执法体系是指负责儿童福利制度的各项工作的具体行政部门、机关单位和团体组织等，反映的是儿童福利事业在全国行政领域所辐射的广度。一直以来，我国儿童福利事业的发展分别由民政部、教育部、财政部、公安部、司法部、卫健委、发改委、未保委、关工委、国务院妇儿工委等有关部门以及妇联、残联、共青团、工会等人民团体分别负责。

儿童福利工作涉及的具体执法部门很多，其中国务院妇儿工委是儿童福利工作的议事协调机构，而民政部等与儿童关系密切的部门则负责主要的儿童工作，如儿童综合福利、儿童关爱保护、儿童收养寄养等，其他儿童福利相关工作则根据内容由不同的执法部门落实，如儿童教育的工作主要由教育行政部门负责，儿童医疗保障工作主要由国家卫健委等医疗卫生部门负责，儿童司法保护工作则主要由公安部、司法部负责，儿童福利机构与设施的建设工作主要由住建部门负责等。同时，共青团、妇联、残联等团体组织也在儿童福利执法工作中扮演了重要角色，负责协助有关部门的执法活动。

这种多个部门共同致力于儿童福利事业发展的横向执法体系，既有优点也有缺点。它一定程度上营造了合力推动儿童早期发展的势头，但也正是因为这种“政出多门”的模式安排，儿童福利制度在一定程度上呈现出各自为政、相互不配套，甚至相互“打架”的局面。[1] 儿童福利现有的这种“多头执法”的模式，符合新时代下覆盖面愈发广泛的儿童福利和保护法律制度的整体基本结构，但关键在于要完善相应的执法协作机制，发挥出“握掌成拳”的执法力度。

（二）“结构不一”的纵向执法体系

纵向的儿童福利执法体系是对横向执法体系的延伸，指从中央到地方的各

---

〔1〕 杜智鑫：“‘十四五’时期儿童早期发展事业展望”，载《中国社会保障发展报告（2020）No. 11》，社会科学文献出版社 2020 年版，第 165 页。

级行政执法机构配置系统，反映的是儿童福利事业在各个行政执法领域所落实的深度。纵观儿童福利执法体系，“多头执法”的格局下，不同部门、机关或组织的各级机构设置存在很大的差异，无法一概而论。

以民政部门为例，中央的儿童福利由民政部负责，具体职责由儿童福利司承担，包括拟订儿童福利的政策与标准，健全农村留守儿童关爱服务体系和困境儿童保障制度，指导儿童福利、收养登记、救助保护机构等管理工作，而儿童福利司又设置了儿童收养（综合）处、福利保障处、权益保护处、督查督办处（未保办秘书处），负责指导具体工作。地方则与中央对应，省级民政厅和市级民政局内设儿童福利处、儿童保护处等相关科室负责落实民政部的具体实施方案。县级以上民政部门根据需要设立未成年人救助保护机构、儿童福利院等儿童福利机构，乡镇和街道一级配备儿童福利督导员，村（居）委会一级则配备儿童主任，负责指导安排儿童福利基层工作。

由于民政部门承担起了儿童福利的主要执法职能，这样的机构设置能够更加深入地接触到儿童的生活，了解儿童的具体生存状况，但儿童福利的各个执法部门的职能要求都完全不同，民政部门的机构设置模式并不能简单套到儿童福利的其他执法部门、机关或组织。比如，教育行政部门也承担着儿童保护的重要责任，但其可以凭借天然的教育行政优势，以学校为抓手开展执法工作。因此，各有关部门、机关与团体组织必须看清自己的优劣势，优化责任范围内的执法体系纵向结构设置。

二、儿童福利和保护执法体系的问题

（一）执法观念落后

着眼于执法体系中各责任部门、机关和组织之间的共性，一个共有的弊病就是儿童福利的执法观念相对落后，儿童福利和保护的执法观念落后于社会普遍的儿童福利价值观，在实践中也落后于儿童福利的立法理念，更远落后于儿童福利制度的发展趋势。

（1）地区、城乡与部门差异。首先，我国行政机关的执法水平具有明显的地区、城乡差异，总体来看，东部地区高于中西部地区、发达地区高于欠发达地区、城市地区高于农村地区。其次，不同行政部门之间关于儿童福利的执法状况及其观念更不能一概而论。

（2）受害者有罪论观念的存续。一直以来，我国执法体系中存在着一种常见但无理的认知，被称为“受害者有罪论”，因与“可怜之人必有可恨之处”等传统思想不谋而合而对我国大众观念影响深刻并且在妇女儿童权利保障领域尤为明显。这种心态的产生与公正世界理论关系密切，但相信“受害者有罪论”的人忽略了一个重要的前提，就是即使受害者“有罪”也不是被侵犯的理由，更何况其“有罪”很多时候是被人臆想出来的。

（3）其他落后的执法观念。一些执法机关把儿童福利等同于儿童救助，执法思维局限，执法工作过于拘泥于兜底保护和基本保障；还有的认为儿童福利就是儿童民生保障，故而错误得将自己排除在儿童福利执法主体的范围之外，遇事习惯推脱责任；还有的则将成人的执法体制直接嫁接到儿童福利执法工作上，忽略了儿童工作的特殊性，难以有效起到保护儿童权利和发展的作用。

（二）结构体系松散

相比发展迅速的儿童福利价值观，我国儿童福利执法体系在社会各个领域的发展水平和进步速度却参差不齐，一个明显和主要的问题就是儿童福利横向执法体系的结构过于松散，各相关部门的儿童福利工作通常是自我管理、自行落实、自主监督，没有一个系统有效的协调机制。

（1）缺乏顶层设计。以儿童保护工作为例，过去各个机构都只能在自己的职责范围内开展儿童保护工作，机构与机构之间缺乏联系与协调，不利于整合儿童保护的信息与资源，导致相关问题得不到高效处理。[1] 随着儿童福利概念的不断拓宽，中国儿童福利和保护法律制度的执法体系的视野也逐渐放大，现有的“多头执法”儿童福利和保护的执法模式的缺陷变得愈加明显，在实务中已经显现出许多问题，比如协调不顺畅、实施力度不够、各部门协作时缺乏整合性和咬合力等，在整体框架设置上已经难以符合我国儿童福利事业发展有机结合的基本趋势，不利于儿童福利政策的普惠化。

（2）责任稀释困境。这种“多头执法”的模式也是导致儿童福利政策在实践中出现责任稀释困境的原因之一，多个部门共同负责、落实儿童福利的相关工作，本该起到“一加一大于二”的效果，但基于各部门间权责不清的现状与心理学上的责任分散效应等因素的影响，当有很多执法主体可以或应当承

---

〔1〕 亓迪：“儿童保护与发展：国内外福利政策及服务模式探析”，载《促进儿童发展：福利政策与服务模式》，社会科学文献出版社2018年版，第258页。

担责任时，就引起了责任扩散，容易造成原本能够提供援助的执法主体会等待其他主体去实施，或者因害怕承担执法不力的责任而互相推诿的情况。

（三）执法保障机制空缺

儿童福利的法制建设离不开执法体系的保障，但目前我国执法体系的运行保障机制却空缺。

（1）过于依赖自查自省和舆论监督。尽管执法部门受到监察委、纪委等专门机构的监督，但主要针对的是执法人员在党纪法规、公职人员职业规范等方面的监督，至于儿童福利的执法工作落实得及不及时、合不合理、有没有效等问题，主要还是依靠社会力量的监督、投诉。然而社会的监督能力毕竟是有限的，作为执法对象的儿童因不具有完全的民事行为能力很难主动表达自己的需求，而像“石家庄坠楼女婴父亲拒绝接受治疗”这样被舆论推上风口浪尖的案例只是少数，一般情况往往是舆论不知道、大事就化小、小事就化了，最后不了了之。

（2）执法监督的效力不足。通过对媒体已曝光的大量行政执法不当事件的分析，大部分事件的最终结果是以开除特定的执法人员收尾，更像是给舆论一个交代，却很少从根本上预防和解决执法不到位现象的发生，儿童福利执法的有效性还有待提高。可以说，缺乏专门的儿童福利执法监督、责任追究等执法保障机制是造成我国儿童执法工作滞后、执法水平低下、有关部门责任推诿的原因之一，这也是我国儿童福利政策的执法体系的不足之处。

三、健全儿童福利和保护执法体系的建议

（一）改善儿童福利和保护执法观念

司法与执法工作是落实儿童福利法律政策的重要手段，两者思想观念落后的表现形式虽略有差异，本质仍然是国家保障儿童的思想建设不到位。提高儿童福利执法观念是健全我国儿童福利执法体系的必要课题，是保障我国儿童福利和保护法律制度得以实施的重要内容。

（1）改善我国儿童福利和保护在司法与执法层面的思想观念，应当在加强普法的同时具有一定的强制力。儿童福利的立法工作需要一定的前瞻性，公民守法则需要一定的弹性，但儿童福利的司法与执法体系共同的特点就是必须依法司法、依法执法。因此，既要加强学习依法治国的理念矫正落后的儿童福

利司法、执法观念，也要通过设置司法、执法纠错机制来抑制“未成年人老赖”“受害者有罪论”等不符合儿童福利现代价值观的思想。

（2）必须加强司法、执法系统对儿童福利和保护司法、执法工作的责任意识。在公安机关参与儿童救助的新闻下，经常可以看到类似“妇联去哪了”“这不是警察的工作”等言论，这其实是社会公众对国家儿童福利执法的错误认识，也反映出体制内儿童福利责任关系存在许多问题。因此，一定要改变过去那种提到儿童福利就局限在妇联、民政的固有观念，树立起体制内各个国家机关都有保护儿童、保障儿童福利的责任和义务的基本观念。

（二）完善具体的儿童福利和保护相关制度

中国儿童福利和保护的执法体系与立法体系有着深厚的内在联系，在我国儿童福利“多头执法”的现行模式之下，很难要求执法机关在某项儿童福利相关制度的法定权责都界定不清的情况下做到完美执法，因此，健全儿童福利执法体系的前提之一是要完善儿童福利具体的制度。

（1）我国儿童福利和保护的具体制度分类。目前我国学理上根据儿童福利的表现形式分为儿童福利津贴、儿童保护、儿童服务等相关制度，这种分类方式较为清晰但缺点在于和现行执法体系不能完全吻合。因此，根据福利的内容和特点可以分为儿童生活（如收养寄养、生活保障、关爱保护等）、教育（如义务教育、特殊教育、学前教育、性教育等）、医疗卫生（如疾病救助、体育健康、心理卫生、母婴保健等）、安全保障（如公共安全、校园安全、食品安全、网络安全等）以及综合福利（如预防犯罪、全面发展等）等各项制度或机制，有明显的一般性和行政性，也是当前中国社会儿童福利制度的主要分类方式，有时存在交叉执法的情形。

（2）短期目标和长期规划两步走。第一步，短期内通过健全儿童执法体系内部工作机制的形式以达到儿童相关具体制度在行政执法框架上的进步，形成权责清晰、职能完备、成熟高效的一系列儿童福利和保护具体制度。第二步，在执法领域的长期规划是构建学理分类的广义的儿童工作制度框架，儿童福利津贴、儿童保护、儿童服务等相关制度将涵盖完善后的儿童工作行政体系，促进儿童福利和保护制度达到新的高度，最终形成包含儿童社会生活各个领域各项具体制度的儿童工作执法体系。

（三）建立儿童福利和保护执法保障机制

建立儿童福利执法保障机制是为了保障儿童福利执法体系更好的落实儿童执法工作，保障落实的关键在于要让每个儿童福利的个案能够顺利地、有效地、成功地进行下去，可以从“事前、事中和事后”三个角度对儿童福利执法体系进行完善。

（1）完善儿童个案执法的事前信息机制。以本书“中国儿童保护制度”基层落实部分详述的为例，必须要落实儿童保护的强制报告制度、建立基层查找制度，因为在儿童保护的一些工作中，时间就是生命。建立健全儿童福利执法体系的信息机制，要注意避免形式主义，绝不能为了建立而建立，必须在观念上重视事前个案信息的沟通、协调和指挥，将执法体系的信息机制真正运用起来。

（2）完善儿童执法工作的全程监督机制。儿童福利执法工作开展完毕之后的监督更多起到救济和补偿的作用，缺乏预防和纠错的作用，建立儿童福利执法监督机制应提前至执法过程中甚至执法开始前。另外，谁来监督，谁又来监督监督者？笔者认为应从内部监督与外部监督分别切入，儿童福利执法体系的内部监督由上级主管机关或检察机关负责，以督促、指导及责令等形式监督儿童福利执法工作人员严格执法；外部监督则交由人民监督，执法体系要积极设置儿童福利的社会沟通与监督渠道，保障儿童福利执法工作落实。

（3）建立儿童执法的事后追踪、追责机制。一方面，要建立执法追踪机制，这是基于儿童福利工作一般具有长期性、反复性等特点，就如民政需要对困境儿童建立信息档案一样，儿童福利执法机关要对责任个案进行记录、跟踪和反馈等，保障儿童福利执法的稳定和可持续。另一方面，建立执法追责机制，既是为了倒逼儿童福利具体执法权责划分的明确，破除儿童福利责任稀释困境，也是为了加强儿童福利执法工作人员的责任意识，在制度层面督促其在执法过程中尽职尽责。

第五节　提升我国儿童福利和保护的社会观念

本章没有对我国儿童福利的守法体系进行专门的剖析，一是受到篇幅的限制，二是希望把儿童福利法制建设的重点落在国家层面，但笔者认为仍然有必要对提高儿童福利的社会观念给予一定的建议。

中国社会对儿童福利的认识其实是很不均衡的，表现为富人家庭对儿童重视程度过剩而贫困家庭儿童重视程度相对不足，这与我国贫富差距悬殊、社会阶层固化有着很大的关系。我国儿童福利和保护主要针对的则是贫困家庭的儿童，而这部分群体的全国范围内具有基数大、分布广、文化水平低下、收入水平不高、流动性强等特点，对儿童福利的概念十分模糊。经济基础决定上层建筑，提升基层社会儿童福利和保护思想观念，必须要在大力落实攻坚脱贫的战略基础上普及自立自强、重视下一代教育与关爱保护的基本思想，在全面建成小康社会的基础上致力于儿童福利现代化思想的普及。而在现实生活中，部分地区还存在重男轻女、童婚习俗、雇佣童工等落后思想，与国家儿童福利的观念大相径庭。以童婚现象为代表，北方地区以山东为例的童养媳比例约为5.5%，江南吴语区童婚比例平均值约为22.53%，闽西地区的童婚率则有14%到56%。[1] 因此，对于这些儿童思想过于落后的地区或家庭，普法宣传就极为必要，需要在执法部门依法介入的同时予以专门的思想教育，有关部门必须在重点地区重点普及儿童性别平等、享有受教育权、受国家保护等先进的儿童福利社会观念。

---

〔1〕 参见佟春霞.："中国北方童养媳特点及其成因"，载《现代人类学通讯》2010年第4卷，第15页。

第七章 中国儿童福利和保护的行政与服务架构

落实儿童福利和保护的国家责任，最重要的环节之一是明确政府及有关部门的职责。美国早在1990年在联邦政府设立美国儿童局，挪威有专门的儿童与平等事务部，日本有儿童和家庭局、中央儿童福利理事会，印度在1985年人均GDP100美元时成立了妇女与儿童发展司。2021年4月27日，国务院办公厅发布《关于成立国务院未成年人保护工作领导小组的通知》，正式成立国家层面的未成年人保护协调机制，由国务院副总理孙春兰担任领导小组组长，办公室设在民政部。我国儿童福利和保护行政与服务体系建设正迎来新发展机遇。本章围绕政府及有关部门如何保障和促进儿童享有福利保护服务角度展开。

第一节 儿童福利和保护行政与服务体系变迁与改革

一、儿童福利和保护行政与服务体系变迁

从中华人民共和国成立之初到改革开放初期的几十年间，我国初步建立起包括住房、医疗、入托上学在内的社会福利体系，为儿童福利和保护体系奠定了基础。1954年宪法对儿童保护的国家责任作出特殊强调，“儿童受国家的保护”。现行宪法第46条规定，“国家培养青年、少年、儿童在品德、智力、体质等方面全面发展。”儿童福利的行政管理机构，在中央层面，是由民政部门负责的。在2018年之前，分别由社会事务司以及社会福利和慈善促进司两个司下设的处室负责。2018年12月，民政部设立儿童福利司。此外，随着国家法律政策的出台，特别是《中华人民共和国未成年人保护法》（以下简称《未成年人保护法》）的出台和修订，反映了我国儿童福利和保护的行政与服务体

系的变迁。具体呈现三个特点：一是逐步纳入国家规划统一部署，二是行政管理体系逐步强化，三是服务体系向基层延伸

（一）逐步纳入国家规划统一部署

人口与发展是当今全球共同关注的重大问题，“儿童优先”“儿童分享社会经济发展成果”被纳入国家战略，并被置于前所未有的重要位置。从第七次全国人口普查数据来看，2020 年，我国出生人口 1200 万人，人口出生率为 8.50‰，出生人口连续四年滑落，出生率持续下降。党的十八大以来，根据人口发展变化趋势，国家先后作出单独两孩、全面两孩等重大决策部署，取得了积极成效。2021 年 5 月 31 日中共中央政治局会议审议《关于优化生育政策促进人口长期均衡发展的决定》，提出进一步优化生育政策，实施一对夫妻可以生育三个子女政策及配套支持措施。

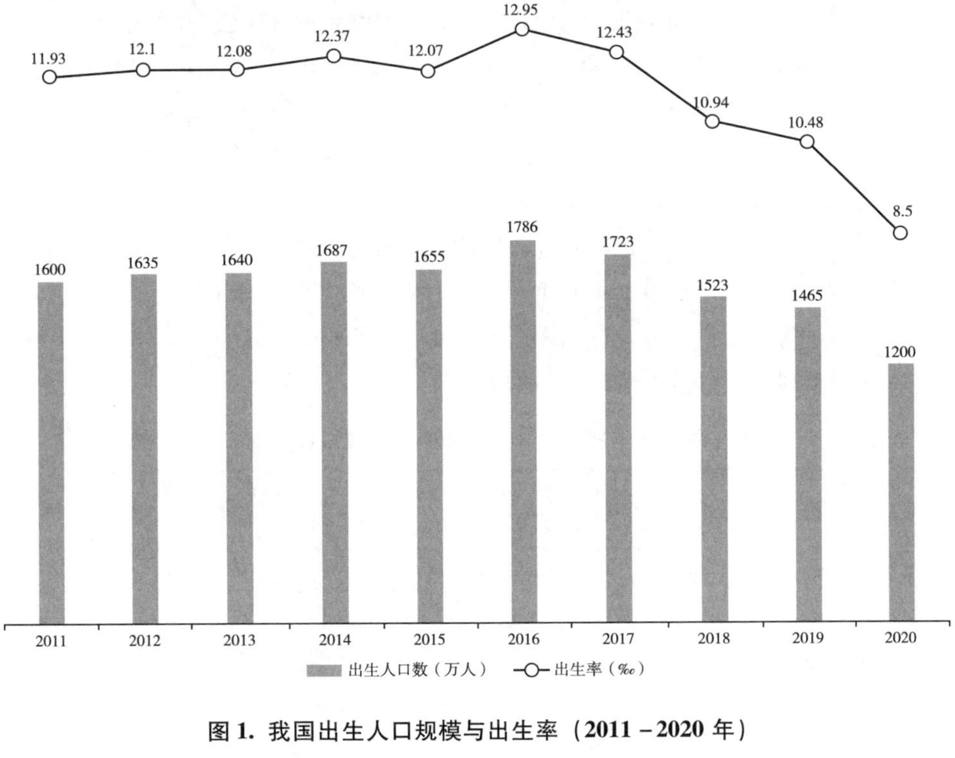

图 1. 我国出生人口规模与出生率（2011－2020 年）

数据来源：根据国家统计年鉴及第七次人口普查公布数据整理

《未成年人保护法》1991 年制定，2006 年进行过一次较大幅度修订。1991

年《未成年人保护法》7章56条、近5000字，2006年修订后增加到72条、近7000字。2020年最新修订后，增加至9章、132条、1.6万字，此次修订，回应了未成年人保护面临的新问题、复杂问题，体现了国家对儿童工作的高度重视。从1991年制定《未成年人保护法》到2020年修订《未成年人保护法》，逐步将未成年人保护工作纳入国家规划统一部署。国民经济和社会发展规划是全国或者某一地区经济、社会发展的总体纲要，统筹安排和指导全国或某一地区的社会、经济、文化建设工作，是具有战略意义的指导性文件。《未成年人保护法》专门提出县级以上人民政府应当将未成年人保护工作纳入国民经济和社会发展规划，对于促进未成年人保护工作凝聚全社会共识、实现全局统筹、配置公共资源等方面具有重要意义。

国家第十四个五年规划和2035年远景目标纲要为我国今后5年及15年国民经济和社会发展做出纲领性指引，其中，儿童福利和保护工作受到前所未有的高度重视。国家公布的《中华人民共和国国民经济和社会发展第十四个五年规划和2035年远景目标纲要》（以下简称《规划纲要》），与以往规划相比，涉及儿童相关内容所占篇幅更大，儿童、未成年人共出现43次，与“十三五”规划（30次）、“十二五”规划（15次）、“十一五”规划（14次）、“十五”规划（5次）相比，显著增加。分别在第三十六章健全现代文化产业体系、第四十六章健全国家公共服务制度体系、第五十章保障妇女未成年人和残障人基本权益等多个章节提及儿童，涉及困境儿童、农村留守儿童、事实无人抚养儿童、残障儿童、孤儿、3岁以下婴幼儿等多种类型儿童，其中第五十章是妇女与未成年人权益保障的专门章节。

表1 近20年来国家五年规划中儿童工作提及次数统计（2001年－2025年）

十四五规划（2021—2025年）	43次：儿童（24次），未成年人（19次），幼儿（6次），孤儿（1次）
十三五规划（2016—2020年）	30次：儿童（11次），未成年人（11次），幼儿（8次）
十二五规划（2011—2015年）	15次：儿童（12次），未成年人（1次），幼儿（1次），孤儿（1次）
十一五规划（2006—2010年）	14次：儿童（10次），未成年人（2次），幼儿（1次），孤儿（1次）
十五规划（2001—2005年）	5次：儿童（2次），未成年人（1次），幼儿（2次）

资料来源：根据公开资料整理

（二）行政管理体系逐步强化

从《未成年人保护法》出台及 2 次较大修改中的变化可以看出，未成年人保护工作的行政管理体系逐步强化、协同合作。未成年人健康成长，离不开家庭、教育、医疗、就业等多方面的长效保障，需要密切协调配合，形成统一系统。因此，需要明确政府有关部门的职责，保障依法各尽其责，履职到位。从 1991 年制定《未成年人保护法》至今，一直坚持共同责任、各尽其责，未成年人保护的统筹协调机制不断强化。所谓共同责任，是强调政府及有关部门均负有保护未成年人的法定职责。所谓各尽其责，是强调政府及有关部门在各自职责范围内承担相关工作，各方职责的具体内容、承担方式各不相同。2020 年修订的《未成年人保护法》首次作出了更为具体的要求，县级以上人民政府应当建立未成年人保护工作协调机制，统筹、协调、督促和指导有关部门在各自职责范围内做好未成年人保护工作。协调机制具体工作由县级以上人民政府民政部门承担，省级人民政府也可以根据本地实际情况确定由其他有关部门承担。县级以上人民政府承担未成年人保护协调机制具体工作的职能部门应当明确相关内设机构或者专门人员，负责承担未成年人保护工作。

1991 年制定和通过的《未成年人保护法》规定，中央和地方各级国家机关应当在各自的职责范围内做好未年成人保护工作。国务院和省、自治区、直辖市的人民政府根据需要，采取组织措施，协调有关部门做好未成年人保护工作。

2006 年修订的《未成年人保护法》规定，中央和地方各级国家机关应当在各自的职责范围内做好未成年人保护工作。国务院和地方各级人民政府领导有关部门做好未成年人保护工作。国务院和省、自治区、直辖市人民政府采取组织措施，协调有关部门做好未成年人保护工作。具体机构由国务院和省、自治区、直辖市人民政府规定。

2020 年最新修订的《未成年人保护法》规定，县级以上人民政府应当建立未成年人保护工作协调机制，统筹、协调、督促和指导有关部门在各自职责范围内做好未成年人保护工作。协调机制具体工作由县级以上人民政府民政部门承担，省级人民政府也可以根据本地实际情况确定由其他有关部门承担。县级以上人民政府承担未成年人保护协调机制具体工作的职能部门应当明确相关内设机构或者专门人员，负责承担未成年人保护工作。乡镇人民政府和街道办事处应当设立未成年人保护工作站或者指定专门人员，及时办理未成年人相关事务；支持、指导居民委员会、村民委员会设立专人专岗，做好未成年人保护工作。

表 2 《未成年人保护法》三次修改中关于行政管理职责与分工相关规定

年份	行政管理职责与分工相关规定
1991 年《未成年人保护法》	第六条　中央和地方各级国家机关应当在各自的职责范围内做好未成年人保护工作 国务院和省、自治区、直辖市的人民政府根据需要，采取组织措施，协调有关部门做好未成年人保护工作 共产主义青年团、妇女联合会、工会、青年联合会、学生联合会、少年先锋队及其他有关的社会团体，协助各级人民政府做好未成年人保护工作，维护未成年人的合法权益
2006 年《未成年人保护法》第一次修订	第七条　中央和地方各级国家机关应当在各自的职责范围内做好未成年人保护工作 国务院和地方各级人民政府领导有关部门做好未成年人保护工作；将未成年人保护工作纳入国民经济和社会发展规划以及年度计划，相关经费纳入本级政府预算 国务院和省、自治区、直辖市人民政府采取组织措施，协调有关部门做好未成年人保护工作。具体机构由国务院和省、自治区、直辖市人民政府规定 第八条　共产主义青年团、妇女联合会、工会、青年联合会、学生联合会、少年先锋队以及其他有关社会团体，协助各级人民政府做好未成年人保护工作，维护未成年人的合法权益
2020 年《未成年人保护法》第二次修订	第八条　县级以上人民政府应当将未成年人保护工作纳入国民经济和社会发展规划，相关经费纳入本级政府预算 第九条　县级以上人民政府应当建立未成年人保护工作协调机制，统筹、协调、督促和指导有关部门在各自职责范围内做好未成年人保护工作。协调机制具体工作由县级以上人民政府民政部门承担，省级人民政府也可以根据本地实际情况确定由其他有关部门承担 第十条　共产主义青年团、妇女联合会、工会、残疾人联合会、关心下一代工作委员会、青年联合会、学生联合会、少年先锋队以及其他人民团体、有关社会组织，应当协助各级人民政府及其有关部门、人民检察院、人民法院做好未成年人保护工作，维护未成年人合法权益 第八十一条　县级以上人民政府承担未成年人保护协调机制具体工作的职能部门应当明确相关内设机构或者专门人员，负责承担未成年人保护工作 乡镇人民政府和街道办事处应当设立未成年人保护工作站或者指定专门人员，及时办理未成年人相关事务；支持、指导居民委员会、村民委员会设立专人专岗，做好未成年人保护工作

资料来源：根据公开资料整理

（三）服务体系向基层延伸

《未成年人保护法》从1991年制定到2020年修订，逐步建立起下沉至基层的未成年人保护机制，解决未成年人政府保护“最后一公里”问题。2020年修订的《未成年人保护法》专门明确了基层的工作机制，乡镇人民政府和街道办事处应当设立未成年人保护工作站或者指定专门人员，及时办理未成年人相关事务；支持、指导居民委员会、村民委员会设立专人专岗，做好未成年人保护工作。

儿童福利和保护服务体系建设是一项复杂的系统工程，包括了儿童保护的政策法规和规划、明确职责的协调联动机制、财政及人力资源的投入、规范的预防及应对服务、专业的服务人员队伍、社区参与、监督和评估等。2010年，民政部与联合国儿童基金会联合启动“中国儿童福利示范项目”，通过在村（居）委会设立“儿童主任”岗位，探索基层儿童福利和保护服务模式。2016年，儿童主任模式写入国家政策，2019年，村（居）儿童主任全国铺开。当前，以儿童主任为代表，基层儿童工作岗位建设与人才队伍能力培养势必成为重要抓手。

二、儿童福利和保护行政机构改革

涉及儿童福利和保护工作的部门较多，更加需要开展具体深入的跨部门合作。为了解决跨部门工作职责分散重叠的现实问题，提高跨部门合作工作效率，需要设立核心的行政管理机构，在此基础上，建立起相关部门工作的衔接与配合机制。国家层面，先后设立了国务院妇女儿童工作委员会、国务院农村留守儿童关爱保护和困境儿童保障工作部际联席会议制度、国务院未成年人保护工作领导小组等，加强儿童福利和保护工作部门责任落实与跨部门联动。

（一）国务院妇女儿童工作委员会（1993年8月至今）

1981年5月，全国儿童少年工作协调委员会在北京成立，由全国妇联牵头，时任全国妇联主席的康克清担任主任。1990年2月22日，国务院妇女儿童工作协调委员会正式成立，取代了原由全国妇联牵头的全国儿童少年工作协调委员会，成为国务院负责妇女儿童工作的议事协调机构。1993年8月4日，国务院妇女儿童工作协调委员会更名为国务院妇女儿童工作委员会，简称国务院妇儿工委，负责协调和推动政府有关部门执行妇女儿童的各项法律法规和政策措施，发展妇女儿童事业。[1]

国务院妇儿工委的职责包括：协调和推动政府有关部门做好维护妇女儿童权益工作；协调和推动政府有关部门制定和实施妇女和儿童发展纲要；协调和推动政府有关部门为开展妇女儿童工作和发展妇女儿童事业提供必要的人力、财力、物力；指导、督促和检查各省、自治区、直辖市人民政府妇女儿童工作委员会的工作。国务院妇女儿童工作委员会的组成单位由国务院批准，目前有35个部委和人民团体[2]，包括中央宣传部、中央网信办、外交部、国家发展改革委、教育部、科技部、工业和信息化部、国家民委、公安部、民政部、司法部、财政部、人力资源社会保障部、自然资源部、生态环境部、住房城乡建设部、交通运输部、水利部、农业农村部、商务部、文化和旅游部、国家卫生健康委、应急部、市场监管总局、广电总局、体育总局、国家统计局、国家医保局、国家乡村振兴局、全国总工会、共青团中央、全国妇联、中国科协、中国残联、中国关工委。

为了处理国务院妇儿工委的日常事务，设立国务院妇儿工委办公室，作为国务院妇儿工委的日常办事机构，设在全国妇联。其工作职责包括：编制中国妇女和儿童发展纲要并组织实施和监测评估；协调和推动国务院妇女儿童工作委员会35个成员单位做好维护妇女儿童权益，实施妇女、儿童纲要工作；开展调查研究，为委员会决策妇女儿童发展中的重大问题提供依据；承办全国妇女儿童工作会、国务院妇女儿童工作委员会全委会、专题会和经验交流与表彰工作；指导省级妇女儿童工作委员会办公室的工作；负责日常行政事务，编发各类文件，并完成国务院妇女儿童工作委员会交办的其他工作；执行国际合作项目。

（二）国务院农村留守儿童关爱保护和困境儿童保障工作部际联席会议制度（2016年4月至今）

1. 农村留守儿童关爱保护工作部际联席会议制度

2016年4月5日，为加强对农村留守儿童关爱保护工作的组织领导和统筹

---

〔1〕 国务院妇儿工委网站，http：//www. nwccw. gov. cn/node_ 2660. htm，最后访问时间：2021年3月25日。

〔2〕 国务院妇儿工委网站，http：//www. nwccw. gov. cn/node_ 2660. htm，最后访问时间：2021年3月25日。

协调，强化部门间协作配合，及时研究解决工作中面临的重大问题，经国务院同意，建立农村留守儿童关爱保护工作部际联席会议制度。

联席会议由民政部主要负责同志担任召集人，各成员单位有关负责同志为联席会议成员。原则上，联席会议将每年召开一次全体会议，由召集人或召集人委托的同志主持。根据国务院领导同志指示或工作需要，可以临时召开会议。联席会议办公室设在民政部，承担联席会议日常工作。联席会议设联络员，由各成员单位有关司局负责同志担任。

由民政部等27个部门建立农村留守儿童关爱保护工作部际联席会议制度，统筹协调全国农村留守儿童关爱保护工作。联席会议的主要职能是：研究拟订农村留守儿童关爱保护工作政策措施和年度工作计划，向国务院提出建议；组织协调和指导农村留守儿童关爱保护工作，推动部门沟通与协作，细化职责任务分工，加强政策衔接和工作对接，完善关爱服务体系，健全救助保护机制；督促、检查农村留守儿童关爱保护工作的落实，及时通报工作进展情况等。

2. 农村留守儿童关爱保护和困境儿童保障工作部际联席会议制度

为加强对农村留守儿童关爱保护和困境儿童保障工作的组织领导和统筹协调，强化部门间协作配合，及时研究解决工作中面临的重大问题，经国务院同意，调整农村留守儿童关爱保护工作部际联席会议制度，建立农村留守儿童关爱保护和困境儿童保障工作部际联席会议（以下简称联席会议）制度。

主要职能：在国务院领导下，统筹协调全国农村留守儿童关爱保护和困境儿童保障工作。研究拟订农村留守儿童关爱保护和困境儿童保障工作政策措施和年度工作计划，向国务院提出建议；组织协调和指导农村留守儿童关爱保护和困境儿童保障工作，推动部门沟通与协作，细化职责任务分工，加强政策衔接和工作对接，完善关爱服务体系，健全救助保护机制；督促、检查农村留守儿童关爱保护和困境儿童保障工作的落实，及时通报工作进展情况；完成国务院交办的其他事项。

联席会议原则上每年召开一次全体会议，由召集人或召集人委托的同志主持。根据国务院领导同志指示或工作需要，可以临时召开会议。在联席会议召开之前，召开联络员会议，研究讨论联席会议议题和需提交联席会议议定的事项及其他有关事项。联席会议以会议纪要形式明确议定事项，经与会单位同意后印发有关方面。重大事项按程序报国务院。

（三）未成年人保护委员会

一直以来，各级共青团依托未成年人保护委员会和预防青少年违法犯罪专项组，配合相关部门着力优化未成年人成长环境、共同促进未成年人健康成长。[1] 各级团组织推动各级未成年人保护委员会及办公室的建设，建立健全社区和基层未成年人保护组织，旨在形成未成年人保护工作的有力依托。[2] 目前，我国省级行政区域普遍设立了当地的未成年人保护委员会，负责议事协调，未成年人保护委员会办公室负责日常工作，办公室设立在共青团系统权益部门，工作人员由团干部兼任[3]。各级团组织大力推动未成年人保护机构的设立并承担未成年人保护委员会办公室的职能。比如，北京市和下辖区设立未成年人保护委员会，由人民政府及其有关部门、审判机关、检察机关和工会、共青团委员会、妇女联合会、文学艺术界联合会、科学技术协会、社会科学界联合会、律师协会、红十字会、残疾人联合会等社会团体的负责人及社会知名人士组成。委员会的主任委员由人民政府的主要负责人担任。委员会的办事机构由有关部门和共青团委员会的人员组成。[4] 北京市未成年人保护委员会在2021年全体会议上，强调围绕新修订的《未成年人保护法》，进一步明确工作职责，落实目标任务，形成党政齐抓共管、部门协同配合、共青团协调、社会广泛参与的良好局面。

未成年人保护委员会的职责：宣传国家保护未成年人的法律、法规；监督国家有关保护未成年人的法律、法规的实施；协调有关部门对未成年人的教育保护工作；接受对侵犯未成年人合法权益行为的投诉、举报，交由有关部门查处，为受害者提供或者寻求法律帮助；对因国家机关和国家机关工作人员的违法、失职行为致使未成年人合法权益受到严重损害的，有权建议有关机关对责任人员给予行政处分，直至依法追究刑事责任；建立完善未成年人保护工作相

---

〔1〕 共青团中央：推动出台法规保障未成年人权益，正义网，http：//news. jcrb. com/jxsw/201905/t20190527_ 2005547. html，最后访问时间：2021 年 3 月 25 日。

〔2〕 共青团中央：守护少年的你　共青团与未成年人保护法，http：//news. cyol. com/app/2020-11/04/content_ 18839758. htm，最后访问时间：2021 年 3 月 25 日。

〔3〕 中国共青团网，http：//www. ccyl. org. cn/ccylspeech/200706/t20070613_ 32259. htm，最后访问时间：2021 年 3 月 25 日。

〔4〕 北京市未成年人保护委员会 2021 年全体会议召开，http：//www. bjyouth. gov. cn/html/1/452/1513. html，最后访问时间：2021 年 3 月 25 日。

关制度，研究未成年人保护工作中的重大事项，并可向主管机关和部门提出意见和建议；完善未成年人保护工作队伍建设。

（四）民政部儿童福利司（2018 年 12 月至今）

党中央和国务院以及民法总则等相关法律政策对民政部门在儿童福利保障与关爱服务方面不断赋予新的职能和任务，如何更好地履行这些职能和任务，需要一个主责的专门部门来研究。此前，在儿童福利保障方面，民政部曾成立儿童福利处，专门负责孤儿弃婴的保障问题，后又成立了未成年人（留守儿童）保护处，负责留守儿童、困境儿童的保障工作，这也是儿童福利领域的两个主要机构。同时，还有儿童收养等其他工作，需要一个专门的司局来统筹和落实，儿童福利司在此背景下新设。

根据《民政部职能配置、内设机构和人员编制规定》[1]，2018 年 12 月，民政部设立儿童福利司。在中国即将全面建成小康社会的关键阶段，儿童福利司的设立，有利于统筹各方面的资源和力量，进一步完善政府负责、部门协作、分工配合的工作机制；有利于系统推进儿童福利相关政策，系统研究适合中国国情的儿童福利制度。其对切实维护好中国孤弃儿童、困境儿童、留守儿童等的合法权益，落实儿童利益最大化的原则具有重要意义。

儿童福利司职责主要是拟订儿童福利、孤弃儿童保障、儿童收养、儿童救助保护政策、标准，健全农村留守儿童关爱服务体系和困境儿童保障制度。可见，民政部的儿童福利司可以承担国务院层面未成年人保护协调机制具体工作，同时对儿童福利司的职责进行适当调整，在其下增设专门处室。与此相对应，县级以上地方人民政府需要进行类似的匹配设置，在民政部门或者省级人民政府指定的其他部门根据情况明确内设机构或者指定专门人员。[2]

（五）国务院未成年人保护工作领导小组（2021 年 4 月至今）

2021 年 4 月 27 日，国务院办公厅发布《关于成立国务院未成年人保护工作领导小组的通知》，正式成立国家层面的未成年人保护协调机制，由国务院

---

〔1〕《民政部职能配置、内设机构和人员编制规定》，中国机构编制网，http://www.scopsr.gov.cn/jgbzdt/gg/201901/t20190125_359775.html，最后访问时间：2021 年 3 月 6 日。

〔2〕宋英辉、苑宁宁：《中华人民共和国未成年人保护法释义》，中国法制出版社 2020 年版，第 245 页。

副总理孙春兰担任领导小组组长，办公室设在民政部。成立国务院未成年人保护工作领导小组既落实新修订的《未成年人保护法》有关未保协调机制的法律要求，也解决未保工作职责分散重叠的现实问题，充分减少层级，提高效率。从建立村居儿童主任队伍、到完善乡镇儿童督导员体系、到县级以上民政部门安排内设机构或者专门人员、到民政部设立儿童福利司、再到成立国务院未成年人保护工作领导小组，我国垂直到底、权责明确的未成年保护工作体系已经初步建立。

5月28日下午，国务院未成年人保护工作领导小组第一次全体会议召开，会议审议通过了《国务院未成年人保护工作领导小组工作规则》《国务院未成年人保护工作领导小组办公室工作规则》等5个文件稿。全国31个省（自治区、直辖市）和新疆生产建设兵团全部建立未成年人保护工作领导小组（委员会），办公室均设在民政厅（局），实现省级层面未成年人保护工作协调机制全覆盖。其中，10个省（自治区）和新疆生产建设兵团由党委常委同志担任主要负责人，其他21个省（自治区、直辖市）由省级政府分管民政工作的负责人担任。

第二节　我国儿童福利和保护的行政与服务体系现状

一、主要政府部门和人民团体及其职责

（一）国家发展和改革委员会

国家发展和改革委员会的儿童福利和保护工作职责包括：将儿童事业纳入国民经济和社会发展总体规划；促进儿童事业与国家经济社会协调同步发展，增加对儿童事业投入，制定和实施儿童发展重大项目。

2010年以来，国家出台一系列儿童政策文件和规划方案。儿童作为社会可持续发展的重要资源，促进儿童发展被赋予提高中华民族素质、建设人力资源强国的重要战略意义。在“儿童优先”战略目标要求下，不同领域又各有不同的工作重点，儿童福利优先保障，儿童社会保护体系优先建立，儿童健康服务优先供给，儿童教育优先发展。

表 3　国家宏观政策中儿童福利和保护工作发展目标（2011－2020 年）

分领域分	2020 年目标规划
整体目标：儿童优先	坚持男女平等基本国策和儿童优先，切实加强儿童群体权益保护，公平参与并更多分享发展成果； 促进机会均等，保障人人得到基本公共服务的机会
儿童福利：优先保障	扩大儿童福利范围，建立和完善适度普惠的儿童福利体系； 贫困地区儿童发展整体水平基本达到或接近全国平均水平； 建立健全与我国经济社会发展水平相适应的儿童分类保障制度； 落实困境儿童优先原则，全面提升儿童福利服务水平； 基本实现残疾儿童应救尽救
儿童社会保护体系：优先建立	提高儿童工作社会化服务水平，创建儿童友好型社会环境； 完善保护儿童的法规体系和保护机制，依法保护儿童合法权益； 全社会关爱保护儿童的意识普遍增强，儿童成长环境更为改善、安全更有保障
儿童健康服务：优先供给	完善覆盖城乡儿童的基本医疗卫生制度，提高儿童身心健康水平； 加强妇幼卫生保健和生育服务，加强儿童基本用药保障； 人人享有基本医疗卫生服务和基本体育健身服务，主要健康指标居于中高收入国家前列
儿童教育：优先发展	促进基本公共教育服务均等化，保障儿童享有更高质量的教育； 基本实现教育现代化，进入人力资源强国行列

资料来源：根据公开资料整理

表 4　国家宏观政策中儿童福利和保护主要文件（2011—2020 年）

序号	政策文件	发文单位	年份
1	《国家中长期教育改革和发展规划纲要（2010—2020 年）》	教育部国家中长期教育改革和发展规划纲要工作小组办公室	2010
2	《中国儿童发展纲要（2011—2020 年）》	国务院	2011
3	《国家贫困地区儿童发展规划（2014—2020 年）》	国务院办公厅	2014
4	《“十三五”卫生与健康规划》	国务院	2016
5	《“健康中国 2030”规划纲要》	中共中央、国务院	2016
6	《国务院关于加强农村留守儿童关爱保护工作的意见》	国务院	2016

续表

序号	政策文件	发文单位	年份
7	《中华人民共和国国民经济和社会发展第十三个五年规划纲要》	国务院	2016
8	《国务院关于加强困境儿童保障工作的意见》	国务院	2016
9	《民政事业发展第十三个五年规划》	民政部、国家发展改革委	2016
10	《全国民政标准化“十三五”发展规划》	民政部、国家标准化管理委员会	2016
11	《“十三五”推进基本公共服务均等化规划》	国务院	2017
12	《国民营养计划（2017—2030 年)》	国务院办公厅	2017
13	《国家教育事业发展“十三五”规划》	国务院	2017
14	《国务院关于建立残疾儿童康复救助制度的意见》	国务院	2018

资料来源：根据公开资料整理

儿童宏观政策规划基本都制定了明确目标和监测指标。规划文件汇总可获得 44 项指标，按儿童福利、儿童保护、儿童健康、儿童教育四个领域进行分类。其中，儿童健康和儿童教育领域政策指标较多，儿童福利和儿童保护领域指标较少，且数据获取较难。从完成情况来看，儿童健康和儿童教育指标即将完成和已完成情况较好。

表 5　国家宏观政策中儿童福利和保护指标完成情况（2011 –2020 年）

指标名称	2020 年目标	最新数据	数据年份
孤儿家庭寄养率和收养率（%）	提高	5. 3	2018
0 –6 岁残疾儿童康复率（%）	提高	提高	2018
流浪儿童反复性流浪（%）	降低	—	—
地级以上城市和重点县儿童福利机构覆盖率（%）	100	100	2018
地级以上城市和重点县儿童救助保护机构覆盖率（%）	100	52. 9	2018
18 岁以下儿童伤害死亡率（人/10 万人）	17. 33	11. 74	2018

续表

指标名称	2020 年目标	最新数据	数据年份
未成年人社会保护工作机制县级层面覆盖率（%）	95	—	—
城乡社区儿童之家覆盖率（%）	90	34.9	2018
婴儿死亡率（‰）	7.5	6.1	2018
出生人口性别比（%）	112	111.9	2017
低出生体重发生率（%）	4	3.13	2018
0－6 个月婴儿纯母乳喂养率（%）	50	74.9	2018
纳入国家免疫规划的疫苗接种率以乡（镇）为单位（%）	95	95	2018
新生儿破伤风发病率以县为单位（‰）	1	0.01	2018
3 岁以下儿童系统管理率（%）	90	91.2	2018
0—6 岁儿童健康管理率（%）	90	92.7	2018
5 岁以下儿童死亡率（‰）	9.5	8.4	2018
5 岁以下儿童贫血患病率（%）	12	5.44	2018
5 岁以下儿童生长迟缓率（%）	7	1.11	2018
5 岁以下儿童低体重率（%）	5	1.43	2018
基本医疗保险参保率（%）	95	95	2019
孕产妇死亡率（人/10 万人）	18	18.3	2018
孕产妇系统管理率（%）	90	89.9	2018
孕前优生服务目标人群覆盖率（%）	80	88.4	2018
孕妇贫血率（%）	15	—	—
孕妇叶酸缺乏率（%）	5	—	—
贫困地区婴儿死亡率（‰）	12	—	—
贫困地区 5 岁以下儿童死亡率（‰）	15	—	—
贫困地区 5 岁以下儿童生长迟缓率（%）	10	—	—
贫困地区低体重率（%）	5	—	—
贫困地区贫血患病率（%）	12	—	—
贫困地区以乡镇为单位适龄儿童国家免疫规划疫苗接种率（%）	90	—	—

续表

指标名称	2020 年目标	最新数据	数据年份
贫困地区孕产妇死亡率（人/10 万人）	30	—	—
学前 1 年毛入园率（%）	95	—	—
学前 2 年毛入园率（%）	80	—	—
学前 3 年毛入园率（%）	85	81.7	2018
九年义务巩固率（%）	95	94.2	2019
高中阶段毛入园率（%）	90	89.5	2019
义务教育基本均衡县（%）（市、区）比例	95	92.7	2018
中小学生贫血患病率（%）	下降 1/3	—	—
农村中小学生的生长迟缓率（%）	5	—	—
贫困地区学前三年毛入园率（%）	75	—	—
贫困地区视力、听力、智力残疾儿童少年义务教育入学率（%）	90	—	—
贫困地区九年义务教育巩固率（%）	93	—	—

资料来源：根据公开资料整理

（二）民政部门

民政部门的儿童福利和保护工作职责包括：建立未成年人救助制度，根据需要设立救助机构和救助场所，支持有条件的社会组织和个人建立未成年人救助机构和救助场所，负责属于社会救助对象的未成年人的权益保护和生活救助；统筹各方资源，充分发挥政府、市场、社会作用，完善儿童福利机构设施，健全服务功能，增强服务能力，负责孤儿、弃婴以及残疾未成年人的收养、治疗、康复、教育工作；在城乡社区发展儿童托育服务，兴办儿童托育机构，为因疾病、家庭与工作紧张、突发事件等原因临时不能监护儿童的家庭，提供儿童托养服务，防止幼儿因无人照顾而发生意外伤害。牵头负责和推动留守儿童关爱保护工作、困境儿童保障工作，推动利用现有公共服务设施开辟儿童之家等儿童活动和服务场所，将面向儿童服务功能纳入社区公共服务体系；制定儿童福利督导员或儿童权利监察员工作规范，明确工作职责，强化责任意识，提高服务能力；建设儿童保护社工队伍，以专业化的社会工作服务做好儿童虐待问题的预防和干预，切实提升儿童虐待问题处置的规范化与专业化水平；发展面向受虐待儿童、遭遇其他暴力伤害的儿童以及可能面临伤害的高风险儿童的辅导服务，协助遭遇或可能遭遇暴力伤害的儿童恢复社会关系并重新融入社会；拟订未成年人收养政策，承办政府间儿童收养政策协调事宜，维护被收养未成年人的合法权益；办理结婚登记时，为新婚夫妇提供优生优育以及亲职教育知识；建立针对虐待儿童的监护人的强制亲职教育制度，根据虐待儿童的性质与程度，强制虐童监护人接受亲职教育指导；配合其他部门和单位做好与本部门职责相关的其他未成年人保护工作。

近年来，民政部门儿童福利事业稳步发展，儿童福利财政支出总体呈上升趋势。自 2009 年起，我国儿童福利支出不断增加，2016 年，儿童福利支出达到历史最高值 56.3 亿元；2016 - 2019 年，儿童福利支出有所缩减，但占民政事业费比重有所增长，儿童福利事业重视程度逐步显现。

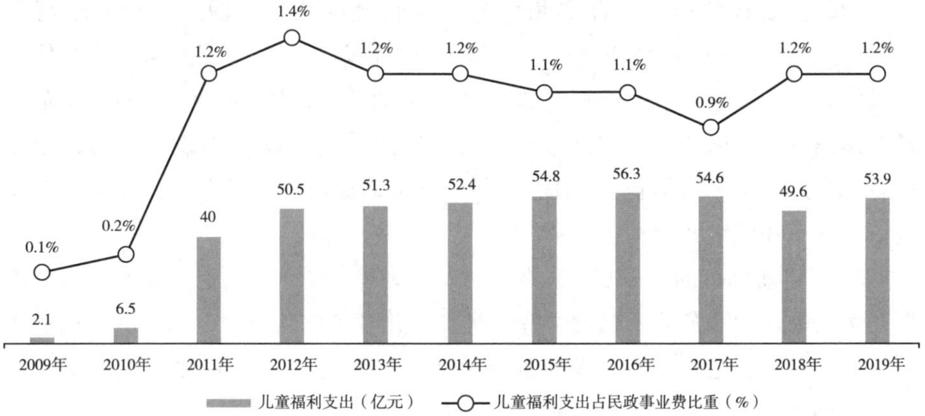

图 3　我国儿童福利经费投入（2009 - 2019 年）

数据来源：《中国民政统计年鉴》（2011 - 2019）。

儿童福利和保护机构社工[1]比重逐年增长。近十年，我国儿童福利与收养救助机构中的社工数量快速增长，从 2009 年的 288 人增长至 2018 年的 1359 人，年增长率在 6.1% - 38.2%；机构职工中社工占比从 2009 年的 3.1% 增长至 2018 年的 9.5%。其中，助理社工师和社工师比重基本持平，2009 - 2012 年，助理社工师比重略高于社工师，2013 年开始，社工师比重反超助理社工

〔1〕 此处社工指《中国民政统计年鉴》中助理社会工作师和社会工作师人数之和。

师，基本保持在 52% －58%。

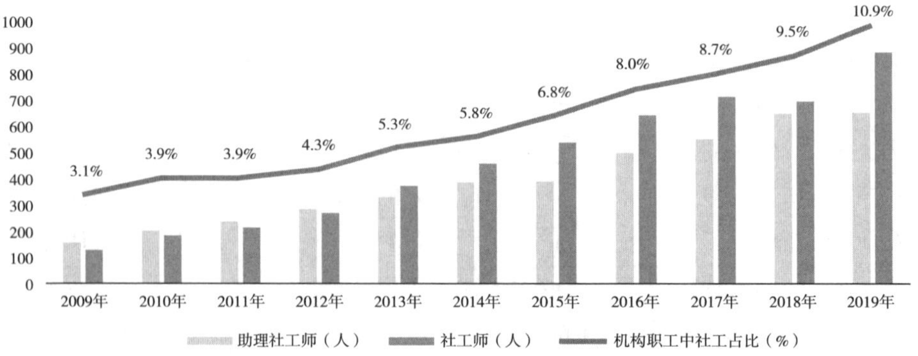

图 4　儿童福利和保护机构中社工数量变化（2009 －2019）

数据来源：《中国民政统计年鉴》（2011 －2019）。

2010 年，民政部与联合国儿童基金会联合启动“中国儿童福利示范项目”，通过在村（居）委会设立“儿童主任”岗位，探索基层儿童福利和保护服务模式。2016 年，儿童主任模式写入国家政策，2019 年，村（居）儿童主任全国铺开，其岗位建设与能力培养成为当前重点。截至 2020 年 6 月，全国已有 4.8 万名乡镇（街道）儿童督导员、66.3 万名村儿童主任，成为关系关爱留守儿童和困境儿童的主力军。[1]

2020 年新修订的《未成年人保护法》，从国家法律层面上，为加快推进基层儿童关爱保护服务体系建设，特别是基层儿童工作队伍建设，提供了重要法律依据。在“社会保护”章节第四十三条中，规定了“居民委员会、村民委员会应当设置专人专岗负责未成年人保护工作，协助政府有关部门宣传未成年人保护方面的法律法规，指导、帮助和监督未成年人的父母或者其他监护人依法履行监护职责，建立留守未成年人、困境未成年人的信息档案并给予关爱帮扶；居民委员会、村民委员会应当协助政府有关部门监督未成年人委托照护情况，发现被委托人缺乏照护能力、怠于履行照护职责等情况，应当及时向政府有关部门报告，并告知未成年人的父母或者其他监护人，帮助、督促被委托人履行照护职责”。可见，“儿童主任”工作职责在法律中得到明确，特别强调落实基层政府、居委会、村委会通过“儿童主任”队伍发挥未成年人保护的

〔1〕 苑立新主编：《中国儿童发展报告 2020》（儿童蓝皮书），社会科学文献出版社 2020 年版，第 86 页。

工作职能。

2010－2014 年，儿童福利机构数量和未成年人救助保护中心数量以 11% 的增速增长。从 2015 年开始逐年递减，2018 年共 661 个，回落至 2011 年水平。曾经，儿童福利和保护机构床位数量难以满足集中供养儿童需求，但随着集中供养孤儿数量减少以及儿童福利机构基础设施增长，从 2013 年开始，儿童福利机构床位数多于集中供养孤儿数量，供需关系发生反转，床位空置率从 4.1% 增长至 2018 年的 27.8%。

表 6　儿童福利和保护机构、床位数量变化（2009－2019）

年份	儿童福利与救助保护机构数（所）			儿童福利与救助保护机构床位数（万张）			儿童福利机构集中供养孤儿数（万人）	儿童福利机构床位空置率（%）
	儿童福利机构	未成年人救助保护机构	合计	儿童福利机构	未成年人救助保护机构	合计		
2010	335	145	480	5	0.5	5.5	10	–
2011	397	241	638	6	0.8	6.8	7.7	–
2012	463	261	724	7.7	1	8.7	9.5	–
2013	529	274	803	8.7	1.1	9.8	9.4	4.1%
2014	545	345	890	9.6	1.2	10.8	9.4	12.3%
2015	478	275	753	8.9	1.1	10	9.2	8.0%
2016	465	240	705	9	1	10	8.8	12.0%
2017	469	194	663	9.5	0.8	10.3	8.6	16.5%
2018	475	176	651	8.9	0.8	9.7	7	27.8%
2019	484	202	686	9	0.8	9.8	6.4	34.7%

数据来源：《中国民政统计年鉴》（2011－2019）。

根据 2021 年 1 月 25 日民政部新闻发布会数据显示，截至 2020 年底，全国已有 25.3 万名事实无人抚养儿童被纳入保障范围，规模超过全国孤儿 24.2 万人。各地参照孤儿保障标准，平均每人每月达到 1140 元，接近孤儿保障水平每人每月 1499 元。全国 25.3 万名事实无人抚养儿童，从家庭状况来看，其中父母一方死亡，另一方符合失联、重残、失踪等情形的儿童占比 45.1%；父母双方均重残的儿童占 27.4%；服刑人员子女占 8.3%；还有很多其他组合情形。从区域分布看，广东有 2.8 万事实无人抚养儿童，其次为湖南 2.3 万人、安徽 1.9 万人、河南 1.7 万人、贵州 1.6 万人、云南 1.5 万人，这 6 个省份数量占全国总数的 46.6%。从健康状况看，95.7% 的儿童身体健康。从户籍状况看，85.3% 的儿童为农业户口。

值得特别注意的是，我国新冠肺炎疫情从暴发到得到精准防控，儿童特殊群体关爱保护方面，取得突出成绩。疫情期间，各级政府及相关部门落实社会救助政策和困境儿童政策，及时发现报告、分类临时照料、加强救助保障、开通临时救助保护热线，优先审核审批困境儿童基本生活费发放，进一步加强各类困境儿童兜底保障工作。全国 24.2 万名孤儿和 19 万名事实无人抚养儿童被纳入价格临时补贴保障范围。在 2020 年 3 月至 6 月期间，孤儿和事实无人抚养儿童的临时补贴标准提高一倍发放。全国儿童福利机构中 6.5 万名集中养育孤弃儿童，未成年人救助保护机构中 5675 名临时救助照料困境儿童和 17.7 万名社会散居孤儿实现“零感染”。同时，全国 15 个省份发现报告并救助保护了 393 名因疫情影响造成监护缺失的儿童。从地方实务进展来看，重庆市提高了新冠肺炎确诊儿童的救助保障标准；江苏、辽宁等省份及时启动疫情期间社会救助标准与物价上涨挂钩联动机制，适当提高补贴标准；广东利用儿童督导员、儿童主任等多方力量，开展全面摸底，排查各类困境儿童 32 万余次，将发现的新增困境儿童纳入保障范围。

表 7　疫情期间重点防护儿童群体（2020 年 1－4 月）

类型	数量	保障措施
孤儿	24.2 万人	纳入价格临时补贴保障范围，3 月至 6 月期间补贴标准要提高一倍予以发放
事实无人抚养儿童	19 万人	纳入价格临时补贴保障范围，3 月至 6 月期间补贴标准要提高一倍予以发放
受疫情影响的监护缺失儿童	393 人	临时救助与安置服务
未成年人救助保护机构内儿童	5675 人	临时救助与安置服务

资料来源：北京师范大学中国公益研究院儿童福利和保护研究中心整理

儿童福利与未成年人保护机构养育救助儿童无人感染。疫情期间，全国 1217 家儿童福利机构、1806 家未成年人救助保护机构成为疫情防控重点场所，机构内抚养的 6.5 万名孤弃儿童以及临时救助照料各类困境儿童 5675 人无一人感染。民政部组织13个批次、覆盖所有省份的61家儿童福利机构、未成年人救助保护机构的视频抽查，摸清一线防控现状。从地方实务进展来看，各地积极落实中央政策要求，加强儿童福利机构封闭式管理。安徽制定儿童福利领域疫情防控操作规范；广西发文加强儿童福利机构物资管理；广东省印发“十条措施”要求对儿童福利机构内所有服务对象、工作人员全员进行检测。

（三）教育部门

教育部门的儿童福利和保护工作职责包括：合理配置教育资源，保障适龄未成年人平等接受义务教育；采取措施，保障家庭经济困难的、残疾的、留守的、流动的、在未成年人犯管教所服刑的或者其他处于困境中的未成年人接受义务教育；发展面向未成年人的特殊教育，重视和完善专门教育，在经费、师资、教学设施等方面予以保障；促进开办职业、技术学校，为未成年人提供就业技能培训；发展学前教育，满足3－6岁儿童教育需求。根据人口趋势，科学规划幼儿园建设，不断提升学前教育质量；采取多种形式，科学培养和严格管理教师以及幼儿园的保教人员，提高其职业道德素质和业务能力；加强对家庭教育的指导，支持和引导办好家长学校、家庭教育指导中心；在中小学校与托幼机构配备专业的驻校社工，为在学校学习和生活中遇到问题与困难的学生提供专业的咨询与辅导服务；制定应对各种灾害、传染性疾病、食物中毒、意外伤害等突发事件的预案，配备相应设施；其他与未成年人保护相关的教育行政管理职责，以及配合其他部门和单位做好未成年人保护的相关工作。

财政性教育经费占GDP比例连续七年超4%。国家财政性教育经费支出占国内生产总值4%是衡量各国教育水平的重要指标。1993年，中共中央、国务院发布《中国教育改革和发展纲要》首次提出了“财政性教育经费支出占GDP比例要达到4%”的日标，并于2012年实现。分地区来看，2017年，北京、山西、江西、广西、海南、贵州、云南、西藏、甘肃、青海、宁夏、新疆12个省份地方财政性教育经费占GDP比超过全国平均水平（4.14%）。其中，西部地区占8席。

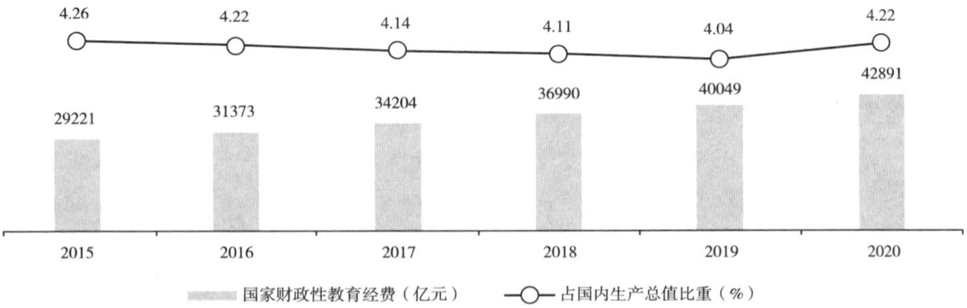

图5　我国财政性教育经费投入及 GDP 占比（1991－2018 年）

数据来源：CPRI 根据历年教育统计年鉴及教育部全国教育经费统计快报整理

教育财政经费投入，义务教育阶段占比最高，学前教育阶段增幅最快。分教育阶段来看，2018 年，全国教育经费总投入为 46135 亿元，比上年增长 8.39%。从经费占比情况来看，学前教育、义务教育、高中阶段教育、高等教育、其他教育经费总投入分别为 3672 亿元、20858 亿元、7184 亿元、12013 亿元、2408 亿元，义务教育经费投入占比最高（45%），学前教育阶段占比较低（8%）。从较上年经费增长率来看，学前教育经费增幅最高。

普惠性学前教育发展财政支持力度加大。2010 年“学前教育三年行动计划”以来，中央政府投入超过 900 亿元，地方政府投入超过 4000 亿元。2018 年，中共中央、国务院印发了《关于学前教育深化改革规范发展的若干意见》，进一步推动了我国学前教育的改革与发展。北京、天津、河北、内蒙古、辽宁、江苏、浙江、江西、广东、广西、海南、重庆、陕西、甘肃、青海等 15 个省份出台省级政策对全省范围内普惠性幼儿园进行奖补。

学生资助体系不断完善，资助资金逐年增长。目前我国已基本形成覆盖各教育阶段的资助体系，将建档立卡家庭经济困难学生、贫困家庭子女作为主要资助对象。2012—2019 年，各教育阶段全国累计资助资金总额为 13032.6 亿元，累计资助 7.6 亿人次（不含义务教育免费教科书和营养膳食补助）。

“十四五”时期重点推进 0—3 岁儿童托育服务。《中华人民共和国国民经济和社会发展第十四个五年规划和 2035 年远景目标纲要》提出坚持优先发展教育事业，在指标方面，首次设立每千人口拥有 3 岁以下婴幼儿托位数（个）指标，要从 2020 年的 1.8 个提升到 2025 年的 4.5 个。在重点工程方面，首次提出普惠托育服务，支持 150 个城市利用社会力量发展综合托育服务机构和社区托育服务设施，新增示范性普惠托位 50 万个。在制度建设方面，发展普惠托育服务体系，健全支持婴幼儿照护服务和早期发展的政策体系，推进婴幼儿照护服务专业化、规范化发展。

表 8　“十四五”规划中关于 0－3 岁儿童托育服务相关内容

类别	具体规划内容
主要指标	每千人口拥有 3 岁以下婴幼儿托位数（个）—预期性指标 2020 年，1.8；2035 年，4.5
重点工程	专栏 18“一老一小”服务项目 04 普惠托育服务扩容 支持 150 个城市利用社会力量发展综合托育服务机构和社区托育服务设施，新增示范性普惠托位 50 万个以上
制度建设	第四十五章　实施积极应对人口老龄化国家战略 第二节　健全婴幼儿发展政策 发展普惠托育服务体系，健全支持婴幼儿照护服务和早期发展的政策体系。加强对家庭照护和社区服务的支持指导，增强家庭科学育儿能力。严格落实城镇小区配套园政策，积极发展多种形式的婴幼儿照护服务机构，鼓励有条件的用人单位提供婴幼儿照护服务，支持企事业单位和社会组织等社会力量提供普惠托育服务，鼓励幼儿园发展托幼一体化服务。推进婴幼儿照护服务专业化、规范化发展，提高保育保教质量和水平

资料来源：中华人民共和国国民经济和社会发展第十四个五年规划和 2035 年远景目标

（四）公安部门

公安机关的儿童福利和保护工作职责包括：维护和协同治理校园及周边治安秩序和交通秩序；预防、制止和依法打击侵害未成年人合法权益的违法犯罪行为；采取多样、有效的教育措施，预防未成年人违法犯罪；办理涉及未成年人的治安案件和刑事案件过程中，尊重未成年人的身心发展特点，保障未成年人的合法权益；对存在忽视、虐待等监护不力的父母或者其他监护人进行批评教育，必要时给予警告、训诫，要求接受亲职教育，涉嫌构成违法犯罪的依法予以处理；牵头协调开展反对拐卖未成年人工作，解救被拐卖未成年人，寻找失踪未成年人，护送流浪乞讨或者离家出走的未成年人到救助场所；联合教育行政部门以及学校开展对未成年人的法治教育、禁毒教育以及网络安全教育等；联合有关部门或组织出台儿童安全座椅国家强制性标准、与儿童有关的产品安全标准等；联合有关部门或组织加强对网络服务营业场所、各类娱乐场所等不适宜未成年人出入的场所的管理，加强对烟酒等不适宜未成年人接触的物品的管理；配合有关部门或组织做好被判处非监禁刑、刑满释放、解除收容教养等未成年人的帮教工作；联合或配合其他有关部门和单位做好未成年人保护的相关工作。

近年来，随着《中国反对拐卖妇女儿童行动计划（2008 - 2012 年）》《中国反对拐卖人口行动计划（2013—2020 年）》深入开展，拐卖儿童犯罪呈现明显下降态势，拐卖儿童现象明显减少。据国家统计局 2020 年 12 月《中国儿童发展纲要（2011—2020 年）》统计监测报告[1]数据显示，2019 年，全国破获拐卖儿童案件 413 起，比 2015 年下降 45.4%。三年来，儿童失踪信息紧急发布平台发布近 4000 名儿童失踪信息，找回儿童 3900 余人，找回率达到 98% 以上。

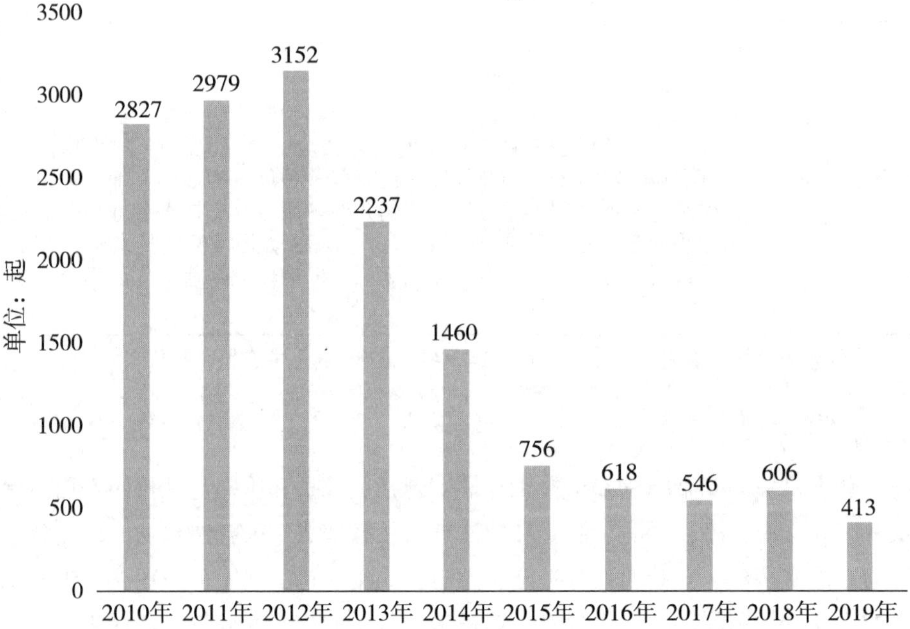

图 6　破获拐卖儿童案件数（2010 - 2019 年）

数据来源：《中国儿童发展纲要（2011—2020 年）》统计监测报告

（五）司法部门

司法部门的儿童福利和保护工作职责包括：组织、指导、配合有关部门或

---

〔1〕 国家统计局网站，http://www.gov.cn/xinwen/2020 - 12/19/content_ 5571132.htm，最后访问时间：2021 年 3 月 25 日。

组织，加强有关保护未成年人法律法规的宣传，根据未成年人的特点向未成年人普及法律常识，进行法治教育；建立健全未成年人法律援助体系，指导各类法律工作机构为未成年人提供法律服务和法律援助；完善未成年服刑人员、未成年强制隔离戒毒人员以及被收容教养人员的教育改造、教育矫正工作，组织、指导村（居）民委员会和相关单位安置、帮教刑满释放解除收容教养的未成年人；在起草、审查法律法规草案中，注意保护未成年人权益，促进未成年人保护工作；配合其他部门和单位做好与本部门职责相关的其他未成年人保护工作。

最高人民检察院构建未成年人检察工作社会支持体系，深入推进未成年人国家司法救助。2018 年 2 月，最高人民检察院、共青团中央共同签署了《关于构建未成年人检察工作社会支持体系的合作框架协议》，在依法办理案件的同时，建立跨部门、多专业的社会支持体系。北京、上海、福建等地检察机关与共青团组织合作，开展实践探索。2018 年 3 月，最高人民检察院印发《全面加强未成年人国家司法救助工作意见》，八类司法过程中陷困境未成年人将获国家司法救助。最高人民检察院设立未成年人检察厅，由第九检察厅专门负责未成年人检察工作。截至 2018 年底，地方人民检察院已经有 24 个省级人民检察院、1400 多个市（县）级人民检察院设立了专门的未成年人检察机构。

儿童遭受暴力伤害的现象在世界范围内普遍存在。针对儿童的暴力伤害，按暴力来源分为校园暴力、家庭暴力、网络暴力等，按暴力性质分为身体暴力、言语暴力、心理/精神暴力、性暴力、忽视暴力等。据世界卫生组织估算（2013）[1]，全球 2—4 岁儿童中，有四分之三（约 3 亿人）曾遭受照料人的精神虐待或体罚。据联合国儿基会数据显示[2]，全球世界范围内，平均每 7 分钟就有一名青少年因遭受暴力行为死亡，约有 1500 万名 15 - 19 岁青春期女童曾被强迫性交或发生其他形式的性行为。我国儿童遭受暴力伤害的现状同样严峻，《中国儿童发展指标图集 2018》数据显示，[3] 我国儿童伤害致死和致残的流行现状存在性别、城乡、地区及人群的差异，表现为男童高于女童、农村

---

〔1〕 Christian Denmon，JD.（2017）. How to Identify and Prevent Child Abuse. Retrieved from https：//thedoctorweighsin. com/how - to - identify - and - prevent - child - abuse/.

〔2〕 《熟悉的面孔：儿童与青少年成长中遭遇的暴力》，UNICEF，https：//www. unicef. org/publications/files/Violence_ in_ the_ lives_ of_ children_ and_ adolescents. pdf。

〔3〕 《中国儿童发展指标图集 2018》，国务院妇女儿童工作委员会办公室、国家统计局和联合国儿童基金会，https：//www. unicef. cn/atlas - 2018 - cn。

高于城市、西部地区高于中部和东部地区的特征。

随着我国防治性侵害、反家庭暴力、防治校园欺凌等多项政策法规的出台，未成年人合法权益保护力度不断加大，相关案件年均增长 10.46%。2018 年中国司法大数据显示，2013 至 2017 年，涉未成年人权益保护案件数量呈总体上升趋势，从 2013 年的 8.3 万件增加至 2017 年的 11.8 万件，年平均增长率达 10.46%。2018 年 2 月，最高人民检察院、共青团中央共同签署了《关于构建未成年人检察工作社会支持体系的合作框架协议》，建立跨部门、多专业的社会支持体系。

根据最高人民检察院的数据，我国侵害未成年人犯罪案件的数量呈上升趋势，其中批准逮捕的数量从 2017 年的 3.4 万件上升至 2019 年的 4.8 万件，提起公诉的数量从 2017 年的 4.7 万件上升至 2019 年的 6.3 万件。批准逮捕和提起公诉的未成年人侵害案件数量上升主要因为我国近年针对儿童的司法保护力度加大，侵害儿童案件受到普遍关注。通过落实强制报告制度和公益诉讼，司法机关在未成年人保护方面发挥重要作用。最高人民检察院第九检察厅厅长表示，截至 2020 年 9 月全国各地通过强制报告立案并审查起诉的案件近 500 件，其中大部分是发生在家庭内部的监护侵害事件。此外，各地检察机关的未检办就侵犯未成年人隐私信息、学校食品安全卫生隐患和无证幼儿园等侵害未成年人合法权益的案件提起公益诉讼，取得良好效果。

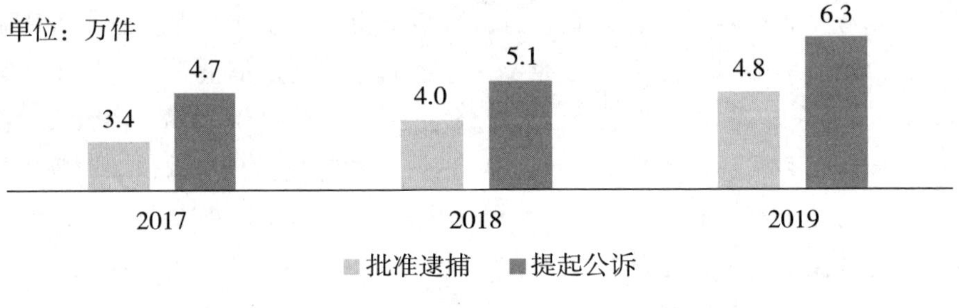

图 7　侵害未成年人犯罪案件情况（2017－2019 年）

数据来源：《未成年人检察白皮书（2014－2019）》。

（六）宣传部门

宣传部门的儿童福利和保护工作职责包括：通过大众化手段，宣传儿童权利、保护儿童对法律法规、儿童优先原则，遏制不良信息，创造有利于儿童发展对舆论环境；引导各种媒体传播有益于儿童成长对社会、文化信息。做好优秀少年儿童图书、报刊、音像电子读物的出版工作；禁止淫秽色情和危害儿童身心健康的出版物；开展预防未成年人沉迷网络的宣传教育，监督网络产品和服务提供者履行预防未成年人沉迷网络的义务。

全国580多家出版社中有556家出版童书。2018年，全国少儿读物出版品种44196种，总量居世界第一。童书出版总印数88858万册，在销品种30多万种，销售总额200多亿元人民币。童书出版年产值连续20年两位数增长。可见，童书出版市场已成为出版业最具活力、最具潜力的板块，童书销售市场已成为整改图书市场发展最快、竞争最为激烈的板块，为少年儿童的精神成长提供了良好的阅读资源条件。[1] 全国少儿广播节目、少儿电视节目、电视动画节目播出时间分别为26.6、57.4和39.9万小时，分别比上年增长0.2%、0.1%和6.5%。

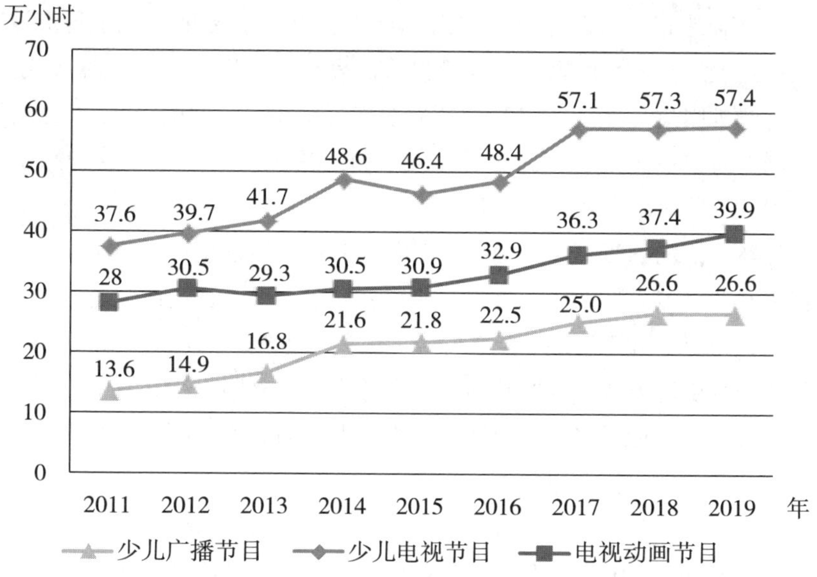

图8　2011—2019年少儿广播节目、少儿电视节目、电视动画节目播出时间

数据来源：2019年《中国儿童发展纲要（2011—2020年）》统计监测报告

---

〔1〕 苑立新主编：《中国儿童发展报告2020》（儿童蓝皮书），社会科学文献出版社2020年版，第231页。

（七）卫生健康部门

卫生健康部门的儿童福利和保护工作职责包括：普及未成年人保健以及疾病预防等卫生科技知识；对未成年人进行卫生保健和营养指导，提供必要的卫生保健条件，做好疾病预防工作；牵头婴幼儿照护服务发展工作，联合其他部门加强对婴幼儿照护服务的指导、监督和管理，加强社会监督，强化行业自律；对儿童实行预防接种证制度，积极防治儿童常见病、多发病，加强对传染病防治工作的监督管理，加强对托儿所、幼儿园卫生保健的业务指导和监督检查；改善未成年人保健服务设施和条件，提高服务能力；依法进行未成年人保健服务和管理，降低婴幼儿死亡率；采取措施减少出生缺陷发生，提高出生人口素质；配合其他部门和单位做好与本部门职责相关的其他未成年人保护工作。

2010年以来，我国医疗卫生支出占财政支出比重逐年提高，儿童健康问题受到特别关注。城乡居民基本医疗保险制度整合，医保异地结算步伐加速，按病种付费机制进一步完善。在健康扶贫政策背景下，2016年，城乡居民基本医保制度对包括儿童在内的建档立卡农村贫困人口已实现全覆盖。自2012年起，国家持续鼓励商业健康保险。

作为新医改的重要内容，2009年国家基本公共卫生服务项目全面启动，儿童成为服务重点人群之一。近年，儿童公共卫生服务在疫苗注射、诊断治疗的基础上，拓展了健康管理、疾病筛查、康复服务等多项内容；儿童公共卫生服务筹资来源由地方政府为主转向中央和地方政府共同承担，且对欠发达地区有更多转移支付。针对严重威胁儿童等重点人群的健康问题，国家陆续制定和实施重大公共卫生服务项目。

儿科人才培养与床位资源建设进一步加强。从1998年开始，部分医学院校停止专业招生，2010—2015年我国儿科医师数量仅增长2.32%，2015年，每儿科医师所负担的门急诊人次数是全国医师负担门急诊人次数的2.44倍。儿科医师数量与儿童医疗需求的不匹配问题突出。“十三五”时期，高校设置儿科专业与儿科医师转岗培训有效增加儿科医师数量。2016年，《关于加强儿童医疗卫生服务改革与发展的意见》出台，大力培养儿科医生，到2020年累计招收培训儿科专业住院医师3万名以上。截至2018年，我国儿科医师从2015年的12万人增加至23万人，每千名儿科执业（助理）医师数为0.92。多地先行开展儿科建设的实践探索，北京出台加强综合医院儿科建设意见，浙江、上海、新疆等省、自治区陆续开展加强儿科医师、儿科门急诊服务、儿科床位建设等工作。

2010年以来，我国婴儿死亡率和五岁以下儿童死亡率持续下降。2018年，全国婴儿死亡率为6.1‰，5岁以下儿童死亡率为8.4‰，提前实现《中国儿童发展纲要（2011—2020年）》目标。《中国妇幼健康事业发展报告（2019）》显示，2000—2015年，中国人均预期寿命提高的4.9岁中，有23.5%归因于5岁以下儿童死亡率的下降。

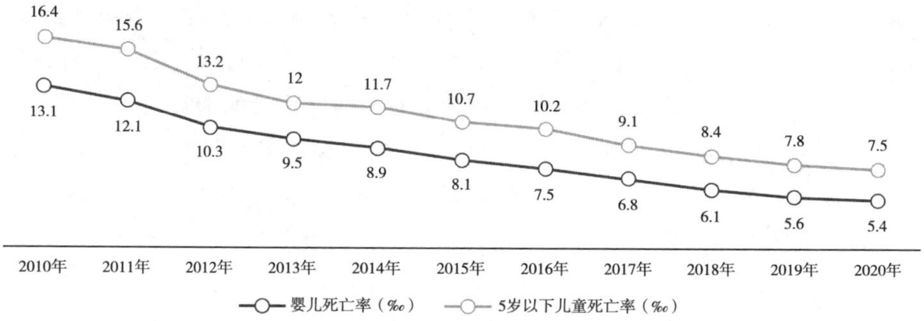

图9　婴儿死亡率和五岁以下儿童死亡率（2010—2020年）

数据来源：根据历年卫生健康统计年鉴数据和国家统计局官方公布资料整理

儿童卫生保健覆盖率保持在较高水平。2018年，全国3岁以下儿童系统管理率为91.2%，7岁以下儿童保健管理率为92.7%，分别比2010年提高9.7和9.3个百分点，提前实现《中国儿童发展纲要（2011－2020年）》目标。

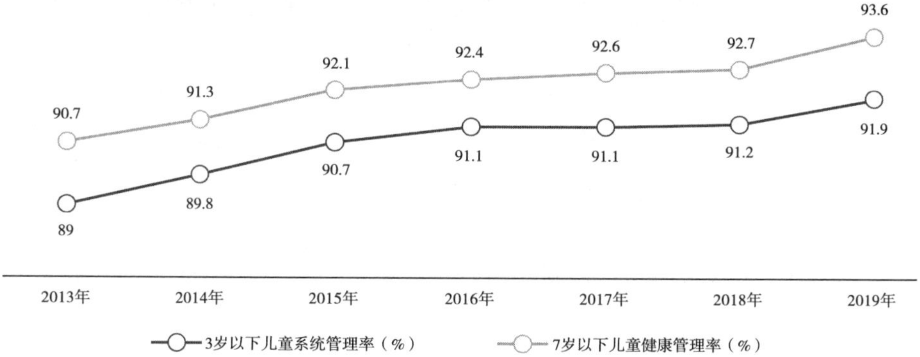

图10　我国儿童健康管理情况（2013－2019年）

数据来源：CPRI根据历年中国卫生统计年鉴整理

（七）国务院扶贫开发领导小组办公室（乡村振兴局）

国务院贫困地区经济开发领导小组成立于1986年5月16日，1993年12月28日改名国务院扶贫开发领导小组办公室。国务院扶贫开发领导小组办公室负责承担领导小组的日常工作。2021年2月16日，《求是》杂志2021年第4期发表“中共国家乡村振兴局党组”的署名文章《人类减贫史上的伟大奇迹》，表明“国家乡村振兴局”已成立。2月25日16时，国家乡村振兴局正式挂牌。国家乡村振兴局由“国务院扶贫开发领导小组办公室”整体改组而来，为国务院直属机构。新机构的人员编制、内设机构及行政关系，与国务院扶贫办基本一致。国家乡村振兴局将成为农业农村部代管的国家局。

国务院扶贫办（乡村振兴局）的儿童福利和保护工作职责包括：将儿童扶贫开发（乡村儿童发展）纳入规划，统一组织，同步实施，同等条件下优先安排，加大儿童扶贫（乡村儿童发展）等支持力度。

2015年10月底，中国扶贫基金会启动留守儿童关爱项目——童伴妈妈项目（童伴计划）。项目通过“一个人、一个家、一条纽带”的模式，以“童伴妈妈”为抓手，以“童伴之家”为平台，以县级横向联动机制为保障，为村级留守儿童建立安全监护网，为农村留守儿童福利和保护探索有效途径，为政府政策落地提供参考。

截至2020年3月底，项目先后联合共青团四川省委、贵州省民政厅、江西省慈善总会、云南省民政厅和湖北省民政厅，与中国公益研究院等技术支持方合作，在54县588村（包括35个贫困县，398个建档立卡贫困村）开展童伴妈妈项目，覆盖近35万名儿童。2019年初，共青团四川省委在3年项目周期结束后申请省财政资金接手项目，推动项目持续发展。四川、贵州、江西参考项目模式复制和拓展到800多个村。[1]

（八）共青团中央

共青团中央系统的儿童福利和保护工作职责包括：宣传贯彻《未成年人保护法》《预防未成年人犯罪法》，依法维护儿童合法权益，参与和推动儿童保护法规政策的制定、完善与落实；开展预防儿童暴力的宣传教育；做好儿童

〔1〕 中国扶贫基金会网站，http：//www. cfpa. org. cn/project/GNProjectDetail. aspx？id＝46，最后访问时间：2021年3月25日。

法律援助、法律咨询服务；加强对中国少年先锋队工作的领导，加强未成年人思想道德教育；开展学习、生活、健康、安全、娱乐等多方面等服务，促进儿童健康成长；开展社区儿童服务。

共青团中央在全国建青少年维权和心理咨询服务热线。共青团通过在全国建立“12355”青少年维权和心理咨询服务热线为全国青少年提供综合性青少年维权服务平台。“12355”青少年服务台包括全国、省、市三个层次，分别由同级团委作为业务主管单位。重点是面向广大青少年的普遍性问题特别是困难青少年的需要，提供志愿性质的免费公益服务。受理范围主要包括学习教育、就业创业、恋爱婚姻、身心健康、困难救助、犯罪预防等方面内容。服务方式包括咨询服务和实际帮助。

（九）全国妇联

全国妇联系统的儿童福利和保护工作职责包括：参与贯彻落实儿童发展纲要、规划；制定实施家庭教育规划；依法维护儿童的合法权益，参与和推动保护儿童法规政策的制定、完善与落实；推动优化儿童健康成长的社会环境；推动建立社区儿童之家，为儿童及其家庭提供指导、咨询和服务；推动家庭文明建设，参与建设社区儿童维权工作站或家庭暴力投诉站，协助做好家庭矛盾、邻里纠纷的调节和疏导工作；开展社区儿童服务。

中国儿童少年基金会（简称中国儿基会）成立于 1981 年 7 月 28 日，是新中国成立后的第一家国家级公募基金会，隶属于全国妇联。致力于推动儿童少年事业发展和促进儿童少年全面发展，为广大儿童少年平等享有美好生活创造更多机会。2019 年中国儿童少年基金会年报显示，全年实现公益总收入 4.16 亿元，惠及儿童超过 200 万人次。

其中，春蕾计划、安康计划、儿童快乐家园、HELLO 小孩是中国儿基会培育出的四大公益品牌。1989 年，中国儿基会推出并实施了旨在救助我国困难家庭女童的公益项目——“春蕾计划”。目前“春蕾计划”已经培育成为促进儿童发展的著名公益品牌。2000 年，为呼吁全社会给孩子们提供安全健康成长的良好社会环境，中国儿基会又推出了“中国儿童安全健康成长计划”大型公益项目，简称“安康计划”，主要在儿童安全、儿童健康与救助等方面提供帮扶。2014 年，由全国妇联与中国儿基会共同推出“儿童快乐家园”项目，目标是解决农村留守儿童由于长期分离，在生活照顾、亲情关爱、安全保护、心理健康等方面的问题。2015 年，“HELLO 小孩”项目成立。通过爱心套餐的形式为贫困弱势儿童和受灾害影响的儿童送去社会各界的关爱和问候。

（十）中国残联

中国残联系统的儿童福利和保护工作职责包括：参与和推动保护残疾儿童法律、法规政策的制定和监督；参与做好出生缺陷防治工作；促进和提高残疾儿童的康复，为残疾儿童提供良好的康复、就学环境；依法维护残疾儿童的合法权益。

党和政府高度重视残疾儿童康复工作，自上世纪八十年代以来，残疾儿童康复工作被纳入经济社会发展规划，国家通过连续实施 6 个残疾人事业发展规划纲要，使残疾儿童康复状况显著改善。从 2009 年开始，中国残联在国家财政支持下开展 0－6 岁贫困残疾儿童抢救性康复项目，引起了全国对 0－6 岁残疾儿童康复服务的重视，使得残疾儿童康复救助工作取得显著进展。

表 9　2017 年不同年龄残疾人康复服务率

单位：万人，%

年龄	总体康复服务情况			辅助器具服务情况		
	得到服务人数	实际有需求人数	服务率	得到服务人数	实际有需求人数	服务率
0－6 岁	7.7	10.7	71.2	2.0	3.5	57.7
7－17 岁	28.1	47.1	59.8	8.0	16.7	47.5
18－59 岁	427.6	649.1	65.9	116.5	243.3	47.9
60 岁及以上	318.3	485.2	65.6	120.6	236.6	51.0

资料来源：苑立新：《中国儿童发展报告 2020》（儿童蓝皮书），社会科学文献出版社 2020 年版，第 375 页。

自 2009 年残疾儿童抢救性康复项目实施以来，“儿童优先”理念得到充分的贯彻，长期的康复实践推动了我国康复机构、人员和康复技术的发展，并积攒了一定的管理经验，为制度化建设奠定了基础。“十三五”时期是全面建成小康社会的决胜阶段，如何保障有需求的残疾儿童，尤其是家庭经济困难的残疾儿童及时得到康复服务是亟待解决的重要问题。2018 年 6 月，国务院出台《关于建立残疾儿童康复救助制度的意见》（国发〔2018〕20 号）（以下简称“意见”），要求自 2018 年 10 月 1 日起在全国全面实施残疾儿童康复救助制度，对符合条件的0－6岁视力、听力、言语、肢体、智力等残疾儿童和孤独症儿童，包括经济困难家庭、福利机构收养的残疾儿童和残疾孤儿等，提供手术、辅助器具配置和康复训练等救助。《意见》明确提出，2020年建立与全面建成小康社会目标相适应的残疾儿童康复救助制度体系，形成党委领导、政府主导、残联牵头、部门配合、社会参与的残疾儿童康复救助工作格局，基本实现残疾儿童“应救尽救”。《意见》是我国残疾人康复领域的第一个专项救助制度，开启了残疾儿童康复事业制度化演变的进程，有助于进一步保障残疾儿童康复权益，减轻残疾儿童身心痛苦，更好地为广大残疾儿童创造健康成长、平等发展的环境，增进残疾儿童及其家庭的获得感、幸福感。

（十一）中国关工委

中国关工委系统的儿童福利和保护工作职责包括：关心未成年人健康成长，参与和推动儿童发展纲要、规划的实施和儿童合法权益保护工作；参与和推动保护儿童法规政策的制定、完善与落实；发挥“五老”（老战士、老干部、老教师、老模范、老专家）优势，加强儿童思想道德建设，净化儿童成长环境；关心儿童特别是弱势群体的学习生活，组织开展关爱活动。

二十世纪九十年代初，在老一辈革命家倡议下，经党中央批准，成立了中国关心下一代工作委员会。30年来，中国关工委发挥了倡导和服务提供作用，通过其广泛分布在社区的1367万[1]“五老”们，将社区儿童的问题及时向党政领导报告并建言献策，同时积极参与社区儿童支持，引发党政领导和政府职能部门及社会团体更多的关注，推动儿童保护相关政策和措施的建设和落实。在长期从事儿童关爱保护工作中，建立起一套工作方法：一方面，中国关工委与部门或地方关工委通过沟通信息、总结典型、交流经验、表彰先进等做法加强联系。另一方面，在各级各部门，地方关工委协助党政机关观察、调研发现我国儿童青少年社会发展面临的挑战，通报党政领导，再由党政领导协调各部门力量探索解决办法，推动相关政策的落实和执行。第三，关工委自身作为群众性工作组织，以社会力量身份参与儿童保护，发挥表率作用。

新时代中国关工委将发挥更大作用。新修订的《未成年人保护法》明确

---

〔1〕 顾秀莲在纪念中国关工委成立30周年暨全国关心下一代工作表彰大会上的讲话，2020年11月17日，http：//www. zgzy. gov. cn/zhaoyuanxianguanxinxiayidaiweiyuanhui/lingdaoluntan/29416. html。

了关工委配合政府和司法机关保护未成年人的法定职责，党中央、国务院关于深化教育教学改革和新时代爱国主义教育等文件明确了关工委的育人职责。中国关工委会同中央组织部、教育部、民政部、全国总工会、中国科协、国务院妇儿工委办公室、中央军委政治工作部印发《关于进一步发挥五老队伍在加强青少年思想道德建设中的作用的意见》，为多部门加强五老队伍建设提供了基本遵循。

各地普遍将关工委工作纳入党委政府工作日程，列为精神文明建设重要内容。不少地方党委组织部、老干部局联合关工委下发了“党建带关建”文件，把关工委建设纳入党建总体部署和党建工作责任制督查考核内容，关工委成员单位联席会议制度、组织建设机制、干部培训机制、宣传工作机制、工作保障机制更加健全完善，关工委办事机构在机构改革中得到加强，为开创关心下一代工作新局面提供了强有力的保障。

二、儿童福利和保护工作机制

（一）未成年人保护工作协调机制

各级人民政府开展未成年人保护工作，既需要明确特定机构或者专门人员负责具体事务性工作，又需要打通未成年人保护工作“最后一公里”。这是关系政府保护落地的关键问题。[1] 2020 年 10 月 17 日颁布的最新修订的《未成年人保护法》第 9 条、第 81 条规定了各级人民政府开展未成年人保护工作机制的规定。该机制协调、督促、指导和推动全国的未成年人保护工作，同时推动各级建立相应机制。从民政部儿童福利司，到县级以上民政部门安排内设机构或者专门人员，再到乡镇设立未成年人保护工作站或者指定专门人员，并指导村居设立专人专岗，我国从上到下的未成年保护工作体系初步建立。

未成年人保护工作协调机制主要职责包括：（1）统筹、协调、督促和指导有关部门在各自职责范围内做好未成年人保护工作；（2）及时办理未成年人相关事务，支持、指导居民委员会、村民委员会设立专人专岗，做好未成年人保护工作。县级以上人民政府应当建立未成年人保护工作协调机制，协调机制具体工作由县级以上人民政府民政部门承担，省级人民政府也可以根据本地

---

〔1〕 宋英辉、苑宁宁：《中华人民共和国未成年人保护法释义》，中国法制出版社 2020 年版，第 244 页。

实际情况确定由其他有关部门承担。县级以上人民政府承担未成年人保护协调机制具体工作的职能部门应当明确相关内设机构或者专门人员，负责承担未成年人保护工作。

《未成年人保护法》规定了乡镇人民政府和街道办事处的职责。乡镇人民政府和街道办事处应当设立未成年人保护工作站或者指定专门人员，及时办理未成年人相关事务；支持、指导居民委员会、村民委员会设立专人专岗，做好未成年人保护工作。

（二）反对拐卖儿童工作联动机制

2007 年 12 月 13 日，《中国反对拐卖妇女儿童行动计划（2008－2012 年）》经国务院办公厅批准并下发各省、自治区、直辖市人民政府，国务院各部委及各直属机构贯彻执行。该行动计划要求建立反对拐卖妇女儿童行动工作部际联席会议制度。

反对拐卖妇女儿童行动工作部际联席会议制度负责：（1）组织制定、实施、监督、评估《行动计划》，组织和协调跨地区、跨部门、跨机构、跨国界的反拐工作；（2）协调和推动政府有关部门的反拐工作；（3）指导和督促各省、自治区、直辖市的反拐工作；（4）协调和推动反拐国际合作；（5）组织各地区、各有关部门总结和交流反拐工作经验及相关成果。

反对拐卖妇女儿童行动工作部际联席会议制度由以下部门和单位组成：公安部、中央宣传部、中央综治办、全国人大常委会法工委、外交部、发展改革委、教育部、民政部、司法部、财政部、人事部、劳动保障部、铁道部、交通部、农业部、商务部、文化部、卫生部、人口计生委、工商总局、民航总局、广电总局、法制办、妇儿工委办公室、扶贫办、全国总工会、共青团中央、全国妇联。

公安部为牵头单位。反对拐卖妇女儿童行动工作部际联席会议召集人由公安部负责同志担任，联席会议成员为有关部门和单位负责同志。联席会议办公室设在公安部刑事侦查局，承担联席会议日常工作。办公室主任由刑事侦查局局长兼任，各成员单位指定一名联络员为办公室成员。各地区特别是拐卖妇女儿童犯罪活动重点地区要根据各自实际建立相应的反拐工作机制。

（三）流浪未成年人救助保护工作部际联席会议

为进一步完善流浪未成年人救助保护体系，切实加强和改进流浪未成年人救助保护工作，经国务院同意，建立民政部牵头的流浪未成年人救助保护工作部际联席会议制度。

流浪未成年人救助保护工作部际联席会议制度主要职责包括为研究解决突出问题和困难，制定和完善相关政策措施，指导和督促地方做好工作。民政部发挥牵头部门作用，加强组织协调，定期通报各省（区、市）流浪未成年人救助保护工作情况，建立挂牌督办和警示制度。地方各级政府负责建立由政府分管领导牵头的流浪未成年人救助保护工作机制；建立和完善工作责任追究机制，对工作不力、未成年人流浪现象严重的地区，追究该地区相关领导的责任。

三、儿童福利和保护服务体系

2016 年以来，国务院先后印发了《关于加强农村留守儿童关爱保护工作的意见》和《关于加强困境儿童保障工作的意见》，以农村留守儿童关爱保护和困境儿童保障工作为突破点，我国儿童福利和保护服务体系进一步健全建设取得快速发展。2019 年，民政部联合教育部、公安部等 10 部门制定出台了《关于进一步健全农村留守儿童和困境儿童关爱服务体系的意见》，瞄准机构建设不够到位、工作力量配备不够足、社会力量参与度不够广泛、儿童类的社会组织成长发育不足等发展短板。2021 年 5 月，民政部、应急管理部、中国残联等 14 个部门联合出台了《关于进一步推进儿童福利机构优化提质和创新转型高质量发展的意见》。国家一系列重要政策集中出台，极大促进我国儿童福利和保护服务体系建设向更深层次、更高质量发展。

（一）未成年人救助保护机构和儿童福利机构

儿童福利和保护领域机构有两类，一是儿童福利机构，主要负责收留抚养由民政部门担任监护人的未满 18 周岁儿童，其主要承担的是长期监护责任。二是“十三五”期间集中建设的未成年人保护机构，明确未成年人救助保护机构对生活无着的流浪乞讨、遭受监护侵害、暂时无人监护等未成年人实施救助，协助民政部门推进农村留守儿童和困境儿童关爱服务等工作，其主要承担临时监护责任和组织开展农村留守儿童和困境儿童关爱服务职责。《未成年人保护法》第九十六条规定，民政部门承担临时监护或者长期监护职责的，财政、教育、卫生健康、公安等部门应当根据各自职责予以配合。县级以上人民政府及其民政部门应当根据需要设立未成年人救助保护机构、儿童福利机构，负责收留、抚养由民政部门监护的未成年人。具体来看：

一是未成年人救助保护机构转型升级。“十三五”以来，各地建立整合未成年人救助保护机构，或将流浪未成年人救助保护机构向未成年人救助保护机构转型。未成年人救助保护机构承担起对乡镇人民政府（街道办事处）、村（居）民委员会开展监护监督等工作提供政策指导和技术支持的职责。

二是儿童福利机构社会服务功能创新拓展。一直以来，儿童福利机构承担了孤残儿童的照料安置工作。为了解决日益突出的儿童福利机构发展不平衡不充分、质量不高等问题，儿童福利机构转型升级进入快车道。近年来，各地因地制宜优化儿童福利机构区域布局，推动将孤儿数量少、机构设施差、专业力量弱的县级儿童福利机构抚养的儿童向地市级儿童福利机构移交。已经将孤儿转出的县级儿童福利机构，设立儿童福利指导中心或向未成年人救助保护机构转型，探索开展对农村留守儿童、困境儿童、散居孤儿、社会残疾儿童及其家庭的临时照料、康复指导、特殊教育、精神慰藉、定期探访、宣传培训等工作。此外，有条件的地市级以上儿童福利机构不断拓展集养、治、教、康于一体的社会服务功能，力争将儿童福利机构纳入定点康复机构，探索向贫困家庭残疾儿童开放。

根据《关于进一步推进儿童福利机构优化提质和创新转型高质量发展的意见》要求，省级和地市级民政部门设立的儿童福利机构，原则上应当收留抚养本辖区由民政部门长期监护的儿童。县级民政部门已设立的儿童福利机构，原则上应当转型为未成年人救助保护机构。在民政部门长期监护儿童数量较多的地方，省级民政部门应当统筹协调、合理确定儿童福利机构数量。到2025年，全面完成儿童福利机构优化提质和创新转型工作，儿童福利机构高质量发展态势不断巩固。儿童福利机构资源配置更加优化，权责关系更加明晰，保障服务更加高效。省级和地市级民政部门设立的儿童福利机构全面实现优化提质，县级民政部门设立的儿童福利机构完成创新转型。

（二）基层儿童工作队伍建设

截至2020年6月，我国已经实现基层儿童工作队伍全覆盖，乡镇儿童督导员共 4.8 万名[1]，村居儿童主任共 66.3 万名。随着政府政策的重视，儿童主任队伍建设将成为新时期未成年人保护的重点任务。

法律层面上，基层儿童工作队伍建设明确写入国家立法。《未成年人保护法》明确规定了，乡镇人民政府和街道办事处应当设立未成年人保护工作站或者指定专门人员，及时办理未成年人相关事务；支持、指导居民委员会、村民委员会设立专人专岗，做好未成年人保护工作。居民委员会、村民委员会应当设置专人专岗负责未成年人保护工作，协助政府有关部门宣传未成年人保护方面的法律法规，指导、帮助和监督未成年人的父母或者其他监护人依法履行监护职责，建立留守未成年人、困境未成年人的信息档案并给予关爱帮扶。具体包括 3 个方面：

一是加强工作力量。村（居）民委员会明确由村（居）民委员会委员、大学生村官或者专业社会工作者等人员负责儿童关爱保护服务工作，优先安排村（居）民委员会女性委员担任，工作中一般称为“儿童主任”；乡镇人民政府（街道办事处）明确工作人员负责儿童关爱保护服务工作，工作中一般称为“儿童督导员”。

二是开展业务培训。地市级民政部门负责培训到儿童督导员，县级民政部门负责培训到儿童主任，每年至少轮训一次，初任儿童督导员和儿童主任经培训考核合格后方可开展工作，突出家庭走访、信息更新、强制报告、政策链接、强化家庭监护主体责任及家庭教育等工作重点。

三是重点工作跟踪。通过建立和完善儿童督导员、儿童主任工作跟踪机制，对认真履职、工作落实到位、工作成绩突出的予以奖励和表扬，并纳入有关评先评优表彰奖励推荐范围。各地依托全国农村留守儿童和困境儿童信息管理系统，对儿童督导员、儿童主任实行实名制管理，并及时录入、更新人员信息。

（三）社会力量广泛参与

建立健全儿童福利和保护体系，必须发动全社会多方力量共同参与。在政策支持和政府扶持下，社会力量积极参与儿童福利和保护工作，探索出不少行之有效、有借鉴意义的公益项目，包括社会监护体系、专业能力建设、性和安

---

[1] 杨剑、李晨、熊泰松：“2019 年中国儿童福利工作发展状况分析”，载《中国儿童发展报告（2020）》第 75 - 100 页。

全教育，以及驻校社工体系等不同类型，多方力量共同参与的儿童福利和保护服务体系的新格局全面打开。具体来看：

一是培育孵化社会组织。通过在场地提供、水电优惠、食宿保障、开通未成年人保护专线电话等方面提供优惠便利条件，推动儿童服务类社会组织建设与发展。政府部门、儿童福利机构、未成年人救助保护机构等，通过政府委托、项目合作、重点推介、孵化扶持等多种方式，积极培育儿童服务类的社会工作服务机构、公益慈善组织和志愿服务组织。

二是推进政府购买服务。相关部门将农村留守儿童关爱保护和困境儿童保障纳入政府购买服务指导性目录，结合实际需要做好资金保障，重点购买走访核查、热线运行、监护评估、精准帮扶、政策宣传、业务培训、家庭探访督导检查等关爱服务。引导承接购买服务的社会组织优先聘请村（居）儿童主任协助开展上述工作，并适当帮助解决交通、通信等必要费用开支。全国青年志愿服务入库优秀项目可优先纳入政府购买服务有关工作支持范围。

三是发动社会各方参与。支持社会工作者、法律工作者、心理咨询工作者等专业人员，针对农村留守儿童和困境儿童不同特点，提供心理疏导、亲情关爱、权益维护等服务。动员引导广大社会工作者、志愿者等力量深入贫困地区、深入贫困服务对象提供关爱服务。积极倡导企业履行社会责任，通过一对一帮扶、慈善捐赠、实施公益项目等多种方式，重点加强贫困农村留守儿童和困境儿童及其家庭救助帮扶，引导企业督促员工依法履行对未成年子女的监护责任。

第三节 其他国家地区儿童福利和保护行政体系的经验与启示

美国早在1990年在联邦政府设立美国儿童局，挪威有专门的儿童与平等事务部，日本有儿童和家庭局、中央儿童福利理事会，印度在1985年人均GDP100美元时成立了妇女与儿童发展司。从国际社会儿童福利保护行政体系发展现状来看，有以下突出特点，可为我国儿童福利保护行政体系发展提供有益借鉴。

第一，完善的行政管理体系是儿童福利发展的关键。儿童福利作为社会福利的重要组成部分，国家的主导作用不可替代。这个主导作用不仅体现在承担具体的儿童福利服务的供给上，还体现在充分调动市场、社会、个人参与到儿童福利服务的供给上。好的发展理念的贯彻、好的法律法规的实施都要以完善的行政管理体系为依托，这也是发达国家能够解决儿童福利服务“最后一公里”的重要举措。

第二，制度化的财政投入是儿童福利发展的根本保证。在具体的财政投入上要依据本国的财政税收体制明确中央政府、地方政府、社会组织、个人的责与权，并对财政投入方向有所选择。发达国家的儿童福利财政支出方向一般包含现金支出、实物支出和税收优惠。从儿童福利发展的脉络看，存在从现金支出导向向服务供给导向转变的特点。即在儿童福利发展初级阶段以现金补贴为主，但随着经济社会发展，逐渐转向为儿童及其养育家庭提供所需服务为主。同时，根据儿童福利发展理念酌情考虑税收安排也是各国通用的手段。

第三，便捷完善的服务体系是儿童福利发展的依托。无论是哪种福利模式，代表性国家都拥有便捷完善的儿童福利服务体系。该体系的构建，一方面需要政府发挥兜底保障作用，另一方面更需要坚持福利服务社会化、市场化的发展路径，充分发挥社会和市场的支撑作用，充分调动市场活力和内生动力，引导企业和各类市场主体积极发展儿童服务业，为各类儿童和家庭提供多样化高质量的福利服务。同时，在具体的福利服务内容的设定上，发达国家兼顾身体养育与精神援助的做法亦值得借鉴。

一、美国

美国在儿童福利政策中，没有覆盖全部家庭的儿童津贴以及全国统一的保育制度。美国主要为儿童提供 3 类服务，即支持性服务、补充性服务和替代性服务。支持性服务是协助家庭成员运用自己的力量，来减轻亲子间的压力和紧张，具体包括儿童辅导机构对儿童的直接辅导、家庭服务机构经由服务来增强父母的能力使其能适当地扮演亲职角色、儿童福利机构为受虐待与疏忽儿童提供的保护。补充性服务指用来补充父母职责和家庭功能的儿童福利服务，包括当因家长失业、残疾而造成家庭贫困时，为保证儿童的基本生活所提供的各项措施以及因父母都要工作而无人照料子女的日间托儿和住宅服务等。替代性服务包括寄养服务、机构式服务和领养服务。在儿童福利行政管理方面，美国具有分权式管理的显著特点。联邦由健康服务部下属的儿童家庭署负责管理，儿童家庭署下设 18 个分支机构。州则由儿童与家庭福利科负责执行。由于美国实施的是地方分权制度，所以行政权集中在各州，联邦政府只是负责规划、辅助和监督。

二、挪威

挪威政府是一个高福利国家，为公民慷慨提供公共医疗卫生服务、老年福利、儿童福利、失业补助等社会福利。挪威相当重视儿童的保护，在 1981 年，挪威建立了世界上第一个儿童事务监察使，以改善和维护挪威儿童的权益。挪威也是《联合国儿童保护公约》的最早成员国之一，2003 年 6 月挪威国民议会通过一项关于将公约纳入国家立法的法案，并于 2003 年 10 月生效，儿童的法律地位由此得到了进一步的提高，挪威对儿童的成长环境、参与和安全等保护措施都是建立在《儿童权利公约》之上。

挪威的政府分为三个级别：中央、郡和市。中央政府和地方政府高度分权，中央给予郡、市政府比较大的自由支配权，地方政府有权根据地方的需要和实际情况来利用自身资源。挪威中央政府向地方政府转移的工作包括：医院的管理、创建医疗卫生服务、学龄前儿童的教育和照顾、中小学教育、养老服务和各类公共资助。实际贯彻儿童与青少年政策的主要依赖市政府，市政当局负责提供最主要的服务并将国家目标贯彻到地方的实践中去。在中央与地方政府的关系上，为保证中央政策在全国范围内一致施行，中央政府要通过协商和会议，强化人力资源发展方面的合作，开展相关问题的研究，交流信息和开展对话等方式与地方政府就进行沟通。

《儿童福利法》对儿童福利机构的职责和任务做出了规定。在国家层面，儿童与平等事务部是儿童福利的主要责任机构，而儿童福利服务主要由各级地方机构和挪威儿童、青年与家庭事务总局实施和管理。

三、澳大利亚

澳大利亚在第二次世界大战以后就开始推行社会福利制度，政府为国民支付所有医疗服务的费用，并负责其从小学到大学的教育。澳大利亚鼓励生育，为每个儿童从出生到 16 岁每月发放营养津贴。澳大利亚在对儿童给予比较完善的福利保障的同时，也建立起儿童权利保护制度。1970 年澳大利亚国内生产总值约为 429 亿美元，人口约为 1500 万，人均 GDP 约为 2860 美元。接近中等发达国家水平。

1970 年被视为澳大利亚的社会改革年（social reform），在儿童福利领域，这种改革主要包括：社会福利委员会的建立和澳大利亚援助计划的发展，及其对参与和自助的鼓励；非营利组织的协同发展等。

在儿童照料方面，澳大利亚政府及政府资金提供各个层面的服务。但是，资金支持仅仅是中央政府的职责，而具体的儿童保护及家庭外照料则由州政府负责。关于儿童福利的一些主要国家级别机构有：

澳大利亚发展署，成立于 1974 年，是澳大利亚外交外贸部下设的一个独立机构，其职责是负责管理符合澳大利亚国家利益的对外援助计划。

澳大利亚儿童援助机构（CSA），成立于 1988 年，评估和整理儿童援助信息，替代之前法庭处理的儿童赡养系统。它之前隶属于澳大利亚税务所，然后是家庭和社区服务部门，现在属于人类服务部门。1988 年引入了儿童支持计划（Child Support Scheme），运用一套方案评估儿童支持，收集和强制执行法庭指令，儿童支持协议和评估。

1988 年 3 月成立了英联邦儿童养护咨询委员会，委员会负责为部长提供咨询，承担研究任务。

1991 年成立了国家儿童照料资格认证委员会，来监督和指导儿童照料质量保障系统的实施工作。

国家儿童保护所 1995 年由澳大利亚家庭、住房和社区服务部资助成立，主要针对虐童的问题，防治虐童问题。

四、日本

日本福利政策的特点之一便是着重强调以家庭为主的福利政策导向。它借鉴了瑞典、英国等高负担、高福利的国家，国民对国家的依赖性过强，容易丧失劳动意欲等许多发达国家存在的共同问题，所以福利政策的出发点就是要帮助每一个人自立，避免让国民过于依赖国家。

“儿童福利”一直被视为父母和家庭天经地义的事。妇女在养育和照顾孩子方面承担着超乎寻常的责任。日本儿童福利政策中对家庭责任与职能的淋漓尽致地发挥，堪称世界首屈一指。与欧美许多先进国家的公私分离、以国家承担家庭责任为主的福利模式相比，推行以地方政府（都道府县）、地方公共团体、企业、民间团体等多元化供给的福利模式。日本是属于公私并立、始终如一推行多元化供给主体的福利模式，即对儿童的社会福利由国家和地方政府（地方公共团体）、同时也包括企业、民间社会团体等共同来完成。国家并不直接承担供给的业务，只限于对委托事务的指导、监督、咨询以及一部分国立儿童福利部门的规划和行政管理。中央级（国家）一般是委托都道府县级的地方公共团体进行社会福利的供给，市町村级的福利事务所、保健所等机构具体执行服务，各企业等也同时参与儿童福利的扶助供给。

日本先后制定了包括《儿童福祉法（1947，1997 修订）》《儿童抚养津贴法（1961）》《儿童津贴法（1971）》《母子与寡妇福利法（1981）》《儿童虐待防治法》《育儿休假·护理休假法》《少年法》等法律法规。厚生省下设雇佣平等·儿童家庭局，分设家庭福祉科、虐待防止对策室、育儿·护理休假推进室、养育环境科、儿童津贴管理室、保育科、母子保健科等有关儿童福利的部门。在都道府县层级设立儿童指导中心，指导市、町、村提供具体儿童福利服务。具体的福利内容设置分为一般福利服务与机构服务两部分，一般福利服务包括针对普通儿童的课后儿童健康成长服务，针对残疾儿童的儿童居家护理、儿童日托、残疾儿童咨询支援、儿童自立生活援助；机构服务主要有针对普通儿童的婴儿院、针对母子家庭的生活支援机构和保育所、儿童养护机构等，针对特殊儿童的精神障碍儿童机构、身心残疾儿童机构和针对不良儿童的自立支援机构等。国家财政基本负担 50% 以上的福利服务建设支出，其余部分由都道府县或者与市町村共同负担。

五、印度

社会正义与权利部。社会正义与权力部的前身是社会福利部，社会福利部主要负责管理低种姓、少数民族、残疾人和街头乞讨者，包括流浪儿童。1998 年更名为社会正义与权利部，其作用包括加强和支持救助保护流浪儿童的基础性工作，提供政策指导，执行青少年司法法案，为全国性的流浪儿童融合计划提供资金，用于流浪儿童避难所、收留中心的修建和流浪儿童的康复、教育和职业培训，也为儿童热线项目提供资金支持。

妇女与儿童发展司。妇女与儿童发展司（department of women and child development）隶属于印度人力资源开发部，成立于 1985 年，是推动妇女与儿童事业向前发展的主要机构，旨在为妇女和儿童提供良好的环境和福利，特别是社会弱势群体中的妇女和儿童。妇女与儿童发展司除制定计划和政策、规划项目、修改法律法规指导和协调妇女儿童领域的政府组织和非政府组织的活动之外，还负责实施一些特定的创新项目，项目涵盖福利服务、就业培训、创收、公众意识的培养等。妇女与儿童司目前正在实施的项目有寄养服务拓展（expansion of foster care service）、建立青少年住房（setting up of juvenile shelter homes）、整体性儿童发展计划（integrated child development services）。

国家公民合作与儿童发展协会。国家公民合作与儿童发展协会（National Institute of Public Cooperation and Child Development，NIPCCD）是一个自治机构，致力于推动在妇女和儿童发展领域的自愿行动，研究、培训和记录。协会成立于1966年，在妇女与儿童发展司的领导下开展工作，总部设在新德里。为适应地方的特殊需求，协会到目前为止已设立了四个地区中心。

第四节　构建新时代儿童福利和保护行政服务体系的基本设想

从建立村居儿童主任队伍、到完善乡镇儿童督导员体系、到县级以上民政部门安排内设机构或者专门人员、到民政部设立儿童福利司、再到成立国务院未成年人保护工作领导小组，我国垂直到底、权责明确的未成年保护工作体系已经初步建立。随着各地各级未成年人保护工作协调机制的建立与运行，以及2020年修订的《未成年人保护法》的全面施行，我国儿童福利和保护行政服务体系将迎来全新发展。

一、问题与挑战

近年，我国儿童福利和保护服务体系建设在政府和全社会的高度重视下快速推进，取得了显著进展。但是，存在的问题和挑战也同样突出。一是儿童福利供给结构有待调整。儿童福利机构内集中养育孤弃儿童数量不断下降，病残儿童比例不断上升，专业服务需求日益增强，社会上困境儿童服务需求凸显，儿童福利机构面临转型发展的迫切要求。二是未成年人保护机制尚未有效运行。未成年人保护工作协调机制需进一步完善，部门协作需进一步加强；现有未成年人救助保护机构多以挂牌为主，缺乏相应的场所、人员、经费，随着新《未保法》实施，未成年人救助保护机构急需实体化运行。三是儿童福利和保护队伍建设有待加强。从事儿童福利和儿童保护工作的专业人员少，工资待遇低，队伍不稳定；村（居）儿童主任结构有待优化，能力有待提升，服务报酬需进一步落实。四是社会力量参与机制尚不完善。儿童服务类专业社会组织缺乏，需进一步培育发展；通过政府购买服务为困境、留守儿童群体提供精准化、个性化服务有待加强。五是数字化改革需加大力度。儿童福利领域数字化改革尚在起步阶段，服务理念、服务方式需进一步转变。

“十四五”时期，我国将开启社会主义现代化建设新征程，全体人民共同富裕迈出坚实步伐，推动新时代民政事业高质量发展。“十四五”时期也将是推进儿童福利和保护事业的重要机遇期。国家更加重视儿童福利事业和未成年人保护工作，新《未保法》赋予了政府部门和各行各业法定职责，对做好新时代儿童福利工作提出了新的更高要求。新时代，儿童福利和保护服务体系建设将要迈上“五大台阶”：一是内容上从保生存向促发展转变；二是对象上从特殊儿童群体为主向全体未成年人转变；三是职责上从群团牵头向政府部门牵头转变；四是人员上从兼职做向专业化队伍建设转变；五是手段上从传统手段向信息化智能化转变。

二、战略构想

展望下一个十年，中国儿童福利和保护制度体系建设应遵循儿童优先、儿童利益最大化的原则，着力解决发展不平衡不充分问题，建立与建设社会主义现代化目标相适应的儿童福利和保护制度体系，从而使儿童参与和平等发展权利得到充分保障，儿童基本公共服务均等化得到加速推进，儿童专业化服务能力得以全面提升，全体儿童获得更全面发展。

展望2035年，初步建成与高水平全面建设社会主义现代化相适应的现代化儿童福利和未成年人保护体系，儿童福利和保护的政策制度更加完善，儿童福利和保护水平更加先进，城乡区域儿童福利和保护更加均衡，儿童福利和保护社会氛围更加浓厚，儿童的成长环境更加良好，儿童的获得感、幸福感、安全感更加深切、发展更加全面。

应当做好政策法规体系、行政管理体系、福利服务体系和运行支撑体系等4个子体系建设。一是政策法规体系：包括《儿童福利法》《未成年人保护法》《儿童福利条例》《校车安全条例》《家庭寄养管理办法》等满足各类儿童各层次福利需求的一整套统一、规范、健全的法律、法规、规章和政策文件体系。二是行政管理体系：从中央到地方直至与儿童“零距离”的一整套管理集中、职责明确、上下贯通、高效运行的儿童福利工作组织管理体系。三是福利服务体系：整合政府、家庭、企业和社会等多方力量，依托福利机构、家庭、社区、学校、市场、网络等各种平台，为各类儿童及其家庭提供的基本生活服务、医疗卫生服务、康复保健服务、文化教育服务、心理健康服务、劳动就业服务以及行为矫治等多层次多样化的福利服务。四是运行支撑体系：保障各项儿童福利制度和福利服务落实所必需的公共财政投入、基础设施建设、人力资源保证和社会舆论支持体系。

三、策略选择

一是加大儿童福利和保护行政体系的经费保障。高质量的儿童福利保护体系的确立与实施，要求国家严格纳入年度财政预算。一方面，需要政府调整财政支出结构，为儿童福利保护项目进行同步列支，保证国家财政为儿童福利保护工作提供主要的工作经费保障；另一方面，政府应当积极拓展社会福利资金渠道，通过社保基金的保值增值与公益募款项目开发等等，补充儿童福利保护工作资金来源。以建立独立的儿童福利保护工作预算体系为目标，保障各项儿童福利和保护服务落实所必需的公共财政投入、基础设施建设、人力资源保证和社会舆论支持体系。

二是加强儿童福利和保护行政体系的人才培养。建立企业、社会组织、志愿者等社会力量参与发展儿童服务业、提供儿童福利服务的长效机制，构建基于社区的儿童福利服务递送体系。建立并严格执行儿童服务职业准入制度，大力加强专业技术和服务人才队伍建设。定编设岗，重点加强儿童福利领域专业社工和专业律师两类人才队伍建设，对现有儿童福利保护工作从业人员（如医护人员、特教教师、社工、康复师）加强专业化、职业化的培训。制定有吸引力的薪酬方案，吸引更多的专业人士投身儿童福利保护事业。

三是制定新时代儿童福利和保护服务项目清单。新时代，儿童福利和保护体系建设将面向全体儿童，以孤儿、事实无人抚养儿童、农村留守儿童、病残儿童、单亲家庭儿童为重点服务对象，以构建专业、精准、智能、高质量的现代化儿童福利和保护体系为目标，以创新儿童福利和保护政策制度、增强儿童福利和保护设施供给能力、建立专业化儿童社工体系、搭建儿童福利和保护智能化平台为重点。重视家长教育，强化家庭支持政策，家庭结构、功能定位决定着家庭生活状况与质量，家庭生活状况决定着儿童生活状况与质量。

第八章　中国儿童福利财政投入保障

财政投入是儿童福利事业最重要的资金来源，从根本上保障了福利服务的提供。在不同的时期，不同的领域，儿童福利财政投入的具体渠道和方式、资金规模和强度、中央与地方比例分担都有所差别。总体上，适度普惠型的儿童福利财政保障仍在探索中。测算表明，构建纵向到底、横向到边儿童福利和未保机构网络、实施学龄前儿童综合福利保障，是财政可承受的。

第一节　我国儿童福利财政投入制度沿革

我国儿童福利财政投入经历了从紧急救助到计划经济体制下国家福利、单位福利、集体福利共同分担，再到市场经济体制下国家兜底保障的转变，从补缺型到适度普惠型的升级。

一、中华人民共和国成立之初至改革开放前：国家福利与单位福利集体福利互补

中华人民共和国刚刚成立时，解放战争还在进行，各级人民政权正在建立，军费和行政费用开支庞大。1950 年，全国财政支出中，38.8% 是军费，21.4% 是行政费，这两项就超过了财政支出的 60%。同时，为了恢复国民经济，国家财政对于国营企业进行大量投资，这部分支出约占全国财政支出的 1/4。文教卫生费、地方补助费占全国财政支出的比例仅为 4.1% 和 2.3%。并且，财政处于严重收不抵支的状况。1949 年，全国财政收入 303 亿斤小米，支出 567 亿斤小米，赤字高达 264 亿斤小米。1950 年，在工农业生产快速恢复、尽可能开源节流的条件下，财政收入大幅增加至 482 亿斤小米，支出为 595 亿斤小米，赤字的规模仍然超过 110 亿斤小米（楼继伟、刘尚希，2019）。

在这样的财政状况下，儿童福利不可能是普惠的，即便是补缺型的儿童福利，也具有紧急救助的特征。长期战乱和动荡中产生的难民、灾民、流浪者中，不乏大量的儿童。新中国的民政部门通过新设立福利机构、接收国民政府时期救济和慈善机构等方式，收留抚养失依儿童。例如，1950 年 1 月，重庆市人民政府民政局成立。3 月，新成立的民政局就接收了原国民政府内政部的实验救济院和重庆市救济院，合并成立重庆市生产教养院。生产教养院中有老人、儿童、游乞、残疾人等收容对象，设有安老、育幼、少年、习艺、残废教养 5 个所以及卫生股、医务所，还配备了一定数量的医护人员（陈波，2019）。

生产教养院等福利机构建设和运转的费用，一开始部分来自生产收入，部分来自财政投入；后来经费改由财政全额负担。例如，1950—1952 年，南宁、柳州、桂林、梧州、北海这 5 个地方接管和改造国民政府遗留下来的救济院，分别成立各市的残老生产教养院，收容流落街头的孤老婴幼、游民和乞丐 900 多名。生产教养院按照“收容救济与教育改造相结合”的方针，组织院民开展生产劳动。1951 年，中南军政委员会财政部、民政部拨给 5 市残老生产教养院生产企业投资 5 亿元旧币，用于购置生产工具，组织尚有劳动能力的院民从事开荒种植、缝纫、织布、织毛巾和畜牧等生产劳动。到 1952 年，各院生产自给程度平均达到 30% 左右。各院经费来源以生产收入抵支出，剩余部分上缴国库，生产收入不敷支出的差额部分由国家预算拨款补助。1950—1955 年，这 5 个城市的婴幼收养工作，分别由本市的残老生产教养院附设的婴幼收养机构负责办理。到 1956 年，按照中央有关规定，残老生产教养院的生产收入主要用于改善生活，“不应规定上缴任务”，经费一律改由国家拨款全额供给（广西壮族自治区地方志编纂委员会，1996）。

随着国民经济逐步恢复和计划经济体制逐步建立，除了以生产教养院等福利机构为依托提供国家福利形式的儿童福利以外，在城市主要是以单位福利形式提供的儿童福利，在农村则是以集体福利形式提供的儿童福利。

单位福利的资金直接来源于职工所在的单位。不过，由于城市单位实际上是作为整个国家计划经济体系的重要组成部分、按照国家计划指令进行生产和分配，特别是国营企业获得了大量的财政投入，因而单位福利的资金来源可以看作是整个国家资金计划中的一部分。对某单位职工福利待遇的研究显示，该单位提供休假、交通费、培训学习、保险、卫生保健、工作餐、职工子女福利、职工婚丧福利、冷饮费烤火费、年终奖、职工医疗费报销、退休职工的退休费和医疗费、离退休职工福利、职工产假、困难职工补助等10多项福利待遇。其中，职工子女福利包括以下5个细项（史铁尔，2007）：

（1）子女入托管理费、学生学杂费：单位在编职工和长聘职工均按每人每学期凭票报销一定金额。

（2）儿童医疗补助费：单职工每年补助一定金额；在校双职工每年补助前者的双倍金额（领证起到小孩满14周岁止）。

（3）六一儿童节，凡在14周岁以下的儿童，每人发给一定金额的活动费。

（4）未满3周岁至6周岁儿童在外上幼儿园，由总务部门每天派车早晚接送两次。

（5）在外上学的学生由单位大客车接送每天早中晚三次。

也有关于某国营工厂的研究，将该厂的职工福利梳理为福利分房、医疗保障、子女顶替就业、集体设施、补助与津贴等5个方面。其中，涉及儿童的福利待遇有：职工子女按照近50%的比例享有公费医疗；附属学校、托儿所、幼儿园；托儿补贴费（孙颖琪，2017）。关于另一家国营工厂的研究显示，厂办托儿所、幼儿园、小学的规模，随着职工需要的渐强而不断扩张（胡水，2015）。建设厂办儿童教育和托育福利设施的经费，都直接来自本企业。

表1　H厂托儿所、幼儿园、小学建设发展概况

托儿所幼儿园	建筑面积（平方米）	入托入园人数（人）	保育员人数（人）
1952年	490	120	9
1956年	1650	300	10
1958年	3147	560	38
1960年	3993	780	50
厂办小学	占地面积（平方米）	学生人数（人）	教职工人数（人）
1951年	200	118	15
1952年	200	126	17
1953年	240	149	22
1954年	410	262	65

续表

托儿所幼儿园	建筑面积（平方米）	入托入园人数（人）	保育员人数（人）
1956年	1350	1040	65

数据来源：胡水，《单位福利的转型与变异——以东北老工业基础H厂为例》，吉林大学博士学位论文，2015年6月。

集体福利的资金来源于集体经济的收入。《高级农业生产合作社示范章程》规定："农业生产合作社应该从每年的收入当中留出一定数量的公积金和公益金。公积金用作扩大生产所需要的生产费用、储备种籽、饲料和增添合作社固定财产的费用，不能挪作他用。公益金用来发展合作社的文化、福利事业，不能挪作他用。"合作社的福利事业包括劳动安全、休息权、工伤就医、抚恤、卫生保健、五保供养、困难救助等方面的保障。其中，与儿童密切相关的主要有五保、卫生、托儿福利。从五保看：农业生产合作社对于缺乏劳动力或者完全丧失劳动力、生活没有依靠的老、弱、孤、寡、残疾的社员，在生产上和生活上给以适当的安排和照顾，保证他们的吃、穿和柴火的供应，保证年幼的受到教育和年老的死后安葬，使他们生养死葬都有依靠。从卫生福利看：农业生产合作社应该在生产发展的基础上，开发公共卫生工作和社员家庭卫生保健工作。从托儿福利看，提倡家庭分工、邻里互助、成立托儿组织，来解决女社员参加劳动的困难，保护儿童的安全。

为了改变小规模农业生产占主导地位的状况，使之适应工业化的需要，党中央提出了通过财政对农业合作化予以支持的要求。1953年12月，中共中央通过了《关于发展农业生产合作社的决议》，提出"必须采用说服、示范和国家援助的方法来使农民自愿联合起来。"1955年10月，党的七届六中全会《关于农业合作化问题的决议》进一步要求"在国家援助下逐步地实现农业的技术改革"。此间，政务院已通过农业税、工商税收等政策工具给农业生产和供销合作社减负，并加大对农业投资的财政投资力度，大量发放低息的农业贷款，以促进农业合作化。因此，农村集体经济的福利实际上也间接地到了国家财政的支持。

经过紧急救助阶段后，在计划经济体制全面建立的那个时期，国家财政直接提供的民政儿童福利投入与单位、集体投入的儿童福利资金相互补充。国家财政资金主要投入到了城市失依儿童救助、政府办学校幼儿园托儿所建设和运行、儿童常见传染病防治等领域。单位和集体由于生产经营状况不同，提供的儿童福利在事项上有多寡、在水平上有高低，总体上看，城市内部各单位的差距相对小一些，不同农村地区之间的差距比较大，有的村集体生产条件非常恶劣，难以保障儿童福利资金的投入。20 世纪 60 年代中期以后，儿童福利事业遭受严重负面冲击，如此前章节所述，民政儿童福利机构、幼儿园、托儿所等大量关闭。相应地，国家财政对于儿童福利的投入也大大缩水。

二、改革开放之初至 2010 年前后：国家财政对儿童福利责任逐步明确

改革开放后，经济从计划体制向市场体制转变中，财税制度改革不断深化。党的十一届三中全会召开后，先是打破“统收统支”，通过放权让利，充分调动地方和企业的积极性。20 世纪 90 年代中期，“分灶吃饭”的财政体制通过改革转变为分税制的新体制，为市场经济提供了更加有利的财税制度基础。再到世纪之交，财税改革的着力点从收入转为支出，国家财政从建设财政转为公共财政，对包括儿童福利在内的社会发展领域进行了积极的“补位”。

20 世纪 80 年代，财政开始承担起具有普惠性的儿童卫生健康福利、儿童教育福利的责任。1982 年 11 月 29 日，《全国计划免疫工作条例》颁布实施，规定“我国实行儿童基础免疫”，所用制品包括百日咳菌苗、白喉类毒素、破伤风类毒素混合制剂（即百白破混合制剂）以及卡介苗、脊髓灰质炎活疫苗、麻疹活疫苗。包括儿童基础免疫在内的计划免疫所需要的生物制品经费、接种器材消耗补助费和劳务补贴费，“由各级卫生行政部门统筹安排”；对于参加接种工作的集体所有制和个体人员的劳务补贴费，“由各省、市、自治区制定统一标准”。也就是说，儿童基础免疫是由卫生行政部门及其背后的国家财政资金来全额“买单”。

自 1986 年 7 月 1 日起，《中华人民共和国义务教育法》开始施行。该法明确规定了财政对义务教育的责任：“实施义务教育所需事业费和基本建设投资，由国务院和地方各级人民政府负责筹措，予以保证。国家用于义务教育的财政拨款的增长比例，应当高于财政经常性收入的增长比例，并使按在校学生人数平均的教育费用逐步增长。地方各级人民政府按照国务院的规定，在城乡征收教育事业费附加，主要用于实施义务教育。国家对经济困难地区实施义务教育的经费，予以补助。”

进入 20 世纪 90 年代，《中华人民共和国母婴保健法》《中华人民共和国教育法》先后颁布实施。其中，母婴保健法规定：“国家发展母婴保健事业，

提供必要条件和物质帮助，使母亲和婴儿获得医疗保健服务”，并且“国家对边远贫困地区的母婴保健事业给予扶持。”

教育法明确“国家实行学前教育、初等教育、中等教育、高等教育的学校教育制度”，并且对财政教育投入做出了非常详尽的规定。从制度上，明确“国家建立以财政拨款为主、其他多种渠道筹措教育经费为辅的体制，逐步增加对教育的投入，保证国家举办的学校教育经费的稳定来源”；对于企业事业组织、社会团体及其他社会组织和个人依法举办的学校及其他教育机构，尽管办学经费由举办者负责筹措，但“各级人民政府可以给予适当支持”。从机制上，要求“国家财政性教育经费支出占国民生产总值的比例应当随着国民经济的发展和财政收入的增长逐步提高”，“全国各级财政支出总额中教育经费所占比例应当随着国民经济的发展逐步提高”。从预算上，要求“各级人民政府的教育经费支出，按照事权和财权相统一的原则，在财政预算中单独列项”，“各级人民政府教育财政拨款的增长应当高于财政经常性收入的增长，并使按在校学生人数平均的教育费用逐步增长，保证教师工资和学生人均公用经费逐步增长”。此外，还授权国务院及县级以上地方各级人民政府设立教育专项资金，授权税务机关依法足额征收教育费附加并由教育行政部门统筹管理，授权省、自治区、直辖市人民政府开征用于教育的地方附加费并规定农村教育费附加在乡统筹中所占具体比例和具体管理办法。

在法治保障下，国家财政对儿童教育福利、儿童卫生健康福利的投入力度显著加大，有效对冲了市场经济体制建立过程中，单位制和集体制福利保障功能弱化的挑战。对恢复设立和新建的儿童福利机构，国家财政也给予投入支持。不过，相对于儿童教育和卫生健康福利，民政儿童福利的财政支持呈现出迂回前行的特征。

2000 年前后，我国进入了老龄化社会，60 岁以上人口占总人口比重达到 10%，65 岁以上人口占比达到 7%。与人口结构老化相伴随，家庭规模小型化发展态势明显，社会化养老需求迅速增长，但以保障农村五保、城镇“三五”老年人为主的公办福利机构不能满足社会需要。鉴于此，国家决定广泛动员和依靠社会力量，大力推进社会福利社会化。2000 年 2 月，国务院办公厅转发了民政部、国家计委等 11 部门《关于加快实现社会福利社会化意见》。该文件提出，采取国家、集体和个人等多渠道投资方式，形成社会福利机构多种所有制形式共同发展的格局。从对财政的要求看，各级政府应根据经济和社会发展的需要，逐年增加对社会福利事业的投入，重点用在一些基础性、示范性社会福利机构的建设上，同时采取民办公助的办法，将一部分资金用于鼓励、支持和资助各种社会力量兴办社会福利机构。从对福彩的要求看，适当增加中国福利彩票发行额度，为社会福利事业的发展筹措更多的资金。从社会参与看，采取优惠政策，鼓励集体、村（居）民自治组织、社会团体、个人和外资以多种形式捐助或兴办社会福利事业；企事业单位可以根据自身条件自愿捐助社会福利事业，或利用闲置资源投资“面向社区、自主经营、自负盈亏”的社会福利事业。该文件特别提出，儿童福利机构在今后一段时期仍以政府管理为主，也可吸纳社会资金合办，同时通过收养、寄养、助养和接受捐赠等多种形式，走社会化发展的路子。

那时，大部分民政儿童福利设施是建在养老服务设施、综合性社会福利设施里边的，孤儿养护的条件亟待改善。在社会化探索的阶段，社会福利事业内部，一度出现老年人福利快速发展，但儿童福利事业发展明显滞后的局面。相应地，国家财政对儿童福利的投入保障也有相对弱化的趋向。为扭转这一不利局面，2006 年 3 月，民政部等 15 部分联合印发《关于加强孤儿救助工作的意见》，鲜明指出“孤儿是社会上最弱小、最困难的群体”，并明确要求“建立政府领导、民政牵头、部门配合、社会参与的孤儿救助保护工作机制，明确部门责任，制定优惠政策，加大资金投入，广泛动员社会力量，满足孤儿生活、教育、康复、医疗和就业等方面的基本需求”。对财政部门的具体要求是：“将孤儿救助所需资金纳入城乡社会救助和社会福利事业发展资金需求，统筹考虑，合理安排”，“中央财政将加大对财政困难地区一般性转移支付力度，增强这些地区的财政保障能力”。除财政预算安排外，还提出了民政部门使用福利彩票公益金资助、社会捐赠等多渠道筹集资金的方式，以“保障孤儿的基本生活不低于当地平均生活水平”。

2009 年民政部制定实施了孤儿最低养育标准。其中，全国统一的社会散居孤儿最低养育标准为每人每月 600 元。民政部办公厅要求各地方民政部门根据当地经济发展水平，在最低养育标准基础上确定本地孤儿养育标准，并根据平均生活水平和物价上涨指数建立自然增长机制。民政部建议的福利机构儿童最低养育标准为每人每月 1000 元，这一标准包含伙食费、服装被褥费、日常用品费、教育费、医疗费和康复费，不包含儿童大病医疗救助费、寄养家庭劳务费等。

标准的顺利执行，背后需要公共财政投入的有力保障。在民政部门出台孤儿最低养育标准后，2010 年国务院办公厅《关于加强孤儿保障工作的意见》提出明确要求："各省、自治区、直辖市政府按照不低于当地平均生活水平的原则，合理确定孤儿基本生活最低养育标准，机构抚养孤儿养育标准应高于散居孤儿养育标准，并建立孤儿基本生活最低养育标准自然增长机制。地方各级财政要安排专项资金，确保孤儿基本生活费及时足额到位；中央财政安排专项资金，对地方支出孤儿基本生活费按照一定标准给予补助。"同年 1 月起，民政部、财政部开始为全国孤儿发放基本生活费。中央财政 2010 年安排 25 亿元专项补助资金，对东、中、西部地区孤儿分别按照月人均 180 元、270 元、360 元的标准予以补助。此后，每个年度按照民政部审核的上年孤儿人数及孤儿基本养育需求，逐年测算安排中央财政补助金额。

至此，民政儿童福利事业建立起中华人民共和国成立以来首个覆盖全国的基础性财政投入保障机制。

第二节　新时代以来财政儿童福利保障制度的地方探索

中国特色社会主义进入新时代以来，儿童福利事业特别是民政儿童福利事业加快从补缺型向适度普惠型转变。各地正在探索建立新的儿童福利保障机制，我们以困境儿童保障为研究对象，专门对东、中、西部 4 个县市进行了典型调研。调研情况既反映出地方的探索，也表现出一些困难和问题。

一、困境儿童分类保障制度成效显现

这几个地方都已建立起困境儿童分类保障政策体系，在困境儿童病有所医、学有所教、残有所康等方面不断取得新进展，并积极探索基层服务体系和平台建设，努力提高服务保障绩效水平。总体实现了困境儿童基本生活有保障、专项需求有救助，遇到急难有帮扶。

（一）建章立制，政策框架基本确立

一是形成全面覆盖、衔接有序的政策体系。各地均出台加强困境儿童分类保障制度的实施意见，提出对各类困境儿童在生活、医疗、教育、监护、救助

等方面加强保护，实现困境儿童分类保障制度全覆盖。调研发现，困境儿童家庭对政策知晓情况较好，受访家庭能够比较清楚回答关于儿童的保障项目、内容、标准，相关民生政策基本落实、落地。

二是探索具有地方特色的困境儿童认定机制。中部X县把出现家庭子女存在基本生活、就医、就学等方面困难的贫困户家庭纳入困境儿童保障范围，把有法定抚养人且有抚养能力但家庭经济困难的儿童，纳入最低生活保障范围，通过扩面方式在源头上确保了困境儿童的基本生存保障条件。西部少数民族比例较高的W市根据困境儿童及其家庭实际困难，完善事实无人抚养儿童认定机制，允许通过村居民代表联署、乡镇党委政府出具证明方式认定父母无法提供实际抚养，为破题父母事实失联家庭儿童保障缺失问题提供了有益思路。

（二）重点突出，专项保障领域取得新进展

一是提高困境儿童基本生活保障标准。各地综合考虑困境儿童生活和发展需要，不断提高基本生活标准和救助水平。2016年，W市大幅提高孤儿保障标准，集中、分散供养标准分别达到1500元/人/月和1200元/人/月，保障力度位于全国前列，并为困境家庭儿童和因病致残致困儿童提供600元/人/月的基本生活供养。西部A县低保家庭困境儿童增加10%的专门补助，体现对困境儿童的差别化关爱和帮扶。X县对于遭遇突发性、紧迫性、临时性基本生活困难家庭的儿童，在按规定实施临时救助时适当提高了儿童救助水平。

二是多措并举实现困境儿童病有所医。在参保环节，提供基本医保更宽口径的覆盖。东部P县对困境儿童参加居民基本医疗保险采用“先交后返”方式，实现困境儿童应保尽保。X县规定新生儿随参加基本医疗保险父母自动获得参保资格，有效防范了因病致贫和儿童重病重残现象发生。在报销层面，形成梯次的医疗救助体系。A县对县域内医疗保险定点机构住院的困境儿童，实施“一减免五保险一救助四基金”的梯次救助政策，减免合规医疗费用，报销比例提高5个百分点，起付线降低一半，使保障对象个人自付控制在10%以内，积极破解困境儿童“不敢生病，生不起病”难题。

三是为困境儿童就学创造更多便利条件。各地在全面落实义务教育“两免一补”、学前教育助学金等政策基础上，完善支持保障政策体系，提高资金补助效率，确保困境儿童平等教育权利。X县以特殊教育学校为主体，形成包

括随班就读、送教上门、福利院内设特教班等教育支持体系，使全县“三残”儿童入学率达94.4%。W市部分学校将国家测算寄宿生生活补助多于天数产生费用、“一补”资金和营养早餐资金天数差费用，按照每人每年约2500元标准补助困境儿童及其家庭，减轻在校困境儿童家庭经济压力。

（三）整合力量，打通服务体系建设“最后一公里”

一是发挥多方主体作用，形成多级服务网络。X县建立了覆盖县、乡、村三级工作网络，实施属地化管理。在县级层面，建立福利儿童指导中心，配备专职管理人员。在乡镇层面，设立福利儿童指导站，由民政所长负责辖区内困境儿童信息的收集、建档和汇总，并协调具体工作困难。在村级层面，聘请村“两委”干部、老党员担任儿童福利工作信息员和督导员。访谈显示，各地村一级层面均有专人专职、兼职承担儿童福利事务工作，困境儿童保障事务性工作落实和困境儿童诉求反映通道比较顺畅。

二是建立和加强困境儿童保障阵地，提升服务保障能力。A县把建立服务平台和服务阵地，作为提高困境儿童保障能力的根本途径。在全县乡镇层面试点打造儿童关爱保护工作阵地“阳光家园”，增添儿童心理健康教育设施设备，并通过政府购买服务方式引进南京爱德基金会开展专业儿童关爱服务。依托农村学校全面建立乡村学校少年宫，利用课余时间、节假日开办各类兴趣培训班。在村级积极创建“儿童之家”，试点“童伴计划”，聘请专职儿童守护专员，将所在村儿童的福利、安全、健康纳入服务范畴，提升困境儿童基层服务平台内涵，扩容服务功能。

三是做好部门协作，提高服务便利程度。P县注重加强部门配合，提升既有政策的服务绩效水平。一方面，由卫计部门婚检窗口与民政部门婚姻登记窗口联合办公，把好优生优育关口，减少重病重残发生率。另一方面，优化贫困残疾儿童抢救性康复项目申请审批流程，由每年集中审批改为随时审批与集中审批相结合，使更多残疾困境儿童免费得到手术、康复辅助器具配置和康复训练等服务。

二、困境儿童分类保障体系亟待进一步优化

调研也发现，困境儿童分类保障制度依然面临一定的发展不平衡和不充分现象，困境儿童保障精准性、有效性、协调性、可及性与人民群众特别是困境

儿童家庭美好生活的预期还有一段距离。

（一）福利对象边界模糊，制约精准性和公平性

一是困境儿童政策覆盖对象范围差异较大。各地方对于困境儿童的定义自行掌握和解读，在地方财力相对有限，且上位补助政策不明确的情况下，部分地方更多倾向于以孤儿、特困儿童等传统福利对象作为困境儿童主体，主动进行边界“扩容”的意愿不强，容易造成大量事实上已符合困境儿童条件的对象未能获得保障或者保障不充分的问题。即使在同一类困境儿童中，各地方也存在保障口径宽窄不一，纳入儿童类别有多有少情况。地方裁量权偏大，分类保障政策的公平性受到一定程度的影响。

二是部分父母不履行监护职责儿童存在保障盲点。各地普遍反映，父母一方死亡、一方再婚但不履行抚养义务也不提供抚养费的儿童，处于事实无人抚养状态，家庭经济条件普遍困难。但按照现行政策规定，因父母一方健在，儿童不能按照事实无人抚养享受孤儿待遇。在具体工作中，各地民政部门多采用“一事一议”办法，将此类家庭儿童纳入特困对象或者低保对象予以兜底，保障水平远低于孤儿标准，且保障随意性强，无法形成常态化关爱帮扶机制。

表 2　调研地区困境儿童政策对象范围

地区	西部 W 市（少数民族比例较高）	东部 P 县	中部 X 县	西部 A 县
对象范围	孤儿、艾滋病病毒感染儿童、事实无人抚养儿童、困境家庭儿童、因病因残致困儿童等 7 类	孤儿、事实无人抚养儿童、艾滋病影响儿童、其他困境儿童等 4 类	孤儿、特困供养儿童、重病重残儿童、贫困家庭儿童等 4 类	孤儿、艾滋病毒感染儿童、特困供养儿童、重病重残儿童、贫困家庭儿童等 5 类
困境儿童发生率	0.861‰	0.364‰	2.96‰	2.84‰

资料来源：国家发改委社会发展研究所课题组（2018）

三是低保边缘等低收入群体未能纳入保障对象范围。在低保线、贫困线 1.5 倍以下的城市低收入群体、农村贫困线边缘群体，经济基础脆弱、经济条件不稳定，对重特大疾病等灾难性风险缺少抵御能力，在家庭子女基本生活、就医、就学等方面支持能力也有所不足，因低保、贫困名额限制或者收入水平高于当地低保标准的，导致低收入群体不能享有相关保障和服务待遇，形成了

广义儿童福利的“断崖”效应。

（二）专项救助有缺口，影响了有效性和针对性

一是基本生活保障有待于进一步规范和加强。调研发现，孤儿待遇水平虽处于当地低保线标准1.5至2倍左右的区间，保障水平较高，但缺少动态调整机制，已出现孤儿供养标准年化增幅均落后于城乡低保标准增长的趋势。同时，对于按照政策纳入低保予以保障的困境儿童，因最低生活保障所“捆绑”专项救助项目与儿童成长所需存在一定的结构性不匹配，儿童必要支出覆盖不足。P县访谈对象反映，学龄阶段子女因辅导书籍、学习用品购买方面支出在100－150元/月左右，相当于当地农村低保平的40%左右，已经成为困境儿童养育的首要支出。

二是因病致困返困风险未得到有效化解。X县反映，孤儿群体参加基本医保参保减免费用没有政策依据和相应的经费来源，只能通过民政机动经费予以解决。W市调研发现，因药品、诊疗目录规范和救助病种等合规医疗费用限制，提高政策内报销比例的边际保障效果递减，对灾难性卫生支出的减负不明显。P县访谈对象反映，目前居民医保门诊统筹报销限额在每年300元，且仅能在定点机构使用，困境儿童小病吃药普遍依赖家庭自付。A县访谈发现，一些重病重残困境儿童因需要服用目录外靶向药物，月医疗支出在4000－5000元左右，严重恶化了困境儿童家庭的生存和养育条件。

三是学前教育保障落实还有困难。P县访谈对象反映，由于公办幼儿园学位不足，困境儿童只能就近选择民办幼儿园入托，且无任何经济补助或费用减免，月学费等相关支出在800元左右，高于当地低保标准1倍以上，高于特困标准60%。

四是残疾儿童康复、儿童早期健康发展覆盖面偏窄。部分康复救助和抢救性康复项目按照项目制方式运作，根据项目资金情况严格限制康复儿童数量，造成一些符合条件对象需自付费用开展康复。在儿童早期健康发展方面，免费儿童营养包项目普及不足，仅局限于国家集中连片贫困县，大部分城乡低保、贫困家庭在儿童早期发展没有专业化指导机制，对困境儿童健康成长和平等发展带来一定不利影响。

（三）主体权责不清晰，约束了协同性和整体性

一是政府间财权事权配置结构失衡。P县提出，中央财政补助资金仅限于

孤儿、三类事实无人抚养儿童和受艾滋病影响儿童，其他困境儿童投入完全是地方财政承担，其中市县级财政承担比例达到55%。因财力匹配程度不足，地方政府在现有资金、资源约束下，倾向于按照较窄口径匡算困境儿童数量，缺少进一步扩大保障覆盖范围和全面进行政策创新的积极性。

二是职能部门间协调机制还需进一步顺畅。各地民政部门虽然建立了困境儿童保障联席会议制度，但在实际运行中部门联而不动情况普遍，政策衔接存在缝隙。W市调研发现，教育部门补助学生以低保、贫困儿童为依据，口径小于民政部门认定的困境儿童范围，导致相当比例困境儿童不能获得在校期间的基本生活补助和减免。

三是社会力量培育和服务提供基础薄弱。在困境儿童服务提供方面呈现出政府责任"一家独大"结构，政社合作发展缓慢，基层社会组织多地还处于空白状态，县级及以下困境儿童服务缺少专业社会组织承接，既增大了基层干部队伍的工作压力，也使进一步拓展服务边界缺少弹性空间。部分地方调研发现，社工组织存在"泛行政化"趋势，作为地方福利机构的部门开展工作，其独立性、专业性和服务灵活性优势受到抑制。

（四）服务体系和人才配套机制不健全，限制可及性和普惠型

一是基层专岗专责未能得到落实。在36号文中明确提出设立儿童福利督导员或者儿童权利监察员的要求。调研发现，目前基层普遍没有儿童福利专岗，更多依托妇女主任、计生专干等开展工作。部分基层干部反映，儿童福利督导员和儿童权利监察员职责边界和具体工作内容有待于进一步清晰，再加上现有政策没有安排专门人员补助渠道，岗位经济激励性不足，在实现基层专岗专责方面依然存在一定困难。

二是服务平台基础条件不完备。一方面，适应困境儿童成长需要的服务平台网络尚未建立，专业机构总体稀缺，服务辐射带动能力不足。农村地区因服务投递半径过远，家庭自付能力有限，市场机制作用难以有效发挥。同时，在机构服务积极性调动方面存在政策障碍。X县特教学校提出，目前特教学校开展有偿服务收费不能直接用于分配，导致机构和教师无动力拓展服务范围。

三是基层服务人才面临巨大缺口。基层机构康复、护理、幼教等领域专业人才较少、素质参差不齐，在很大程度上制约着困境儿童服务体系保障能力的实现。同时，基层教育基础薄弱，人才培养短板明显。受薪酬、职业发展、工

作舒适程度等因素影响，在基层也难以形成持续的人才引进和留用吸引力。

三、以困境儿童分类保障制度为基础构建适度普惠型儿童福利制度

困境儿童保障是民政儿童福利从补缺型到适度普惠型升级的重要事项，新时代的儿童福利制度可以依托困境儿童分类保障，实现向适度普惠型的全面跃升。基于调研，提出完善困境儿童保障制度，并以其为依托构建适度普惠型儿童福利制度的建议。

（一）明晰主体责任，合理确定困境儿童保障和适度普惠型儿童福利的边界

一是进一步厘清家庭基本责任和政府兜底责任。坚持并强化家庭主体责任，明确监护人是困境儿童养育和成长的第一责任人。做好对困境儿童家庭成员不履行养育责任行为的约束，抑制政府兜底责任泛化趋势。做好重点群体兜底，加强对监护缺失儿童和事实无人抚养儿童的排查识别，确保政策内对象应保尽保，源头上防范涉及儿童极端事件发生。

二是有序扩大困境儿童保障和儿童福利范围。在中央层面进一步统一和明晰困境儿童、儿童福利的概念内涵，支持把父母一方死亡，一方再婚且拒绝履行抚养义务儿童纳入困境儿童保障和儿童福利政策范围，并按照孤儿标准予以供养。鼓励有条件的地方探索把困境儿童分类保障政策延伸至低保边缘群体等低收入家庭儿童，按现行政策标准的一定比例酌情予以补助，形成阶梯化儿童福利格局。

三是合理分清央地困境儿童保障和儿童福利服务权责。加快形成困境儿童保障和儿童福利事务中央地方财权事权清单，推动财事责任匹配，根据保障和福利对象变化及时调整提高中央经费负担比例，加大对东北地区、西部地区财政专项转移支付力度，激励各地在区域内尽力做好儿童福利的服务供给和财政保障，避免因为财政力短缺导致地方政府不作为、少作为，甚至损害儿童福利权益。

四是广泛培育和支持专业社工组织。发挥政府购买服务资金杠杆作用，引导专业社工组织进入包括困境儿童保障在内的儿童福利领域，并优先提供儿童发展、教育辅导、康复护理、心理慰藉等儿童及其家庭需求强烈的专业服务项目，切实解决儿童家庭实际困难。鼓励专业社工机构托管运营基层儿童福利服

务平台，提高服务专业化程度。支持有基础、有条件的社工机构、社会组织跨地区连片辐射、连锁经营，形成儿童福利服务高质量发展特色品牌。

（二）完善专项福利，优先减轻灾难性支出风险压力

一是完善重点群体基本生活保障机制。综合考虑孤儿养育结构变化，科学测算养育成本，参考当地最低生活保障标准调整幅度，建立孤儿基本生活保障待遇自然调整机制。着重考虑学龄必要教育支出，适度上浮学龄阶段困境儿童最低生活保障、特困保障标准，进一步减轻重点群体经济支出压力。

二是更加积极应对儿童家庭因病致贫返贫风险。完善孤儿群体参保费用补助通道，实现困境儿童全员免费参保。建立困境儿童家庭门诊救助制度，年救助上限不低于当地住院统筹起付线水平，实现健康保障关口前移，减轻困境儿童小病就诊经济压力。支持商业健康险机构开发适宜产品，参与困境儿童健康风险保障，扩大目录外医疗费用的报销水平。加强慈善补充保障作用，对医疗救助等政策性兜底后依然存在经济困难的，建立救助需求与慈善资源精准对接机制。

三是夯实儿童学前教育保障政策。抓紧落实幼有所育新方略新要求，加快完善学前教育保障机制，健全学前教育资金补助财政保障机制，根据困境儿童人数和保障水平，动态调整补助资金规模。建立政府购买学位机制，对于公办幼教机构学位不足、地理距离过远等原因，必须在民办机构接受学前教育的困境儿童，补助所需学费、伙食费等。

四是扩大康复救助、早期营养干预等政策范围。优化残疾儿童康复救助项目制实施方式，通过制度化涉及转型为基本公共服务事项，符合条件的儿童及其家庭均可申请并享有。扩大儿童营养包覆盖范围，允许各地政府通过购买服务方式为困境儿童家庭等配备儿童营养包，支持相关企业扩大产能，推动儿童营养包面向社会家庭零售。

（三）搭建服务体系，提升儿童福利服务品质

一是重点提升儿童居家社区服务可获得性。在城乡社区广泛建立儿童之家、儿童活动中心，依托专门场地和教辅器具，由居委会、村集体组织专人负责看护，专业志愿者团队提供技术支持，定期开展儿童早期发展培育、儿童教育、亲子交流等活动，支持儿童潜能开发。支持社区计生协管员、村计生专干

转型从事儿童福利工作，进一步明确基层儿童福利督导员、儿童主任的权责，鼓励有条件的地方对从事基层儿童福利事务人员予以合理补贴。

二是鼓励专业机构扩大服务辐射能力。依托义务教育阶段学校发展乡村少年宫，为学龄儿童提供稳定场所和高质量素质教育活动，促进儿童全面发展。鼓励和引导各地流浪未成年人保护中心利用闲置服务资源向困境儿童保障、留守儿童关爱保护等功能转型，成为基层未保主阵地。允许特教学校等专业机构在有余力情况下面向社会家庭开展服务并收取合理费用，做好人员的绩效激励，为扩大高质量社会化服务供给创造条件。利用“互联网+”等新技术手段，提高城市高水平教育、康复机构面向社会儿童家庭的远程服务能力，减轻家庭接受服务的时间成本和经济压力。

三是破除儿童福利服务人才队伍瓶颈。把儿童福利所需人才纳入人才中长期发展规划，制定儿童福利专业人才薪酬标准，增强行业吸引力。鼓励大中院校针对儿童福利岗位需求，加快相关专业开设和人才培养。建立基层儿童福利从业人员补贴制度，对于在县以下地区从事儿童福利服务的从业人员，参照养老从业人员标准予以适度补贴。

第三节　我国适度普惠型儿童福利财政投入测算

本节从民政儿童福利设施的建设、运营管理以及学龄前儿童综合福利保障的角度，初步测算了适度普惠型儿童福利所需要的财政投入，总体上看是可承受的。

一、儿童福利机构建设成本估算

当前，承担儿童福利服务具体工作的主要是县及县以下的层级。这里主要考虑县级及以下儿童福利和未成年人救助保护机构，学前教育和义务教育阶段的机构建设有国家统一的行动或专项，故不在此考虑。县（区）级机构主要是儿童福利院、未成年人救助保护工作站，乡镇和街道主要是儿童保护工作站，村（居）主要是社区儿童之家。

（一）县级儿童福利和未保机构建设成本

2008 年民政部编制的《流浪未成年人救助保护中心建设标准》明确了流

浪未成年人救助保护中心建设规模，我们以此为参照设定三个情景，分别测算。

中等情景下，我们按照每县配备一个县级儿童福利和未成年人救助保护机构，每个县级机构按照二类标准建设150张床，每张床按照二类使用面积21.5平方米测算，总建设面积约3000平方米。按照每张床位10万元标准，1个县级机构需投资1500万元。全国2800多个县级行政单元，全部新建需建设成本428亿元。

低情境下，按照每县配备一个县级机构，每个机构按照二类标准建设100张床，每张床按照二类使用面积21.5平米测算，总建设面积约2000平方米。按照每张床位8万元标准，1个县级机构需投资800万元。全国2800多个县级行政单元，预计需要建设成本228亿元。

表3　流浪未成年人救助保护中心用房使用面积指标表

用房类别		使用面积指标（平方米/床）		
		一类	二类	三类
未成年人用房	入站登记用房	1.28	1.81	2.28
	生活用房	5.95	5.95	5.95
	教育用房	3.60	3.80	4.12
	文体活动用房	2.14	2.42	2.74
	医务用房	0.88	1.06	0.94
行政办公用房		1.64	1.84	1.98
工作人员生活用房		2.75	2.96	3.05
附属用房		1.24	1.64	1.73
合计		19.48	21.48	22.79

注：1. 各类用房使用系数平均按0.65计算。
2. 寒冷地区和严寒地区可在本表基础上分别增加4%和6%。

高情景下，按照每县配备一个县级机构，每个机构按照二类标准建设150张床，每张床按照二类使用面积25平方米测算，总建设面积约3750平方米。按照每张床位12万元标准，1个机构需投资1800万元。全国2800多个县级行政单元，预计需要建设成本513亿元。

（二）乡镇儿童保护工作站建设成本

乡镇儿童保护工作站是指导村（社区）开展儿童福利服务和儿童保护的机构，是儿童福利体系中的重要层级，也直接为儿童提供具体的救助和保护等福利服务。

中等情境下：按照每个儿童保护工作站 2 万元建设成本测算（对乡镇/街道现有公共活动场所进行改造），全国近 4 万个乡镇（街道），共计建设成本约 8 亿元。

低等情境下：按照每个儿童保护工作站 1 万元建设成本测算（对乡镇/街道现有公共活动场所进行改造），全国近 4 万个乡镇（街道），共计建设成本约 4 亿元。

高等情境下：按照每个儿童保护工作站 3 万元建设成本测算（对乡镇/街道现有公共活动场所进行改造），全国近 4 万个乡镇（街道），共计建设成本约 12 亿元。

（三）村（居）儿童之家建设成本

中等情境下：按照每个儿童之家 10 万元建设标准，全国 69 万个村（社区），共计需要建设成本 690 亿元。

低等情境下：按照每个儿童之家 8 万元建设标准，全国 69 万个村（社区），共计需要建设成本 552 亿元。

高等情境下：按照每个儿童之家 12 万元建设标准，全国 69 万个村（社区），共计需要建设成本 828 亿元。

二、儿童福利和保护机构运行管理成本测算

（一）县级儿童福利和未保机构运营成本

1. 人员成本

目前，我国并未明确规定儿童福利机构、未成年人救助保护机构人员配置标准，我们参考公办养老院关于养老服务人员配置标准。例如，《广州市人民政府关于全面深化公办养老机构改革的意见》关于工作人员岗位设置要求为，直接服务于服务对象的工作人员与生活自理服务对象的比例不低于 1∶10，与半失能服务对象的比例不低于 1∶5，与失能服务对象的比例不低于 1∶3，并根

据实际工作需要增加人员配置。

中等情境下，按照工作人员与服务人员 1∶5 配置标准测算，150 张床位的县级儿童福利和未保机构需要 30 名左右的工作人员，工作人员工资参考社工平均工资测算。上海青翼社会工作人才服务中心发布的《青翼第五期全国社工发展调研之工资调研报告》显示，社工平均工资为 3975 元/月。这里按照 4000 元/月匡算，全国县级儿童福利和未保机构的人员成本每年约为 41 亿元。

低等情境下：按照工作人员与服务人员 1∶8 配置标准测算，100 张床位的县级儿童福利和未保机构需要 13 名左右的工作人员，工作人员工资按照 4000 元/月测算，全国县级儿童福利和未保机构的人员成本每年约为 18 亿元。

高等情景下：按照工作人员与服务人员 1∶3 配置标准测算，150 张床位的县级儿童福利和未保机构需要 50 名左右的工作人员，工作人员工资按照 4000 元/月测算，全国县级儿童福利和未保机构的人员成本每年约为 68 亿元。

2. 开展活动、使用耗材及管理运营的成本

中等情境下，按照每张床位每年 2000 元给予运营补贴，1 个县级儿童福利和未保机构年度运营补贴为 30 万元，全国县级儿童福利和未保机构开展活动、使用耗材及管理运营的成本约为 8.5 亿元。

低等情景下：按照每张床位每年 2000 元给予运营补贴，1 个县级儿童福利和未保机构年度运营补贴为 10 万元，全国县级儿童福利和未保机构开展活动、使用耗材及管理运营的成本约为 2.9 亿元。

高等情境下：按照每张床位每年 3000 元给予运营补贴，1 个县级儿童福利和未保机构年度运营补贴为 45 万元，全国县级儿童福利和未保机构开展活动、使用耗材及管理运营的成本约为 12.8 亿元。

（二）乡镇儿童保护工作站运营成本

1. 人员成本

中等情境下：按照每个乡镇儿童保护工作站 1 万元的活动、耗材及管理运营补贴，1 年则需 4 亿元左右。

低等情境下：按照每个乡镇儿童保护工作站 0.8 万元的活动、耗材及管理运营补贴，1 年则需 3.2 亿元左右。

高等情境下：按照每个乡镇儿童保护工作站 2 万元的活动、耗材及管理运营补贴，1 年则需 6.4 亿元左右。

2. 开展活动、使用耗材及管理运营的成本

中等情境下：按照每个乡镇儿童保护工作站1名工作人员（儿童督导员）标准，人员工资按照社工平均4000元/月测算，每年共计需要19亿元。

低等情境下：按照每个乡镇儿童保护工作站1名工作人员（儿童督导员）标准，人员工资按照3000元/月测算，每年共计需要14亿元。

中等情境下：按照每个乡镇儿童保护工作站1名工作人员（儿童督导员）标准，人员工资按照5000元/月测算，每年共计需要24亿元。

（三）村（居）儿童之家运营成本

1. 人员成本

中等情境下：按照平均每个“儿童之家”由各村（居）1名儿童主任管理，按照每人每年3000元补贴测算，每年需要21亿元。

低等情境下：按照每人每年2000元补贴测算，每年需要14亿元。

高等情境下：按照每人每年4000元补贴测算，每年需要28亿元。

2. 活动成本

参照《关于印发广西壮族自治区2017年创建“儿童之家”工作方案的通知》（桂妇通〔2017〕26号），“儿童之家”运行管理经费以2000元—4000元/年为宜。

中等情境下：按照平均每个“儿童之家”运行管理经费3000元测算，每年需要21亿元。

低等情境下：按照平均每个“儿童之家”运行管理经费2000元测算，每年需要14亿元。

高等情境下：按照平均每个“儿童之家”运行管理经费4000元测算，每年需要28亿元。

表4　儿童福利和保护机构建设及运营成本测算（单位：亿元）

儿童福利服务载体	低情境		中情境		高情境	
	建设成本	运营成本（人员+运补）	建设成本	运营成本（人员+运补）	建设成本	运营成本（人员+运补）
县级儿童福利院和未成年人救助保护机构	228	18+2.9	428	41+8.5	513	68+12.8

续表

儿童福利服务载体	低情境		中情境		高情境	
	建设成本	运营成本（人员＋运补）	建设成本	运营成本（人员＋运补）	建设成本	运营成本（人员＋运补）
乡镇（街道）儿童保护工作站	4	3.2＋14	8	4＋19	12	6.4＋24
村（居）儿童之家	552	14＋14	690	21＋21	828	28＋28
分项成本	784	66.1	1126	114.5	1353	167.2
建设运营第一年总成本	≈850		≈1240		≈1520	

数据来源：笔者测算。

综上所述，全国2800多个县级行政单元每个都新建一家县级儿童福利和未成年人救助保护机构，近4万个乡镇（街道）各配备建设一个儿童保护工作站，69万个村（居委会）各配备建设一个儿童之家，不同情境下总的建设成本为784亿元—1353亿元，每年包括人员费用在内的运营成本为66亿元—167亿元，统算建设运营第一年的总成本为850亿元—1520亿元。

2019年，民政基本建设全年实际完成投资总额近185亿元（民政部，2020）。县及县以下儿童福利和未保机构全部新建所需的784亿元—1353亿元，投资规模相当于2019年全国民政基本建设投资的4.2倍—7.3倍。考虑到相当一部分县区已经建有县级儿童福利机构或未保机构，绝大部分村和社区已经建有儿童之家，按照全覆盖的目标来补齐设施短板所需的投资大致上只有我们测算总规模的1/5—1/3，相当于2019年全国民政基本建设投资的0.8倍—2.4倍。如果按照低情景，在5年—10年内予以解决，是完全可行的。

同年，全国民政事业费支出4279亿元（民政部，2020）。县及县以下儿童福利和保护机构包括人员成本在内的运行成本为66亿元—167亿元，相当于2019年全国民政事业费支出的1.5%—3.9%。与2018年相比，2019年全国民政事业费增加了200多亿元，增长率接近5%。我们测算的县及县以下儿童福利和未保机构的运营成本，只相当于全国民政事业费增量的30%—80%。即便按照高情景，在未来3年—5年内也是可以消化的。

三、学龄前儿童综合福利服务成本测算

如果在现有的民政儿童福利、困境儿童保障基础上，向学龄前儿童综合服

务保障的方向来拓展适度普惠型的儿童福利，可以参考国际上儿童早期综合发展的五个维度，结合我国国情，将0—6岁学龄前儿童综合福利服务设计为基本生活补贴、健康营养、安全保障、托幼一体化照护服务等4个方面。

（一）基本生活费：对孤儿和事实无人抚养的困境儿童提供生活补贴

一是关于孤儿基本生活费。民政部《2018民政事业发展统计公报》指出，2018年，全国共有孤儿30.5万人，其中集中养育孤儿7万人，基本生活保障平均标准1344元/人/月；社会散居孤儿23.5万人，基本生活保障平均标准924元/人/月。2018年，全国各级支出孤儿基本生活保障经费39.5亿元。孤儿平均基本生活保障平均标准为1000元/月。

二是关于事实无人抚养儿童基本生活补贴。2019年民政部等12部委发布《关于进一步加强事实无人抚养儿童保障工作的意见》（民发〔2019〕62号），意见指出对事实无人抚养儿童发放基本生活补贴。广西壮族自治区制定的《事实无人抚养儿童保障工作的实施意见》规定，从2020年起，广西事实无人抚养儿童发放基本生活补贴标准为每人每月800元。重庆市民政局等12个部门联合印发《关于进一步加强事实无人抚养儿童保障工作的实施意见》规定补贴标准为1204元/月/人。我们设定：

中等情景下，事实无人抚养儿童基本生活补贴标准每人每月1000元。2019年7月10日，民政部召开的事实无人抚养儿童保障工作专题新闻发布会上通报，我国约有事实无人抚养儿童50万人，年补贴约60亿元。

低等情景下，事实无人抚养儿童基本生活补贴标准每人每月900元。2019年7月10日，民政部召开的事实无人抚养儿童保障工作专题新闻发布会上通报，我国约有事实无人抚养儿童50万人，年补贴约54亿元。

高等情景下，事实无人抚养儿童基本生活补贴标准每人每月1200元。2019年7月10日，民政部召开的事实无人抚养儿童保障工作专题新闻发布会上通报，我国约有事实无人抚养儿童50万人，年补贴约72亿元。

（二）健康营养：包括营养包、公共卫生和医疗保障。

一是营养包。现有研究结果显示，平均每名婴幼儿每年营养包投入约为350元（佘宇、顾严，2019）。

二是公共卫生。2019年，国家基本公共卫生服务项目由2018年的居民健康档案、健康教育、预防接种、儿童健康管理、孕产妇健康管理、老年人健康管理、高血压和2型糖尿病等慢性病患者健康管理、严重精神障碍患者管理、肺结核患者健康管理、中医药健康管理、传染病和突发公共卫生事件报告和处理、卫生计生监督协管12类项目，新增了19项内容，其中3大项被单列。人均基本公共卫生服务经费补助标准从55元提高至69元。按照现行国家标准和部分地方制定的经费分解方案，与0－6岁儿童最直接关联的项目（特意给予儿童的福利项目）是儿童保健、孕产妇保健、预防接种、以及贫困地区儿童营养改善、贫困地区新生儿疾病筛查、增补叶酸预防神经管缺陷（此三项为地方根据实际情况自选），占总经费比例约25－30%，人均0－6岁儿童公共卫生经费17元－21元，平均38元，0－6岁儿童人均基本公共卫生投入532元。尽管6岁以上儿童也享受基本公共卫生服务，但所享受的公共服务是面向全体人民的，不是专门针对儿童的福利，所以在此不予以单独测算。

三是医疗保障。国家医保局《2018年全国基本医疗保障事业发展统计公报》数据显示，2018年，参加全国城乡居民基本医疗保险89736万人，居民医保基金收入6971亿元，支出6277亿元。2018年，居民医保基金当期结存694.6亿元，累计结存4372.3亿元。城乡居民基本医疗保险平均支出699.50，儿童主要参加城乡居民基本医疗保险，平均每名儿童每年医疗保障支出约699元。另据相关研究结果显示，平均每名儿童每年医疗保障支出约610元（佘宇、顾严，2019）。这里取二者平均，平均每名儿童每年医疗保障支出约655元。

（三）安全保障：综合性环境安全保障和公共安全保障

关于综合性的环境安全保障投入。2017年全国一般公共预算用于节能环保的支出5617．33亿元，用于城乡社区环境卫生的支出2270．45亿元，两项合计7887．78亿元，同年末全国大陆总人口139008万人，两项支出人均567元。以此匡算，每名儿童每年综合性环境安全保障投入约570元。

关于综合性的公共安全保障投入。2017年全国一般公共预算公共安全支出12461．27亿元，同年末全国大陆总人口139008万人，人均财政公共安全支出896元。以此匡算，每名儿童每年综合性公共安全保障投入约900元（佘宇、顾严，2019）。

（四）托幼一体化照护服务，包括3岁以下婴幼儿托育和3—6岁学前教育

关于3岁以下婴幼儿托育福利。相关研究结果显示，按每周5个整天的“整托”和2个半天的“临托”，每名婴幼儿每年福利性托育服务投入分别为6000元和1200元（佘宇、顾严，2019）。

关于3—6岁学前教育福利。山东制定每生每年710元公办园生均公用经费财政拨款标准和普惠性民办园生均补助标准，惠及所有公办园和普惠性民办园。河南按照市属幼儿园每生每年5000元，县级以下每生每年3000元标准来核拨。重庆按照每生每年600－800元的标准对普惠性民办园进行补助。北京市对普惠性幼儿园给予每生每月1000元补贴。我们取各地每生每月补贴的平均值，平均每生每月补贴690元。2018年，《中共中央国务院关于学前教育深化改革规范发展的若干意见》是中华人民共和国成立以来第一次以中共中央国务院的名义专门印发关于学前教育的规范性文件，对新时代学前教育深化改革和规范发展做出了重大决策部署，进一步明确了学前教育改革发展的前进方向和重大举措。意见指出为了坚持学前教育公益普惠方向的基本属性，让绝大多数的幼儿能够享受普惠性的学前教育服务，未来将提高公办园和普惠性民办园比例。同时，意见提出到2020年我国学前三年毛入园率达到85%。我们按照全部适学儿童学前三年毛入园率达到85%，孤儿、事实无人抚养儿童和困境儿童学前三年毛入园率达到100%，贫困地区儿童学前三年毛入园率达到90%，其他儿童学前三年毛入园率85%的标准测算。

2019年，全国教育经费总投入为50175亿元，比上年增长8.74%。其中，国家财政性教育经费（主要包括一般公共预算安排的教育经费，政府性基金预算安排的教育经费，国有及国有控股企业办学中的企业拨款，校办产业和社会服务收入用于教育的经费等）为40049亿元，比上年增长8.25%（教育部，2020）。我们测算的学龄前儿童综合福利保障的经费总盘子中，有相当大的部分已经由现有的财政支出所覆盖，实际上需要增量投入的主要是托幼一体化照护部分，按照城乡儿童全口径、托育按照整托的情形测算，增加的财政投入为3600亿元。这个规模与国家财政性教育经费一个年度的增量大体相当，经费是可以承受的，并不会带来过重的额外负担。即便给全体0—6岁儿童发放具有全面普惠福利性质的基本生活费，总的财政投入规模也不到2800亿元，相

当于国家财政性教育经费的比例只有 7% 。

表 5　学龄前儿童综合福利服务财政投入测算（单位：亿元）

大类	小类	人均标准	孤儿	事实无人抚养儿童（中等情景）	困境儿童	留守儿童	原贫困地区儿童	农村儿童	城乡儿童
人数（万人）			40 0－3 岁：9 3－6 岁：9 学前三年入园率 100%	50 0－3 岁：11 3－6 岁：11 学前三年入园率 100%	60 0－3 岁：13 3－6 岁：13 学前三年入园率 100%	700 0－3 岁：150 3－6 岁：150 学前三年入园率 85%	4000 0－3 岁：860 3－6 岁：860 学前三年入园率 90%	17300 0－3 岁：3720 3－6 岁：3720 学前三年入园率 85%	27900 0－3 岁：6000 3－6 岁：6000 学前三年入园率 85%
生活补贴	基本生活补贴	1000	4	5	6	70	400	1730	2790
营养健康	营养包	350	0. 35	1. 75	2. 1	24. 5	140	605. 5	976. 5
	公共卫生	532	0. 53	2. 66	3. 19	37. 24	212. 8	920. 36	1484. 28
	医疗保障	655	2. 62	3. 28	3. 93	45. 85	262	1133. 15	1827. 45
安全保障	综合性环境安全保障	570	2. 28	2. 85	3. 42	39. 9	228	986. 1	1590. 3
	综合性公共安全保障	900	3. 6	4. 50	5. 4	63	360. 00	1557	2511
托幼一体化照护	福利性托育服务机构（临托）	1200	4. 8	1. 32	1. 56	18	103. 20	446. 4	720
	福利性托育服务机构（整托）	6000	24	6. 60	7. 8	90	516. 00	2232. 00	3600
	学前教育	690＊12	2. 76	9. 11	10. 76	105. 57	640. 87	2618. 14	4222. 8

续表

大类	小类	人均标准	孤儿	事实无人抚养儿童（中等情景）	困境儿童	留守儿童	原贫困地区儿童	农村儿童	城乡儿童
合计 1（托育按临托）			20.94	30.47	36.36	404.06	2346.87	9996.65	16122.33
合计 2（托育按整托）			40.14	35.75	42.6	476.06	2759.67	11782.25	19002.33

数据来源：笔者测算

结语　新时代中国儿童福利和保护的模式与展望

建立与社会主义现代化强国相适应的儿童福利和保护制度，通过儿童福利服务的供给，全面保障每一名儿童的生存权、发展权、受保护权和参与权，是未来十五年我国儿童福利制度建设的重要任务。如前文所述，尽管我国儿童教育、医疗保障、儿童保护制度、孤儿与困境儿童生活保障、儿童司法保护等儿童福利已经取得诸多重要进展，儿童福利的总体框架已基本形成，但距离新时代儿童福利和保护制度建设的目标尚有差距。当前及今后一个时期，要立足现实，补齐短板，从以下几个方面入手推动我国儿童福利和保护制度的发展完善。

一、全面推动适应新发展格局的儿童福利和保护制度建设，适度提升儿童保护与福利的覆盖面与保障水平

在社会主义现代化国家新征程中，我国儿童福利和保护制度建设面临新的发展形势。人民群众对儿童福利和保护制度建设有更高的期待，经济社会的不断发展也将为儿童福利和保护的发展创造更好的条件。要坚持以习近平新时代中国特色社会主义思想为指导，按照《民法典》《未成年人保护法》等法律法规的要求，推动我国儿童保护与福利事业稳步有序发展。要全面贯彻儿童优先、保障儿童最佳利益和平等无歧视的基本理念，在坚持家庭在儿童养育中的主体责任的基础上，全面推动适度普惠型儿童福利制度建设，为儿童的安全、健康与成长创造必要条件。

如前文所言，要将儿童福利和保护工作融入经济社会发展全局，服从服务于国家战略。要着眼于中华民族伟大复兴大任，加大儿童福利事业投入，为孤儿、留守儿童、困境儿童、事实无人抚养儿童以及其他有需要的儿童的成长创造有利条件，将他们培养成为实现第二个百年奋斗目标、建设社会主义现代化强国的生力军。要在总结儿童教育、儿童医疗保障、少年司法保护、孤儿保障

制度等儿童福利和保护政策与服务发展经验的基础上，着力推动儿童保护服务、公共托育服务、亲职指导服务、发育迟缓儿童服务、儿童心理与精神辅导服务，推动融资金、服务、场所与设施等有机结合的完善的儿童福利和保护体系的发展。

要坚持城乡一体、区域均衡的发展理念，推动儿童福利和保护制度，特别是法规、规划、政策、标准城乡全覆盖和一体化，向农村地区延伸和辐射城镇优质资源，设立在城市的儿童福利机构要面向农村地区和有需要的新市民家庭开展服务。优化机构空间布局，尽力消除服务盲区，逐步实现城乡之间、区域之间、人群之间基本福利服务均等化。要统筹儿童福利和保护，统筹养育、康复、特教与救助，统筹机构与社区、家庭，真正实现资源共享共用。推动跨部门、跨行业、跨行政层级协作，推广政社合作等有益经验，广泛吸引民办非企业单位、社会团体、基金会、企业等兴办儿童福利事业，提供多层次多样化服务。要充分发挥中央预算内投资“四两拨千斤”作用，最大限度调动地方和社会主体积极性，用设施建设和设备配备撬动专业力量、人员队伍和长效机制建设。坚持走高质量、专业化、职业化的发展路径，着力夯实专业基础，显著增强专业能力，全面推进机构专业服务向社会开放，大幅提升服务质量和效能。

要进一步厘清家庭基本责任和政府兜底责任。坚持并强化家庭主体责任，明确监护人是困境儿童养育和成长的第一责任人。做好对困境儿童家庭成员不履行养育责任行为的约束，抑制政府兜底责任泛化趋势。做好重点群体兜底，加强对监护缺失儿童和事实无人抚养儿童的排查识别，确保政策内对象应保尽保，源头上防范涉及儿童极端事件发生。要有序扩大困境儿童保障和儿童福利范围。在中央层面进一步统一和明晰困境儿童、儿童福利的概念内涵，支持把父母一方死亡，一方再婚且拒绝履行抚养义务儿童纳入困境儿童保障和儿童福利政策范围，并按照孤儿标准予以供养。鼓励各地方探索把困境儿童分类保障政策延伸至低保边缘群体等低收入家庭儿童，按现行政策标准酌情予以补助，形成阶梯化儿童福利格局。

要更加积极应对儿童家庭因病致贫返贫风险。完善孤儿群体参保费用补助通道，实现困境儿童全员免费参保。建立困境儿童家庭门诊救助制度，年救助上限不低于当地住院统筹起付线水平，实现健康保障关口前移，减轻困境儿童小病就诊经济压力。支持商业健康险机构开发适宜产品，参与困境儿童健康风险保障，扩大目录外医疗费用的报销水平。加强慈善补充保障作用，对医疗救助等政策性兜底后依然存在经济困难的，建立救助需求与慈善资源精准对接机制。要夯实儿童学前教育保障政策。抓紧落实幼有所育新方略新要求，加快完善学前教育保障机制，健全学前教育资金补助财政保障机制。建立政府购买学位机制，对于公办幼教机构学位不足、地理距离过远等原因，必须在民办机构接受学前教育的困境儿童，补助所需学费、伙食费等。要扩大康复救助、早期营养干预等政策范围。

二、着力完善现代儿童保护制度，有效预防和干预儿童虐待与忽视

2020 年新修订的《未成年人保护法》增加了“政府保护”专章，明确了国家在预防和干预儿童虐待问题上的职责和任务。有鉴于当前我国还存在儿童保护制度难以适应儿童忽视与虐待问题解决需要的现实，各级政府需要以更系统积极的努力，推进儿童保护制度建设。

（一）发展完善面向监护缺失儿童的保护服务

作为未成年人，儿童的行为能力有限，难以独立应对各种自然与社会风险，缺乏独立生活的能力，更年幼孩子的日常生活需要由负责任的成年人照顾、监护。一些发达国家和地区（包括我国的台湾、香港）已经在法律法规中明确规定成年人不能让幼童独处。不过，并不是所有父母都有时间、精力和能力充分照顾孩子，不是所有的孩子都能获得父母的充分监护。如前文述及的，市场经济的快速发展，社会变迁的不断进行，产生了一大批在事实上无法得到自己亲生父母养育、照顾的儿童，他们的家庭或者没有能力，或者没有意愿抚育好他们。这些弱势儿童的存在急需国家力量的帮助。这些儿童的生存与发展急需国家力量的介入，急需儿童社会政策与服务的保护。因为父母外出打工、重病（含精神疾病）、一方死亡、服刑、离婚、遗弃、家庭突然变故等原因而形成的事实无人抚育的事实孤儿，如果得不到及时的社会保护，其安全与健康都将遭受风险袭击。

当然，不同事实无人照顾儿童面临的问题和需要并不相同。有的孩子面临的“无人照顾”状态可能是短期的、临时的，还有的孩子则可能面临较长时间都无人照顾的状况；有的孩子的祖辈、叔伯姑舅等近亲属有意愿但无能力（经济能力或照顾的精力与时间）照顾他们，有的孩子的近亲属则不但无能

力、亦无意愿照顾他们。不管其相互之间的差异程度如何，这一类的困境儿童如果得不到社会的保护，就有可能酿成人道主义危机。

政府可以通过经济资助的方式，鼓励孩子的近亲属照顾得不到父母必要监护的孩子。如果可能，儿童始终应该生活在他们的家庭之中，生活在他们熟悉的社区与关系网络中。近亲属和孩子有血缘或姻缘的关系连接，相互熟悉，并带有程度不同的情感，是看护得不到父母适当照顾的孩子的良好主体。安排由近亲属照顾孩子，可以让孩子免受重新适应新环境和新生活可能带来的心理阵痛。政府和儿童保护机构要为愿意照顾孩子的近亲属提供适当的经济资助，协助其适当照顾孩子。可通过家庭寄养的方式，为需要社会照顾的儿童寻找安置之所。对于无法通过近亲属养育的事实无人照顾儿童，要优先通过家庭寄养的方式安置，以尽可能让儿童生活在最具有家庭气息的环境中。要探索制定无人照顾事实孤儿的家庭寄养办法，从寄养家庭的准入与选择机制、资助办法、寄养家庭的权利与义务、监督办法等方面规范事实孤儿家庭寄养的运作流程，确保儿童各项权益得到最大程度保障。各级儿童保护机构可以为有需要的孩子提供短期社会化机构照顾服务。

儿童保护服务的开展，有赖于及时发现需要国家保护的事实无人照顾儿童的机制的建立和有效实施。这个及时发现的过程，也是国家对家庭监护儿童的随访和监督的过程。城乡基层政府（如街道、乡镇）的儿童督导员与儿童主任应对本地区困境家庭、完全失能家庭及其养育儿童的情况进行动态排查摸底，建立需要帮助儿童和家庭的台账，并开展家庭监护监督与随访工作。适时开通儿童保护热线电话，接受有需要的儿童、家庭的求助和社会举报。

（二）有效预防和制止儿童虐待与忽视

儿童虐待与忽视是导致儿童陷入困境的重要原因。有必要依托城乡基层政权与群众自治组织，在基层社会大力开展抗击儿童忽视与虐待的儿童权益保护倡导工作，推广和普及科学育儿的价值、态度、知识与技能，营造全社会共同关注儿童、关心儿童、关爱儿童的良好氛围，创建儿童友好型的社会。要特别注重在广大儿童群体中间开展儿童权益保护宣传，明确告知未成年的儿童他们所具有的权利，和他们一起探讨正确与父母、教师等成年人互动的方式方法，一起探讨应对忽视与虐待的对策。

要通过家庭监护随访、儿童保护热线电话等渠道及时发现儿童忽视与虐待问题，为第一时间发现并干预此一问题提供基础。切实贯彻执行儿童虐待问题强制报告制度，学校与少年宫老师等校内外教育工作者、医生和护士等儿童卫生工作者、社工等从事儿童工作的人员在工作过程中发现儿童有被忽视或虐待的嫌疑时，应及时通过儿童保护热线等方式向公安机关或当地儿童保护机构报告。儿童保护机构接获举报或电话报案后，要安排儿童工作者在当地警方的支持下，开展儿童家庭受虐情况的初步调查核实和评估，并对被忽视或虐待儿童的家庭监护情况进行初步评估，根据评估结果选择相应的干预办法。对于案情不严重的，被忽视与虐待儿童可继续安排在家庭中生活，同时机构工作人员运用心理咨询与辅导、专业社会工作方法等办法协助家长改善育儿态度、知识与技能，构建良好的亲子关系和儿童成长的家庭环境。案情严重的，基层儿童保护机构应该及时向上级儿童保护机构报告，并提请后者对当事监护人与家庭的监护能力做出正式评估，对不适合由家庭继续抚养的儿童，上级儿童保护机构应在警方支持下将儿童带离原生家庭，并安排到当地儿童保护机构安置。儿童保护机构要通过专业的方式改善被暂时剥夺监护权的监护人的育儿价值、态度、知识与技能，和监护人一起创造让孩子尽快返回家庭生活的条件。

三、强化儿童福利和保护机构的改革发展，构建新时代儿童福利和保护行政服务体系

随着民政部儿童福利司的设立，以及2020年修订的《未成年人保护法》的全面施行，我国儿童福利和保护行政服务体系迎来全新发展格局。“十四五”期间，要积极优化新时代儿童福利和保护行政服务体系。要高度注重儿童福利和保护行政体系的顶层设计。各级政府应切实履行儿童福利和保护的国家责任，逐步形成从中央到地方直至与儿童“零距离”的一整套管理集中、职责明确、上下贯通、高效运行的儿童福利工作组织管理体系。要加大儿童福利和保护行政体系的经费保障，加强儿童福利和保护行政体系的人才培养。建立企业、社会组织、志愿者等社会力量参与发展儿童服务业、提供儿童福利服务的长效机制，构建基于社区的儿童福利服务递送体系。建立并严格执行儿童服务职业准入制度，大力加强专业技术和服务人才队伍建设。定编设岗，重点加强儿童福利领域专业社工和专业律师两类人才队伍建设，对现有儿童福利保护工作从业人员（如医护人员、特教教师、社工、康复师）加强专业化、职业化的培训。

政策目标与政策手段之间的协调统一不足，是我国儿童福利制度建设面临的现实问题。强化基层执行政策、发送服务的能力，建设结构合理、功能优化的儿童福利和保护服务机构是全面推进我国儿童福利和保护制度建设的需要。要优化不同类型儿童福利和保护机构的布局与功能定位，推进孤弃儿童的区域性养育，在县级行政区划单位建设儿童救助保护机构、乡镇区划单位建设社区儿童之家或儿童保护工作站。

一是要优化儿童福利机构布局及功能。现有儿童福利机构的总体数量及其床位总量，能够满足孤儿集中养育的需求，并可能出现越来越明显的床位富余趋向。儿童福利机构建设的重点，要从机构数量的增加，转移至功能与布局的优化。全面推进孤儿的区域性养育，在每个地级行政区划单位原则上保留一家儿童福利机构，其他儿童福利机构可转型为未成年人救助保护中心。儿童福利机构的服务对象应积极拓展至院外儿童，要进一步强化对辖区内孤儿的养、治、康、教，包括对社会散居孤儿的家庭探视与育儿指导；充分发挥其机构照顾的优势，为辖区内需要家外安置的事实无人抚养儿童等困境儿童提供机构养育服务；为需要治疗、康复的残障儿童提供康复治疗服务。

二是要促进未成年人救助保护机构转型升级。和儿童福利机构相比，未成年人救助保护机构服务对象的类型、数量、家庭背景、服务需求等，具有更显著的复杂性和动态性。儿童监护缺失或监护不当问题，程度不同地存在于全国各地区。要确保在全国每一个县级行政区划单位至少建设一家未成年人救助保护机构，承担当地有需要的未成年人临时监护责任和组织开展农村留守儿童和困境儿童关爱服务职责。未成年人救助保护机构的服务对象要从流浪儿童拓展至家庭监护缺失或监护不当的所有困境儿童。

三是要在基层建设社区儿童之家或儿童保护工作站，强化基层社会儿童保护与福利服务。迄今为止，我国儿童福利和保护机构建设主要以县级行政区划单位为基础推进，城乡基层社区缺乏相应的服务机构。未来的儿童保护机构建设的重心宜适当下移：在每一个乡镇、街道办事处建设一间儿童之家或儿童保护工作站，为辖区儿童提供综合性的儿童福利服务，专责当地儿童福利和保护事务，在辖区开展监护随访、育儿指导、监护能力评估、以及预防性的儿童保护等服务，为辖区儿童提供早期教育、图书阅览、游戏娱乐等康乐教育活动。

四、大力发展公共托育服务，有效支持家庭照顾孩童

婴幼儿照顾是家庭育儿面临的沉重压力来源。如前文所言，因为家庭结构

与功能的变迁，双职工家庭在平衡工作与家庭时面临着明显的矛盾和冲突。无力照顾幼童，使得一部分家庭出现了忽视孩子、把孩子单独留在家中的状况，客观减弱限制了人口生育意愿。另一方面，受到传统的强调家庭责任的育儿照顾模式影响，我国社会化的儿童照顾服务尚未发展成熟。长期以来，国家大多数时候只是为 3－6 岁的幼儿提供日间儿童看护服务，看护服务的时间相对有限；对 3 周岁以下儿童则没有提供日夜间照料，有需要的家庭往往找不到社会化儿童照顾的力量来协助照顾孩子。现实中，家庭因工作繁忙、疾病、服刑等原因临时或在较长时间内不能照顾孩子时，大多找不到社会化的替代性育儿服务。

为了协助双职工家庭、特别是劳动妇女平衡好工作与家庭的关系，不少国家和地区发展出社会化的儿童照顾服务，为有需要的家庭和儿童提供临时或长期的儿童照顾服务。在吉登斯所谓的积极福利政策中，公共托育服务是儿童福利的重要组成部分。发达国家和地区已经形成了包括晚托、日托等多种形式的临时与长期照顾服务，支持家庭妥善养育儿童。近年来，我国开始大力推进公共托育服务，相关规划、制度、规范正在逐步形成并发挥作用，各地在探索实践形式多样的托育服务。不过，总体上看，其覆盖面有限，成本较高，可及性较低，尚难以满足城乡家庭的托育需求。

未来要把公共托育服务作为基本公共服务推进，在各地发展一批质量好、运行规范、价格较低的公共托育服务。县级人民政府应兴办托儿所，为 1—3 岁低龄幼儿提供托育服务。托儿所可以独立法人形式单独设置，也可附属设立于幼儿园或其他国家机关、事业单位、企业单位或非营利组织等法人单位。托儿所为幼儿提供照顾与养护服务。包括照顾幼儿生活，确保其营养、卫生与安全；增进幼儿身体动作、认知、情感、社会性等发展能力，培养其基本生活能力与良好生活习惯；举办促进亲子关系的服务活动；举办其他有利于幼儿发展的服务活动。

要发展居家托育服务，推动由亲属以外的人员在居家环境中为儿童提供收费的托育服务的发展。省级人民政府有关部门负责拟订适合本地实际的居家托育服务办法，明确居家托育服务提供者的准入条件、申请登记办法、每一家庭收托幼儿人数及居家托育服务指引，发布居家托育服务收费的指导价格。拟提供居家托育服务的，应向县级人民政府相关部门办理申请登记并取得许可。县级人民政府有关部门可自行或委托相关专业机构为居家托育提供人员进行辅导与监管。

要大力推进家庭寄养。家庭暂无力养育或不适合家庭养育的儿童，其监护人或居（村）民委员会可向街道办事处、乡镇人民政府申请并经县级民政部门批准进行家庭寄养。家庭情况改善后，被安置儿童应返回其原生家庭，县级民政部门设立的儿童福利机构做追踪服务。寄养家庭有权从儿童的亲生父母或当地政府获得经费补贴，包括寄养儿童的养育费用补贴和寄养家庭的劳务补贴。

支持幼托机构、中小学校规范开设晚托服务，充分利用教育机构场地、队伍优势，为有需要的家庭提供学生晚托服务。规范晚托服务的内容与组织方式，有效保障儿童的最佳利益。发展喘息性社区幼托。依托城乡基层社区建立幼托中心，为辖区有需要的家庭提供日间临时性儿童照顾服务。

制定托育服务从业人员准入与退出标准，推进托育人员队伍专业化建设。托育机构定期组织工作人员参加专业培训，不断提升从业人员专业素养。县级人民政府相关部门拟定托育工作人员队伍建设的规划，负责相关准入、评估与退出制度的拟定与修改。

五、培育发展儿童福利和保护社会组织，支持和规范儿童福利和保护的社会参与

从儿童福利和保护的社会参与成效角度出发，各级政府及其相关部门、儿童福利机构要秉承儿童优先的原则，积极引导社会力量参与儿童福利事业，协助社会力量整合资源，系统、有效、准确和适度地提供资源支持和服务支持。要鼓励个人、慈善组织、企事业单位和其他机构依法依规开展关爱儿童的慈善活动，既能尽力帮助身边需要帮助的儿童，也能量力而行帮助不在身边的需要帮助的儿童。适时表彰宣传在儿童福利和保护行动中做出突出贡献的“上善”者和“至善”者，弘扬正气。完善慈善组织及时公开有关工作和活动的信息，特别是资金、物资和人力的配置使用情况，提高透明度，增强慈善事业的公信力，为促进社会力量参与儿童福利事业营造良好的慈善环境。

要加大力度在儿童福利和保护领域培育发展民办非企业单位、社会团体、基金会等各类社会组织，重点发展专业社会工作机构、慈善组织和志愿服务组织，让社会力量成为承接儿童福利和保护服务的生力军。积极推进集创业辅导、融资担保、人员培训、场地支持、管理咨询、信息传递、仓储物流等功能

于一体的儿童服务类社会组织孵化基地的建设，为省以下特别是城乡基层输送具有专业能力、职业操守、良好信用的儿童福利和保护服务提供者。将兜底性的儿童福利和保护服务纳入基本公共服务清单，将普惠性的纳入政府购买服务目录。到2025年，全国所有的县市区旗全部引进或培育1家以上儿童服务类社会组织（含提供包括儿童福利和保护服务在内的相关服务的社会组织）。

如前所述，我国社会组织发展和服务仍然良莠不齐，需要在一些关键层面上引领和规范社会组织发展。要努力实现中央引领与地方规范的相结合。要以实证和实务研究为基础，系统性研究区域性组织参与行为失效的应对之策。区域策略需要注意以针对性、及时性、补救性来回应。要不断优化以社会需求为导向的购买政策，以规范购买服务促进服务规范。借助于信息化和网格化的优势，准确设定需要购买公共服务的领域，规范购买服务的方案、第三方评估方案。要强化社会组织内部管理意识，完善内部治理机制，提高社会组织理事会和监事会的专业性和工作的规范性，聚焦和促进专业化服务功能提升；建立透明的财务审计机制，提升公益组织的公信力。既重视对儿童及其家庭的问题的解决和状态的改善，优化服务成效；也重视对问题普遍性程度的研究和服务的政策性反馈，促成社会组织与政府间良性的政策互动。重视和加强专业评估和专业督导，特别是外源性的专业评估和督导，可以克服内部自我评估和督导的不足，拓宽专业视野，提升服务能力。重视有关儿童及其家庭的服务反馈，以开放的社会监督，不断推动涉童社会组织规范化发展。

六、推动儿童福利和保护服务的本土化发展，因地制宜推进儿童保护与福利服务

无论儿童福利和保护的专业主义者如何坚持理想与规范，现实存在的“家庭主义文化”和“家庭主义障碍”都会以无形的方式深刻影响儿童福利制度建设的利益相关者。尊重家庭主义这一社会文化传统，对现代儿童福利和保护规范予以本土化发展，借以克服“家庭主义障碍”的消极影响，是推进我国儿童福利制度建设的现实选择。

在儿童福利和保护的价值理念、服务规范等层面，西方国家已经形成了一套较为成熟的体系，并逐渐成为后发国家移植、效仿的标准。学习西方现成的理念、制度与技术，本是后发国家的优势。但从2013年我国儿童福利和保护制度建设的经验看，这些现代规范在引入中国城乡基层社会时，出现了不适应